Schriften zur Kultursoziologie
Band 8

SCHRIFTEN ZUR KULTURSOZIOLOGIE

Herausgegeben von

JUSTIN STAGL

in Zusammenarbeit mit
Karl Acham, Alois Hahn, Wolfgang Lipp,
Franz Steinbacher, Hans Peter Thurn

Band 8

DIETRICH REIMER VERLAG BERLIN

ZWISCHEN ALTER UND NEUER BESITZENDER KLASSE

Stendhal — Balzac — Flaubert — Zola

Beiträge zur französischen Gesellschaftsgeschichte

von

HORST ALTHAUS

1987

DIETRICH REIMER VERLAG BERLIN

CIP-Kurztitelaufnahme der Deutschen Bibliothek

Althaus, Horst:

Zwischen alter und neuer besitzender Klasse :
Stendhal - Balzac - Flaubert - Zola ;
Beitr. zur franz. Gesellschaftsgeschichte /
von Horst Althaus.
- Berlin : Reimer, 1987.
(Schriften zur Kultursoziologie ; Bd. 8)
ISBN 3-496-00899-7

NE: GT

© 1987 by Dietrich Reimer Verlag
Dr. Friedrich Kaufmann
Unter den Eichen 57
1000 Berlin 45

Umschlaggestaltung Thomas Rode/Werner Ost

Alle Rechte vorbehalten
Printed in Germany

ISBN 3-496-00899-7

Inhaltsverzeichnis

Vorwort	7
Einleitung	11
Ästhetik der feudalen Rente – Königtum – Opposition der Bourgeoisie	19
Revolution, Triumph und Krise – Ästhetik der Kapitalrente	32
Der Weg ins Kaiserreich als politisches Interim	37
Restauration und Liberalismus	40
»Tiers-Etat«	47
Auf dem Weg zur Zweiten Revolution	50
Soziologie der Literatur	52
Bürgerliche Demokratie als Oligarchie	56
Victor Hugo	59
Das Zweite Kaiserreich zwischen den Republiken	61
Stendhal – Jakobiner, Psychologe und Zeitgenosse des 20. Jahrhunderts	77
Balzac – »Das Geld als die große Triebfeder des modernen Lebens«	109
Flaubert – Werk als Form, Form als Mittel des Überlebens	167
Zola – Die Demokratie en marche	211
Wellengang der Regime und die Zeugen	253
Anmerkungen	265
Bibliographie	268
Zeittafel der Regierungssysteme in Frankreich	277
Register	281

Vorwort

»Frankreichs Uhren gehen anders« war zweifellos ein von der Seite seiner Nachbarn erfundenes Wort und ist in der Vergangenheit den Beweis für seine Richtigkeit nie schuldig geblieben.

Gründe dafür gibt es viele. Zu ihnen gehört die Ungleichartigkeit beim Verlauf der politisch-gesellschaftlichen Geschichte, die jedem Land und jedem Volk eigen ist und dem Verständnis von außen her Grenzen setzt.

Bei Frankreich kommen besondere Umstände hinzu. Seine führende zivilisatorische Rolle seit dem Dreißigjährigen Krieg und dem Aufkommen des Absolutismus in Europa ist in Deutschland, wenn auch oft bekämpft und widerwillig hingenommen, nie strittig gewesen. Allen Kriegen und Feindschaften zum Trotz stand Frankreich mit seiner Sprache und Literatur wie auch mit seinen gesellschaftlichen Konventionen hier für die erste aller neueren Zivilisationen, galt sie seit dem 18. Jahrhundert als die mit dem höchsten gesellschaftlichen Ansehen. Diesen Rang hat sie hier bis ins 20. Jahrhundert hinein beibehalten.

Darüber sind in den letzten Jahrzehnten neuere Entwicklungen hinweggegangen.

Wenn dies also für die Gegenwart nicht mehr gelten kann, so gibt es dafür tiefer liegende Ursachen. Am Bedeutungsabbau wirkten insbesondere die beiden Weltkriege mit, die Europa schließlich aus dem politischen Weltzentrum verbannten und Frankreich wie auch das zweigeteilte Deutschland aus dem Kreis der politischen Großmächte ausscheiden ließen.

Bereits vor dem Ersten Weltkrieg hatte, zunächst weithin weniger bemerkt, der technisch-industrielle Aufstieg Nordamerikas begonnen und das Interesse in Deutschland an der angelsächsischen Welt mehr und mehr auf sich gezogen, das, selbst was England angeht, weniger politisch, aber zivilisatorisch-geographisch bis dahin eher ein peripheres war.

Das läßt sich auch an der wachsenden Bedeutung der englischen Sprache ablesen, die in Deutschland bis in die 30er Jahre gegenüber dem Französischen noch keine ebenbürtige Rolle gespielt hatte.

Dagegen stand ein anderer bemerkenswerter Umstand. Die politische Soziologie Frankreichs hat sich von Deutschland aus gesehen als immer schwer zugänglich erwiesen. Das betraf das Deutschland der Monarchien, nach 1871 des Kaiserreichs, das auf französischem Boden gegründet wurde, zumal das des lutherischen Obrigkeitsdenkens. Was zwischen den beiden Staaten lag, war die schwierige Vermittlung der Revolution in einem Lande, das nie eine Revolution gekannt hat. In Frankreich hatte sich die Revolution im Bewußtsein des Volks durchgesetzt, sie wurde von ihm in seiner erdrückenden Mehrheit als unumgängliches Ereignis angenommen. Die Marseillaise, Kampflied der Revolution, wird von allen Franzosen gesungen.

Im Deutschland des agrarischen Großgrundbesitzes, so im Militärstaat Preußen mit seinen Standespersonen und noch im Besitz der Privilegien, die sie in Frankreich längst verloren gehabt hätten, sah man das anders und verfügte auch über die Mittel, die Verurteilung der Revolution sozusagen in staatsoffizielle Vorstellungen aufzunehmen.

Hier lagen also tiefe Gräben, die im historisch-politischen Bewußtsein noch bis in die Gegenwart nachwirken.

Deutschland hatte die Französische Revolution am nachhaltigsten in ihrem Nachfahren, in Napoleon, zu spüren bekommen. Der Eindruck reichte hier von Abscheu bis zur Bewunderung. Im Vergleich zu ihm wirkte das nachnapoleonische Frankreich der Bourbonen, der Orléans, der konstitutionellen Monarchie mit seinen Bankiers, Parlamentariern, bürgerlichen Ministern, den Debatten und der Freien Presse welthistorisch weniger bewegt. Der Blutverlust durch die Napoleonischen Kriege hatte Frankreich so geschwächt, daß es sich nur schwer davon erholte. Das konnte das Land in den veränderten Verfassungen allerdings nicht daran hindern, das Land der größten technischen Innovationen, des Fortschritts, zweitweise wachsender bürgerlicher Freiheiten zu werden.

Das Frankreich in der Mitte des 19. Jahrhunderts ist das der bereits in der vollen Ausübung ihrer Macht befindlichen Bourgeoisie. Hier gilt es, vor einem Mißverständnis zu warnen. Es war Marx, der darauf aufmerksam machte: man darf nicht in den Fehler verfallen, den französischen Bourgeois mit dem deutschen Bürger zu verwechseln. Hinter den Revolutionen von 1789 und 1830 stand das politische Bewußtsein, das ein Klassenbewußtsein war und im deutschen Bürgertum seinesgleichen nicht kannte.

Die Kämpfe, die in Frankreich zu den fortwährenden gesellschaftlichen Umwälzungen führten, die Umwälzungen selbst und ihre Folgen haben in der Literatur ihre Widerspiegelungen gefunden und damit authentische Bezeugungen hinterlassen. In der Literatur hat Frankreich einen seiner bedeutendsten Beiträge zur Weltzivilisation erbracht mit mehreren Höhepunkten in der Neueren Zeit: Es ist das Land Descartes' und Montesquieus, der klassischen Tragödie des 17. und 18. Jahrhunderts, der Komödien Molières, mit Voltaire als Philosoph und humanistischem Schriftsteller, dem Wirken Rousseaus, das von Frankreich seinen eigentlichen Ausgang nahm, mit Diderot und den Enzyklopädisten, dann im 19. Jahrhundert den Lyrikern und realistischen Erzählern. Damit ist der Anteil Frankreichs an der großen Literatur nur sehr unzureichend beschrieben, aber hier war es unabweisbar weltliterarisch geworden, hatte es Vorbilder schaffen helfen und Strömungen ausgelöst, wirkt es bis in die Gegenwart unmittelbar fort.

Die Romanciers Stendhal, Balzac, Flaubert und Zola, deren Augenzeugenschaft hier bemüht wird, schreiben von den großen Umbrüchen her, durch die das Land seit dem Ende des 18. Jahrhunderts in rascher Folge erschüttert wurde, die sie selber miterleben und die sie auch deswegen darstellen, weil sie Teil ihrer eigenen Lebensgeschichte sind. Dieses Frankreich der gesellschaftlichen Veränderungen kehrt bei ihnen nicht nur als bloßer Schauplatz der Handlung wieder, wie sie ihn antreffen. Frankreich hat von nun an auch immer etwas von ihrer Schöpfung an sich. Balzacs Paris ist ein anderes als das Stendhals, seine »Provinz« eine andere als die Flauberts. Die Konventionen, die Gesten und Gebärden von Balzacs Frauengestalten sind der Wirklichkeit entnommen, und sie kehren in ihrer Stilisierung wieder ins Leben zurück. Stendhals junge Männer geben in ihrem Verhalten Vorlagen für gesellschaftliche Verkehrsformen mit Idolwirkung ab, die alle Aussicht gehabt hätten, sogleich zur Pariser Mode zu werden, wenn Stendhal zu Lebzeiten ein in Betracht zu ziehendes Lesepublikum gehabt hätte. Flaubert wurde zu seiner »Madame Bovary« durch die in einer Zeitung veröffentlichte Geschichte der Frau eines Arztes angeregt, die in ein Liebesabenteuer hineingerät und daran zugrunde geht. Im »Bovarysmus« wird daraus die Zeitkrankheit derer, die nach dem gleichen Muster dieser Frau aus der Provinz verfahren und damit einen »Stil« begründen helfen. Frankreich wäre heute nicht das Land, das es ist, ohne Zola, des nach wie vor in Frankreich meistgelesenen französischen Schriftstellers. Bei Zola wird die aus dem Zweiten Kaiserreich in die Republik hinübergeführte französische Gesellschaft dargestellt und zwar in einer Organisation, die sich keineswegs überlebt hat, sondern mit zum Teil unverändert gebliebenen Besitzverhältnissen, mit dem Zentralismus, der Nationalversammlung, dem Justiz- und Polizeiwesen bis in die Gegenwart hinein Züge weitgehender Unversehrtheit aufweist.

Die Kontinuität der großen französischen Realisten war durch die unbedingte Aufrichtigkeit ihrer Kunst sichergestellt. Noch in der Phantastik der erfundenen Geschichte leuchtet die Wahrheit auf, die die »wirklichen Verhältnisse« wiedererkennbar macht.

Dazu gehört, daß auch die politische Kontinuität in Frankreich trotz Unterbrechungen, Regimewechsel, Kriegen, Verfassungsänderungen und Regierungsstürzen seit 1830 nicht ernsthaft abgerissen ist. Regierung, Parlament, Administration, Exekutive befinden sich fest in der Hand der Bourgeoisie. Eine Umwandlung in eine Herrschaft des Proletariats, wie Marx sie ankündigt, hat in Frankreich, dem Ursprungsland der kommunistischen Bewegung, bisher nicht stattgefunden. Anzeichen dafür, daß dies in absehbarer Zeit geschieht, lassen sich derzeit nicht bemerken.

Die kommunistische Partei Frankreichs ist heute vollständig in die parlamentarischen und kommunalen Institutionen des Staats der Bourgeoisie integriert, mit Hierarchie und fast absolutistischer Spitze, die – wie die Erfahrung gezeigt hat – praktisch nicht absetzbar ist. Von ihr wäre eine Veränderung des Staats, die über die Formen des Staatssozialismus hinausginge, unter den gegenwärtigen Umständen nicht zu erwarten. Darüber hinaus ist die Sozialistische Partei durch ihren Parteiapparat ein im Frankreich der Industrialisierung und der neuen Technologien besonders elastischer Arm der Bourgeoisie, reformistisch, laizistisch, etatistisch, also weniger an der Kapitalrente, dagegen über parteigebundene Delegierte und Amtsträger in Staat, Parlament, gegebenenfalls Regierung, Exekutive, Kommunen, staatseigenen Unternehmen an der Staatsrente orientiert – keine Opposition zum Staat, sondern Teil des Staats mit allen seinen Konventionen.

Das Frankreich der Fünften Republik hat eine Präsidialverfassung mit der Prärogative gegenüber der Regierung und der Nationalversammlung, kennt also sehr wohl einen ins Zivile umgewandelten bonapartistischen Einschlag, es ist eine klassische bürgerliche Demokratie mit Freier Presse, Freizügigkeit, nach wie vor großen privaten Geld- und Immobilienvermögen. Zugleich befindet sich Frankreich heute wie alle Industrienationen in einer Krise mit hoher Arbeitslosigkeit, neuer Verelendung von Teilen der Bevölkerung, Terrorismus, es kennt neben der hochentwickelten Technologie den nivellierenden Einfluß des »american way of life«, ist Ziel großer Völkerbewegungen geworden, vor allem aus dem nordafrikanischen Mittelmeerraum. Hier hatte Frankreich als ehemalige Kolonialmacht noch eine Rechnung zu begleichen, unterscheidet sich in den Folgen dabei aber nicht von seinen Nachbarn.

Das ist freilich nichts, was die Staats- und Gesellschaftskrisen der Vergangenheit an Bedrohlichkeit übertreffen würde. Frankreich hat sich, und zu Recht, von allen lateinischen Völkern als die politische Erbin Roms gefühlt. Das zeigt sich noch heute. Frankreich ist, obwohl es innerhalb der europäischen Integration einige nationale Verfügungsgewalten eingeschränkt oder abgetreten hat, wie kein anderer westeuropäischer Staat auf seine politische Souveränität bedacht und bringt aus seinem Erbe eine zivilisatorische Widerstandskraft mit, die da, wo der Staat sich öffnet, auch immer abwehrt und am Ende behauptet.

Einleitung

Das große Thema von Balzacs »Menschlicher Komödie«, der Darstellung der französischen Gesellschaft in ihrem Aufbau, ihrer Organisation, ihrer Bewegung, ist der »antagonisme social«, der Gegensatz der Klassen, der sie aufspaltet. Der Romanzyklus gehört seinem Entwurf und der fortschreitenden Ausführung nach einem Jahrzehnt an, das im Jahre 1830 beginnt, in dem der »Bürgerkönig« Louis Philippe aus dem Haus Orléans auf den Thron gelangt. Das ist der vorläufige Schlußpunkt einer Entwicklung, deren Vorgeschichte weiter zurückreicht, zunächst ins 17. und 18. Jahrhundert, und jene Kräfte am Werk zeigt, die von dem im Niedergang befindlichen Feudalismus wie von der absoluten Monarchie, die den Staat verkörpert, ausgehen und die Gegenkräfte herausfordern, die beidem den Sturz bescheren.

Bis zum Ende des absolutistisch regierten Frankreich hatte es in jenem europäischen Konzert der Kabinette, das ein Konzert der Dynastien war und es trotz gegeneinander geführter Kriege zwischen den Staaten nie zum völligen Bruch der durch sie verbundenen Häuser hatte kommen lassen, lange den ersten, später neben Österreich und Preußen den tonangebenden Part auf dem Kontinent gespielt. Die der Krone am nächsten stehende Klasse war im Verlauf des 18. Jahrhunderts die Aristokratie gewesen, sie war die Klasse der Privilegien, der Hofstellen, der Offiziersschargen, des Hohen Klerus, ganz besonders des großen Landeigentums, aber sie war es – zumindest in den Ausmaßen der Bevorrechtung – nicht immer gewesen; sie war dazu gemacht worden, und sie hatte sich selbst dazu gemacht. Die Bourgeoisie mit ihrer großen Geschichte im Mittelalter und auch im 15. und 16. Jahrhundert bekam mehr und mehr zu spüren, auf die Schattenseite geraten zu sein.

Damit ist es durch den Ausbruch der Revolution von 1789, den Verlauf, den sie nimmt, und den schließlichen Übergang über das Direktorium zum Konsulat und später zum Kaiserreich Napoleons vorbei. Die Revolution ist das Werk einer siegreich daraus hervorgehenden Bourgeoisie, die zuerst der Aristokratie ihre Privilegien nimmt und dieser Entmachtung den Sturz der Monarchie folgen läßt. Das war kein unvermuteter Schlag, sondern hatte langsam herangereifte Verhältnisse hinter sich, die notwendig waren, damit er geführt, vor allem erfolgreich geführt werden konnte. Denn die Bourgeoisie hatte längst die Instrumente geschliffen, sie hatte, mit Ausnahme des Prestiges, fast alles andere in der Hand, die Banken, den Kredit, die Industrie, den Handel, sie verfügte über den Unternehmergeist, die Publizistik und die Intelligenz, die sie mit ihrer Hilfe verbreiten läßt. Sie hat alle Schlüsselstellungen eingenommen, die für einen Vernunftstaat und seine Weiterentwicklung verantwortlich sind. Was fehlt, ist ein solcher Staat, was sie hindert, sind die Privilegien und die Monarchie, die sie verleiht und vor denen schützt, die sie nicht besitzen.

Die Bourgeoisie hat mit dem absolutistischen Frankreich reinen Tisch gemacht. Ihr Sieg und seine Resultate waren hinfort nicht mehr revidierbar. Sie hat der Revolution selbst dadurch ein Ende bereitet, daß ihre radikalste Fraktion, die Bergpartei, schließlich in Blut und Terror erstickte. Ihr Erbe ist Napoleon. Aber Napoleon bedeutet Bändigung der revolutionären Masse und gleichzeitig Ausbreitung der revolutionären Ideale, die ihre Verfechter sehr wohl in die Lage bringen, an den Grundlagen der konservativen Monarchien in Europa zu rütteln. Der politische Täter hat keine Wahl, er kann sich kein Ausruhen auf dem Erreichten leisten, es sei denn um den Preis der eigenen Niederlage.

Aus dem Machtwechsel in seinen Stufen von 1789 bis 1792 hatten sich Folgen ergeben, die unübersehbar waren und das Land zwischen Krieg und Frieden hin- und herreißen sollten, mit der Aristokratie als der zunächst unterlegenen Partei. Die napoleonischen Kriege, in denen Vorstellung und Praxis der republikanischen Volksmiliz rasch umschlagen in ein Militärinstrument des Konsulats und schließlich in die kaiserliche Armee, leiten von dem Augenblick an die Wende ein, wo die Siege ausbleiben. Was das bedeutet, zeigt sich beim unwiderruflichen Ende Napoleons. Von 1816 an, mit dem Beginn der erneuerten katholischen Monarchie, befindet sich die Bourgeoisie bald wieder da, wo sie sich vor der Großen Revolution befunden hatte: im Schatten der alten Oberklassen. Unter den Bourbonen der »Älteren Linie« wird zwar konstitutionell regiert, aber sonst, so gut es geht, nach vielen alten Rezepten. Was in diesen Verhältnissen der aufgestauten politisch-gesellschaftlichen Energien die Notwendigkeit für sich hat, ist der erneute Umsturz, wie er dann auch 1830, diesmal weniger blutig, unter dem liberalen Mantel der Orléans vor sich geht.

Das ist das Jahr, in dem Stendhal in seine große Zeit als Schriftsteller eintritt und sich für Balzac nach seinen unter Pseudonym verfaßten Werken der Erfolg des ersten Romans »Le dernier Chouan ou la Bretagne en 1800« auszuwirken beginnt, der den Autor mit vollem Namen nennt. Als Romanciers zählen diese beiden ihrem Alter und dem Stil ihres Schreibens nach völlig verschiedenen Naturen zur Generation von 1830. Es gehört zur den Lebenserfahrungen des noch in der alten Monarchie geborenen, damals siebenundvierzigjährigen Stendhal, was er selber schmerzlich zu spüren bekommt, daß Frankreich nach dem Ende des Ancien Régime ein Staat fortwährender Regimewechsel geworden ist. Balzac, Jahrgang 1799 und sechzehn Jahre jünger, kennt das Frankreich Ludwigs XVI., über das er später schreiben wird, aus eigener Anschauung nicht mehr, dafür steht ihm die Laufbahn Napoleons als großes Jugenderlebnis unmittelbar vor Augen. Beide, Stendhal und Balzac, werden in die Staatsveränderungen nach 1816 verwickelt, der ältere als Jakobiner und ehemaliger Anhänger Napoleons, der jüngere zunächst als Liberaler, der sich in einen katholischen Legitimisten, einen Parteigänger der altbourbonischen Monarchie verwandelt.

Ihre gesellschaftlich-politischen Erfahrungen haben sie für alles, was mit den jeweiligen Veränderungen der politischen Regime zusammenhängt, außerordentlich empfänglich und zu Zeugen des Aufstiegs der einen und des Abstiegs der andern gemacht. Die Bourgeoisie als aufsteigende, dann zum zeitweiligen Rückzug verurteilte Klasse ist über alle ihr aufgezwungenen Richtungsveränderungen hinweg eine emanzipatorische Klasse; sie setzt auf den Klassenkampf, der von der Aristokratie *gegen* sie im Ancien Régime eröffnet und lange erfolgreich geführt worden war, in dem die Aristokratie zweifellos über die besseren Karten und die größeren Erfahrungen des Ausstechens verfügte. Aber die Bourgeoisie stellt die Doktrinäre, rückt jetzt im Kampf vor, verdankt ihm, daß sie in der orleanistischen Monarchie den Staat für sich wiedererobern kann.

Es gehört zu den bis heute oft unwidersprochen hingenommenen Klischees, den Klassenkampf mit Karl Marx beginnen zu lassen. Dabei würde es genügen, bei Lenin nachzulesen, daß nicht Marx am Anfang steht, sondern ihm die Bourgeoisie und ihre Theoretiker und Historiker vorausgegangen sind. Dazu gehören Thierry, Michelet, Mignet, selbstverständlich Saint-Simon, ein großer Doktrinär wie der Abbé Sieyès, aber auch Politiker wie Guizot, der eine Geschichte der englischen Revolution, oder Thiers, der eine Geschichte der französischen geschrieben hat. Auf der Gegenseite als Kronanwälte der Restauration standen lange Bonald und de Maistre; sie werben weniger mit Vernunftschlüssen, sondern mit Appellen an das Gefühl für die »Erhabenheit der Religion« und die Gloriole des Königtums, mit dem Sinn für die »Nuance« und dem Glauben an die Notwendigkeit, sie alle mit den verloren gegangenen Privilegien wieder in die alten Rechte einzusetzen. Zum Charakter des doktrinären Klassenkampfs der Bourgeoisie gehört, daß sie ihn eröffnet, führt und auch für beendet erklären kann, wie Guizot es in dem Augenblick tut, als sie sich in der Bürgermonarchie um 1840 auf dem vorläufigen Höhepunkt ihrer Macht befindet.

Mit der Bürgermonarchie kommt die Richtungsänderung dadurch zustande, daß die »Bewegung« wieder ganz von der Bourgeoisie ausgeht, die sich im katholisch-legitimistischen Regime in der Defensive befunden hatte. Im liberalen Frankreich unter Louis Philippe waren ungeheure wirtschaftliche Erwartungen geweckt und teilweise auch erfüllt worden. Industrie und Handel erleben einen gewaltigen Aufschwung. Es werden die ersten Eisenbahnen gebaut. In den auf dem Kreditwege errichteten »quartiers résidentiels« wird großstädtischer Komfort einem immer größer werdenden Teil der Bevölkerung zugänglich. Mit der Zahl der Industriellen wächst die Zahl der Fabriken, mit der Zahl der Fabriken die Zahl der Arbeiter, mit der Zahl der Arbeiter auch die wirtschaftliche Not. Der Liberalstaat zeigt in den letzten Jahren bereits ein anderes Gesicht. Grautöne mischen sich ein und beherrschen das Bild. Die Reichen, die er erzeugt hatte, hatten zugleich die Armut derer erzeugt, durch die sie reich geworden waren. Es greift eine Tristesse um sich, wie sie das nachnapoleonische Frankreich bisher nicht gekannt hatte und der wir jetzt bei Flaubert begegnen. Unter der Jugend der Hauptstadt herrscht Gedrücktheit vor. Frankreich befindet sich, ohne es damals zu wissen, auf dem Weg zur Revolution von 1848, die eine europäische ist und nicht mehr nur eine der Bürger, sondern auch schon der Arbeiter. In Flauberts »Education sentimentale« erhalten die Marxschen »Klassenkämpfe in Frankreich« sozusagen ihre dichterische Form auf höchster Ebene: die Überlebenden der auf den Barrikaden niedergeschossenen Arbeiter und Studenten bekommen im Feuerhagel der vereinten Nationalgarde und Bürgerwehren eine Lektion erteilt, daß die Bourgeoisie längst keine revolutionäre Klasse mehr ist. In ihrer tonangebenden Fraktion hat sie sich längst von einer kämpferischen Klasse in eine der Eigentümer verwandelt. Balzacs »antagonisme social« verschiebt sich vom Gegensatz zwischen Aristokratie und Bourgeoisie zu dem zwischen Bourgeoisie und Proletariat hin. Flaubert ist auch als Künstler »Eigentümer«, der sich gestatten kann, langsam zu schreiben, weil er über seine Zeit verfügt und von den Zinsen seines Kapitals lebt. Aber er gehört zu den französischen Schriftstellern, die keinen Augenblick vergessen haben, daß die Bourgeoisie ihre Rolle der Gewalt verdankt. Ein bürgerlicher Parlamentarier und Minister wie Thiers bleibt ihm darum wegen seiner ursprünglichen Revoluzzergesinnung immer verdächtig. Hier liegt für Flaubert auch die eigentümliche Gespaltenheit der Bourgeoisie. Sie bleibt der Summe ihrer Eigenschaften wegen in jedem Falle die zivilisatorisch am weitesten entwickelte Klasse; schließlich liefert sie den Boden für die »Madame Bovary«, das Werk der Perfektion, die sich der Sprache nur mit peinlichster bürgerlicher Ordnung abringen läßt.

Das Frankreich Flauberts ist schon das Frankreich des Zweiten Kaiserreichs geworden, wieder mit Gewalt, die diesmal gegen die Bourgeoisie, zumindest großer Teile, angewandt wurde und nachträglich den Beweis erbrachte, wie gut sie mit ihrer Vorsicht gegenüber möglichen Gefahren beraten war. Wenn ihr Liberalismus durch Louis Bonaparte, genauer: durch die Bajonette seiner Soldaten auf der Straße und bei der Besetzung der Nationalversammlung niedergerungen wurde, dann auch darum, weil sie zu sehr auf den »Markt« vertraut hatte. Von ihm waren die Massen, die seine Opfer wurden, enttäuscht, war sie selbst ebenso im Stich gelassen worden wie vom König und seinem Minister Guizot, die beide nach England flüchteten. Neben der »Konkurrenz«, neben »Angebot« und »Nachfrage« beim Warenprodukt bringt der Kaiserneffe etwas anderes mit: die Erinnerungen an die »Grande Armée«, und es zeigt sich, daß die Napoleon-Legende immer noch stark genug ist, das Volk in Bewegung zu setzen. Napoleon III. wird nach dem Staatsstreich mit der Armee und dem industriellen Unternehmertum regieren, mit den Bauern, deren Söhne in der Armee mitmarschieren, und mit den aus der Konfiskation bestrittenen Sozialprogrammen für die Arbeiter. Er regiert gegen die Mehrheit der Künstler, der Schriftsteller, gegen die Intelligenz, die »Freie Presse«, er zwingt sie zum Rückzug aus dem offiziellen Frankreich mit dem ganzen Aufwand, dessen das kaiserliche Repräsentativsystem fähig ist.

Flaubert gehört nicht im politischen Sinn, wohl aber als Künstler, zu den Schriftstellern, die dem Zweiten Kaiserreich seines Stils wegen Widerstand leisten und ihm nachträglich seine Hohlheit bestätigen. Er gehört auch nicht zum »Naturalismus« der »Schule«, die mit Emile Zola die eigentliche literarische und ins Politische übergehende Opposition gegen das Kaiserreich darstellt, wohl aber der Richtung selber an. Das ist als Angabe über Flauberts Kunst des Schreibens freilich sehr ungenau. Die »Schule« bedeutet, durch

Abbilden »nach der Natur« eine photographische Wirklichkeitstreue zu erreichen, den »Realismus« noch steigern zu wollen, Menschen, menschliche Verhältnisse, Körper, Gegenstände, Zustände genau, ohne jede Beschönigung zu sehen und wiederzugeben und sich dabei besonders der entstellenden Seite des Menschen, seiner Zerstörung durch Krankheit, Vererbung, bedrückendes Milieu usw. zuzuwenden.

Damit hat sich zu seiner Zeit Zola an die Spitze des literarischen Fortschritts, überhaupt der auf die europäische Literaturentwicklung Einfluß nehmenden Avantgarde gestellt, zu der Ibsen, Strindberg, der junge Gerhart Hauptmann, Tolstoj, um es bei den wenigen Namen bewenden zu lassen, gehören werden. Durch die naturalistische Schule Zolas und seinen Epochenroman »Les Rougon – Macquart« sind sie alle hindurchgegangen bis hin zu Romanciers wie Heinrich Mann, die bei ihm anknüpfen. In ihm wird das Los der Bergleute »daguerreoskopisch«, wie es nach dem Erfinder des »Photographenapparats« hieß, wiedergegeben, ebenso wie das Leben in den Mietskasernen und Hinterhöfen, aber auch in den Stadtpalais jener, die sie mit den Gewinnen aus der Bauspekulation im Zuge der Pariser Stadtsanierung durch den Baron Haussmann errichtet haben und sich entsprechend amüsieren. Saniert und renoviert wird, um den mittelalterlichen Stadtkern von Paris mit seinen Brutstätten des Verbrechens und seinen Kloaken abzureißen, um mit der Anlage der neuen Boulevards Paris das Ansehen einer modernen Weltstadt zu geben, neuen komfortablen Wohnraum zu schaffen und um das Labyrinth der engen Gassen, das die Barrikaden der Aufständischen in der Vergangenheit immer so schwer überwindbar hatte werden lassen, für die Zukunft zu beseitigen.

Diesmal war die Sorge umsonst. Gefahr droht dem Kaiserreich nicht von innen, sondern wegen seiner Ansprüche und Glücklosigkeit in der Außenpolitik von Feinden jenseits der Grenze. Auf der Suche nach einem Ausweg entscheidet sich der Kaiser für einen Angriffskrieg, der nur gegen Preußen gerichtet sein kann. Er soll mit der Eroberung Berlins enden. Als er ihn verloren hat, sieht sich Flaubert in seinen Urteilen über die Lage Frankreichs bestätigt, ist Zola durch den Sturz des Kaiserreichs am Ziel seiner politischen Erwartungen angelangt.

Der gesellschaftliche Entwicklungsverlauf in Frankreich wie auch die Fortbewegung der »Staatsmaschine« seit der Revolution und ihrer Vorgeschichte lassen sich, wenn man sie von den deutschen Verhältnissen her verstehen will, nicht ohne Schwierigkeiten einsichtig machen. Es hatte ja hier den Fall, daß eine staatstragende, später konservative politische Kraft ihre Ursprünge der Revolution und dem Terror verdankt, nicht gegeben. Es war Lorenz von Steins »Geschichte der sozialen Bewegung in Frankreich von 1789 bis auf unsere Tage« aus dem Jahre 1850 gewesen, die das zur Sprache brachte. Die Resonanz auf das Werk, dem andere Schriften des gleichen Verfassers über die sozialistischen und kommunistischen Bewegungen in ihrem Herkunftsland vorausgegangen waren, gehörte mit zu den Beweisen, wie schwer eine politische Soziologie Frankreichs in Deutschland verständlich blieb. Die auf Stein folgenden Schriften von Marx über »Die Klassenkämpfe in Frankreich« und den »18.

Brumaire des Louis Bonaparte« sowie seine Entwürfe zum »Bürgerkrieg in Frankreich« waren von den französischen Gegenwartskämpfen her verfasst worden, wobei in dem neuen Antagonismus von Bourgeoisie und Proletariat die aufgestiegene Klasse bereits die Geschäfte der von ihr zum Abtreten gezwungenen mit übernimmt.

Ein Auge für die Ungleichartigkeit der französischen und deutschen politischen Entwicklung zusammen mit der schriftstellerischen Kraft, sie am Beispiel Frankreichs zu demonstrieren, zeigt die heute in Vergessenheit geratene Schrift von Heinrich von Treitschke: »Frankreichs Staatsleben und der Bonapartismus«. Sie ist zu Anfang der 60er Jahre verfaßt worden und stellt eine Krankengeschichte des zum Kaiserreich gewordenen Frankreich der Bürgermonarchie dar. Treitschke findet bei aller Schwäche des Kaiserreichs, dessen Ende er heraufziehen sieht, immerhin einen Grund zu seiner Rechtfertigung: schwächer noch als das Kaiserreich war das liberale Königtum; das Kaiserreich hat den Niedergang des Staats um zwanzig Jahre hinausgezögert, womit Treitschke, als 1871 anbrach, auf das Jahr genau recht behalten sollte. Unterschätzt hat Treitschke, der für das damals im Aufstieg befindliche Preußen sprach, das 1945 aufgehört hat zu bestehen, die Regenerationsfähigkeit der Bourgeoisie, die sie in den Stand setzte, sich über Kriege, Niederlagen, veränderte Verfassungen und Regierungssysteme hinweg zu behaupten.

Der gesellschaftliche Antagonismus, der sich durch die Kunst der großen französischen Realisten hindurchzieht, gehört zu den Themen, mit denen sich Georg Lukács ausführlich befaßt hat; man wird sagen können, daß er durch ihn überhaupt erst in einer seiner Bedeutung entsprechenden Weise abgehandelt worden ist. Es gibt Essays über die französischen Realisten von Heinrich Mann, die das Thema streifen, aber es waren eher beiläufige, wenn auch bedeutsame Beiträge eines großen Außenseiters. Lukács hat an den Franzosen, und das heißt hier vor allem an Balzac, Stendhal, Zola, Flaubert, in dieser Reihenfolge der Bedeutung für ihn, seinen berühmt gewordenen Begriff des »Realismus« und auch die Differenzierung zum »Naturalismus« entwickelt. Aus der realistischen Kunst spricht der »Wirklichkeitshunger« oder sogar »Wirklichkeitsfanatismus«, die »schriftstellerische Ehrlichkeit« des großen Künstlers. Vorurteile, herrschende Meinungen werden beiseite geschoben. Es gilt der Kampf gegen die Tagesströmung, etwa bei Balzac, der politisch der Reaktion angehört, für absolutes Königtum, Kirche, Aristokratie, gegen Konstitution, Liberalismus, Bourgeoisie Partei ergreifen kann, aber indem er seine Idole in der Verstrickung zeigt, damit das eigene Lager gnadenlos durchleuchtet, seine Hintergedanken ans Licht bringt. Stendhals schriftstellerische Moral liegt in der Ehrlichkeit, mit der er sich in hoffnungsloser Lage den verflachenden Alltagstendenzen wie den wirtschaftlichen Zwecken entgegenstellt. Was sich bei den französischen Realisten künstlerisch abspielt, hat Lukács darüber hinaus in seinen europäischen Auswirkungen zugänglich gemacht. Wir befinden uns bei ihnen auch immer »an den Anfängen«: so bei Flaubert, wo Unmenschlichkeit, Grausamkeit, Brutalität Selbstzweck werden; die Sexualität löst sich von der Handlung, was bei Shakespeares Romeo und Julia oder

Goethes Faust und Gretchen unvorstellbar wäre. Sie macht sich selbständig, es wird ihr ein Interesse am Detail abgewonnen, das im europäischen Realismus neu ist. Diese Richtungseröffnung findet bei Flaubert, gemessen an dem, was folgt, noch eher diskret, aber doch schon als Tendenz statt, mit der dem humanistischen Realismus entgegengesteuert wird und durch die zum »Stil« gewordene Eigenschaften sich verfestigen. Sartre hat in seiner Flaubert-Biographie diese Seite der verspäteten Entwicklung in der Kindheit, dem lähmenden Milieu, dem grauen bürgerlichen Alltag der Provinz, in den Flaubert hineingeboren wird, zugeschrieben. Hier kann »Kunst« nur zustande kommen, wenn sie sich vom »Leben« trennt – was später zum Hauptthema des Flaubert-Lesers Thomas Mann wird. Aber es gibt – wie Lukács zeigt – von den Zeitverhältnissen her kein Ausweichen vor dem »Naturalismus« als einem mißverstandenen »Realismus«, der aber noch in seinem Abstieg bei Zola groß genug bleibt, das Ethos des Künstlers zu beglaubigen, ihn in seinem einsamen Kampf zu zeigen. Der linke bürgerliche Schriftsteller Zola ist als Künstler seiner ganzen Arbeitsmoral nach ein Gigant und bis auf den heutigen Tag auch nicht im geringsten veraltet. Der späte Heinrich Böll verfaßte seine Zeitromane ausdrücklich unter Berufung auf Zola.

Für Walter Benjamin war es die Allmacht einer das Leben und die Literatur in allen ihren Bereichen erfassenden klassenmäßigen Tönung, der er in seinen Beiträgen zur französischen Literatur nachgegangen ist. An die Stelle der Absoluten Monarchie tritt seit der Revolution ein ausgedehntes Kontrollnetz, das das bürgerliche Leben immer fester in seine Maschen einschnürt. Napoleon als der Vollstrecker der Revolution führt die Hausnummern ein, Briefe werden abgestempelt, Abgang und Ankunft der Kutschen auf den Relaisstationen registriert. Die Restauration bringt den Bau der Passagen und auch die Gasbeleuchtung. Es tritt jetzt das Glas für die Vitrine, für die Gewächshäuser und auch als durchsichtiges Baumaterial bei der Errichtung öffentlicher Bauten, nach der Einführung der Eisenbahn vor allem bei den Bahnhöfen, dann den Ausstellungspalästen seinen Siegeszug an. Er mündet in jene Verbindung mit den Eisenkonstruktionen ein, die während des Bürgerkönigtums schon aufkommen und im Zweiten Kaiserreich wie auch in der Dritten Republik den Willen zur Großrepräsentation bezeugen. Die Photographie gehört wie der Eiffelturm, wie die Gemüsehallen zu den Innovationen einer auf dem Vormarsch befindlichen Klasse. Nach 1816, also nach dem endgültigen Abtreten Napoleons, werden mitten im neu etablierten Legitimismus mit seinen Repressionen die Instrumente der kapitalistischen Produktion in den Manufakturen und im Bankensystem neu eingerichtet, um nach 1830 im Sinn des Bürgerkönigtums demokratisch-parlamentarisch im »Markt« voll und ungehemmt in Tätigkeit zu treten. Die Menschen als Bürger werden Angestellte, Beamte, Ladenbesitzer, Lieferanten, Käufer, Kunden, Arbeiter oder als Bohème wurzellose Individuen, Depossedierte, die nicht mehr zählen, sich an Illusionen schadlos halten, unentwegt und vergeblich dabei sind, sich des Netzes, das die Bourgeoisie um alle legt, zu entledigen. Der andere Weg herauszuschlüpfen, grandios, verwegen und politisch nutzlos, ist der über die Literatur, den die großen

Lyriker, Baudelaire voran, wählen. Auch sie, nur gewaltlos, gehören zum großen Potential der möglichen Aufständischen, unter denen sich die Berufsverschwörer wie Bakunin oder Blanqui oder Vallès versteckt halten und auf ihre große Stunde warten, die dann auch kommt, ohne die Erwartungen zu erfüllen.

Ohne »antagonisme social« kein französischer Realismus als Darstellung der »wirklichen Verhältnisse«! Das gehört zum Konzept von Arnold Hausers »Sozialgeschichte der Kunst und der Literatur«, wo jene Klassenverhältnisse in der Stagnation wie in der Bewegung aufgezeigt werden, in denen seit dem 17. Jahrhundert in Frankreich bildende Künste und Literatur entstanden sind. Hausers Leistung besteht auch darin, daß er die zeitlich parallel verlaufenden Entwicklungen in England mit der ersten bürgerlichen Revolution und dem hohen Anteil der hier in Betracht kommenden »leisure-classes«, in Deutschland mit seinen Kleinresidenzen, deren Etatismus und der Entfernung der Intelligenz vom öffentlichen Leben, in Rußland mit dem Kampf der »Slavophilen« gegen die »Westler« und dem Aktivismus einer anarchistisch-nihilistischen Intelligentsia gegenüberstellt und in ihrer Ungleichartigkeit beschreibt.

Die besonderen französischen Verhältnisse als historisch-politische Grundlage für die großen Realisten: davon soll im folgenden die Rede sein. Frankreich bietet das klassische Vorbild für den Übergang der Feudalität in die bürgerliche Ökonomie, die Ablösung der feudalen Rente durch die Kapitalrente. Dieser Übergang erfolgt im Namen der Menschenrechte und zugleich durch den Terror. Er löst für die Zukunft den zweimaligen Wellengang in der Geschichte Frankreichs aus, der den neuzeitlichen Nationalstaat über Erste Republik, Kaisertum zum Königtum, dann über die Zweite Republik, Zweites Kaiserreich zur Dritten Republik führt. Es sind dies die historischen Stadien, die von den großen Realisten, von jedem zu seiner Zeit, fest in der Erinnerung aufbewahrt worden sind und von denen der Weg mitten in die Gegenwart hineinführt.

Ästhetik der feudalen Rente –
Königtum –
Opposition der Bourgeoisie

Mit dem Sturm auf die Bastille am 14. Juli 1789 ist für Frankreich das Ende des feudal organisierten Staats hereingebrochen und die letzte kurze Etappe bis zum Sturz der Monarchie eingeleitet worden. Beide Ereignisse, die gewaltsame Befreiung der Gefangenen aus dem Pariser Kerker wie der gewaltsame Tod des Königs und der Königin, schließen zwei verschiedene historische Entwicklungen ab. Sie gehören nicht zwangsläufig zusammen, wie es durch die zeitliche Nähe beim Ablauf der Revolution den Anschein haben könnte und oft stillschweigend geschlußfolgert wird.

Mit dem Bastillesturm ist der Feudalismus als System, soweit die bourbonische Monarchie nicht schon selbst an seiner Depravierung mitgewirkt hatte, in Frankreich am Ende. Aber in seinem Abtreten reißt er seinen Gegner mit, dem er sich bei der Bekämpfung einer neuen heraufsteigenden Gefahr wieder genähert hatte. Er zieht die Monarchie in seinen Fall mit hinein und erinnert sie dabei an die Unterwerfung, in die er durch sie hineingeraten war. Denn die großen Eigenherrschaften der alten Aristokratie waren von ihrem eigentlichen Gegenspieler, der zentralistischen Krone, in Dienst genommen worden und auf eine wirtschaftende Existenzweise ohne volle politisch-herrschaftliche Verfügungsgewalt, die bei der Monarchie lag, reduziert worden. So großzügig die Magnaten sich in den Provinzen darstellen konnten, gegenüber der Krone waren sie wenig. Diese Krone war unter Richelieu Recht auf Recht häufend vorgegangen wie keine in Europa mit Ausnahme der russischen, die da, wo sie höfisch auftrat, sich oft in den Bahnen ihres französischen Vorbildes bewegte. Prächtig ist die Aristokratie, wenn das Licht des Königs auf sie fällt. Denn er ist es, der heranzieht, mit Diensten versieht, Auszeichnungen verleiht, Pfründe schafft, Pensionen gewährt, andererseits Ungnade zeigt, von sich entfernt und damit an der tiefen Staffelung des französischen Adels mitwirkt. Dieser Adel ist als Klasse heterogen, er kennt zwar ein außergewöhnliches Zugehörigkeitsgefühl zu sich selbst, aber seine einzelnen Schichten scheuen keinen Aufwand, sich voneinander abzugrenzen. Er reicht von den unbestreitbaren Rängen der »Noblesse d'ancienne roche« und » de race«, der »Noblesse titrée« und »couronnée«, dem Hohen Klerus und Militär über den Brief- und Amtsadel bis hinunter zu den »hobereaux«, die auf der Stufe des Kleinbauerntums stehen, mit eigener Hand für den Eigenbedarf produzieren und froh sind, wenn sie sich und ihre Kinder am Leben halten können.

Darüber hinaus ist die Unterscheidung noch weitgehender und kennt die Trennung in Noblesse und Aristokratie. Die Noblesse ist nach dem Urteil eines ihrer Theoretiker »eine soziale Klasse, der das Recht Privilegien zuerkennt, die allein durch die Tatsache der Geburt auf dem Weg der Erblichkeit übergehen«. Zu der Noblesse im streng ausschließenden Sinn gehören etwa tausend Familien, für die der Reichtum zwar Voraussetzung, aber nicht unbedingt erstes Erkennungsmerkmal ist. Von der Aristokratie hingegen sagt der gleiche Autor: ihre »Glieder verdanken ihren Reichtümern, ihrer politischen Rolle, der Auszeichnung ihrer Ahnen ein Ansehen und einen vererbten Einfluß, aber genießen nur rein moralisch Privilegien«.[1] Das kann zu zwei verschiedenen Oberklassen mit zwei völlig verschiedenen Erscheinungsbildern und sozialen Funktionen führen, verhindert aber nicht den für die französischen Verhältnisse ungleich wichtigeren Vorgang, daß die Noblesse sich auch als Aristokratie fühlt, die Aristokratie, mit größerer Nähe zur gerade installierten Macht und größerer Praxis, sich mit ihr einzulassen, die Zugehörigkeit zur Noblesse für sich in Anspruch nimmt, beide ein anderes Verständnis für wenig ernstzunehmend halten und zur Bedeutungslosigkeit verurteilen. Bei einer von der Noblesse getrennt auftretenden Aristokratie ist im Begriff schon mit der Aufweichung des *allein* auf Geblüt beruhenden Klassenzugehörigkeitsprinzips gerechnet, was praktisch leicht die Regel sein könnte. Es sind aber in dieser Separation außerhalb der Klasse angelegte Ansprüche untergebracht mit der Tendenz, das von ihnen selbst anerkannte Manko durch Leistungen oder moralische Qualität zu ersetzen. Damit gerät sie in die Gefahr, sich selbst herunterzuhandeln, indem sie historisch und gesellschaftlich inferior erscheinende Maßstäbe auf sich selbst anwendet. Der Adel als Noblesse wird im 18. Jahrhundert als »noblesse du sang«[2] bezeichnet und bleibt in diesem vom Mittelalter überlieferten Verständnis unbesorgt um doktrinäre Eindeutigkeit, kennt nur flüchtige Anzeichen des biologisch Aufgeklärten und bewegt sich eher nach den Vorlagen vorromantischer Mystik.

Die Stellung, die Ludwig XIV. dem Adel auf dem Reformweg genommen hatte, kann der Adel von den Zeiten der Régence an durch Rückgewinnung hoher Ämter in Regierung und Verwaltung langsam wiedererlangen und bis zum Ausbruch der Revolution halten. In der zweiten Hälfte des 18. Jahrhunderts liegt bei einer Gesamtbevölkerung von 28000000 sein Anteil bei 300-400000, also einem Prozentsatz von 1,5. Diese Zahlen werden interessant durch den Vergleich. In Ungarn liegt der Anteil beim Verhältnis 9000000 : 416000 bei knapp 5 %, in Rußland bei einem Verhältnis von 25000000 : 500000 bei 2,5 % und in Polen bei einem Verhältnis von 7000000 : 725000 gar bei über 10 %. Entsprechende Zahlen sind für die deutschen Verhältnisse schwer beizubringen wegen der Buntscheckigkeit der Territorien, der nicht immer leichten Einordnung der »Ritter«, des sich hier und da dem Adel zurechnenden städtischen Patriziats, doch ist der Anteil höher als in Frankreich anzusetzen.[3] Der geringe Prozentsatz in Frankreich spricht nicht dagegen, daß der Adel, von der höfisch-zentralistischen Monarchie unter Kontrolle gehalten, gerade als heterogene Institution auf der Grundlage der Landseigneurie ungestört wirtschaften und ein Ensemble verschiedenartigster Revenuen, Dienste, Deputate, Gebühren, Einkunftstitel, Pfründen behaupten kann; er besagt vielmehr, wie konzentriert seine Herrschaftsleistungen selbst bei beschränkter Teilnahme an den

Parlamenten und der höfischen Ministerialbürokratie waren. Und dies angesichts einer Bourgeoisie, die durch ihre Wirtschaftskraft die Rolle aus der vorabsolutistischen Zeit bekräftigen und während der Regierung Ludwigs XIV. mit wachsendem Vorrang weiterspielen kann. Denn diese Klasse führt schon an eine neue Tatsache heran: was geschieht mit dem Teil des Adels, dem man den Zugang zur Bürokratie versperrt und den Armee- und Kirchendienste nicht ganz fassen, dem man aber die Möglichkeit zum Erwerb von Vermögen nicht nehmen kann? Also Zugang zu Handel und Erwerb! Es tauchen mit der Gesellschaftsreform Ludwigs XIV. eine Vielzahl von Fragen auf, die der Zulässigkeit eines solchen Übergangs überhaupt galten, dabei die Anfänge des Klassenverlusts herausstellen und umgekehrt das schnellere Eindringen von Großhändler-Roturiers in den Adel für ihn befürchten lassen.

In der Molièreschen Komödie sind die herrschenden Tendenzen hervorgekehrt, sie zeigt offen, wo die Schwerkräfte liegen. Molière, der das regierende System kennt wie kaum ein anderer und es in der Satire mit Spott versieht, ridikulisiert noch mehr diejenigen, die aus der Schattenseite des Systems heraustreten wollen. Der »Bürger als Edelmann« trifft darum die Zeitgenossen so scharf, weil er eine stehende Figur ist; den »George Dandin« hat Molière als »eine vielsagende Lektion an alle Bauern« verfaßt, »die sich über ihre Verhältnisse erheben wollen«, wie er seinen Titelhelden im Eingangssatz des Stücks sagen läßt. Trotz Zensur und Aufführungsverboten sind seine Stücke höfische Komödien. Das beweist, daß sie der König selbst gegen ihre Gegner in Schutz nahm. Sie reproduzieren das Personal der Residenz, machen sich trotz herausfordernder Bosheiten durch Witz und ästhetische Nuance zu richtenden Instanzen. Hier wird das von der Seigneurie mit der Bodenrente begründete Verhältnis zwischen Herr und Diener exemplarisch, treten höfische Kavaliere, den Degen führende Offiziere neben Advokat, Privatier, Bauer, Gelehrtem, Arzt, Apotheker, Geldverleiher auf. Was hier als Mittel der Komik am Ende immer zu Lasten der auf Arriviertheit bedachten Klassen geht, schlägt andererseits negativ zu Buche in der Unfähigkeit des vielschichtigen Adels, die bürgerlichen Elemente, die ihm an Wirtschaftlichkeit und philosophisch-literarischer Kultur überlegen sind, in sich aufzunehmen. Er nimmt sie nicht auf, auch wenn er wirtschaftlich und philosophisch-literarisch mit ihnen in Verkehr tritt, weil er sich nach günstigster Selbstauslegung wirtschaftliches Kalkül nur unter Preisgabe seiner alten Tugenden zu eigen machen könnte. »Literatur« ist die Ausnahme, die einen Verkehr von gleich zu gleich zuläßt. Voltaire bleibt nicht nur für die »Noblesse d'ancienne roche«, sondern selbst für den kleinen dienenden Amtsadel ein Mann anmaßender Arriviertheit, der als »philosophe« außerdem die Sitten verdirbt. Diese von oben nach unten weiter wirkende Adelsdoktrin wird ihm im höfischen Verkehr zeitlebens zu schaffen machen. Denn auch Etikette zelebrierendes dienstfertiges Schranzentum nimmt Anciennität, und sei sie erdacht oder sehr kurzfristiger Art, für sich in Anspruch.

Diese Maximen sind als solche nicht revidierbar. Sie regeln den Verkehr zwischen den Klassen und entwickeln eine in das Zeremoniell, die Form der Sprache, die Intonation der Wörter hineingelegte diskrete Bedeutung im Einklang mit Gesten und Blicken, worin graduell gestaffelte Würden verteilt werden. Die Etikette ist immer auch darum notwendig, weil sie lautlose Entscheidungen trifft und eine Begründung überflüssig macht. Von ihr ist das Leben der Salons geleitet, in denen sich die mit erlesener Gebärde empfangene literarische Intelligenz aus Materialisten, Mechanisten, Enzyklopädisten, Ideologen bewegt. Der Adel respektiert den Aufruhr des Geistes in der literarischen Gestalt, zieht den Schöngeist so in seine Lebensformen hinein, erlangt damit dessen Mäßigung und sogar seine nachdrückliche Anerkennung. Denn eine derart kanalisierte Kritik kann seine Abschaffung ernsthaft da nur meinen, wo der »philosophe« auf sein Mitwirken im gesellschaftlichen Spiel verzichtet, wo er riskiert, darin nicht mehr mitwirken zu dürfen. Das aber liegt außerhalb seines Gesichtskreises, weil er sich so nicht nur um seinen Einfluß gebracht sähe, sondern auch um seine Existenz als Schöngeist. Was wäre selbst die große plebejische Bewegung um Rousseau ohne die Verkünstelung, gegen die sie sich im Namen der »Natur« richtet, wenn sich ihr Begründer ebenso wie seine Anhänger nicht in der Ambiance des Salons ihrer Ideale versichern könnten. Alle diese Philosophien sind institutionslos, haben darum keine großen Alternativen, am wenigsten die, sich in der Nähe oder auf Kosten der Bourgeoisie zu bewegen. Denn die von den Manufakturen, Handel, Seefahrt, Bankwesen, städtischen Grundrenten erzeugte Klasse hat, was sie anzubieten hätte, selbst nur erborgt – mit Ausnahme des großen Reservoirs an Kräften und Talenten. Von ihr hat das aufbegehrende oder skeptische Literatentum nicht viel zu erwarten. Mehr als nach der Pflege der Künste und der Literatur steht ihr der Sinn nach wirtschaftlichen Aktivitäten, dem Bau von Kanälen und Hafenanlagen, dem Aufschwung der Industrien. Gerade die mäzenatische Funktion von Kreisen des Adels gegenüber der vorrevolutionären Intelligenz zeigt, wie sehr er unter Ludwig XIV. an das Bürgertum abgegebene Positionen wieder zurückgewonnen hatte. Aber der Adel erlebt dafür viel stärker als früher die nicht ohne weiteres auf den ersten Blick erkennbare Auflockerung des grundherrschaftlichen Systems durch bürgerliche Großpächter mit eigenen Besitzambitionen und den Übergang von Seigneurien in die Hand des Kapitalisten, der in der Lage ist, Regeln der feudalen Bedarfsdeckung unbesorgt zu vernachlässigen. Neben den im Dienste der grundherrlichen Eigenwirtschaften stehenden, durch ein diffenrenziertes Staffelungssystem aufgesprengelten Bauern, Landarbeitern, Fronknechten, ist es die Boden in Besitz nehmende, ihn mit Spekulationen bedenkende Roture, die Schicht des bürgerlichen Großbesitzes, vor der sich der grundbesitzende Adel vorzusehen hat. Hier werden erst bei der Revolution die Karten offen gezeigt, als sich die Teile des bürgerlichen Grundbesitzes, die die Aristokratie zur Ader gelassen hatte, sich auch fallweise noch auf die Seite der Totschläger stellen.

So wurde die Uneinsichtigkeit des Adels, der bei der Schwäche des Königs dabei ist, sich immer weiter wachsende Macht im Staate anzueignen, durch eine perfide Voraussicht beantwortbar. Hier zeigt sich ein Spiel der Koalitionen in seiner Kompliziertheit. Intransigenz des grundherrschaftlichen Adels kann von der Auspressung der Bauern durch bürgerliche Verwalter akkompagniert werden, herrschaftlich wirtschaftende industrielle und finanzielle Bourgeoisie kann sich später der Seite der Expropiierten zurechnen und zugleich auf der Seite der neuen Herrschenden stehen. Mit solchen aus der Wirklichkeit abgeleiteten Fällen wird die Balzacsche Phantasie aufwarten und sie erzählerisch weitertreiben.

Es ist in der vorrevolutionären Bewegung ein beständiger sozialer Antagonismus am Werk. So bedeutet die Régence mit der Auflockerung der staatlichen Kontrolle über den Adel die eigentliche »Wiege des dritten Standes«, weil nämlich jetzt der Zentralismus in seiner strengen Form sich zu mildern beginnt, große Gewinne der Unternehmer, Fabrikanten, Händler in Bewegung gesetzt werden, Kaufleute und Industrielle die Grundlagen für die politischen Aktivitäten der Bourgeoisie als der Klasse der Zukunft herstellen. Als solche ist sie schon dabei, die Bildungsmittel in Anspruch zu nehmen, die sie schafft. Und sie schafft sie gerade über die Literatur, an der das Bürgertum durch Bücher schreibende Talente und auch durch Leser in immer größer werdendem Maße teilnimmt; wenn es auch als mäzenatische Schicht unbeträchtlich bleibt, jedenfalls mit dem Adel in keinen Vergleich gesetzt werden kann, so wächst doch gerade hier der gebildete Leser heran. Und das ist der Leser Voltaires. Wie kein anderer steht Voltaire für den bürgerlichen Fortschrittsglauben und das heißt dafür, daß sich die Menschheit auf die Bahn der Vernunft zu begeben und aller Mystik und Metaphysik aufzusagen habe. In Voltaires antiklerikaler Wendung lag zugleich die heftigste Absage an alle *féodal* getönte Religiosität, die in den Predigten Bossuets, der Seelsorge und Pädagogik Fénelons gültige Stilformen für nobles geistliches Verkehren oder zeremoniell überwachte Ekstasen frommer Natur besaß. Voltaire verkörpert das ganze Selbstvertrauen des großen Aufklärers, der schon die Vorzüge der neuen zukunftsträchtigen Klasse in sich vereint, zwar selbst mit seigneurialen Allüren auftritt und sich mit seinem Namen und Ruhm über den höfischen Adel hinwegsetzt, indem er mit den gekrönten Häuptern in Berlin und St. Petersburg direkt und von gleich zu gleich Beziehungen unterhält. Dazu verhilft ihm, der an keinem Institut lehrt, sondern selbst Institut ist, auch sein für die Zeitverhältnisse riesiges Vermögen, u. a. in englischen Effekten, das seine Unabhängigkeit perfekt macht und die Überlegenheit des mobil gehaltenen Kapitals gegenüber den von unbeweglichem Grundeigentum produzierten Bodenrenten noch in die Bewegung des Geistes einziehen läßt.

Es ist gerade der soziale Antagonismus mit ständiger Umkehrung von Fronten und Koalitionen, der die Verhältnisse der Revolution zutreiben und diese im entscheidenden Augenblick »wie von selbst« ablaufen läßt. So kann Montesquieu als aus der Aristokratie stammender Kritiker des Absolutismus in »De l'Esprit des Lois« die Gewaltenteilung nach englischem Vorbilde fordern, so können Adel und Bürgertum in Fragen des gemeinsamen Nutzens zusammen gegen die Monarchie paktieren, die später vom Adel in dessen eigenen Fall hineingezogen wird und gewaltsam zu Tode kommt. Die absolute Macht Ludwigs XIV. hatte immer auch auf der Ausgewogenheit im Kräftespiel der beiden von ihm beherrschten Klassen beruht, die seine Nachfolger nicht mehr zu erhalten verstehen. Hatte unter Ludwig XV. der Bürger schon Schwierigkeiten, Offizier zu werden, so wird er durch das Edikt von 1781 unter seinem Nachfolger von der Militärkarriere ganz ausgeschlossen. Natürlich konnte sich der Adel auf die Erfahrung berufen, durch Zugeständnisse die Bourgeoisie zu immer neuen und höheren Forderungen zu ermuntern, und wies sie darum eher von vornherein ab. Das Gleichmaß des auskömmlichen Miteinanderlebens, wie es das 16. und 17. Jahrhundert noch kannten, wird im Verlaufe des 18. Jahrhunderts mehr und mehr gestört. Mit den Erfolgen der Bourgeoisie in der königlichen Administration und in den Manufakturen, die dem Lande einen großen Aufschwung bescherten, hatte sich das Gefühl der Konkurrenz immer stärker herausgebildet. Es spitzt die Gegensätze zu, vergiftet das Verhältnis von Grund auf, schafft ein alle Beziehungen durchdringendes unerträgliches Klima. Je mehr der Adel dabei ist, trotz der vorhandenen Privilegien seine Macht zu verlieren, desto mehr klammert er sich an sie und kehrt alles das hervor, was er der Bourgeoisie voraus hat. Je mehr das Bürgertum seinen wachsenden Reichtum vorzeigt, desto mehr zeigt der Adel seine alten Rechte vor, desto ostentativer wendet er sie an. Jede Klasse späht nach den Schwächen der anderen aus, begegnet ihnen, sucht sie für sich zu nutzen. Gerade die Unbelehrbaren im Adel, die keinen Fußbreit ihrer Vorrechte aufzugeben bereit sind, allenfalls neue hinzuzubekommen für sich in Anspruch nehmen, haben *eine* große Schwäche der Bourgeoisie richtig erkannt: die in ihr angelegte Tendenz, grenzenlos zu imitieren. Warum sollen sie sich ändern, wenn in der neuen Klasse zahlreiche Bewunderer ihres Stils und ihrer Lebensformen heranwachsen und durch sie die Allianz mit ihnen suchen. Aber das Gefühl für den unwiderruflichen Abbau der Macht und der Abbau selber nehmen dem Adel die Arglosigkeit seiner großen Zeit, er kapselt sich ab, verkehrt vornehmlich mit sich selber, nicht mehr realisierbare Vorstellungen fangen an, sich in das Gift von Wahnideen zu verwandeln.

Dahinter stand das unwiderstehliche Aufsteigen eines Finanzunternehmertums, das aus der Staatsmisere durch die Lawsche Papiergeldspekulation gestärkt hervorgegangen war. Laws Ausgabe von Bankscheinen war eine vom Herzog von Orléans gewünschte Maßnahme zur Einführung der englischen Ökonomie, die angesichts des zentralistischen Etatismus am Hofe fremdartig erscheinen mußte, hier aber als Heilmittel zur Beseitigung aller Geldsorgen dienen sollte. Das Experiment, das zeitweilig zur Abschaffung des Metallgeldes führte, mißlingt und endet mit einem großen Eklat. Aber es schlägt dem Adel von nun an nur vordergründig zum Vorteil aus, daß er seit der Régence wieder näher an die Krone heranrückte, sie bei der Besetzung von Staatsstellen erfolgreicher als früher für sich in Anspruch nehmen kann, ungestörter im Besitz der Steuerpachten dahinlebt, in der von Voltaire bekämpften Kirche wie nie zuvor kultisch brillieren und dem Ämterkauf huldigen kann. Die finanziellen und industriellen Großvermögen hatten die Staatskrise durch Laws mißglückte Papiergeldschöpfung zur Sanierung der Staatsfinanzen nicht nur nicht überstanden; deren Ruin fällt darüber hinaus zu Gunsten der Bourgeoisie aus. Der Adel, dem man die Konkurrenzlosigkeit seiner Söhne in Armee und

Kirche vorwirft, ist auf dem Lande oft umgekehrt zum Eintritt in Staats- und Kirchendienste gezwungen, weil in der seigneurialen Bewirtschaftung Formen des geldlosen Deputats überwiegen, während wachsende Einkünfte in Geld allein der Bourgeoisie zufließen.[4] Das gilt vor allem für die Reeder und Financiers der ersten Kategorie, während die Textilindustrie in Lothringen und Lyon mit den Schwierigkeiten des teuren Geldes zu tun haben. Turgots von der Vernunft inspirierte Politik, die Gesetzmäßigkeiten der physiokratischen Lehren in Gang zu bringen, rechnet schon mit dem Geld als einer Ware wie alle anderen. Durch diese Anschauungen und ihre Praxis wird die Herrschaft des alten, aus der spätrömischen Antike herüberreichenden großen Grundeigentums und der durch Geburt und Interessen, Dienste und Neigungen mit ihm verbundenen Schichten Zug um Zug abgeschwächt. Die Physiokraten, die ihre Theorie nicht nur unter feudalem Etikett entwickeln, deren Dienstbarkeit für das feudale System auch von ihm selbst nicht im geringsten angezweifelt wurde, besorgen praktisch, was sie gar nicht wollen, nämlich: die Untergrabung der feudalen Agrarkultur zu Gunsten der manufakturell und im Handel tätigen Klassen. Für die Physiokraten war die Landwirtschaft die einzige ökonomische Produktionsbasis, der einzige Wirtschaftszweig, der zählt, weil er Mehrwert schafft. Damit werden die industriellen Tätigkeiten der Bourgeoisie in das Ansehen unfruchtbarer, d.h. keinen Mehrwert schaffender Tätigkeiten gebracht. Mit der Anwendung der physiokratischen Lehre auf die Praxis des absolutistischen Staats setzt eine nicht geahnte, nicht gewollte, überhaupt nicht in das Bewußtsein der Theoretiker dringende Dialektik ein, die das, was verhindert werden soll, vorantreibt und das, was vorangetrieben werden soll, verhindert. Denn eine Produktion, die zur einzigen Quelle des nationalen Reichtums erklärt wird, muß die Ehre damit bezahlen, daß die Steuern auf die Grundrente, auf den Bodenertrag als dem einzigen, das in Betracht kommt, geschlagen werden, während die Bourgeoisie mit wirtschaftlichen Aktivitäten, denen die Physiokraten ausdrücklich Bedeutungslosigkeit bescheinigen, in fröhlicher Steuerlosigkeit dahinleben kann. Hier hatte, im Schoße der Feudalität und zu deren Nutz und Frommen gedacht, die politische Ökonomie schon längst die Instrumente geschaffen, ein Vorgang, von dem Marx, der ihn in seiner »Zwieschlächtigkeit« erfaßt und seine Methode beschreibt, sagt: »Der Feudalismus wird sub specie der bürgerlichen Produktion reproduziert« mit den Konsequenzen: »Indem so der Feudalismus verbürgerlicht wird, erhält die bürgerliche Gesellschaft einen feudalen Schein«.[5] Die industrielle Produktion wird sich selbst überlassen. Man kann sie sich selbst überlassen, weil sie nichts schafft, weil sie gegenüber der Natur als dem Automaten für die Agrikultur nur deren Anhängsel ist. Wenn sie aber nichts schafft, dann sind alle Widrigkeiten, die sie der Agrarkultur bereiten könnte, am besten dadurch fernzuhalten, daß man sie gewähren läßt. Die Industrie schafft nichts, sie verwandelt nur das ihr von der Agrikultur gegebene. Aber indem die Physiokratie den Adel von den Arbeitsvorgängen der Bodenwirtschaft her als produktive Klasse, als das eigentliche Landeigentum verherrlicht, indem sie ihn ästhetisch bejaht auf Kosten der industriellen und kommerziellen Klassen, verneint sie ihn bereits ökonomisch, legt sie bei Turgot den noch bei Quesnay vorhandenen »feudalen Schein« ab, zeigt sie sich tatsächlich als im Dienste der kapitalistischen Warenproduktion stehende Doktrin, mit der die bürgerliche Gesellschaft darangeht, sich auf den Trümmern der Feudalität einzurichten.

Es waren Trümmer, die bereits die absolute Monarchie aus dem Feudalismus gemacht hatte. Die Bedingungen, unter denen sich die bürgerliche Gesellschaft jetzt aus der Feudalität löst und ihr selbst den letzten entscheidenden Stoß versetzt, waren Bedingungen in einem Agrarland, die sich von denen in einem mehr industriellen, noch dazu großen Seehandel treibenden Land wie England unterscheiden. Hier werden die Zirkulationswege des Geldes stärker und schneller frequentiert, wird auch das fertige Warenprodukt weniger auf seine Funktion für den Mehrwert befragt als in der agrarischen Sphäre der Physiokraten. Das Balzacsche »Geld« hat später im Vergleich zum »Geld« bei Thackeray die von der physiokratischen Praxis getönte Denunzierung des Geldes als Tauschmittel in der Hand einer Rotüre gegenüber der noblen »Geldlosigkeit« einer Landbesitzerklasse hinter sich, die über die Steuer der Grundrente veranschlagt wird. Es ist – streng genommen – immer auch die Steuer der Grundrente, die unter Turgot die Adligkeit sozial heraufsetzt, während sie sie ökonomisch bereits abschwächt. Für Colbert war Frankreich noch wie eine Domäne des Königs zu verwalten gewesen. Es sind die Physiokraten, die der Anhäufung persönlichen Reichtums unbefangener gegenüberstehen, in der Bereicherung des Bürgers einen zum Nutzen des Staats ausschlagenden Egoismus sehen. Das entspricht keineswegs den Ansichten der Bourgeoisie schlechthin, wohl aber der Fraktion, wie Turgot und Quesnay sie verkörpern, die den vorrevolutionären Aufstieg der Klasse am weitesten vorantreiben. Dabei ist Turgot selbst kein Bourgeois, sondern gehört zur Schicht der dem Adel nahestehenden Staatsfunktionäre, er denkt jedoch schon in den Vorstellungen der bürgerlichen Unternehmer und kann sie gegen alle Rückständigkeiten des feudalen bedarfsdeckenden Wirtschaftens wenigstens als hinzunehmende Doktrin durchsetzen. Die Ökonomisten ebenso wie Turgot und Quesnay orientieren ihre wirtschaftlichen Vorstellungen an der Praxis von Angebot und Nachfrage und lassen sie auch für den Geldhandel gelten. Turgots Verordnung vom November 1774, die den Verkauf des Getreides über die Provinzgrenzen hinweg freigibt, die »Marseillaise du blé«, setzt das entscheidende Wegezeichen. Sie bewahrt Frankreich vor der herkömmlichen Vernichtung von unverkauften Ernteerträgen, trifft dabei weniger die seigneuriale Ökonomie und den eingerichteten Getreidehandel als solchen, aber schwächt den Landadel in seinem Verhältnis zu den vom Freihandel geförderten Schichten der Bourgeoisie. Turgot korrigiert die Vorstellung, daß der Nutzen der Seigneurien und der Vorteil des Landes zusammenfallen. Damit werden nur Folgen der schnelleren Geldzirkulation bei wachsenden Geldmengen weitergetrieben. Während der Lawschen Papiergeldschöpfung waren beträchtliche Gelder von der Londoner Börse nach Frankreich geflossen und von hier wieder für ihr englisches Herkunftsland zum Nachteil der französischen Staatswirtschaft abgezogen worden. Wenn solche Summen für solche Börsenmanöver unter den Auspizien des

Regenten verwendet wurden, bedeutete das auch immer Schwächung der reglementierten Formen des zentralistischen Staats und die Unterwanderung seiner Administration, die freilich ebenso von anderer Seite erfolgt, nämlich von jenem Unternehmertum, das die staatlichen Manufakturen in der Hand hat und mit seiner Entscheidungsbefugnis über die Staatsfinanzen sich leichter als andere große Privatvermögen anlegen kann.

Wenn etwas die Bourgeoisie trotz aller gesellschaftlichen Überlegenheit des Adels auf dem unwiderstehlichen Vormarsch zeigt, dann die Tatsache, daß zwischen 1716 und 1789 der französische Außenhandel sich vervierfacht.[6] Das schlägt am wenigsten für die seigneurial wirtschaftenden Agrarschichten zu Buche, treibt aber die manufakturell produzierenden, aus ihnen über den Handel Nutzen ziehenden Schichten voran, ermöglicht diesen, dem Adel ihren wachsenden Reichtum vorzuführen, und läßt umgekehrt den Adel wieder mit dem rankünisieren, was er dem Bourgeois voraus hat. Im fortschreitenden Auseinanderfallen von sozialem Rang, Teilnahme an Staatsadministration, Militär, Klerisei, gesellschaftlicher Superiorität der feudalen Rente einerseits und steigenden Gewinneinkünften durch Warenproduktion, Erwerb, Handel, Export, Kapitalrente der bürgerlichen Mittelklassen andererseits, konstituieren sich *alle* Denkfiguren der Enzyklopädisten, Philosophen, aufgeklärten und halbaufgeklärten Köpfe, kommt die *Literatur* schlechthin zustande, zeigt sie auf, wie sie selbst von der jeweiligen Nähe zu oder Ferne von den hier möglichen Formen des Wirtschaftens oder auch der Kombination mehrerer und ganz verschiedener ihr Timbre erhält.

Die Zeichen sind unübersehbar: Frankreich auf dem Marsch zur Revolution, die nicht gemacht wird, sondern von den vorgegebenen Bedingungen her abläuft, bekommt durch den gestörten Verkehr in den Klassenbeziehungen die Richtung gewiesen. Nicht die Armut im Lande wird auslösendes Moment für den Bastillesturm, denn Frankreich hat nie in seiner Geschichte einen größeren Reichtum gehabt als seit den Tagen Ludwigs XV. Nicht die Bauern, die die Schlösser stürmen und sie niederbrennen, sind die Initiatoren des Aufstandes in den Provinzen. Auch die reichen Bürger von Paris stehen nicht Seite an Seite mit den Bastillekämpfern; sie mögen die Revision der Klassenverhältnisse wünschen, ihre Köpfe sind mit anderem beschäftigt als mit irgendeiner Praxis der revolutionären Gewalt. Aber der bestehende Reichtum bis in die Landstädte hinein hatte auch neue Armut geschaffen, er schafft sie bei den Schichten der Bourgeoisie, die von Renten zehren, die die Beschäftigungslosigkeit als Stil kultivieren, politisch desinteressiert sind, gewöhnt waren, von ihren Ersparnissen leben zu können, und sie durch steigende Preise dahinschmelzen sehen. In ihrem Ruin, durch Turgots physiokratische Ökonomie von Angebot und Nachfrage als Kehrseite der blühenden Manufakturen und des einträglichen Handels herbeigeführt, begegnen sie Teilen des verarmten und widerstandslos dem Verfall preisgegebenen Adels.

Die Literatur reproduziert auch hier die Anarchie der materiellen Verteilungsverhältnisse, die sich aus dem Umbau der vorrevolutionären Gesellschaft ergibt. Marivaux' »Jeu de l'amour et du hasard« beruht auf dem sozialen

Schein, der es unmöglich macht, in der Verkleidungskomödie zu erkennen, wer Herr und wer Diener ist. Nicht Corneille oder Racine sind die Lieblingslektüre des Volkes, wohl aber ist es Prévosts »Manon Lescaut«. Wo die höfische Kultur bei ungefährdetem äußerem Weiterbestand ihre alte Sicherheit zu verlieren beginnt, droht der am engsten mit ihr verbundenen Klasse die Gefahr der Grenzüberschreitung durch die erotische Leidenschaft als unkontrollierbarem Phänomen. Die Liebe wird – und darum ist Prévosts Roman ein echtes Werk der Régence – degradiert, zum wilden, unerlaubten Exzesse gemacht, gegen den durch Verdächtigungen mit verschiedensten Gründen ein sozialer Abwehrmechanismus seine Arbeit verrichtet. Wenn der Verfasser der »Manon Lescaut« »noch das unbewußte Werkzeug des Konservativismus«[7] ist, so gilt das später unter anderen Verhältnissen selbst für Rousseau, der demonstrative Beschäftigungslosigkeit allem anderen vorzieht, und sei das aus ihr hervorgehende Elend noch so groß. Voltaire gehört wirtschaftlich zu den von der Physiokratie Begünstigten und verhält sich schriftstellerisch-ästhetisch nach den Regeln der Klasse, die er bekämpft. Aber Voltaire stellt wiederum auch den striktesten Gegensatz zu Rousseau dar. Das bringt ihn in die Nähe jener »Philosophen«, die in Rousseau ihren ausgemachten Gegner sehen müssen. In seinem Kampf gegen die katholische Kirche kannte Voltaire keinen Kompromiß. Rousseau gerät dagegen mit seinem neuen Glauben zwischen die Fronten. Er ist für die »mit dem Herzen Fühlenden« annehmbar, vollzieht sogar eine Wiederherstellung der »Religion« gerade dadurch, daß er ihre dogmatischen Institute preisgibt. Gespaltenheit des Charakters gehört zu seinem Lebensgesetz. Aus der abgerissenen Gestalt Rousseaus, der die »Nouvelle Héloïse« schreibt und seine Armut zur Schau stellt, blicken uns schon die Züge Robespierres entgegen. Er bekämpft den Intellektualismus und ist selbst ein Typ des vorrevolutionären bürgerlichen Intellektuellen wie Voltaire und Diderot, die sich in ihrem Kampf gegen die katholische Religion und die Jesuiten als der Avantgarde der Sadisten nahekommen. Auch damit erreichen beide zu ihrer Zeit die höchste Höhe der Weltzivilisation, auf der sich nach ihnen in künstlerischer Hinsicht Stendhal und Flaubert, und dies nicht zuletzt ihrer psychologisch tief dringenden Durchleuchtung des »Religiösen« wegen, von ganz verschiedenen Standorten und mit ganz verschiedenen erzählerischen Mitteln bewegen werden. Was Voltaire weiter mit Diderot verbindet, ist die dezidierte Verachtung gegenüber den Parlamenten in der bourbonischen Monarchie, wo Adel und bürgerliches Vermögen über die Anschauungen der Klassen hinweg geglückten Verkehr demonstrieren, der Bürger auf Grund des Vermögens seine Zugehörigkeit erhält, sich hier stilistisch und oft noch darüber hinaus dem Adel annähern kann und der Mann des Adels die Angebote zur Vergrößerung seines Vermögens wahrnimmt. In der Restauration wird nach der Unterbrechung durch die Napoleon-Zeit der »Parlamentarier« wieder erstehen, wie ihn Balzac in »Le Bal de Sceaux« ins Spiel bringt, und zwar als von den Ansprüchen zweier Klassen erfüllter Angehöriger einer dünnen oligarchischen Schicht. Wenn Balzac hier von »dieser illustren Kammer« spricht, »die an Verdauungsstörung zu sterben scheint«,[8] dann ist damit ausdrücklich an ihre Funktion des ökonomischen Rollenaustauschs der beiden Klassen, und zwar nach den wiederaufgenommenen Spielregeln des Ancien Régime gedacht.

In der Oligarchie der Parlamente, die im Gegensatz zu Administration, Militär, Kirche während des 18. Jahrhunderts schon zu den Stützen des reich gewordenen Bürgertums zählt, waren natürlich die Waffen der revolutionären Ideen sehr stumpf. Es gab Ausnahmen wie Robespierre, der in der *assemblée* von Versailles den »Dritten Stand« als Abgeordneter vertritt. Hier werden die Fronten in der Regel bis zur Bedeutungslosigkeit verschwinden, kennen sie das beständige Ineinanderübergehen der gegnerischen Fraktionen. Denn was immer die Bourgeoisie und ihre entwickeltsten ökonomischen Schichten mit dem Volk gegen den Adel verbinden mochte, so war sie doch selbst nicht das Volk. Die Bourgeoisie kämpft zwar gegen die Privilegien des Adels, aber sie läßt erkennen oder erfährt es, wenn sie es vorher nicht gewußt hat, spätestens beim Ablauf der Revolution, daß sie selbst Privilegien hat gegenüber dem Volk. Die französische Bourgeoisie ist – wie es Joseph Aynard als einer ihrer größten Kenner ihr nachsagt – auf ihre Weise schon als konservative Klasse in die Revolution eingetreten. Ihre Vorstellungen vom Fortschritt sind nicht gegen die Praxis der auf Angebot und Nachfrage beruhenden Ökonomie Turgots gerichtet. Hier bestanden für den Industriellen, Fabrikanten, Händler in durchweg prosperierenden Zeiten keine Anlässe, einen Wandel herbeizuwünschen. Ändern will der Bourgeois und muß er wollen die ungefährdete Geltung feudaler Privilegien bei fallendem Anteil der feudalen Renten am Nationaleinkommen. Die Krise trifft später die von Necker geleiteten Staatsfinanzen, und sie trifft die Funktionäre der Administration mehr als die Erwerbs- und Commerzschichten, die wie die privaten Geldvermögen die Revolution nicht nur überstehen, sondern nach der Vernichtung der Feudalität und der Monarchie gestärkt aus ihr hervorgehen. Hier zeigt sich die Bourgeoisie beim Eintreten in die Revolution in ihren Motiven tief gespalten: von der alles sich unterordnenden Interessenlage des Großbesitzes her will sie die Egalität nicht ökonomisch, weil sie hier die Egalität gegenüber dem Adel nicht braucht und sie gegenüber dem Volk nicht wünschen kann, sondern sie will sie gegenüber dem Adel politisch, als »Egalität der Bedingungen«,[9] und schart sich um den citoyenhaften Kern als dem kämpferischen Element der Klasse, den Teile von ihr später fürchten lernen und der nur darum nicht voll auswächst, weil er der Zellteilung unterliegt.

Mit Neckers Dienstanstritt erhält die Monarchie, wie sich später herausstellen sollte, ihre letzte Chance, nach seiner Entlassung treibt sie führungslos dem Ende zu. Der Weg von Turgot zu Necker hat die Logik der Zwangsläufigkeit für sich, die sich die Geschichte manchmal leistet. Necker ist zweifellos kein Mann der Seigneurie, er ist in deren Augen etwas Beunruhigendes, er ist Bankier und dazu ein Mann auf der Seite der Konsumenten gegen die Eigentümer. Wo Reiche, die »Eigentümer«, und Arme zusammenleben, leben sie zusammen wie reißende Tiere neben wehrlosen Opfern. Das ist die Lehre, nach der der Minister Ludwigs XVI. seine Finanzpolitik einrichtet und die einzige, nach der wenigstens kurzfristig noch regiert werden kann.

Hier war in der Politik die Folgerung gezogen, die Frankreichs Rückkehr vom Versailler Königsbarock zu den Tuilerien aufnimmt, wie sie seit der Régence eingesetzt hatte und stufenweise die stilistische Umfärbung der Geschmackskultur nach sich zieht. Die Kombination der üppigen Goldbronce, kräftigem Rot und dunklem Blau mit schwerem Marmor zum Zwecke repräsentativer Großräumigkeit weicht dem Willen zum Intimeren, Diminutiven. An die Stelle des königlichen und staatlichen Auftraggebers treten mehr und mehr private Bauherrn, die »hôtels« und »petites maisons« bevorzugen, im Interieur für die Ausstattung der Cabinets den Zwischentönen wie dem Hellgrün und dem Rosa Gefallen abgewinnen. Im Rokoko finden sich Aristokratie und Großbourgeoisie zusammen, stimmt sich die *eine* auf das mit kleineren Maßen rechnende Raumbedürfnis der *anderen* ein, erreicht diese durch Übereinkünfte im Ästhetischen die Höhe jener, die ihr politisch versagt bleibt. Das Rokoko wird letzter Ausläufer einer mit der Renaissance beginnenden Entwicklung, die sich in ihm tumultuarisch verflüchtigt, die Ordnungselemente des Barock auflöst, sie zum Sujet des Spiels und der Verspieltheit macht. Es ist eine Kunst des Zierats, die sich der Laune überläßt und statische Rudimente in fließende, flutende Bewegtheit bringt. Der Regelgedanke, der in Le Nôtres Gartenanlagen mit durchkanalisierten Landschaften, geometrisch zugestutzten Hecken, Carrousels, in Le Bruns apotheotischer Historienmalerei und Gobelinkunst, in Corneilles Tragödien lebendig war, hat seine Kraft verloren; pikante Unordnung greift um sich und läßt der Willkür freien Lauf. Das heißt, daß auch die Bourgeoisie jene Demokratie, die ihre mittleren und unteren Schichten fordern, in ihren Oberschichten mit ihrer Teilhabe an dieser Kunst der delikaten Schwebe nicht will und wollen kann. Als Stil wird das Rokoko Erkennungszeichen für monarchischen Legitimismus, darin geht es über die Einzelkünste und Ländergrenzen hinaus. Aber in der Zuspitzung der auf gefällige Eleganz, Outriertheit des delikat-Spielerischen und Diminutiven gerichteten Stiltendenzen bereitet sich im Rokoko schon die Auflösung der höfischen Kunst vor.

Das hat eine Vorgeschichte, die unmerklich in die eigentliche Geschichte selbst übergeht. So war in der Marivaudage mehr als in der Molièreschen Komödie am legitimistischen Gerüst gerüttelt, der Weg in Richtung auf den »Barbier von Sevilla« eingeschlagen worden. Die Zeit selbst befindet sich gewissermaßen auf dem Sprung. In der Gestalt des »Figaro« finden Beaumarchais und Mozart unter dem Stilmantel des Rokoko zusammen, begegnen sich Revolution en marche und betörender Schwanengesang. Diese Zusammenführung von Sprache (hier über das italienische Libretto Da Pontes) und Musik stellt einen Sonderfall dar, der das Ancien Régime von den eigenen Stiltendenzen her an seinem Untergang mithelfen läßt, indem es ihn ästhetisch-künstlerisch vorbereitet. Wenn die Königin Marie Antoinette gegen den Widerstand des Königs die Aufführung durchsetzt und als Tochter Maria Theresias viel zu sehr ihrer wienerischen Schaulust verfällt, um sich über Andeutungen ihres Privatlebens bei der Gestalt der Gräfin Almaviva gekränkt zu fühlen, wenn sie die Herausforderungen Figaros ebenso beklatscht, wie es die künftigen Revolutionäre im Parkett tun werden, dann scheint sie selbst unwillkürlich von der Unumkehrbarkeit der Geschichte erfaßt zu sein.

Im »Figaro« war das Pendel am weitesten ausgeschlagen, hatte die Kunst des Rokoko, die extremste Genußkunst ist, die ihr vertrauten hedonistischen Instinkte das Sujet der Politik auskosten lassen. Hier wurde den Pastoralen Watteaus, die den Frieden der Natur schon durch den leisen Aufruhr in der Palette herausstreichen, das Ende ihrer gemalten Erwartungen in Aussicht gestellt. Es gehört zum Rokoko als Auflösung der Königskunst, daß in seiner Scheinhaftigkeit die Beunruhigung immer anwesend ist. Sie kann sich in verschiedensten Richtungen und Tendenzen ausleben; aus den »fêtes galantes« Watteaus mit ihren Einladungen zu amouröser Kurzweil, der sich Gruppen von kostümierten Bauern in ländlicher Gegend widmen, war sie in die fleischigeren Frauendessins Bouchers eingezogen. Auftraggeber und Abnehmer dieser in den verschiedensten Abarten reproduzierten Konventionen finden sich im kaufenden Bürgertum, das sich in ihnen seiner Symbiose mit der Oberklasse versichert, sie nachdrücklich bekräftigt. Das Genre dieser gemalten Erotik eignet sich zur Gebrauchskunst, also auch zur Herstellung im Kunsthandwerk und in den Kunstmanufakturen: in Fayencen, Porzellangruppen, Broncen, Vignetten, Kupferstichen, aber auch in Gobelins als Mittel zur Großrepräsentation. Mit dem Sieg der auf schwellende Frauenbrüste und -schenkel ausgerichteten Versessenheit ergab sich der Umschlag ins Gegenteil, der ins Nervös-Schlanke, von selbst. Jungfräuliche Kindlichkeit bereichert die Erotik des vielfältigen Genießertums durch eine Spielart, die wegen ihrer Naivität bestürzt. Die im Vorrücken begriffene bürgerliche Geschmackskultur bzw. ihren Anteil an der mondänen Malerei des Rokoko zeigen auf höchster künstlerischer Höhe die Pastelle de la Tours an, der durch die Anlage seiner Kunstfertigkeiten, die Art seines Sehens wie durch die Wünsche seines Abnehmerkreises zu einem für die Zeit unnachahmlichen Realismus gelangt. Hier zieht die Kunst in ihren zarten Linien nur nach, was von den Bewegungen im Innern des Landes härter und zunehmend gewaltsamer vorangetrieben wird.

Revolution, Triumph und Krise –
Ästhetik der Kapitalrente

Dem Sturm auf die Bastille geht die Offiziersrevolte von 1788 voraus. Sie hat ihre Ursache in der Unzufriedenheit derjenigen Chargen, die am Aufstieg zu den höheren, nur den großen Namen und großen Vermögen vorbehaltenen Offiziersgraden gehindert werden. Sie ist Revolte einer vernachlässigten Adelsfraktion gegen eine begünstigte, zieht die Unteroffiziere nach sich und erfolgt schon im Zuge fortgeschrittener, im besonderen durch die Halsbandgeschichte noch gesteigerte Erregung am Hofe, in der Administration, in der Öffentlichkeit. Hier hat sich bereits jenes erhitzte Klima ausgebreitet, das der Revolution vorausgeht. An ihren Anfängen zeigt sich, was ihr Verlauf bestätigt: niemand hat die Revolution gemacht. Sie erfolgt gewissermaßen als Selbstentzündung eines Großfeuers und läßt im Zuge seiner Ausbreitung nicht nur niemanden aus, sondern schafft auch außerhalb Frankreichs eine veränderte Konstellation der Dynastien untereinander, indem sie dem Konzert der Staaten, d.h. der klassischen Diplomatie des 18. Jahrhunderts mit ihrer Politik der Kabinette unwiderruflich ein Ende bereitet.

Bevor die Massen sich selbständig machen, hat die Widersetzlichkeit von Teilen des Adels gegen die Monarchie die Bewegung in Gang gesetzt. Die »verarmten Privilegierten der Provinz, die nichts haben, nichts bekommen..., werden schon vor dem Volk die Revolution beginnen«, bemerkt Michelet in seiner »Histoire de la Révolution Française«.[10] Der neue Adel hat eine natürliche Affinität zum verarmten und umgekehrt, wenn es gilt, gegen den eingesessenen und materiell gut versorgten Unzufriedenheit zu zeigen; der subalterne Klerus, oft gezwungen, ein kaum über dem Stand eines Tagelöhners liegendes Leben zu fristen, und zur Devotion gegenüber der hohen Geistlichkeit angehalten, wird von der Bewegung mitgerissen. Aber beide Klassenfraktionen können sich nicht mit der Rotüre, einem dem Adel nachstrebenden besitzenden Bürgertum arrangieren, das sie zwangsläufig auf ihr Niveau ziehen müßte. Auf das Niveau des Volkes im allgemeinen? Gewiß nicht, aber auf das des »Dritten Standes«. Dessen Führer in der ersten Phase der ausbrechenden Revolution ist kein anderer als Mirabeau, ein Mißvergnügter des Adels, der mit der Vehemenz seiner politischen Leidenschaft von den revolutionären Energien des *citoyen* vorwärtsgetrieben wird, um jener Klasse die Privilegien zu entreißen, der er ursprünglich als wenig Begünstigter selbst angehört. Nicht aber, um die Monarchie zu zerstören!

Die Revolution ist bei ihrem Ausbrechen mit ihren Revolutionären einschließlich Robespierre und Marat royalistisch. Es ist die Monarchie, die sich von den Revolutionären, vom Angebot Mirabeaus, nicht retten lassen will. Der König steht zum Adel und Klerus. Lieber sich und den Staat aufgeben als zulassen, daß an sie Hand angelegt wird, ihre Privilegien angetastet werden. Lieber die Grenzen für den alten traditionellen Gegner Österreich öffnen und ausländischen Truppen den Einmarsch ins Land erlauben, als die Gefängnisse öffnen. Damit war Anschauungen Vorschub geleistet, die den Feinden des Adels das Recht einbrachten, die Monarchie des Verrats zu beschuldigen und die Prozeßführung gegen den Monarchen nach dem Gesetz einzuleiten.

Die leidliche Balance zwischen Aristokratie und Bourgeoisie war von der Régence an Schritt für Schritt preisgegeben, die Monarchie zur Partei des Adels geworden. Damit hatte sich die Monarchie in eine Gefahr gebracht, die für sie tödlich werden sollte. Was dem bourbonischen Adel an verächtlichen Eigenschaften aufgerechnet werden konnte, resümierte in dem *einen* Vorwurf: seine eigene Höhe jeweils der Misere der anderen zu verdanken, sie daher des eigenen Wohlbehagens wegen zu wollen, sie wollen zu müssen und noch mehr: sie als Folge der eigenen Selbsterhebung zu verewigen und immer mehr zu vergrößern. Er hatte einen Bundesgenossen, der gegen sie zeugte: die Jesuiten, eine Gesellschaft, wenn man den Urteilen Voltaires, Diderots, Stendhals, Sainte-Beuves glauben darf, habgieriger Individuen und grausamer Voyeure, die gerade darum geeignet waren, die Gefängnisse, die sich in ganz Frankreich in ihrer Hand befanden, sachkundig zu betreuen. Das galt auch für die Bastille, wo sie als Beichtväter, Agenten, Zwischenträger, Polizeispitzel, gelegentlich Gefangenenhelfer fungierten, für die die Hölle des Kerkers der rechte Ort war, sich durch das Elend der Eingekerkerten psychischen und physischen Lustgewinn zu verschaffen. Michelet hat ihrer »Seelsorge« eindrucksvolle Seiten abgewonnen. Und in der Tat: vorwärtstreibendes Element auf der Seite der Monarchie gegen die Nationalversammlung, ja sogar der »Organisator des Bürgerkriegs«[11] überhaupt ist der Klerus, der mit seinen Mitteln wie Verlegung der Messe in die Nachtzeit, Verweigerung von Heiraten und Taufen bei den Gläubigen Furcht und Schrecken erzeugt, geistliche Strafen und zivile Nachteile in Aussicht stellt und die Gemüter für die fortschreitende Verwirrung noch empfänglicher macht. Die Flucht der Königsfamilie, die in Varennes unter demütigenden Umständen kläglich scheiterte, hat der Monarchie schon vor ihrem endgültigen Fall den Todesstoß versetzt. Nach dem Abtreten Mirabeaus war der Übergang der konstituierenden Versammlung ins Lager der Republik nicht mehr aufzuhalten. Es gelang mühelos, den Fluchtversuch des Königs als Überlaufen zum Feind zu sehen und es als solches großen Teilen des Volkes gegenüber glaubhaft darzustellen.

In der Nationalversammlung werden mit der Verstaatlichung des Kirchenguts, der Abschaffung des Adels, der Verteilung der expropriierten Landmasse an die Bauern die Folgerungen aus einem langen historischen Prozeß gezogen, der den Umbau der Gesellschaft, auf den er hinsteuerte, bis dahin immer wieder hinausgezögert hatte. Nach dem Abtreten Mirabeaus, nach der Gironde, nach Danton wird schließlich Robespierre zur beherrschenden Gestalt auf der revolutionären Szene, dessen jakobinische Energien auf die Revolutionierung im Innern, die Anwendung immer neuer Konsequenzen der revolutionären Praxis gerichtet waren, während die Gironde den Druck dadurch abschwächte, daß sie zur Kriegspartei wurde, um die Errungenschaften der Revolution gegen das Ausland zu verteidigen. Wenn etwas die Vorgänge von 1789 bis 1795 zur Kulmination aller bis dahin geltenden »Weltgeschichte« macht, dann ist es jenes Zusammengehen von blutiger Gewalt und puristischer Gerechtigkeitsidee, entfesselter Mordgier und strengem Gesetzesdenken, das Hindurchschimmern des einen durch das andere in jenen Augenblicken des gewaltsamen Umbruchs. Die Führer der Bourgeoisie haben die Tragödie im Original durchgespielt gegenüber den Führern von 1848, unter deren Händen nach Marx' Meinung die Wiederholung zur Farce werden wird.

Die Dekomposition der Gironde als Folge der Unterwanderung durch die Monarchisten bedeutet Stärkung der Bergpartei, die jetzt in eine allmächtige Rolle hineinwächst. Im Nationalkonvent vom September 1792 mit der Herrschaft der Jakobiner tritt ein anderer, robusterer Typ des Revolutionärs hervor als der, der an Mirabeau und seinen Anhang erinnerte. Die philosophische Idealität der Revolution wird auf Spurenelemente zurückgebildet und durch den Rigorismus des Prinzips ersetzt. Michelet sieht bei den Ereignissen, die zur Hinrichtung von fast dreißig Führern der Gironde und später der Königin führen, eine ganz andere »Rasse« als die von 1789 am Werk. Die Revolutionäre der zweiten und dritten Stunde gehen mit den Anschauungen ihrer Vorgänger ins Gericht, so wie Robespierre in Danton, dem Organisator der Septembermorde, aufschimmernde Mäßigung bekämpft und damit die blutigen Begebenheiten bis zum 9. Thermidor (27. Juli 1794) auslöst, der sein eigenes Ende unter der Guillotine besiegelt. Die Bourgeoisie hatte schon beim Machtantritt ihren eigenen Gegensatz in sich getragen. Der Schrecken, den sie bereitete, geht bald in Freude am Amüsement bei den neuen Oberschichten über, die sich jetzt für die Jahre der Furcht schadlos halten und mit den Folgen wie Verarmung, Teuerung, Rekrutierung die Kosten dafür an ihre eigenen und noch dazu von ihnen selbst ausgeplünderten Helfer weitergeben.

In Frankreich sind sowohl während der Vorbereitung zur Revolution als auch nach ihrem Ende die Fragen des »Eigentums« wie nirgendwo sonst in der Welt aus der Abstraktion herausgelöst und in die Praxis hinübergeleitet worden. Man kann sogar die Behauptung wagen, daß die nachrevolutionäre Bourgeoisie mit der freien Verfügbarkeit des Eigentums dessen wahren Charakter erst entdeckt hat. Rousseau war zwar noch nicht zur Idee des Staats als einer Gütergemeinschaft vorgedrungen, aber ihm galt der Reichtum als Feind der Freiheit und Gleichheit. Helvétius sah die Ursache des Elends im Eigentum, aber nicht im Eigentum an sich, sondern in den zu großen Unterschieden der Vermögen. Sein Rezept war, wie er es in seinem nachgelassenen Werk »De l'Homme« (London 1781) ausführt: »Den Reichtum der einen vermindern, den der andern vergrößern«. Vorstellungen wie diese bewegen sich erst im Vorfeld des Kommunismus, ohne seine Grenzen zu überschreiten. Sie wirken aber schon unmittelbar auf die demokratisch-kommunistischen Vorstellungen, in denen das personal-demokratische Egalitätsprinzip und die an der Gütergemeinschaft orientierte kommunistische Egalität nebeneinander bestehen, sich abgrenzen, aber auch Übergänge kennen. Erst mit dem Scheitern der revolutionären Praxis Robespierres kommt Babœuf zum Entwurf seines »Décret économique«, das die Republik in eine große nationale Gütergemeinschaft hinüberführen soll. Dieser an sich utopische Kommunismus war jedoch nicht aus der Luft gegriffen, er hatte sehr reale Verhältnisse zur Vorlage. Neben dem Elend der Revolution in ihrem Mißglücken stand die Frage, wie mit der Expropriationsmasse des alten Eigentums zu verfahren sei, wie das Schicksal der Expropriierten und der Exproprieteure sein würde, was mit den zum Nationaleigentum erklärten Gütern anzustellen sei, was mit ihren Verwaltern und neuen Nutznießern. Babœuf bezieht als erster kommunistischer Theoretiker die neue, auf den Trümmern der zerstörten feudalen Gesellschaftsordnung sich einrichtende Klasse der Industriellen, Hausbesitzer, Bankiers, Verwalter des nationalen Eigentums in die revolutionäre Rechnung ein, aus der sie das »Directoire«, in deren leidlicher Gunst sie steht, noch herauslassen wird. Das Ancien Régime war nicht nur von den Revolutionären vernichtet worden, es hatten an seiner Aushöhlung ebenso der Zins der Bankiers und die fortwährende Überführung seigneurialen Landbesitzes in die Hände des liquiden Unternehmers mitgewirkt, der nach dem Fall der Feudalität ungehindert wie nie zuvor sich seiner ureigenen blanken Waffe, des Geldes, bedienen kann. Unter dem »Directoire« sehen sich die vormals revolutionären Massen einem anderen unerträglichen, weniger faßbaren Gegner gegenüber, dem sie zunächst nur aus Instinkt mißtrauen, dem sie aber bald den gleichen wütenden Haß bezeugen und in dem sie den Verbündeten der gerade besiegten Reaktion erkennen. Die Republik hatte die Stellung der Geldklassen gefestigt, ihr verdankten sie ihren weiteren Aufstieg, aber gleichzeitig auch schon ihre Bedrohung durch den Grundsatz der Gleichheit, der an den oft schnell erworbenen Großvermögen unbarmherzig rüttelt. Nicht in der Gesellschaft der Gleichen, sondern der auf Ungleichheit Bedachten konnten sie ihre Freunde finden. Von hier aus wird die Wendung der Geldklassen zu denen deutlich, an deren Fall sie mitgewirkt hatten. Im schwachen Ansehen des »Directoire« waren günstige Bedingungen vorhanden, die Besitzer der von der Revolution geschaffenen Vermögen mit den »feudalen« Resten für die Wiederherstellung der Monarchie zusammenzubringen.

Solcherart waren die Verhältnisse, aus denen Babœuf seine Negation des Eigentums entwickelte, die zu ihrer Zeit äußerste Form der Egalität. So illusionär und unausführbar sein theoretischer Plan war, in *einem* Punkte stand er hoch über den Anhängern der bürgerlichen Demokratie: daß er nicht wie sie und nicht wie zeitweise selbst Robespierre in der Verfassung von 1793 den Abschluß sah. Vom »Décret économique« wird nämlich Licht auf die herrschenden Intentionen der ursprünglich revolutionären Mittelklassen vor und nach der Revolution geworfen, an deren eigentlichen Dreh- und Angelpunkt uns aus anderer Perspektive, aber nicht weniger illusionslos Jakob Burckhardt heranführt: »Vollends aber betrachtet *neuer* Besitz sich selbst und seine Erhaltung, nicht aber die Krisis, durch die er entstanden ist, als das Wesentliche; die Krisis soll ja nicht rückgängig gemacht werden, wohl aber genau an der Stelle innehalten, da der Besitz ins Trockene gebracht ist. So sind die neuen Eigentü-

mer in Frankreich seit 1794/95 voll von Abscheu gegen den früheren Zustand, aber ebenso voll von Sehnsucht nach einer despotischen Gewalt, welche den Besitz garantieren soll, gehe es dann der Freiheit, wie es wolle«.[12]
    Nach dieser Regel läuft die Bewegung ab, von der Frankreich nach dem Sturz Robespierres erfaßt wird. Auf den Sturm, der die »Assemblée constituante« auseinandertreibt, folgt zunächst eine völlige Windstille. Damit wird ein Resümee bekräftigt, das keinen Zweifel zuläßt: die alte Gesellschaft ist zertrümmert und eine neue macht sich daran, in die Leerräume der Macht einzudringen, nicht mehr wie 1789 mit den Zeichen der blutigen Gewalt, sondern lautloser und im wahrsten Sinne über das Mittel der Liquidität. Die bedrohte Sicherheit des Staats hatte die in Umlauf befindliche Menge des baren Geldes verknappt. Nach der Revolution können die Besitzer von Bargeld feststellen, daß sie reicher geworden sind. Der Wert des Geldes, das dem Staat fehlt, befindet sich in den Händen von Privatleuten und hat sich dort vermehrt. Und weil der Staat das Geld braucht, das er selbst nicht hat, muß er es dort, wo es ist, mit dem herauslocken, was er durch Enteignung an sich gebracht hatte und den Geldbesitzern attraktiv erscheint: er muß sich das Geld durch das Angebot von Land- und Kirchengütern aus der Expropriationsmasse verschaffen. Das Eigentum, zum großen Teil gerade erst Staatseigentum geworden, wird wieder privatisiert und wandert in die Hände derer, die sich das zum Kauf noch fehlende Geld über den Geldhandel, die Börse, die Spekulation mit Staatspapieren beschaffen. Durch die Ausgabe von Staatspapieren, den Assignaten, beteiligt sich die Republik selbst an diesem Geschäft. Als die Assignaten von 1794 auf einen Bruchteil ihres Wertes sinken, bestätigt sich das geringe Vertrauen, das viele darin gesetzt hatten. Es bahnt sich hier die große gesellschaftliche Umschichtung mit veränderten Bodenbesitzverhältnissen an, die aus den neuen Besitzern Gegner jener Revolution macht, durch die sie in Wahrheit zu ihrem Besitz gelangt waren. Und noch mehr: der Luxus, den man am Ancien Régime so anstößig gefunden hatte, wird jetzt zwangsläufig aus dem Drang heraus erzeugt, Reichtum zusammenzutragen, sich Vergnügungen zu widmen und das in den kargen Jahren unterdrückte Genußbedürfnis zu befriedigen. Das war, wie ein Kenner dieser Entwicklung meint, »der Gegenschlag der Tugendrepublik«.[13] Der 14. Juli 1789 war in einen Sieg der finanziellen Bourgeoisie übergeleitet worden, ihr Auftreten wird zu einer Finanzoperation großen Stils, mit der sie die Überlegenheit des Zinses gegenüber dem alten Grundeigentum noch einmal dokumentiert, mit der sie sich aber von der citoyenhaften Egalität endgültig entfernt. Wo sie ihren Instinkten freien Lauf lassen kann, wird sie den Babœufschen Kommunismus als egalitäre Zelle abstoßen, ihn zu einem episodischen Wert herabdrücken und sich auf nichts einlassen, was sie an der Allianz mit den entfeudalisierten »Feudalen« bis tief hinein in die reaktionärsten Kreise der Emigranten, deren Güter sie teilweise eingenommen hat, beirren könnte.

Der Weg ins Kaiserreich als politisches Interim

Damit ist der Weg vorgezeichnet, der in der Folge unaufhaltsam beschritten wird, der Weg von den Versuchen zur Wiederherstellung des Königtums, der über die Konsularverfassung führt und in der caesarischen Monarchie endet. Tatsächlich mußte schon der Konvent damit rechnen, daß die Tage der schalen Freudlosigkeit sich nicht ins Unendliche hinein würden fortsetzen lassen, daß ihnen vielmehr natürliche Grenzen gesetzt sind. Mit der Besitzbildung zugunsten der über den Zins und steigende Grundrenten akkumulierenden Schichten regen sich auch die Bedürfnisse nicht zuletzt unter der Jugend, die aus dem frugalen altrömischen Republikanertum herausstrebt und das Cato-Ideal der *res publica* bereitwillig gegen schwelgerische Züge der Vergangenheit eintauscht. Zeuge und Beispiel in einer Person ist Stendhal, der seine politischen Erwartungen an die Republik knüpft und entscheidende Jugendeindrücke gerade in der zweiten Hälfte der 90er Jahre empfängt, wo die neu erwachte Lebensfreude, ein Hedonismus auf bourgeoisen Grundlagen, um sich greift und später bei ihm Demokratie und mondäne Nuance vereinen hilft. Balzac, in diesem letzten Jahrfünft des alten Jahrhunderts geboren, wird später hier die große Wendung vom alten zum neuen System mit seinem Übergang zum napoleonischen Zeitalter sehen und die wiedererweckten Regungen altfranzösischer Heiterkeit auf verschiedenste Weise darstellen.

Zunächst einmal wartet in dem vom erstarkten Legitimismus belagerten Staat ein Element auf seine Stunde, das sich in den Stürmen als unangefochten erwiesen und den im Innern zerstrittenen revolutionären Fraktionen ein unübersehbares Selbstbewußtsein verschafft hatte: die Armee. Die Armee war da, wo sie auftrat, erfolgreich gewesen, und dies weniger durch ihre Waffen als durch ihre Verfassung und die Gesinnung ihrer Soldaten. Sie hatte gegen Österreich ihre Schlachten in glänzender Manier geführt. Wir kennen den Respekt, den sie Goethe während seiner »Campagne in Frankreich« abgenötigt hatte. Hier war ein bis dahin unbekannter militärischer Organismus in die Weltgeschichte eingetreten. An die Stelle der alten französischen Armee, wo der Offizier seine Truppen oft aus den Vasallen seiner Dörfer gebildet hatte, waren große Kontingente von Freiwilligen getreten, die ohne Druck von außen dem Rufe des Vaterlandes folgten und deren Offiziere nicht mehr schlechterdings zum Adel gehörten, sondern aus den Gemeinen ihrer Tapferkeit wegen hochgestiegen waren. Ein innenpolitischer Sieg der um die Zinsrentner der Bourgeoisie vermehrten Legitimisten, der schon vor der Tür zu stehen schien, hätte freilich die Grundlagen der neuen Revolutionsarmee zerstören können, wenn er jetzt erfolgt wäre. In der Krise der Revolution bleibt die Armee ihre feste Stütze. Als Napoleon mit seinen schlecht gekleideten, unzureichend bewaffneten Soldaten über unwegsames Gebirge nach Italien zieht, ist neben dem jungen Kommandeur dieser Zusammenhalt des republikanischen Offiziers mit seiner Mannschaft das eigentlich bindende Element, das alle Strapazen und selbst die schiere Aussichtslosigkeit schließlich überwindet. So wie die Dinge liegen, wird die Armee die Geschäfte des Direktoriums, in dessen Auftrag sie handelt, besser verwalten als das Direktorium selbst. In ihr und durch sie werden die Geschicke der jungen Republik verfochten. Und weil das so ist, weil die Republik zugleich aus dem Provisorium herausdrängt und sich die Sehnsüchte der wiedererstarkten Legitimisten wie ihres neuen besitzenden Anhangs der Monarchie zuwenden, die selbst die Mehrheit der Altrevolutionäre zunächst nicht hatte abschaffen wollen, weil der Ruf nach Sicherheit immer unüberhörbarer wird, können die Gewichte auf der Seite der neuen, jetzt caesarischen Monarchie voll durchschlagen. Napoleon kann den Griff zur Krone wagen, weil er der große Katalysator ist, in dem Widerstrebendes zusammenfindet. Die durch die Revolution veränderten Verhältnisse werden gewissermaßen eingefroren. Ihr Resümee wird nicht etwa rückgängig gemacht, aber es wird auch nicht im Sinn der Anhänger der Egalität weiterentwickelt. Die Revolution wird in der konsolidierten Form durch das Kaisertum über die Grenzen Frankreichs hinausgetragen.

Schon während des Kaiserreichs wird auch die Wiedereingliederung von Emigranten in den Staat beginnen. Das heißt, die Revolutionsgesetze zur Beschlagnahme des Eigentums und Ausweisung, die Aufenthaltsverbote für Angehörige der Oberklasse werden Zug um Zug gelockert, Rückerstattung von Vermögen oder Vermögensteilen, soweit die Güter nicht inzwischen verkauft worden sind, wird gewährt, Eintritt in Staatsdienste unter kaiserlichen Insignien angeboten oder vom Kaiser, der auf erprobte Erfahrungen von Angehörigen großer Familien nicht verzichten will, notfalls direkt erzwungen. Die Freude ist dabei auf beiden Seiten nicht überzeugend, denn aufrichtiger als die Dankbarkeit für die Entschädigung ist meist die Entrüstung darüber, daß sie so mager ausfällt. Napoleon nimmt zwar den Gesetzen der Republik ihre Schärfe, aber er hält den Verdacht wach, daß es sich bei den Zurückgekehrten um hartnäckige Verfechter alter Vorurteile handelt, die der Kontrolle bedürfen. Das Schicksal der französischen Gesellschaft im Empire mit seinen schrecklichen Folgen durch die Kriegsverluste ist dabei immer vom Schicksal aufgrund der Vermögensverschiebungen nach der Enteignung der feudalen Masse abhängig: ihre Verarbeitung durch private Aufkäufer oder staatliche Verwaltung, die Parzellierung oder den Rückkauf, die Rückbildung neuen Eigentums oder seinem Zerrinnen. Das war Balzacs Ausgangsposition bei seinem Eintreten in die Laufbahn des Romanciers, die ihn thematisch wie kaum etwas anderes beschäftigt, von der die privaten Lebensgeschichten vieler seiner Personen wie Äste vom Stamm ausgehen. Was war das Los der Familie oder besser der einzelnen Familienmitglieder in der Revolution: überleben sie oder nicht, was geschieht mit dem Besitz, wohin werden sie verschlagen, wie taktieren sie in Frankreich, wenn sie bleiben, oder in der Emigration, wenn sie gezwungen oder freiwillig das Land verlassen? Wie verhalten sie sich nach der Rückkehr? Kehren sie überhaupt zurück? Welcher Grad der Anpassung ist ihnen zuzumessen, oder wenden sie sich ganz der Vergangenheit und ihren Konventionen zu? Wie betreiben sie die Aufrechnung alter Verdienste, akkumulieren sie Renten und Revenuen aus Resten alter Gütermasse, oder empfangen sie ihren alten Grundbesitz aus der Hand des Verwalters, dem sie dafür Dankbarkeit schulden? Haben sie von der Erlaubnis, an Hunger zu sterben, Gebrauch gemacht, oder fallen ihnen Einkünfte zu, weil sich ihre Güter durch Zufall noch im Besitz des Staats befanden? Können sie vielleicht die ihnen verbliebenen Wälder roden und das Geld ins Ausland schaffen?

Als Anhänger der Revolution war Napoleon kein Mann der Gironde, sondern ein Mann Robespierres gewesen. Wenn er sich von der republikanisch-egalitären Form der Revolution abwendet, dann darum, weil er gegen die Mehrheit der revolutionären Fraktionen erkannt hat, daß ihre Zeit um ist, daß die Befestigung des durch gesellschaftliche Umschichtung Geschaffenen und vor allem die Wiederherstellung der Ruhe, bei notwendigen Zugeständnissen an die Klasse der alten und neuen Eigentümer unter dem Mantel einer revidierten Monarchie, das Gebot der Stunde ist. Zum Despoten haben ihn nicht Herkunft und Charakter, sondern die Bedürfnisse der veränderten Zeit gemacht. Schritt für Schritt streift er die Häute der republikanischen Egalität ab und gibt sich dabei genaue Rechenschaft über die Gründe, die ihn in den neuen Absolutismus hineintreiben. Mal ist England, mal ist Österreich, dessen Armee er mit so überzeugender Strategie besiegen wird, der Schuldige, mal ist es die tatsächliche Verfassungslosigkeit des Staates, die die Anwendung despotischer Gewalt anrät. Napoleon hat nach dem 18. »Brumaire«, der ihm das »Konsulat« beschert, seinen militärischen Siegen die Vorarbeiten zum »Code Civil« folgen lassen. Die Neufassung des Rechts war nicht weniger notwendig für Aufbau und Erhaltung seiner Macht als der militärische Erfolg und wird sich als dauerhafter erweisen. Als nach der Revolution das alte feudale Privatrecht sich als funktionsunfähig erwies, waren aus dem Volk gewählte Richter tätig geworden, deren Spruch den gerade in der Masse herrschenden Stimmungen entsprechen mußte. Den mit den Finessen alter Rechtstitel und hergebrachter Regelungen vertrauten Richtern in der Feudalität, innerhalb deren sie oft nicht anders als Vasallen fungierten, stand immerhin ein ausgemachtes System der Menschen- und Bodenbewirtschaftung zu Gebote. Die Volksrichter dagegen sahen sich einem von wechselnden Mehrheiten regierten Volkshaufen gegenüber. Was nottat, war eben die Kodifizierung des neuen, die alten Unterschiede auslöschenden Rechts, die den erfolgten Umbau der Gesellschaft festhielt. Die Perfektion, mit der der »Code Civil« seine Arbeit leisten wird, führt dazu, daß das historisch gewordene alte Recht in Vergessenheit gerät, daß gegenüber den Fassaden des napoleonischen Zentralismus die Züge der alten Regellosigkeit besonders kraß in den Vordergrund treten. Fast unumschränkt ist die Herrschaft der Präfekten an der Spitze der Departements wie die der Unterpräfekten an der der Arrondissements. Balzac, als Erzähler Anwalt der von ihm romanesk gesehenen Feudalität, wird später in der »Béatrix« das im bretonischen Dorf eingegrabene »Mittelalter« als Zeuge der alten Rechtszustände zur Darstellung bringen.

Restauration und Liberalismus

Die napoleonische Rechtsreform hatte die Welt des alten Privatrechts zugeschüttet, sie zu einem Fall für Archäologen gemacht, wie Balzac sich selber fühlt, der sie wie die Trümmer von Herculaneum mühsam ausgraben muß. Balzac ist von seinen Anfängen an ein Anhänger Josèphe de Maîstres. Als Publizist gehört de Maîstre zur ersten antirevolutionären Generation, der die Waffen der katholisch-legitimistischen Partei schmiedet, die sentimentale Nuance, das große Zeremoniell, die erhabenen Gefühle der Religion, die Ordnung der Monarchie gegen den Schrecken der Revolution und die »Rohheit der gallikanischen Parlamentarier« ins Feld führt. Die Wirkung de Maîstres auf die Gemüter insbesondere während der Restauration kann überhaupt nicht hoch genug eingeschätzt werden. Von diesen Positionen war der Widerstand in den bourbonischen Zirkeln organisiert worden. Chateaubriand, der im Urteil der Geschichte de Maîstre freilich überragt, hat das religiöse Element der »großen Passion« schwelgerischer und rauschsüchtiger vertreten, er kennt sich im Stil der Selbsterforschungen besser aus, befragt die »Seele« mit dem Spürsinn eines romantischen Erotikers, vertraut den Wildheiten des Gefühls mehr und überläßt seine Leser jenen Überredungen, zu denen er wie kein anderer Zeitgenosse fähig ist. In Chateaubriands »Génie du Christianisme« haben sich vornehmes Emigrantentum und gesellschaftlich anspruchsvoller Katholizismus mit einem erregten, aber ebenso weich aufnehmenden wie im courtoisen Verkehr erfahrenen Charakter verbunden, waren die frommen Seelenübungen Fénelons und Bossuets modernisiert und dem 19. Jahrhundert als Literatur angeboten worden. Dieser Katholizismus wird seine alten heidnischen Elemente noch einmal kultivieren, so daß der Papst nicht unrecht hatte, wenn er das »Génie du Christianisme« auf den Index setzte. Weite Teile des Buchs sind heute zu toten Partien geworden. Es lebt eher von seinen Einlagen, vor allem dem »René«, der Huldigung an die »solitude« als eine von der Revolution vernichtete Lebensform.

Wie Benjamin Constants »Adolphe« ist der »René« ohne Goethes »Werther« nicht denkbar. Aber im Gegensatz zum »Werther« ist der »René« ein Werk der Nachrevolution, eine Wendung in die Vergangenheit. Wie Chateaubriand sucht sein René das Heil in der Flucht, in Italien und Griechenland mit ihren Ruinen, die von alter Größe zeugen, im Urwald Amerikas mit seinen »Wilden«. Der »René« faßt die Ästhetik der Reaktion erzählerisch zusammen und empfiehlt sie durch pessimistisches Schwärmen für die Vergangenheit den durch die Revolution begünstigten Schichten, die gerade dabei sind, sich auf die Seite ihrer alten Gegner zu schlagen. René hat Züge Chateaubriands und ist durch das Einsamkeitsideal von ihm, der selbst ein Freund der Geselligkeit ist, auch wieder verschieden. Hinter dem »René« steht freilich Rousseaus »Emile«:

Gesellschaft und Aufgehen in der im Ursprungszustand gehaltenen Natur, Berührung mit dem noch nicht entstellten Leben! Rousseau hatte zu den Vorbereitern der bürgerlichen Revolution gehört. Das ändert nichts daran, daß seine Ernte auch in die Scheunen von deren ausgemachten Feinden eingefahren wird. René, der durch den amerikanischen Dschungel streifende Freund des primitiven Lebens, Athala die zarte, empfindsame »Wilde«: das sind die am stärksten ausgebildeten und im Gedächtnis haftenden Gestalten Chateaubriands, an denen das Bewußtsein eines aus Frankreich Vertriebenen mitgeschaffen hatte.

Wie Chateaubriands René und Benjamin Constants Adolphe war auch Senancourts Obermann als Geistesverwandter des Werther gedacht. Hoffnungslosigkeit, die sich auf das Sterben schon einrichtet und nichts anderes mehr zu erwarten hat als den Tod, ein Leben, das sich in Wünschen und Empfindungen verströmt: das war es, was aus Senancourts Roman in Briefen an verschiedene Empfänger sprach. Aber wertherisch in jenem Sinn des Leidens an der unerwiderten Liebe und einer Gesellschaft, die sich verschließt, war dieses Schicksal nicht, so wenig wie das des René und des Adolphe. Ist Werther immer auch ein Opfer der vorrevolutionären Verhältnisse, die in Deutschland unverändert andauern, so ist es gerade die Revolution in Frankreich, die Schicksale wie die des René, des Obermann, des Adolphe erst auslöst und diese jungen Männer durch den Verlust früherer Erwartungen auf die Leidensseite verweist. Ihre Aussichten zerrinnen, weil die Privilegien, auf denen sie gegründet waren, dahin sind. Wenn Goethes »Werther« alle seine Nachbildungen überragt, dann nicht allein durch das Wunder seiner erzähltechnischen Struktur, sondern auch dadurch, daß eine von keiner Prätention getrübte Empfindung vorherrscht. Werther ist nicht mit den Zeichen gesellschaftlicher Ancienität ausgestattet, sondern auf die kleinen Dinge, die Natur, den Umgang mit den Kindern, die Lektüre Homers und Ossians verwiesen, worin er das Große und in Wahrheit Mächtige sieht. Die Elegien eines Obermann schließen dagegen immer auch die Klage um die verlorene Unfreiheit der anderen in der alten Gesellschaft ein. Dieser Roman ist erst später aus dem Schatten des »René« herausgetreten, in den er schon darum nicht gehörte, weil sich darin die von Chateaubriand grundsätzlich zu unterscheidende Ideologie einer bourgeoisen Oberschicht ausspricht, die unter ganz anderen Bedingungen die nachträgliche »Emigration«, und zwar in der Form des sentimentalen Briefromans, antritt. Balzac wird auf dieser von der Restauration begünstigten Linie mit der Gestalt des Raphaël de Valentin fortfahren, aber er unterscheidet sich bei aller Parteinahme für die große zelebrierte Leidenschaft, in der das Ancien Régime noch vierzig Jahre nach seinem Fall lebendig ist, durch das Durchsichtigmachen der inneren Unterwanderungsvorgänge. Dabei erhält er äußerlich jenes Zeremoniell aufrecht, mit dem die bürgerkönigliche Demokratie aufwartet, die sich 1830 parlamentarisch-institutionell einrichten wird.

Alle Absichten der Reaktion laufen naturgegeben in der einen, nämlich der zur Zurückgewinnung der verlorenen Macht, zusammen. Ihr steht eine außerordentliche geschulte und werbekräftige Literatur zu Gebote. De Maîstres

Argumentation in seinen »Considérations sur la Révolution française« aus dem Jahre 1796 ist dabei diskursiver, als Chateaubriand in seiner romanesken Schriftstellerei es je gewesen wäre, sie hat Pascal *und* die Schule der Jesuiten hinter sich und zwingt in ein Entweder-Oder als großes Selbstgericht hinein. Seine Broschüren, Essays, Pamphlete versorgen die Reaktion mit Argumenten, die wir später bei Balzac wiederfinden. Die Kaiserzeit wird Gemeinsamkeiten der Anfänge beim Emigranten Chateaubriand und beim savoyardischen Diplomaten de Maîstre vollends verwischen. De Maîstre hat im Empire, dem Chateaubriand später während der »Hundert Tage« sogar als Minister dienen wird, die Grundsätzlichkeit der Opposition nicht preisgegeben. Bonald, der schärfste katholisch-altbourbonische Extremist, schneidet in seinen Schriften jede Diskussion schon im Vorfeld ab, wenn er »politische Gesellschaft« und »religiöse Gesellschaft« unlösbar verbunden sieht wie »Vater« und »Mutter«, wie »Körper« und »Seele«. Die »politische Gesellschaft« hat ihren »irdischen Herrn« im »Monarchen«, die »religiöse Gesellschaft« im »Vicar«, im Papst als Stellvertreter Christi. Damit ist jede Störung des Gleichgewichts, wie sie in der Revolution und später im napoleonischen Kaiserreich für ihn erfolgt war, verurteilt und der einzige Ausweg in der Rückkehr zum Königtum festgelegt.

Ganz erhellt aber wird die politisch-literarische Szene seit den späten neunziger Jahren erst durch einen anderen Namen, den der Madame de Staël, deren schriftstellerisches Schicksal hier seinen eigentlichen Anfang nahm. Die Madame de Staël gehört als Tochter Neckers, des mächtigen Ministers im alten Königreich, der bürgerlich-finanziellen Oligarchie an, sie genießt die Privilegien des Ancien Régime vollauf und wandelt sie in literarische Intelligenz um wie keine andere Frau ihrer Klasse. Sie kommt, obwohl Schweizerin, nicht wie Chateaubriand oder de Maîstre von der geographischen Peripherie der Provinz, sondern lebt im unmittelbaren Machtzentrum. Zwei Personengruppen, so rät Sainte-Beuve, soll man nicht nach ihrer Meinung über die Madame de Staël befragen: das ist erstens die Partei der Altroyalisten, die in ihr die Jakobinerin sehen, das ist zweitens die Partei der Konvention, die schließlich ins Lager des Kaisertums übergeht. Die Madame de Staël wird durch den 14. Juli als Privatperson aus der Macht herausgeschleudert, auf der ihre ersten literarischen Versuche beruhen, sie geht den Weg der Emigration, die ihr auf dem Schweizer Familienbesitz in Coppet nicht schwer fallen muß, aber sie hat hier und bei ihren späteren Aufenthalten in Paris ein bedeutsames Fazit aus der Revolution gezogen. Sie hat gelernt, was Chateaubriand und de Maîstre nie beherzigen werden, daß es keinen Rückfall in das vorrevolutionäre Frankreich geben wird, daß das Blut der Revolution die Früchte des Fortschritts, der Freiheit und Gleichheit in ihrem Wachstum gefördert hat. Der Salon der Madame de Staël wird zum Sammelpunkt der nichtplebejischen Republikaner, wo die Tatsache der Revolution zur Kenntnis genommen und bejaht wird, noch mehr: wo Revolution als eine Invasion der Barbaren gilt, deren Resultat der zivilisierten Welt zugänglich gemacht werden sollte. Sainte-Beuve hat diesen Gedanken eine nachträgliche Ausdeutung gegeben: es war die Bourgeoisie, die hinter 1789 stand, es war das Volk der untersten Stufe, das für 1793 verantwortlich war und dann in verschiedenen Reprisen wieder aus der Macht gestoßen wurde durch eine im Hintergrund agierende Bourgeoisie. Die Invasion ist jetzt in ein Stadium geraten, wo anstelle des weiteren Vorwärtsdringens die Verarbeitung des gewonnenen Terrains getreten ist. Diese Einsicht, immer wieder aus dem Gedächtnis verdrängt, wird in Balzacs und Flauberts Urteil über die Bourgeoisie wiederkehren: die Bourgeoisie, was auch immer man sich unter ihr vorstellen mag, wie immer sie sich auch nach 1830 oder 1848 geriert, hatte ihre Hände im Spiel, sie war mit der Gewalt im Bunde, die sie selbst aus gutem Grunde verabscheut. Die »Kopfabschneider«, wie Hyppolite Taine insbesondere Marat und Robespierre nennt, hatten ihr Handwerk zum Vorteil derer ausgeübt, die nachher gern und zu Unrecht jede Gemeinschaft mit ihnen von sich weisen.

Spuren dieser Einsicht vom unauslöschbaren Resultat der Revolution ziehen sich durch Werk und Lebensanschauungen der Staël, deren größte Caprice darin bestand, die Tochter jenes Necker zu sein, der die Korruption des alten Systems personifizierte. In stark autobiographisch empfundenen Gestalten wie der Delphine und der Corinne hat sie gegen die von der Revolution unbeanstandet gelassenen gesellschaftlichen Konventionen verhüllte, aber dennoch sehr wohl verstandene Kritik im Sinne der Frauenemanzipation vorgetragen, die ihr Bleiben in Frankreich zeitweilig unmöglich machte. Mit ihr wie mit ihrem jüngeren Gefährten Benjamin Constant schwenken die literarisch beweglichsten Köpfe unter den »privilégiés« auf die für fortschrittlich erkannte Linie bei gleichzeitigen Prätentionen, die alten Einkunftsquellen nicht zu verstopfen, sie durch neue zu ergänzen und das hergebrachte Zeremoniell unter Berücksichtigung der unerläßlichen Reform weiter aufrechtzuerhalten. Diese Stilformen des Verkehrs bleiben auch im nachnapoleonischen Frankreich ungefährdet, sie können sogar in der Bürgermonarchie noch einmal auf das höchste kultiviert werden und zeigen die Schwierigkeiten an, in die eine unter dem »Directoire« in der Entwicklung befindliche Literatur geraten mußte. Benjamin Constant, zu Lebzeiten im Schatten der ihm gesellschaftlich überlegenen Staël stehend, hat sie, der die Kunst der Menschendarstellung abgeht, im »Adolphe« künstlerisch weit überboten: einem Werk, das die wertherische Unschuld der titanischen Leidenschaft mit dem Ambitiösen vertauschte, noch einmal dem Residenzlerischen huldigte und die Passion aus der alten Courtoisie herauswachsen ließ. Adolphe ist im Gegensatz zum Werther ein vom Lebensekel erfaßter Höfling, ein schon vor dem Ausbrechen der Passion Ermatteter. Es ist nicht zufällig, daß Benjamin Constant seinen »Helden« von einer deutschen Residenz, in die die Gärstoffe des Umsturzes noch nicht eingedrungen sind, seinen Ausgang nehmen läßt. Hohn für die törichte Zurückgebliebenheit der deutschen Hofwelt und gleichzeitiges Lob für den biederen deutschen Sinn, den auch die Staël in ihrem Buch über Deutschland später hervorkehren wird, stehen einträchtig zusammen. Die Deutschen sind nach dem Bild der Staël eine Art pfeifenrauchender, berserkerhaft aussehender Ungetüme, doch dabei völlig ungefährlich und Muster der Tugend, wie Tacitus die Germanen geschildert hatte. Constant konnte sich in Braunschweig wie in Weimar versichern, daß die Praxis Robespierres hier ins Leere stoßen mußte, was er als Beweis dafür wertet, wie notwendig sie in Frankreich war. Als Theoretiker des Liberalismus, wie er sich versteht, verwendet er, selbst noch von der materiellen Substanz der alten Einkünfte sich ernährend, seinen Scharfsinn darauf, die Gründe für den Sturz der Monarchie aneinanderzureihen und ihn selbst zu rechtfertigen.

In dem Versuch, für ihren Vater Verständnis zu erwecken, hatte die Staël die Ursachen für 1789 in einer langen Vorgeschichte dargelegt, die mit den Kriegen Ludwigs XIV. beginnt, sich in der sorglosen Schwäche Ludwigs XV. fortsetzt und Administration, Klerus und Adel mit Prätentionen ohne Grenzen am Werk zeigt. Gegen sie stand ein »Tiers-État«, der durch Zahl, Reichtum und die Industrie in seinen Händen eine vereinigte Macht bildet, aber sich von der Gleichheit des Rechts ausgeschlossen sieht. Dazu die im Elend darniederliegende Masse der Besitzlosen, die durch die öffentliche Meinung gewarnt war, d. h. über die Ungerechtigkeit der eigenen Lage sehr wohl Kenntnis hatte. Hippolyte Taine zitiert in diesem Zusammenhang La Bruyère, der hundert Jahre vor Ausbruch der Revolution über die Landbevölkerung geschrieben hatte: »Man sieht bestimmte wilde Tiere, Männchen und Weibchen, über das Land verstreut, schwarz, fahl und ganz von der Sonne verbrannt, auf der Erde kauernd, die sie durchgraben und durchwühlen mit unablässiger Zähigkeit... und wenn sie sich auf ihre Füße stellen, zeigen sie ein menschliches Gesicht, und tatsächlich sind es Menschen«.[14] Die Staël hatte auf die lange Kette der Mißverständnisse in der feudalen Oberklasse und ihrem Anhang hingewiesen. Wenn der Adel später gern als Verehrer Ludwigs XIV. auftritt, dann feiert er gerade den, der seine Entmachtung betrieben bzw. schon eingeleitet und das Feudalprinzip durch die unbeschränkte Herrschaft der Monarchie mit ihrer Administration ersetzt hatte. Der König hatte auf seine Weise den Adel gestraft, um jede mögliche Aufsässigkeit durch zuverlässige Kontrollorgane sofort zu ersticken, indem er aus dem Bürgertum stammende Beamte in die höchsten Staatsfunktionen einwies. So waren fast alle Minister unter Ludwig XIV. bürgerlich, und viele waren Namen der Armee. Die Minister standen in der Hierarchie allen andern Rängen voran mit Ausnahme der Prinzen von Geblüt; die Marschälle, gleichgültig, ob adlig oder nicht, rangierten im Hofleben vor den Herzögen.[15] Indem die Staël die Illusionen, mit denen sie selber groß geworden war, schonungslos zerstört, schwächt sie nach der Revolution die auf Reetablierung bedachten Vorsätze der althöfisch Gesinnten, entzieht sie deren Willen entscheidende Kräfte. Napoleon wußte später sehr wohl, daß und warum die Staël ernst zu nehmen war.

Mit diesen Einsichten vertraut, hat sich auch Benjamin Constant auf der literarischen und politischen Szene bewegt. Es kann nicht verwundern, wenn ihm hier Mißtrauen entgegenschlägt, wenn ihm einerseits Sympathien für die deutschen Kleinmonarchien nachgesagt werden, die er als Romancier persifliert, und er andererseits die Fahne der Republik hochhält. Daß dieser in die alte Nuance verliebte Schriftsteller Republikaner ist, zeigt schon die Umkehrung der Fronten an und gehört zum frappierendsten Überraschungsmoment, mit dem er als Hofmann aufwartet. In der Strenge des für die »Leidenschaften« einzuhaltenden Reglements steht er de Maître und Balzac näher, die mit der

Republik nichts im Sinn haben. Doch gerade Balzac bekennt, er wäre in den Zeiten der Revolution Girondist gewesen. Und einen Mann der Gironde nennt Sainte-Beuve auch den Republikaner Constant, aber er meint das im Sinne der Unentschiedenheit, des Zauderns zwischen den Parteien: ein Republikaner, der Robespierre verabscheut, den Weg in die »égalité« empfiehlt und nicht weiß, ob es ein Weg zum Guten ist.

In Constants Lebensschicksal hat sich das Schicksal des republikanischen Liberalismus zusammengezogen, der auch in Constants schriftstellerischer Arbeit eine sehr wichtige Rolle spielt. Dieser republikanische Liberalismus ist wie Adolphe nach seiner emphatischen Begegnung mit Ellénore zur Sterilität verurteilt, er hat sich erschöpft, verzehrt bis zur Leblosigkeit. Constants »Adolphe« bedeutet denn auch den Zerfall aller Hoffnungen nach der flüchtigen Periode hochgetriebener Leidenschaft, die von Anfang an die Krankheit zum Tode in sich trug. Adolphe ist, wie es am Ende heißt, »von seinem Charakter bestraft worden«, weil »er keiner festen Straße gefolgt« ist und »seine Fähigkeiten gebraucht hat ohne andere Anleitung als die Laune«.[16] Man kann die Selbstbespiegelungen dieses Gescheiterten kritisieren, kann darin Schwächen des Autors sehen, kann Constant vorwerfen, die Grenzen zur persönlichen Geschichte zu stark verwischt und die artistische Kontrolle verloren zu haben, aber eben darin wurde die zukunftslose Leere dieser Existenz mit den Erwartungen, die sich daran knüpften, ins volle Licht gestellt. Darum fällt der Adolphe nicht nur hinter den Werther, sondern auch hinter die jungen Männer Balzacs, wie Raphaël de Valentin, Lucien de Rubempré, Rastignac, ganz zu schweigen von Stendhals Julien, zurück. Die ihrer Zeit vorauseilenden liberal-republikanischen Ideen waren nur ein relativer Fortschritt, der sich durch die wahren Absichten der ökonomisch entwickeltesten Fraktionen des finanziellen und industriellen Bürgertums nach dem Abtreten Napoleons selbst wieder zunichte machte. Von Adolphe bleibt am Ende nur ein erloschenes Feuer übrig.

Auf diesem Wege war ein Weitergehen unvorstellbar. Es ist nicht der fortschrittlich liberale Constant, sondern der restaurative Balzac, der in seinem demiurgischen Weltbau die soziale Maschine mit ihrem Räderwerk an der Arbeit zeigt und die Umgestaltung Frankreichs durch Revolution, Directoire, Napoleon-Ära und später die neueingerichtete altbourbonische Monarchie hindurch von der dämonischen Geldbesessenheit besorgen läßt, die alle anderen Dämonien aussticht, d. h. der die der französischen Gesellschaft seiner Zeit wirklich zugrunde liegenden Tatsachen als Romancier aufbaut und sie als objektive Tatsachen über seinen eigenen Parteistandpunkt hinaus für sich selbst sprechen läßt. Balzac kennt die Beziehungen zwischen der bürgerlichen Demokratie, die er von rechts bekämpft, und dem Kapitalismus, der in ihr sein eigentliches Betätigungsfeld findet und niederreißend und aufbauend eine unerläßliche Etappe im Entwicklungsvorgang Frankreichs darstellt. Die von Marx vorgenommene theoretische Unterscheidung zwischen finanzieller und industrieller Bourgeoisie ist Balzac in der Praxis des Erzählens geläufig, er hat sie in den Bankiers wie Gobseck, Nucingen, Graslin und den Produzenten wie dem Parfümfabrikanten César Birotteau schon dezidiert vorweggenommen. Geldhandel kann, wie an den Geldverleihern der agrarischen Provinz demonstriert wird, unabhängig von der maschinellen Produktion auftreten.

»Tiers-État«

In diesen beiden großen Fraktionen der bürgerlichen Klasse hat sich der »Tiers-État« von sich selber emanzipiert. Was dieser »Tiers-État« in Wirklichkeit bedeutet, war in Frankreich so wenig beantwortet worden wie die Frage, was die Bourgeoisie eigentlich sei. Die Frage selbst ergab sich aus dem Ende der Feudalität durch den 14. Juli 1789, das noch nicht das Ende der Monarchie darstellt und auch bei großen Teilen der bürgerlichen Ideologen nicht darstellen sollte. War die das Ende des Ancien Régime herbeiführende Klasse die Bourgeoisie oder war es der »Tiers-État«? War die Bourgeoisie etwa der »Tiers-État« oder war der »Tiers-État« die Bourgeoisie? Man kann für alle diese Fragen alle theoretisch möglichen Antworten belegt finden. Wir kennen die Meinung des Abbé Sieyès durch seine Schrift »Qu'est-ce que le Tiers État?« von 1789. Seine Antwort lautete: der »Dritte Stand« sind wir alle. Das war zu diesem Zeitpunkt konsequent vom Standpunkt der revolutionären Klasse aus gedacht, es war die theoretisch entwickeltste Antwort , die mit einem Schlage der alten feudalen Superiorität ein Ende bereitet und alles am Maß der neuen Herrschenden mißt. Sie schloß ein, daß der Adel um den Eintritt in den »Tiers-État« nachzusuchen habe, dessen Angehörigen Sieyès den Stolz anbefiehlt, gegenüber dem Adel sich als Nachfolger der Römer und Gallier zu fühlen. Das sind Spuren, die in der Soziologie Thierrys weiterverfolgt werden.

Solche Gedanken waren unter den Umständen der revolutionären Wende leichter zu denken als in der Folgezeit praktisch auszuführen. Sieyès hatte die von Thierry später aufgenommene Einsicht nicht verschwiegen, daß die Klasse der Bewegung, der gewerblichen Tätigkeit und des Fortschritts trotz aller ihrer Vorzüge durch die Jahrhunderte hindurch ihr Licht unter den Scheffel hatte stellen müssen. Die Frage nach dem »Was« ihres Ranges gegenüber dem allmächtigen Adel hatte er mit einem klaren »Nichts« beantwortet. Als Klasse war der Adel trotz der Entmachtung der großen Seigneurs durch seine Tätigkeit am Hofe so allgegenwärtig, daß das Volk ihm und weniger der Monarchie die Schuld an seiner Lage zuschrieb, die durch Lügen aller Art vor dem König verborgen würde. So richtete sich der erste Ansturm während der Revolution nicht gegen den Souverän, sondern gegen den Adel, die Steuerpächter und den großen Grundbesitz auf dem Lande. Mirabeau hatte seine Verbesserungsvorschläge noch ganz formell dem König vorgelegt. Der »Dritte Stand«, auf dem die Hoffnungen ruhen, ist für Sieyès ein gefesselter Riese, dessen Fesseln es zu lösen gilt. Im Ancien Régime waren die ihm Zugehörigen durch das Ensemble der Privilegien in der Hand der Privilegierten immer und immer wieder entmutigt, sein Reichtum, der den des Adels schon bei weitem übertreffen kann, war deklassiert worden nach der Regel, daß »Geld« und »Ehre« als die beiden großen Triebfedern der Gesellschaft durch die Notwendigkeit zusammengehalten werden, derzufolge das eine nicht ohne das andere existiert. Die Aussichtslosigkeit des Volkes lag in der Ausstattung des Adels mit Ämtern und Einkünften der Kirche, der Robe und des Militärs, soweit sie rangmäßig in Betracht kamen. Natürlich gab es die Tatsache des neuen Adels, der vom alten Adel zurückgewiesen und erst anerkannt wird »nach vier Generationen und hundert Jahren«. Aber so heftig sich der eingerichtete Adel gegen seine Vermehrung wehrt: die von ihm mit kalter Schulter Abgewiesenen sind um keinen Preis davon abzubringen, als seinesgleichen aufzutreten, und bereiten ihrer Zugehörigkeit zum »Volk« ein Ende. Wie illusionär die Forderung des Abbé Sieyès war, der Adel habe den Eintritt in den Dritten Stand als der französischen Einheitsklasse zu beantragen, wird die Zukunft zeigen, die neben den seigneurial-bourgeoisen Umschichtungsvorgängen im Staatsapparat sehr wohl ein getrenntes Nebeneinander von alter Ober- und neuer Mittelklasse kennt, wo mit dem Aufstieg Napoleons und dessen Kriegszügen unerwartet Bedürfnisse zur Erzeugung eines neuen Kriegsadels geweckt werden und man in der neobourbonischen Monarchie von 1815 aus den Kreisen der industriellen und finanziellen Bourgeoisie um Aufnahme in die Adelsmatrikel nachsuchen läßt.

Wenn die Bourgeoisie den Adel durch die Ereignisse nach dem Sturm auf die Bastille hier und da aus seinen Besitzungen, in jedem Falle aber aus der politischen Macht herausgestoßen hatte und dieser Machtverlust bis zum Regierungsantritt Ludwigs XVIII. anhält, so bedeutet das auf lange Sicht zwar den Sieg der ursprünglich revolutionären Klasse, aber nicht den Sieg von deren alten Anschauungen. Hier zeigt sich der Charakter dieser Klasse, der alle Vorstellungen des Abbé Sieyès vom »Tiers-État« in Dunstwolken auflöst. In Wirklichkeit wird der »Tiers-État« sich die Familien der alten Oberklasse nicht alle assimilieren, wird er das Proletariat eliminieren und werden ihm selbst zugehörige Teile ökonomisch und stilistisch sich Verkehrsformen der entmachteten Privilegierten angelegen sein lassen. Das Jahr 1830 und seine Kämpfe waren notwendig, um den Sozialismus eines Saint-Simon, Babœuf und Fourier aus seiner mythologischen Phase in seine wissenschaftliche Phase überführen zu helfen. Der wissenschaftliche Sozialismus erhärtet als Grundtatsache den Zusammenstoß der beiden um die Vorherrschaft im Staat kämpfenden Klassen und formuliert *methodisch* letzter Hand, was den Theoretikern der Bourgeoisie bekannt war. Lenin hat auf diesen Sachverhalt aufmerksam gemacht, wenn er sagt: »die Lehre vom Klassenkampf ist *nicht* von Marx, *sondern vor* ihm von der Bourgeoisie geschaffen worden und ist, allgemein gesprochen, für die Bourgeoisie *annehmbar*«.[17] In Frankreich als dem Land der eigentlich normgebenden Gesellschaft haben Ideologen der Bourgeoisie wie Sieyès, Thierry, aber auch schon Großmeister des parlamentarischen Handwerks wie Thiers und Guizot die Positionen ihrer Klasse und den Gebrauch der Waffen, womit der superiore Gegner zu besiegen ist, genau beschrieben. Sicher, einige der Waffen, womit die Bourgeoisie den Adel bekämpft hatte, werden sich hinfort gegen sie selbst richten. Aber der neue, von ihr selbst geschaffene Gegner, der Arbeiter, bleibt aufs große und ganze gesehen ohne überzeugende Siege. Er gewinnt Kämpfe, aber er verliert die Kriege. Alles was darüber hinausgeht, sind

Wunschträume der Arbeiter und Arbeiterführer, über die Marx in den »Klassenkämpfen in Frankreich« und im »Achtzehnten Brumaire« wegen ihrer Phrasen seinen Hohn ausgießt. Die Bourgeoisie enttäuscht die Vorstellungen, die Sieyès vom »Tiers-État« hatte. Teile von ihr lösen sich aus der Mittelklasse und gehen durch Vermögen, connubium und matrimonium, als Verbindung von Geblüt und Besitz, Zufall und Allüren in der sonst streng mit sich selber verkehrenden Oberklasse auf. Vom alten Bundesgenossen, den vorgeschobenen Helfern im Straßenkampf, den Arbeitern, einer an Zahl schwachen Klasse, hat sich der um seinen citoyenhaften Charakter gebrachte Bourgeois gelöst. Nach 1815, nach der Rückkehr der napoleonischen Armee von ihren europäischen Abenteuern, steht das Volk mit leeren Händen da. Was das Volk ist, seine Wünsche, Träume, Hoffnungen, um die es gebracht worden ist, die auch im nächsten Anderthalbjahrzehnt nicht aufgehen werden, hören wir am zuverlässigsten aus den Liedern Bérangers. Das Entzücken, das sie verbreiteten und auch auf Goethe ausübten, hat ihren bleibenden Wert geschaffen. Es waren aufrührerische, voltairisch freche Pariser Straßenlieder. Aber sie waren noch mehr: »Keine Produktion des Geistes hat mehr die Herrschaft der Bourbonen zerstören helfen als die Lieder von Béranger«, schreibt Albert Thibaudet.[18] In ihnen wurde während der mit erneuerter Etikette, Puder und Perücke aufwartenden Restauration, wo für die großen Gefühle der »grande armée« kein Platz mehr war, die Napoleonlegende am Leben gehalten.

Auf dem Weg zur Zweiten Revolution

Der Staat der Restauration wird sich auf schon bestehenden Institutionen einrichten, nämlich auf den napoleonischen, die wiederum auf den altbourbonischen gegründet waren, sich verfestigt und ihre Funktionsfähigkeit gesteigert hatten. Mit dem Ausbau einer maschinisierten Industrie, der Anlage neuer Kanäle, der Errichtung von Hafenanlagen, ausgeführt von Experten, überwacht aber durch staatliche Funktionäre, erleben die technischen Kader der Bourgeoisie einen Aufstieg, der freilich nicht sofort zu Buche schlägt. Die Staatsmaschinerie, die ins kleinste Detail eingreift, über Präfekten, Souspräfekten-Maires ihre Kontrollen perfektioniert, durch Aufschieben der Entscheide den oft geringen Eifer der Beamten steigert, erzeugt aufs Ganze gesehen ein Klima, in dem sich wirtschaftlich nur wenige ernsthaft zu beklagen haben.

Für den weiteren Verlauf der Geschichte ist die bourbonische Restauration eher eine Phase der Vorbereitung. In ihr setzt das mit Handel, Bankensystem und technischem Fortschritt im Bunde stehende Bürgertum die Instrumente an, um sich mit Hilfe der Straße und dem Mittel des Parlaments der Herrschaft zu bemächtigen. Natürlich waren große Teile der neuen tonangebenden, insbesondere der händlerischen Schichten von der feierlichen Ode Lamartines auf den Tod Napoleons schon längst nicht mehr zu rühren gewesen. Wieder wie 1789 wird die Revolution von 1830 Folge einer lang aufgestauten Unzufriedenheit sein, diesmal aber untergründigerer Art, da nicht durch wirtschaftliches Elend breiter Volksmassen mit ausgelöst, wohl aber durch die unbefriedigten Ansprüche der Bourgeoisie. Dazu kommt die Unzulänglichkeit einer sozialen Maschine, deren Räder zwar greifen, die aber dem wachsenden Druck der durch wirtschaftliche Prosperität vorwärtsstrebenden Erwerbsschichten nicht gewachsen ist. Angebahnt waren die Veränderungen durch den Wandel in den Besitzverhältnissen des Grundeigentums, ein Vorgang, der lange vor dem Ende des Ancien Régime begonnen hatte und sich nach der Reprivatisierung des von der Revolution zum Nationaleigentum erklärten Grundbesitzes vehement und nur durch die Kriegszüge Napoleons unterbrochen fortsetzt. Mit dem Auge auf die ihm bekannten englischen Verhältnisse kann Tocqueville diesen Umstand und seine nicht aufzuhaltenden Folgen durch die Besitzverschiebung des Grundeigentums in Frankreich bestätigt finden: »Während die Oberklassen stufenweise sinken, wie sich die Mittelklassen stufenweise heben und wie eine unsichtbare Bewegung sie jeden Tag einander näherbringt, zeigen sich in der Verteilung des Grundeigentums Veränderungen, die von Natur aus geeignet waren, auf einzigartige Weise die Einrichtung und die Herrschaft der Demokratie zu erleichtern«.[19] In der »Demokratie« werden nach Tocqueville Folgerungen aus den Veränderungen in den Besitzverhältnissen des Grundeigentums gezogen, die unabhängig von ihr in dem jahrhundertelangen Vorgang seiner

Umschichtung vor sich gegangen sind und weiter vor sich gehen. Auch da, wo sie dem Auge verborgen ist, setzt sich die Bewegung weiter fort, besorgt sie im Zusammenwirken mit anderen Faktoren die Revision der Staatsverfassung bei gleichzeitiger Erhaltung ihrer brauchbaren Institute.

Hier wird von einem Angehörigen der alten Oberklasse die Annahme eines durch gewaltsame Veränderung entstandenen Zustandes gewissermaßen als eine Art Naturnotwendigkeit empfohlen, der, bei allem, was man ihm nachsagen kann, die parlamentarisch regulierte Volksherrschaft für sich hat. Als Kenner des Adels fand Tocqueville dabei Erfahrungen bestätigt, die er in den Lehrsatz faßte: »Die dauernde Trennung des Adels vom Reichtum ist ein Hirngespinst, das nach einer gewissen Zeit immer die Zerstörung des ersten und die Amalgamierung beider zur Folge hat«.[20] Einer vom Reichtum als seiner Lebensgrundlage so abhängigen Klasse, wie der französische Adel es in der Hochblüte seiner Herrschaft ist, kann dessen Verlust nicht verkraften, wenn er sich als Adel stilistisch glaubwürdig über längere Dauer hinweg zur Geltung bringen will. Er verkümmert oder er entschließt sich, mit dem Reichtum dort einen Bund einzugehen, wo er ihn findet: bei den Grundbesitz zusammentragenden, Renten aus Finanz- und Industrievermögen akkumulierenden, über das Parlament ihre neue Herrschaft einrichtenden bürgerlichen Erwerbsklassen. Das galt bei Tocqueville für den vorläufig gesetzten Schlußpunkt einer langen Entwicklung, die tief in alle Bereiche des öffentlichen und privaten Lebens eingreift, und wird weiter gültig bleiben. Dahinter stand die Einsicht in gewandelte Herrschaftsverhältnisse, wie sie sich in der Bürgermonarchie konstitutionell verfestigen. Die Bourgeoisie hatte schon einen Teil der Lehren gezogen, die Tocqueville demjenigen zum Gebrauch empfiehlt, der die Macht der Aristokratie zerstören will. Wer nach dieser Lehre verfährt, darf die Aristokratie nicht von der Nähe des Throns verstoßen, er darf sie nicht da treffen wollen, wo sie ihre vorzüglichsten Eigenschaften hat. Man soll ihr die großen Zeichen der Macht wie Gesetzgebung und Kontrolle der Gesetze durch die Polizei lassen, aber man soll ihr die Regelung der kleinen alltäglichen Dinge aus der Hand nehmen, weil hier die wahre Quelle der Macht liegt. Mit diesen Vorsichtsmaßnahmen, auch wenn sie ihr aufgezwungen waren, hatte sich die Bourgeoisie in der Karlistischen Monarchie teilweise schon bewegt, bevor sie aus dem Schatten der Aristokratie heraus wieder ins volle Licht tritt und mit der Herrschaft im Parlament sich dem Alltag des Volkes widmen kann.

Soziologie der Literatur

Die Literaten haben unentwegt an diesen Verschiebungsbewegungen teilgenommen. Bis zur Revolution war die Aristokratie die für die Literatur anziehendste Klasse gewesen. Hier fanden die Literaten ihre Freunde und Mäzene, die die Hand über sie hielten und die Literatur als einen der Egalität vorbehaltenen Boden anerkannten. Aber wenn der Adel die Literaten, die er durch seine Salons an sich bindet, die er schützt und gegebenenfalls durch Komplimente, hier und da Einkünfte, weiterreichende Beziehungen fördert, denen er auf dem Gebiet der Literatur und der Philosophie Verkehr von gleich zu gleich zugesteht, so grenzt er sich gerade dadurch auf allen anderen Gebieten von ihnen ab. Unter Ludwig XIV. waren mit drei Ausnahmen – Fénelon, La Rochefoucauld und der Madame de Sévigné – alle großen Schriftsteller »Plebejer« gewesen, wie Thierry in seinem »Essai sur l'histoire de la formation et des progrès du tiers État« bemerkt:[21] unter den vierzehn angeführten Namen solche wie Corneille, Racine, Pascal, Molière, La Fontaine, Boileau, Bossuet, La Bruyère. Die Absolute Monarchie hatte der Literatur einen festen Platz am Hofe eingeräumt, durch Gewährung von Ehren, Gründung der »Académie Française« und am solidesten durch regelrechte Pensionen.

Hier lagen administrative Regelungen der Literatur vor, die auch die nichtsubventionierten Literaten betrafen, sie zumindest nach anderen Zentren Ausschau halten ließen, die sie in den Salons, aber auch wie später Voltaire im Ausland finden konnten. Diese Zustände halten sich teilweise noch durch die Revolution hindurch und nehmen erst langsam die Farben der veränderten politischen Verhältnisse an, d.h. werden einerseits nivellierender durch das Hinzukommen neuer Schichten, andererseits usurpierender durch das Abtreten der aus der Macht gedrängten alten. Natürlich hat es Schriftsteller gegeben ohne Verbindung zur geförderten, mit königlichen Zuwendungen versehenen oder auch vom Nimbus des Salons geschützten Literatur, allen voran Diderot, der als Plebejer künstlerisch auf der höchsten Höhe der europäischen Kulturentwicklung überhaupt steht, von Lessing bewundert, von Goethe übersetzt, der in Deutschland als ein so von der gesellschaftlichen Regel dispensierter Kopf gar nicht den »Franzosen« als den Gegnern Shakespeares zugerechnet wurde und die plebejisch kämpferischen Elemente in die Enzyklopädie hineingetragen hatte. Überhaupt sind die Enzyklopädisten wie die materialistischen Philosophen während der von der Etikette, der Devotion, dem Geblütsprinzip ausgeübten Herrschaft nur in den unbesetzt gehaltenen Räumen zwischen Administration und Salon denkbar, wobei sie von der Administration wenig, vom Salon aber die Zuerkennung der modischen Note zu erwarten haben. Der Salon bestätigt, was immer Polizei, Klerus, Zensur an ihnen auszusetzen haben, ihren hohen Wert für die mondäne Welt.

Gegen Ende des 18. Jahrhunderts ändert sich die Lage. Wurde bis dahin die Literatur vom Adel angezogen, so zieht nunmehr der Adel in die Literatur ein. Das war bei Chateaubriand, de Maîstre, Vigny, Lamartine, Musset der Fall und hatte Folgen der verschiedensten Art: nicht zuletzt die, daß die aus dem Adel stammenden Literaten die in der Literatur vorherrschenden Doktrinen übernehmen und sie in den Adel hineintragen, ihn auf jeden Fall damit näher bekannt machen. Auf den Schlössern im Besitz seiner Familie dichtet Lamartine seine epischen Gedichte, er schreibt sie rückwärtsgewandt als Poet, der den Vers Voltaires immer im Ohr haben wird, und zwar in einem elegischen Ton, der den Wandel der Zeiten beklagt. Dieser Weltschmerz, der sich am unendlich verehrten Vorbild Byrons entzündet, findet ständig neue Gründe, den Verlust der alten »gloire« zu betrauern. Was Byron für Lamartine bedeutet, bedeutet Scott für Vigny, wie überhaupt England als balladeskes, romantisch verklärtes Land, als Asyl der Emigranten wie als Hort der Hoffnung gegenüber dem kleinlichen nachnapoleonischen Alltag Züge verlockender Größe erhält.

Das hatte neben vielen anderen Gründen auch jenen, daß in England der Untergang des »Mittelalters« am frühesten vor sich gegangen war und dieser Wandel durch die Klage Byrons und die Historienromane Scotts für den Kontinent weithin vernehmbar bekannt wurde. Vignys »Chatterton« läßt das Schicksal eines sensiblen jungen Mannes in einem Klima stattfinden, zu dem die grausame Ausplünderung der Arbeiter durch den Fabrikanten John Bell gehört. Was auf der Insel die maschinisierte Industrie besorgt: die langsame Zerstörung des *merry old England*, die Depravierung der altertümlichen Rittergesinnung durch einen zweckhafter wirkenden Industrie- und Handelsgeist, kennt in Frankreich eine von den Romantikern wahrgenommene Entsprechung.

Sie auf ihre lang zurückliegenden Ursachen zu verfolgen wird im »Cinq-Mars« zum leitenden Motiv Vignys. Vigny gehört zur oppositionellen Fraktion innerhalb des bourbonisch gesinnten Adels, er hat die von der Staël vorgebrachten Gründe für die Rechtfertigung der Revolution weiterverarbeitet, ist legitimistisch eingestellter Offizier in napoleonischen Diensten und sieht sein literarisches Geschäft darin, die von Richelieu um Kopf und Kragen gebrachte Hochfeudalität sowie das Milieu, dem er sich selber zurechnet, zu rehabilitieren. Wenn er während der Karlistischen Restauration in der aus ihrer alten Herrlichkeit herausgestoßenen Aristokratie einen Leichnam sieht, wenn er von der Herrschaft Louis Philippes als einem »trône de carton« spricht, dann weiß er auch die Schuldigen dafür zu nennen. Schuldig sind die Bourbonen, die zuerst den Adel dezimiert und anschließend gezähmt haben, was zur absolutistischen Monarchie führte und politische Anarchie und Barbarei im Gefolge hatte. Der »Cinq-Mars« soll die gern geglaubte Legende der engen Zusammengehörigkeit von absolutistischer Monarchie und Adel zerstören durch die andere, daß nämlich der Heiterkeit des vorabsolutistischen Frankreich mit seinem Bund zwischen altem Adel und den Parlamenten durch Richelieu und dem Hof ein Ende bereitet worden sei. Beide Legenden sind vorher und nachher unaufhörlich erzählt worden. Wir wissen, wie der Balzac der »Tolldreisten Geschichten« vom Lebenssaft des vorabsolutistischen Frankreich zehrt und der ältere Dumas in seiner Romanfabrik die altritterliche Thematik bis zum letzten ausbeutet. Vignys historischer Roman sucht daran zu erinnern, daß die Festfreude der Versailler Hofgesellschaft von einer Etikette im Zaum gehalten wurde, die im Kreis erlesener Intriganten, Tänzer, Offiziere, Dichter den Gedanken an das Schafott immer gegenwärtig machte. Am Ende bleibt als Schuldiger der »Tyrann Richelieu« zurück, »der unaufhörlich unsern alten Adel und die Parlamente zerstört und den Bau an seinen Fundamenten, auf denen der Staat ruhte, untergraben hatte«.[22]

Vigny war von seiner legitimistischen Herkunft her zur Ablehnung des bourbonischen Legitimismus gekommen, und zwar unter dem Eindruck der gleichen, von den politischen Verhältnissen geschaffenen Frage Tocquevilles nach dem Schicksal einer alten herrschenden Oberklasse, die ihre Macht, aber nicht ihr Leben verloren hat. Die überzeugendste Antwort auf die Frage hatte indessen kein Philosoph, sondern der Erzähler Balzac gegeben, der sich auf ihre Seite stellt und den Weg verfolgt, den sie vom Directoire bis zur Revolution von 1848 einschlägt. Die Restauration, die ihre zeitweilige politische Neuetablierung vor sich gehen läßt, ist die Zeitepoche, der er am nächsten steht, in der autobiographisch gefärbte Gestalten seines Romanwerks ihren Charakter festigen, wie Balzac, der beim Abtreten Napoleons Sechzehnjährige, selbst. Bevor Balzac mit einunddreißig Jahren sein Debut als Verfasser der »Comédie Humaine« gibt, hat er die weltanschauliche Station des Liberalismus hinter sich.[23] Die Restauration ist Balzacs authentische Epoche, an ihr mißt er die Bürgermonarchie, deren wirtschaftliches Aufbauwerk in seiner Kolossalität er bewundert und zugleich von den Zügen des Niedergangs gezeichnet sieht. Aber die Restauration zeigt den während der Vergangenheit ins Private abgetriebenen Adel nach der ihm aufgezwungenen politischen Enthaltsamkeit nicht mehr im Original, sondern in der Imitation. Auf ihn treffen die Gestalten von Balzacs »Antikenkabinett« zu, das ihn in seiner Veralterung enthält. Der Verlust seiner kriegerischen Fähigkeiten ist ihm anzumerken, der neue Umgang mit den Assignaten und der Börse haben die Zeichen der alten Heroik verwischt. Das geht auch in seine Charakterisierung durch Stendhal ein. Balzac, der ihm als Klasse viel näher steht, macht bei aller Parteinahme für ihn und über alle Kritik hinausgehend seine eigentliche Existenz als domestizierte Klasse, die Vigny den Bourbonen als Schuld zurechnet, durchsichtig.

In Balzacs »Comédie Humaine« ist das Relief der französischen Gesellschaft seiner Zeit in ihrer inneren und äußeren Organisation ausgebreitet. Hier fanden Marx und Engels alle wichtigen Tatsachen der bürgerlichen Ökonomie vor, und zwar durch die Handlungsmaschinerie in Bewegung gebracht. Balzac hatte die Arbeit am Zyklus fast genau mit dem Beginn des Bürgerkönigtums begonnen und schließt sie in dem Augenblick ab, in dem es sich selbst überlebt. Bis zur Übernahme der Regierung durch Louis Philippe war die Verbindung zwischen den revolutionären Fraktionen der bürgerlichen Mittelklasse mit den Arbeitern nicht ernsthaft preisgegeben worden, war ihr Sieg gerade durch diese Verbindung zustande gekommen, glaubte auch die Arbeiterschaft an dieses

Bündnis. Nach 1830 beginnen die sozialen Kämpfe langsam eine andere Richtung einzuschlagen. Die bürgerlichen Mittelklassen unter Thiers und Guizot haben das Ziel ihrer politischen Wünsche erreicht. Von nun an ist der Gegner von gestern nicht mehr der überlegene Kontrahent und das Proletariat nicht mehr der unerläßliche Bundesgenosse. Umgekehrt wird das Proletariat darüber belehrt, daß es von niemandem als von sich selbst etwas zu erwarten hat: was ihm 1848 noch einmal bestätigt wird.

In der Beziehung zwischen dem aus der Herrschaft herausgestoßenen Adel und der in die Herrschaft eingetretenen Bourgeoisie gibt es in der Folge die verschiedensten Konstellationen. Sie reichen vom Übergang ganzer Teile der alten Oberklasse in das wirtschaftlich weiter aufstrebende, unter dem Namen des Fortschritts auftretende Bürgertum. Dieser Übergang kennt selbstverständlich die Inspruchnahme feudalen Timbres bei den mit hohen arbeitslos erzielten Einkünften von Zinsrentiers, wo mit halbspitiruellen Transaktionen der Anschein der alten Herrenexistenz sich verhältnismäßig leicht herstellen läßt. Aber im Spiel bleibt ebenso die Absage des »citoyen« an seine alten Maximen, an das Bekenntnis zur altrepublikanischen Tugend. Daß mit der Julirevolution ein neues Zeitalter auch für die Literatur angebrochen war, hatte Lamartine auf seine Weise bemerkt, wenn er die romantische Poesie für tot erklärte. An ihre Stelle tritt die Politik, aus dem Elegiker wird der Prosaist und politische Rhetor. Die zur weltliterarischen Bedeutung allerersten Ranges ausgebildete Form ist der Roman. Trotz des thematischen Übergewichts der erotischen Intrigen bei Stendhal und Balzac ist er auch immer politischer Roman, nicht zuletzt darum, weil die Gesellschaft sich im Julikönigtum politisiert wie nie zuvor.

Bürgerliche Demokratie als Oligarchie

Das Julikönigtum bedeutet den endgültigen Sieg des Finanzkapitals über den Grundbesitz. Die Zinsen, das Steigen und Fallen der Staatspapiere, das Plus und Minus bei der Aktienspekulation sind das Barometer für Hoffnung und Verzweiflung. Lebenselexier des Bürgers ist der Kredit. Im Kredit liegt gewissermaßen das Geheimnis der Bürgermonarchie als dem Staat der Bankiers und Apotheker. Die Fähigkeit der Ware, auf dem Weg über den Markt als Produkt die Anziehungskraft des Fetischs zu entwickeln, steigert sich ins Ungeahnte. Aber mit den Konjunkturen, die sich von Zuwachs zu Zuwachs aneinanderreihen, tritt an die Stelle des alten Antagonismus von entfeudalisiertem Grundbesitz und liquidem Finanzkapital ein neuer, der die *liberal* wirtschaftende Bourgeoisie in Gegensatz zur Lohnarbeiterschaft bringt, die sie selbst erzeugt. Das bedeutet, daß der gesellschaftliche Antagonismus selbst sich nicht abschwächt, sondern nur verschoben hat. Das Parlament mit seinem Censuswahlrecht wird nach der Wahlreform mit 450000 Wahlberechtigten ein Institut des Liberalismus als Wirtschaftspraxis des industriellen und finanziellen Großbürgertums. Es kommt jetzt zur wirtschaftlichen Blüte, was an Industrie und Technik bereits in der Restauration angelegt worden war. Dem König ist dabei von den Doktrinären der bürgerlichen Demokratie eine Präsidentenrolle zugedacht: er herrscht, aber er regiert nicht. Was dem neuen Staat die Garantie gibt, ist das Geld und der Anspruch, den alle darauf haben durch die Möglichkeiten, die er bietet, um es sich zu verschaffen. Eigeninteresse verbindet den König mit den Ministern, Abgeordneten, Aktionären, die sich gegenseitig informieren und in die Hand spielen, Geschäfte mit den Konzessionen betreiben und zur Stelle sind, wo Gewinne anstehen. Die bürgerliche Ökonomie mit dem Kapitalisten als dem Herrscher über die Institutionen, über Parlament, Regierung, Presse, wie sie von Marx beschrieben wird, tritt jetzt in die erste klassische Ära ein. Mit dem Sieg des Fortschritts und dem Weg zur bürgerlichen Demokratie durch das Mittel des Parlaments wird zugleich einer Bestechlichkeit Tür und Tor geöffnet, wie sie das darin gewiß nicht kleinliche Frankreich bisher nicht gekannt hatte. »Seit 1830 hat in Frankreich die Korruption nach dem einstimmigen Urteil aller, auch der besonnensten Schriftsteller in regelmäßigem Fortschritt eine Höhe erreicht, die an das Unglaubliche grenzt«, kann Lorenz von Stein in seinem Buch »Das Königtum, die Republik und die Souveränität der französischen Gesellschaft seit der Februarrevolution 1848« sagen.[24] Zur grenzenlosen Verfügbarkeit über das Eigentum, zur Freiheit der Konkurrenz, kommt die Freiheit der Presse, die dem Staat um so ungefährlicher wird, je hemmungsloser sie die Öffentlichkeit mit Nachrichten versorgt, wo die »Wahrheit« nur noch die Hälfte oder nichts mehr wert ist. Mit dem weiteren Vorrücken der Finanzoligarchie streut die Presse Skepsis gegenüber der alten

Moral, überkommenen Bräuchen, insbesondere der rückständigen Heroik, überhaupt gegen jede Form idealischer Gesinnung aus. Sie relativiert, verhöhnt, macht lächerlich, verreißt und greift unmittelbar schon die Grundlagen jener Klasse an, der sie ihre Existenz verdankt und die sie mit dem Gespenst des heraufziehenden Sozialismus verunsichert. Sie macht aber damit ebenso schon die Verwandlung der liberalen Großbourgeoisie in eine jede Opposition bekämpfende Schicht des bürgerlichen Großbesitzes sichtbar, die die politischen Kampfprinzipien ihrer Vergangenheit ganz aufgegeben oder in die wirtschaftlichen Prinzipien der Konkurrenz umgebildet hatte.

Die bürgerkönigliche Demokratie bedeutet Nivellierung mit dem Mittel des Geldes, das zur Grundlage der herrschenden Weltanschauung wird, gegen das alle »Ideen« bloße Seifenblasen sind. Das Geld und seine Anhäufung werden jetzt mit Guizots »enrichissez-vous!« aus jeder Verdächtigung herausgenommen: »Das Positive beginnt mit dem Geld«. Als Allheilmittel der Egalität legt es die Grundlagen für den Positivismus als Methode der reinen anspruchsfreien Faktizität: »›positiv‹, ›Positivismus‹ und ›positivité‹ werden in der Folge bürgerliche Wörter«.[25] Nicht, daß der alte citoyenhafte Kern des gegen feudales Vorrecht ankämpfenden Bürgers ganz dahingeschmolzen wäre. Das Selbstbewußtsein der auf Fortschritt Bedachten besteht weiter, bildet neue Züge aus, sonnt sich im Erreichten. Aber gegen die finanzielle Faktion, die das Königtum zum Mittel für ihre Zwecke macht, tritt es während der Konjunkturen in der wirtschaftlichen Aufbauphase zurück, weil es weniger gefragt ist als der Gewinn.

Angesichts dieser Entwicklungen sehen wir, wie Stendhal seine alten Fortschrittsvorstellungen überprüft, wie Balzac zum politischen Publizisten der altroyalistischen Partei nach deren Sturz wird, der unopportunistisch, aber doch gestützt auf breite Zustimmung des in der Literatur immer noch mächtigen privatisierenden Adels das Bürgerregime bekämpft und mit Späherblick dessen Schwächen ans Tageslicht bringt. Der »antagonisme social« als in seinem Werk wirksame Triebkraft schlägt bei Balzac nach innen, wird in seiner »Psychologie« verarbeitet und nimmt feine Zwischentöne des Forschens an.

Die Julimonarchie hat alle extremen Gegensätze durch ihr System des Kompromisses unwirksam gemacht, so wie sie ihre Gegner von der politischen Bühne abschiebt. Die napoleonischen Pensionäre wie die altroyalistischen Ultras werden durch das Geld und die durch die Presse verbreitete öffentliche Meinung veraltertümlicht und endgültig um die großen Energien ihrer Vergangenheit gebracht. So kann die glorreiche Erinnerung noch historischen Zauber ausüben wie in den Helden Stendhals, bei Victor Hugo, Vigny, so kann die Salon-Intrige durch Mumien des Ancien Régime romanesk werben wie in Balzacs »Antikenkabinett«: aber gegen die Liquidität der Bankiers und der Industriellen können sie nicht an. So vollständig hat die Idee des Eigentums den Sieg davongetragen. Das besagt nicht, daß die vom offiziellen Staat unmittelbar aus der Herrschaft Verdrängten nicht ihre Bedeutung gehabt hätten und noch mehr: nicht als populare Masse wie als altmodisch gewordene mondäne Elite dabei gewesen wären, ihre Züge in den gesellschaftlichen Körper einzuarbeiten, um an seinem Umbau mitzuwirken. Ein Talleyrand wird von der Julimonarchie übernommen und Vorbild für den unwiderstehlichen Diplomaten des Ancien Régime; die Pensionäre und Invaliden sind selbst der Anlaß, die Napoleonlegende nicht aus dem Gedächtnis zu verdrängen.

Victor Hugo

Schließlich bleiben die Spuren der Napoleonzeit in der Literatur unverwischbar. Ihr erster Zeuge ist Victor Hugo, der »größte Dichter Frankreichs«, wie er mit jenem leicht parodierenden Anflug eines Vergleichs zu Goethe genannt wurde. Von seiner Herkunft weist Victor Hugo auf das Empire hin, denn er ist aus der von Napoleon geschaffenen Militärklasse hervorgegangen. Er macht die Versetzungen seines Vaters als Offizier der kaiserlichen Armee mit und wird von der Stunde seiner Geburt an durch die Maße des Gigantischen bestimmt. Victor Hugo ist wie niemand vor und nach ihm in der französischen Literatur Lyriker, Dramatiker, Romancier in einer Person und außerdem noch Politiker in ebenso unvergleichlicher Weise, der die Register vom napoleonischen Übermenschen bis zum kommunistischen Parlamentarier mit allen Zwischenlagen zieht. Äußerlich gesehen erscheinen bei ihm Politik und Literatur miteinander versöhnt, in Wirklichkeit jedoch ist dieses Verhältnis von schrillen Dissonanzen gestört. Victor Hugo ist ein Mann der Öffentlichkeit, aber als Politiker ist er kein Staatsmann, so wenig wie er als »Dichter« über die unverwechselbaren syntaktischen Figuren eines »Schriftstellers« wie Flaubert verfügt. Er kann die schmetternden Clairons-Klänge der napoleonischen Armee Zeit seines Lebens nicht aus den Ohren verlieren. Seine Sprache kennt darum die ständige Überhöhung durch ein neues Pathos, dem mit der alten imperialen Herkunftsbasis so weit davon Entferntes wie »Freiheit«, »Sozialismus« und natürlich auch die parlamentarische Phrase zu Gebote stehen. Sein republikanischer Instinkt hat ihn früh die Verwundbarkeit des »Staats« an seinen empfindlichsten Stellen herausspüren lassen, und er trifft ihn auf seine Weise als Schriftsteller. So läßt die Zensur der Karlisten seine »Marion Delorme« nicht durchgehen, und so bedeutet der »Hernani«-Skandal von 1830 die auf dem Theater sich abspielende Revolution als Aufstand der Jugend im Publikum gegen die Tradition. Hier wurde der Regierungswechsel von der älteren zur jüngeren Linie, von der Restauration zur bürgerköniglichen Demokratie als Sieg der krusen Phantastik, des Farbrausches in den Lichteffekten, des Kulissenwechsels über den strengen klassizistischen Vers Corneilles verstanden. Von nun an ist das politische und literarische Frankreich bis ins Zweite Kaiserreich, selbst während seines neunzehn Jahre dauernden Exils, ohne Victor Hugo als einem Kopf mit vielseitigster Verwendbarkeit unvorstellbar.

Heute wissen wir, daß nicht »Hernani«, sondern »Le Rouge et le Noir« Stendhals das eigentliche Diarium der zweiten bürgerlichen Revolution von 1830 war, das freilich von der Gegenwart damals nicht zur Kenntnis genommen wurde. Den Zeitgenossen mußte Victor Hugo als der mächtigere erscheinen, weil er alle herrschenden Tendenzen, auch diejenigen, die er bekämpfte, in sich aufgenommen hatte. In ihm begegnen sich Napoleon und Chateaubriand, der

Bonapartist und sein entschiedenster Gegner, Verehrung der Prinzen von Geblüt und Mitleid mit den Arbeitern. In der Tat ist Victor Hugo ein früher Typus des sozialen Demokraten, der als Schriftsteller die Arbeiterfrage entdeckt. Aber für das Elend der »Misérables« hat er den Ton der gleichen glühenden Leidenschaft wie für die kaiserliche Garde, und der kann der hohen Beredtsamkeit eines Mannes der Tribüne, der er auch war, sehr nahe kommen. Mit den Erfolgen seiner historischen Romane hat er die Erfolge seiner historischen Dramen weit übertroffen. Den »Glöckner von Notre Dame« nannte Goethe das abscheulichste Buch, das je geschrieben worden sei. Was in solchem Urteil noch Empfehlung sein kann, wird dadurch eingeschränkt, daß dem Verfasser die Darstellung von Menschen, wie sie Stendhal und Balzac gelingt, nicht zu Gebote steht. Der einäugige verwachsene Glöckner gehört in die Galerie unwirklicher Monstren, an denen das Buch überreich ist. Die Esmeralda, auf ihre Weise unvergeßlich, ist eine reine Phantasiegeburt. Victor Hugos Kraftnatur bringt den Erweis, daß die Phantasie gegen allen »Realismus« auch in einem schon realistisch gewordenen Zeitalter bestehen kann, daß ihr sogar der Weg zum Herzen des Volks offensteht, wie etwa in der Gestalt des Gassenjungen Gavroche, daß sie aber durch die Maßlosigkeit des Abstrusen dafür zu zahlen hat. Es lebt in Hugo ein Drang zur überdimensionalen Überhöhung, dem er auch persönlich erliegt, wenn er den »Dichter« in die unmittelbare Nachfolge des »Kaisers« stellt und nach dessen Abtreten auf ihn Rang, Würde und Weihe überträgt. Aber Hugo ist immer auch der leidenschaftlichste Vertreter grosser bürgerlicher Werte. In ihm haben sich die besten Eigenschaften der aufstrebenden neuen Klasse zusammengefunden mit den unverbrauchten Energien seiner bretonischen Vorfahren. Noch als verspäteter Napoleonide ist Hugo der eigentliche Sachverwalter der Revolution: sein Sozialismus kennt immer noch das altsozialistische Schaudern vor dem menschlichen Leiden: in ihm wird der Weg von der bürgerlichen zur Arbeiterrevolution schon weitergegangen, instinktiv, rhetorisch, aber gläubig. Hugo ist ein Riese an Optimismus, das strikte Gegenteil des Skeptikers Flaubert, der mit seiner Prosa dezidiert gegen Hugo, den er verehrt, anschreibt. An der Ehrlichkeit in der mitreißenden Suada dieses lateinischen Orators gibt es keinen Zweifel. Mag er im Künstlerischen gegenüber den Großen des französischen Romans immer mehr in deren Schatten geraten sein, da, wo das Elend von Armen und Mißhandelten nur durch die Hoffnung zu bezwingen ist, steht Victor Hugo an allererster Stelle. Das hat ihm zu seiner Zeit die Massen zugeführt und ihn später nach seiner Rückkehr aus der Emigration in Guernsey zu ihrem beglaubigten Führer in der Republik gemacht.

Das Zweite Kaiserreich zwischen den Republiken

Gestalt und Werk Victor Hugos sowie der Weg, den beide einschlagen, machen die Entwicklung in Frankreich von den Tagen der Karlistischen Monarchie bis zur Dritten Republik geradezu durchsichtig. Die Verehrung des Eigentums als Kennzeichen der Julimonarchie reicht nicht aus, um sie als Ära zu charakterisieren. Mit dem weiteren Vorschieben der industriellen Bourgeoisie gegenüber der finanziellen bei gleichzeitiger Kooperation dehnt sich das Proletariat aus, das von der Industrie geschaffen wurde und schon an der Krise der bürgerköniglichen Demokratie beteiligt ist. Die bürgerkönigliche Demokratie hatte zur Grundlage neben der persönlichen Macht des Königs die beiden Kammern, wo zensitäre Filter über das Recht der Wahl und der Wählbarkeit einer kleinen Zahl von Großeigentümern wachen. Wenn die sozialistische Presse schon ein sehr selbstbewußtes Proletariat bezeugt, das sich seiner Bedeutung und Kraft bewußt zu werden beginnt, so ist seine Lage in dieser Phase jedoch nicht der entscheidende Anlaß zum Protest. Der tiefere Ursprung für den Ausbruch der Revolution liegt vielmehr in der Zwangsläufigkeit des großen Besitzes, sich der Herrschaft des Königtums zu entledigen, ohne die Herrschaft der Besitzlosen dafür einzuhandeln. Das bedeutet, den Census herabzusetzen und statt wie bisher dem großen Kapital *allen* Besitzenden bei weiterbestehendem Ausschluß der nichtbesitzenden Klassen den vorherrschenden Einfluß auf die Volksvertretung zu sichern. In der Phase der eigentlichen Vorbereitung zur Krise hin befindet sich das Proletariat in der Rolle des Statisten. Als es aus der Statistenrolle in die Kämpfe hineingezogen wird und sich für die Beseitigung der Monarchie und des Thiers-Guizotschen Regimes in vorderster Linie schlägt, dabei im Chaos der Straßenkämpfe in die Gesellschaft der republikanischen Jugend, Absprengseln der Bourgeoisie, Mißvergnügten des Großbesitzes und parteilosen Idealisten gerät, empfängt es eine grausige Lehre. Es rennt in die vereinten Gewehrläufe von Nationalgarde und Bürgerwehren. Wir haben zwei klassisch gewordene Darstellungen vom Verlauf der Revolution: Marx' »Klassenkämpfe in Frankreich« und Flauberts »Éducation sentimentale«, die von verschiedener Perspektive, unterschiedlichen Standpunkten und mit unvergleichbaren Mitteln in den illusionslos gesehenen Pariser Straßenszenen vom Schicksal des Proletariats das gleiche sagen.

Die Revolution von 1848 endete insofern siegreich für die besitzlosen Klassen, als sie der orleanistischen Monarchie, Schutzmantel für den Besitz, das Ende bereiten helfen. Was damit gleichzeitig für alle Zeit aus der weiteren Geschichte Frankreichs ausgelöscht wird, ist der Glaube an das Königtum. Zum dritten Male in etwa sechzig Jahren ist das Königtum in verschiedener Gestalt Opfer der Revolution wie der eigenen Selbstsucht geworden. Fortan und für immer wird es seinen Boden verloren haben. Was jetzt einsetzt, ist die

Reprise der alten Bewegung, die vom gestürzten Königtum zur Republik, von der Republik zum Kaisertum führen wird: dieser unnachahmliche Wellengang in der französischen Geschichte. Hatte das Königtum das Vertrauen bei allen, d. h. auch beim großen Besitz, der schließlich die erste Hand an seine Wurzel gelegt hatte, verloren, so genießt die Republik zunächst Vertrauen nicht nur bei den Besitzlosen. Aber dies nicht, weil sie die beste Staatsform wäre, sondern in diesem Augenblick die einzig mögliche ist.

Die 48er Revolution in Frankreich ist ein Vorgang in einem schon industriellen Land mit fortgeschrittener Maschinisierung. Mit ihr war der Mantel, der Verfassung und persönliche Königsherrschaft umschlungen hielt, aufgerissen worden. Er hatte sich als zu eng erwiesen. In der Revolution waren der Schlußakt des alten Stücks mit dem Auftakt für das neue zusammengefallen. Die Republik ist Mittelglied zwischen Königtum und Kaisertum, aber eines, das viel zu schwach ist, um den auseinanderstrebenden Kräften lange zu widerstehen. Wieder wird die Republik bloßes Provisorium. Den Arbeitern wird bestätigt, daß sie für den Staat der Trikolore gekämpft haben. Recht auf Arbeit und allgemeines und gleiches Wahlrecht sind die neuen Errungenschaften. Aber die Bourgeoisie, in der Vergangenheit die Klasse des Fortschritts wie der Revolution und der Gewalt, ist jetzt dabei, in ihrer erdrückenden Mehrheit sich weiter von ihren alten Prinzipien wegzubewegen, ja mehr noch daran, ihre alten Regeln ins Gegenteil zu verkehren. Der Wandel greift vom Öffentlichen ins Private, erfaßt die Künste wie die Literatur und gräbt tiefe Spuren in das Leben der ganzen Nation ein. »Die Verschwörung der Bourgeoisie gegen die Revolution, die Denunziation des Klassenkampfs als eines Verrats an der Nation, der die an und für sich friedliche Gesellschaft in feindliche Lager spaltet, die Unterdrückung der Pressefreiheit, die Schaffung der neuen Bürokratie als der stärksten Stütze des Regimes, die Etablierung des Polizeistaates als des kompetentesten Richters in allen Fragen der Moral und des Geschmacks, führten einen Riß in der Kultur Frankreichs herbei, wie ihn keine frühere Epoche kannte«.[26]

Damit waren die unmittelbaren Folgen angezeigt, die der Positionswechsel der Bourgeoisie als der tonangebenden, über Technik, Industrie und Bankensystem verfügenden, die Literatur und Künste verwaltenden, die Presse in ihrer Hand haltenden Klasse ergab. Sieben Millionen Stimmen wählten am 21. Dezember 1851 Louis Bonaparte auf zehn Jahre zum Präsidenten der Republik. Napoleon als Vollender der Republik, als Ziel und Erfüllung der Revolution von 1848! So hat er sich selbst dargestellt und so hat er seinen Anhang mit der Armee, der Administration und den Bauern als seinen Hauptstützen gelehrt, ihn zu sehen. Mit diesem Schritt hat er Teile des aufständischen Potentials seiner eigenen Partei zugeführt: jener vom Parzelleneigentum der Revolution in den Staatsdienst drängenden Masse, die zur Versorgung ansteht und gefügiges Instrument ist, sowie das altnapoleonische Rekrutierungsmaterial, die Bauern, die beim Namen des neuen Präsidenten an die Wiederkehr ihres toten Idols denken.

Der Schritt zur Republik bedeutet jedoch nur den ersten von zweien, die beide auf das Ziel, die Wiederherstellung des Kaisertums, gerichtet waren. Was dann ein Jahr später, am 2. Dezember 1852 folgte, zeigte zum ersten Mal die Anwendung eines Mittels, das zum klassischen Mittel der Diktatoren werden wird: das Plebiszit. Senatsbeschluß und Wahl als Beschluß des Volkes machen aus dem Schriftsteller, Journalisten und Freund des Liberalismus englischer Spielart den Kaiser Napoleon III. Die Wiederherstellung des Kaisertums ist der letzte Akt der Machtübernahme, die die verschiedensten Formen der Gewalt gekannt hatte und den Bruch mit der Vergangenheit des Staats sehr tief hat werden lassen. Vorausgegangen war der Tod des Parlaments, waren Rohheiten der Armee auf den Straßen, die Auflösung der Ordnungspartei und überhaupt der Zerfall jener Bourgeoisieherrschaft, die parlamentarisch organisiert vor allem in der Beachtung der Marktgesetze des liberalen Handels bestand. Die in Aussicht gestellte wirtschaftliche Krise zusammen mit der Unsicherheit auf der Straße, Drohungen von Seiten der Republikaner, den Gerüchten über kommunistische Aufstände, einer sich in Hiobsbotschaften überschlagenden Presse, der Furcht vor dem Fall in eine ungewisse Zukunft haben jene Stimmung erzeugt, die dem politischen Aufstieg Louis Bonapartes günstig war.

In dieser von Angst erfüllten Lage mußten sich die politischen Gewichte ihrer Schwerkraft nach einem Manne zuneigen, der den Namen des Kaisererben mit dem Einfallsreichtum des Verschwörers und den Erfahrungen in aufgeklärter Demokratie während des Exils in der Schweiz und in England verband. Er zeigt sich den Demagogen der bürgerlichen Republik mit der Einsicht überlegen, daß die Herrschaft im Staat durch die Allmacht der Rente nicht auf alle Zeit behauptet werden kann. Die Bourgeoisie, die sich mit ihrer Vergötzung des Gewinns, mit dem Typus des am Gewinn beteiligten Parlamentariers dieser Wahrheit verschlossen hatte, muß sich vom Kaiserneffen den Begriff der »Arbeit« vorrechnen lassen. »Kapital« und »Arbeit« sind im Zweiten Kaiserreich zu jenen Zwillingsgeschwistern geworden, als die sie in der Öffentlichkeit und im Gedankenhaushalt des breiten Publikums, der ökonomischen Broschüren, der politischen Pamphlete auftreten. Die Vereinigungen der Arbeiter werden zerschlagen, das Proletariat ist nach den Erfahrungen vom 2. Dezember 1851 und angesichts der Armee, die es zu Gesicht bekommt, eingeschüchtert, aber das Kaisertum kann sich die Vorstellung des »Sozialismus« zu eigen machen, es kann sich als sein Vollzugsorgan verstehen und ihn in sein System des Sozialstaats einbauen. Es wird sich ebenso auf das Bankenkapital und die Großindustrie stützen, nachdem es durch die Säuberung des Parlaments vorher gewalttätig gegen deren vorzüglichste Interessenvertretung vorgegangen war.

In dieser Zeit des Umbruchs setzt ein Spiel von Koalitionen zwischen den in Frankreich ansässigen Parteien ein. So können die bourbonischen Legitimisten zeitweise die Nähe der Arbeiter suchen, um mit ihrer Hilfe das große Kapital der orleanistischen Bourgeoisie, von dem sie in ihrer Mehrheit ausgeschlossen sind und gegen das sie ihre gesellschaftliche Anciennität setzen, zu bekämpfen. Damit wird das Kaisertum in seinem Vorteil weiter vorangebracht, entgegengesetzte Interessen in sich zu vereinigen, was es im Machtgebrauch nur stärker macht. Die Demokraten unter Führung Cavaignacs zwischen der *Bewegung* und der *Reaktion* bauen dagegen ihre Stellung durch die Illusion ab, eine Gesellschaft ohne Rücksicht auf die Wirtschaft allein auf die Konstitution gründen zu können. Der Kommunismus wird nach dem Staatsstreich Napoleons als überhaupt diskutierbare Richtung aus der Öffentlichkeit ausgeschlossen. Die Versprechungen seiner Führer und die Hoffnungen, die sie geweckt hatten, waren an der Wirklichkeit zuschanden geworden. Nicht nur die Überlegenheit der Gegner, zu denen *alle* und auch die falsche Einschätzung der eigenen Kraft gehörten, hatten ihm ein Ende bereitet, sondern ebenso die Zerspaltenheit im eigenen Lager. Theoretisch hat die Partei der Arbeit den Kampf auf der Höhe von Proudhons Egalitätsprinzip, praktisch mit den Improvisationen Louis Blanquis im Straßenkampf geführt, was ein Zusammenwirken zwischen beiden so gut wie ausschloß. Proudhons Ablehnung des Privateigentums als dem Hindernis für die Egalität meint am Ende nicht die Forderung, das Privateigentum zu beseitigen, sondern ist Ablehnung der Rente. Wenn man bedenkt, welche Bedeutung die Rente als Mittel zur Eigentumsbildung und zur Herstellung oder Erhaltung des Bourgeoischarakters überhaupt in Frankreich hatte, wenn man die Addition von Renten geradezu als einen die Standesheirat erzeugenden Akt sehen muß, der im »Roman« zu den Stereotypen gehört, wenn man den Mißbrauch, der damit getrieben wird, als Fächer von Bestechungen allersublimster Art berücksichtigt, gehören Proudhons Gedanken in seiner Schrift »Qu'est-ce que la Propriété?« aus dem Jahre 1840 zum theoretisch Ausgebildetsten, was zur Frage des Eigentums in Frankreich vor der Februarrevolution gesagt worden ist. Das bekräftigt Marx in seiner Auseinandersetzung mit Proudhon noch durch die Ausführlichkeit, die er ihm zuteil werden läßt. Das Elend der Gesellschaft ist für Proudhon ausgelöst durch die Desorganisation des Kredits: sie beruht auf der »Arbeitslosigkeit der Rente und der Rentenlosigkeit des Arbeiters«. Die Widersprüche, die es bei Proudhon gar nicht zur Aufhebung des privaten Eigentums kommen lassen und die Marx Zug um Zug aufdeckt, besagen nichts dagegen, daß Proudhon damit schon zu Wurzeln der Misère vordringt, an die außer ihm kaum ein anderer gedacht hat. Aber mit der theoretischen Einsicht einer wissenschaftlichen Abhandlung, in der Form des gebundenen Buchs oder der Broschüre nur spärlich unter die Leute gebracht, war noch keine Revolution gewonnen. So finden wir nach der Niederlage die Führer der Arbeiter auf der Flucht oder im Gefängnis und ihre Namen in der Öffentlichkeit nur erwähnt, wenn von ihrer Verfolgung die Rede ist.

Der Staatsstreich traf mit dem Parlament die liberale bürgerliche Demokratie, er traf die Organisationen der Arbeiter, die jetzt aufgelöst werden. Aber er traf nicht und konnte nicht treffen das vom System unabhängige große Bankenkapital wie die Großindustrie, die allmählich in die Phase einer anwachsenden Prosperität gerät. Firmengründungen und Wachstum der wirtschaftlichen Erträge haben die Stärke des Zweiten Kaiserreichs gefördert, aber sie haben auch jenen Immobilismus erzeugt, der ihm zugeschrieben wird und sich in seiner »décadence« zeigt. Das Kaiserreich war durch die Plebiszite für Napoleon auf eine überzeugende Majorität gegründet, es hatte seine Hauptstützen in den

Pensionären, der Armee, der Verwaltung, den mit Staatsaufträgen bedachten Industriellen, den von der Revolution geschaffenen Parzelleneigentümern, die wußten, von welcher Seite Wohltaten zu erwarten waren, und natürlich in einer großen Zahl derer, die um Ordnung und ihren Besitz bangten. Es hatte, was auf lange Sicht ebenso schwer oder noch schwerer wog, keine Stütze in der Intelligenz, bei den Moralisten, den Schriftstellern, dem guten Gewissen, dem guten Geschmack. Wer noch an die verhaltenen Töne der Vergangenheit gewöhnt war, fühlt sich durch die Rohheit der Farben, Formen und neuen Regeln abgestoßen. Die Reste altertümlicher Bescheidenheit werden von den durch industrielle Großgewinne in ihren Ansprüchen weiter getriebenen Schichten beseitigt. Wie nie zuvor seit der Großen Revolution erlebt das Land einen Wandel, der die letzten Verbindungen, auch generationsmäßig, zum Ancien Régime zerschneidet. Paris tritt architektonisch jetzt in seine Haussmann-Epoche ein, das Bild locker ineinander übergehender Stadtteile zum Teil halb-dörflichen Charakters wird vom System der Boulevard-Anlagen abgelöst, in dem sich der zentralistische Staat selber darstellt. Der »Dschungel« mit seinen Gängen, Höhlen, dem Labyrinth der Gassen, Paradies für die revolutionären Straßenkämpfer, weicht planvoll entworfenen, übersichtlichen, geregelt ausgeführten Baukomplexen, die, auf dem Kreditwege erstellt, die vom Land in die Stadt einströmenden, für Gewerbe und Handel unerläßlichen neuen Schichten aufnehmen. Aber mit den großen Finanzoperationen für den Bau der großen Miets- und Geschäftshäuser werden zugleich die neuen Eigentümer produziert und oft ebenso rasch ruiniert, in einem immer schneller sich drehenden Karussell zwischen Gewinn und Verlust. Der Klassizismus der neuen Fassaden vermittelt das Gefühl für die wiederhergestellte Ordnung, ohne daß das dahinter liegende Interieur durch seinen Geschmack zu überzeugen verstünde. An die Stukkaturen werden große Mengen von Gips verschwendet für griechische Göttinnen, Karyatiden, Sockel, Säulen, denen man ansieht, daß sie als Material die Last nur fiktiv tragen. In der Innenausstattung überwiegt ein schwellender Prunk an Tapisserien aus der industriellen Herstellung, macht sich ein üppiges Rot und grelles Grün vorlaut bemerkbar. In der Architektur herrscht jetzt ein Eklektizismus, der sich mit Rocaillen versorgt und ebenso tektonische Strenge walten läßt, es zu einem einheitlichen Stil nicht kommen läßt. So wenig wie die zum Verkehr miteinander gezwungenen Klassen, Schichten, Interessengruppen, Parteien zu ehrlichen Übereinkünften zu bringen waren, kann sich eine verbindliche Ästhetik des Bauens durchsetzen. Originell sind die Eisenkonstruktionen, die erbaut oder aber geplant und erst später ausgeführt werden. Die Prosa des klar erkennbaren Zwecks spricht aus den Mietshäusern, den Markthallen für die Versorgung, den Warenhäusern mit den schon maschinell hergestellten Produkten im Angebot, den Hotels für die Besucher: Souveraine, Prinzen, Industrielle, die ihr Amüsement suchen und auch finden. Das Empire genießt die wirtschaftliche Prosperität, in der sich das industrielle Europa der 60er Jahre befindet. Mit der Weltausstellung von 1867 kann Paris seinen Rang als Hauptstadt der Weltzivilisation, wo höchster Ausbildungsstand der Technik, Promptheit der Warenversorgung, insbesonre mit Luxusgütern, sowie Angebote von Vergnügen jeder Art zusammentreffen, überzeugend unter Beweis stellen. Und dies mit dem Geld als allmächtigem Zahlungsmittel. Größter architektonischer Erfolg des Zweiten Kaiserreichs aber ist die Opéra. Die Einweihung 1875 sollte es selbst nicht mehr erleben. Sein Ziel freilich: durch schöpferische Originalität dem Empire zum eigentlichen Stil zu verhelfen, hat Garnier mit seinem Prunkbau nicht erreicht. Schwelgerische Innendekoration als Huldigung an das Barock und Loggien in italienischer Manier haben dem Spiel der Vermischungen freien Lauf gelassen und aus dem Bau das Symbol der ganzen Epoche gemacht.

In der zweiten Kaiserzeit waren große Bauprojekte aus der Julimonarchie, sogar noch aus der Restauration übernommen worden, und dies in der alles andere sich unterordnenden Absicht, aus Paris ein neues Rom zu machen. Dazu gehört die Neugestaltung der großen Plätze. Als der Obelisk von Luxor, ein Geschenk des ägyptischen Vizekönigs an Frankreich, nach jahrelanger Vorbereitung, seinem beschwerlichen Transport, der Anfertigung eines Modells, um seine Wirkungen zu erproben, 1836 auf der Place de la Concorde aufgestellt wurde, gehörte dies zu den großen symbolischen Herrschaftsleistungen des neuen bürgerköniglichen Staats. Das Kaiserreich unter Napoleon III. läßt sich jetzt die Verschönerung des Platzes angelegen sein. Zugleich steht die Neugestaltung der Place de l'Étoile mit den Champs-Elysées, der Erweiterung ihres pompösen Rahmens durch Theater, Zirkus, Panorama, Restaurants als Einrichtungen mit Vergnügungscharakter an, die dem Gesamtcharakter der Straße entsprechen. Zum Winterzirkus kommt der Sommerzirkus und später der cirque de l'impératrice hinzu. Ein Architekt wie Hittorff, der bereits in der Restauration als Staatszeremonienmeister und Dekorateur für die großen Katafalke bei den Trauerfeiern für Ludwig XVIII. und einer nachgezogenen Trauermesse für Ludwig XVI. sowie für die Krönung Karls X. in Reims verantwortlich war, aber auch für die stilistische Ausgestaltung von großen Taufen und Hochzeiten im altbourbonischen Stil, hat in der Bürgermonarchie die klassisch-römische Linienführung Davids – so im Bau von Saint-Vincent de-Paul – durchgehalten, die jetzt im erneuerten Kaiserreich in den strengen Fassaden mit ihren Gesimsen, den bekrönten Fensterstürzen wieder zur Geltung gelangen kann. Berühmt sind die Fassaden in der Rue de Rivoli, die immer wieder, auch in den Neubauquartieren jenseits des Arc de Triomphe, kopiert werden und sich statt am dreigeschossigen Typus an dem der besseren Rentabilität wegen aufkommenden fünfgeschossigen ästhetisch bewähren. Für alle Bedürfnisse trägt der Staat Sorge, für die Besucher der Rennbahn mit ihren Tribünen, für die von der Baubehörde genehmigten Cafés im Bois de Boulogne; es gibt Paradestraßen für die Armee, Kirchen für die Gläubigen, die Ausstellungspaläste für die großen Innovationen und die Bahnhöfe für die Besucher, die sie aus aller Welt empfangen. Eine der größten Sensationen ist 1867 die neue Gare du Nord, im wesentlichen ein Werk Hittorffs, der von Haussmann ausgebootet werden wird, aber hier bis in die Maßverhältnisse der großen Halle aus zwei Schiffen mit einer Gesamtlänge von 133 Metern und einer Breite von 35 Metern hinein einen der großen »Tempel« des Empire schafft und Saint Lazare, die

Bahnhofstation des Geschäftszentrums von 1843, damit aussticht. Der Bahnhof wird noch 1879 von Jacob Burckhardt zu den »architektonischen Infamien unseres Jahrhunderts« gezählt.

Im Palais Garnier, in den Offenbachschen Operetten, im Can-Can gelingt es dem wenig auf Tiefe bedachten Lebensgefühl, sich Ausdrucksformen zu schaffen, die das Zweite Kaiserreich charakterisieren. Leichtfertigkeit, in aufwendiger Dekoration angeboten, entsprach dem Geschmack und empfahl sich durch die Eleganz, die das Zeitalter als Beweis für echte Dazugehörigkeit forderte. Offenbach ist wie Wagner und Ibsen ein Mann des Theaters, er ist es freilich auf seine Weise im Kleinen, und dies nicht zuletzt durch den verführerischen Schmelz seiner Melodien. Aber er gehört auch zu den Medien seiner Zeit; in der Parodie, im abtragenden Witz, im Spott über Staat und Gesellschaft verhilft er den niedergehaltenen aufrührerischen Ideen zur Resonanz und empfängt obendrein noch den Beifall der Herrschenden. Indem man das Gewagte, mit dem »Verbotenen« im Bunde Stehende, mit leichter Hand Ausgeführte beklatscht, schafft man sich neue Rechtfertigung für das Obensein. Offenbach ist das Alibi für die falsche Freiheit im Polizeistaat, der sich hier von der duldenden Seite zeigen kann. Die »Herzogin von Gerolstein« gehört zu den Leitbildern des Zeitalters wie Emma Bovary und Nana. Hier kann sich das ganze Bedürfnis nach Pracht entfalten, die in Wirklichkeit das Echte nur vortäuscht, es zumindest nicht sehr genau damit nimmt. Hier ist die Traumwelt eines Kleinfürstentums heraufbeschworen mit viel Plüsch, großflächiger Innendekoration, Freizügigkeit in Fragen der geltenden Moral, die in gleicher Weise ungestraft nur in der Operette verletzt werden kann. Aber wahrscheinlich bedurfte die Offenbachsche Operette jenes polizeistaatlichen Druckes, um mit ihrem Angebot an Traumszenen so überzeugend verführen und schließlich auch so demoralisieren zu können, wie es ihr gelang. Sie übersteht zwar das Zweite Kaiserreich, an dessen innerer Aushöhlung sie entschiedenen Anteil hatte. Offenbachs größter Triumph mit »Hoffmanns Erzählungen« steht noch aus, aber der Boden für die Pariser Operette wird mit dem Ende des Empire zusehends schwächer. Die frechen Couplets und die Scherze der Parodisten verlieren in der Republik nach 1871 ihre Anzüglichkeit. Sie sind nach Form und Inhalt nicht mehr ganz in Mode. Der Auszug der Operette nach Wien, wo sie erst jetzt in ihre klassische Hoch-Zeit eintritt, macht das Schwächerwerden ihrer Pariser Impulse deutlich.

Die Offenbachsche Operette als journalistisch gefälligster Ausdruck der Gesellschaft im Zweiten Kaiserreich ist die Kehrseite der Trostlosigkeit, die bei der Mehrheit der Intelligenz und der Literaten als vorherrschender Eindruck des Regimes bleibt. Ihre Phantastik, ihre Vorliebe für das Unwahre bei allem zauberhaften Melodienreichtum helfen noch in der flachsten Persiflage über die wirklichen Verhältnisse hinwegzutäuschen. Es konnte dem Regime nicht zum Vorteil ausschlagen, daß es so wenig Freunde in der Welt der Literatur und der Künste besaß. Darum wiegen auch die Grau-in-Grau-Töne vor, die die Beschreibung des Alltags, der naturalistisch dargestellten Wirklichkeit durchdringen, das Leben lähmen, ihm die Hoffnung auf höhere Ziele und größere

Zwecke nehmen. Der Naturalismus als Bewegung ist vieldeutig, kaum mehr als ein Name, zu dem sich die ihm nachträglich zugerechneten Schriftsteller oft überhaupt nicht oder nur bedingt oder nur vorübergehend bekannt haben. Will man so etwas wie eine naturalistische Schule auf ein Programm festlegen, so bleibt der Hang zu einer belasteten flachen Wirklichkeit, die betrogene Illusionen hergibt. Das private Leben hat mit dem öffentlichen nichts zu schaffen. Aber wo das private Leben sich auf sich selbst zurückzieht, gelangt es in ein Labyrinth, wo Krankheit, Erbmasse, Milieu, Familie es in ein Teufelsspiel hineinziehen. Wie in einem Käfig rennt der am Boden Gehaltene gegen Vorurteile, Herkunft, Schäden im Protoplasma als den Gittern, die ihn nicht herauslassen, immer wieder vergeblich an. Das »Schicksal« büßt die Gloriole der tragisch hehren Unausweichlichkeit ein, es wickelt sich jetzt sozusagen im Familienkreis ab. Zolas »Rougon-Macquart« ist ein Familienroman des Zweiten Kaiserreichs mit Vor- und Nachgeschichte, wo die gesellschaftlichen Umschichtungen nach den Darwinschen Gesetzen der Selektion vor sich gehen und Erbanlage, biologische Stabilität oder Schwäche, ökonomische Gunst oder Ungunst, politische Krisen und natürlich auch Zufälle des Alltags am »Schicksal« der Gestalten mitwirken.

Dahinter steckt ein grenzenloses Vertrauen auf die »Wissenschaft«, die im Sinne des Zeitalters nur als »Naturwissenschaft« ernstgenommen wird. Flauberts Genauigkeit in der Einzelbeobachtung, der Wille zur Präzision, der sich nicht den kleinsten Verstoß gegen das Gebot, die Gegenstände, Tatsachen, Vorgänge *richtig* wiederzugeben, abhandeln läßt, Zolas flacher angesetzte Verwissenschaftlichung des Romans mit genauen technischen Details über den Bau von Maschinen, Dampflokomotiven, dem Funktionieren der Bergwerke mit ihren Schachtanlagen und den Menschen darin, die großen Finanzoperationen der Börsen und Banken nach gewissenhaften Studien der Materie haben in der erwachten Wissenschaftsgläubigkeit ihre Ursachen. Die Naturalisten gehören von ihren Anfängen her zur Kunst der Opposition gegen die Konvention; mit dem Zurückgreifen auf wissenschaftliche Tatsachen suchen sie sich unanfechtbarer Gewißheiten zu versichern. Hier ist die Grenze erreicht, hinter die sich die vom zentralistischen Staat – der vom Experten viel, von der Diskussion wenig hält – auf das Inwendige verwiesene künstlerische Phantasie nicht zurückdrängen läßt. Im Bündnis mit der »Wissenschaft« sieht der naturalistische Künstler Möglichkeiten für sein Überleben. Und daß es den sensibelsten, von ihren Visionen in Gefangenschaft gehaltenen Naturen tatsächlich ums nackte Überleben der Kunst wegen geht, zeigen, unabhängig von jeder stilistischen Zuordnung, Gestalten wie Baudelaire und der »Parnaß«, wo man sich ganz auf die Traumwelt verlegt. Die »Langeweile« hatte die dithyrambisch Erregbaren der Bohème schon in der bürgerköniglichen Demokratie erfaßt, aber als Ekel erregendes Stichwort löst es erst im Zweiten Kaiserreich die überzeugendsten Verse aus. In der von der Ware bestimmten Welt kommt der Baudelaire zutiefst vertraute, im Gedicht »La muse vénale« ausgesprochene und behandelte Gedanke vom Dichter als »Prostituierte« auf, der Flauberts Thematik seiner frühen Erzählung »Novembre« weitertreibt. Für die Warenwelt stehen jene Pariser Passagen, in der zweiten Hälfte der Restauration zuerst aufgekommen, in denen der industriell hergestellte Luxus, die Produkte der höheren Qualität angeboten werden und ihren Fetischcharakter bestätigen. In ihnen wird der »Flaneur« zu Hause sein, den Walter Benjamin in Baudelaires Versen als feststehenden Typus wiederfindet, als die neue Art von Spaziergänger, der sich auf der Straße »zu Hause« fühlt, weil er es versteht, um sich die Langeweile zu vertreiben, sie zur »Wohnung«, zum »Interieur«, zu machen.[27] Die »Langeweile« als Grundübel der Zeit, das in der Großstadt, weil es immer wieder beunruhigt, mit immer neuen Mitteln der Ablenkung bekämpft werden muß!

Baudelaire gelangt als einer der ersten großen französischen Künstler – und zwar aus seinem Vertrautsein mit narkotischen Rauschzuständen als den eigentlich schöpferischen Phasen eines neuen Künstlertums – zum Verständnis Richard Wagners. Paris ist für Wagner der Angelpunkt für seine bühnenpraktischen und bühnentheoretischen Auseinandersetzungen mit dem Kapitalismus, es ist seine Welthauptstadt, die in ihm den Wunsch erweckt hatte, sie in Schutt und Asche versinken zu sehen. In einem Brief vom 22. Oktober 1850 an seinen Freund Uhlig spricht er sich sehr genau darüber aus: »Wie wird es uns aber erscheinen, wenn das ungeheure Paris in Schutt gebrannt ist, wenn der Brand von Stadt zu Stadt hinzieht, wenn sie endlich in wilder Begeisterung diese unausmistbaren Augiasställe anzünden, um gesunde Luft zu gewinnen? – Mit völligster Besonnenheit und ohne allen Schwindel versichere ich Dir, daß ich an keine andere Revolution mehr glaube, als an die, die mit dem Niederbrande von Paris beginnt«. Die Vision vom brennenden Paris geht in den Untergang Walhalls im »Ring« ein, der aus der Pariser Konzeption von »Siegfrieds Tod« nach mehr als zwei Jahrzehnten dauernder Arbeit am Stoff und bei fortwährender Veränderung der Perspektive entsteht. Auf die zeiteigentümliche Zusammengehörigkeit von zwei so weit auseinanderliegenden Werken wie den »Rougon-Macquart« und dem »Ring des Nibelungen« hat Thomas Mann als erster aufmerksam gemacht: Wagners »Tetralogie« als deutsche Form des Familienromans, während Zolas Werk Partien von einem Pathos kennt, dem opernhafte Repräsentation nicht fern ist.

Hier war eine Zusammengehörigkeit über alle Grenzen der Einzelkünste hinweg durch die Epoche dargestellt. Baudelaire spricht in seinem anonym verfaßten Brief an Richard Wagner vom 17. Februar 1860 davon, daß er beim Hören seiner Musik eine »unermeßliche Ausdehnung von dunkel rot« vor sich sehe, eine Farbe, die »die Leidenschaft darstellt«. Wenn er die Wagnerkunst durch Adjektive wie »excessif« und »superlatif« charakterisierte, so waren damit die Rauschzustände seiner eigenen Kunst beschrieben. Flucht in Höllen und künstliche Paradiese, aber auch in die Großstadt Paris, wo die Menschen wie Bäume eines Waldes mit der Anonymität eine neue Einsamkeit schaffen, wird zur immer wieder erneuerten Empfehlung. »Das Leben ist fern, wir sind nicht in der Welt«, kann für Rimbaud zum Motto einer neuen lyrischen Bohème werden. Hier spricht sich eine Gegenwartsfeindschaft aus, die zugleich Flucht vor der Zivilisation und Protest gegen die bürgerlichen Lebensregeln ist.

Stattdessen Baudelaires Vertrauen auf einen anderen und zuverlässigen Gewährsmann: »Oh, Tod, alter Kapitän, es ist Zeit. Laßt uns die Anker lichten!« Von hier aus erfolgt jenes Aufspüren der Chancen, die dem Willen zur Selbstzerstörung Gewähr dafür bieten, ans Ziel zu gelangen: in den Delirien des Rauschs, im Auskosten des Ungewissen, in den Reisen auf dem Ozean mit der Aussicht auf das Versinken im Schiffbruch. Der exotische Dschungel der Großstadt als Aufforderung zum Verbrechen, als verfeinertes facettenreiches Genießen der Selbsttötung! Aus den »Fleurs du Mal« Baudelaires strömen jene giftigen Düfte, die Verzücken, Rausch und Vergessen bescheren. Hier liegen Anfänge der »Moderne« in der Lyrik wie vielleicht nirgendwo sonst in Europa, und zwar unmittelbar aus der Öde des Staats durch die von ihr sich zerstört Fühlenden geschaffen.

Die Revolution in der Wiederholung hatte sich Marx zufolge als Farce erwiesen. Es hatte sich gezeigt, daß die Revolutionäre der Bourgeoisie von 1789 aus anderem Holz geschnitzt waren als die Führer des Proletariats von 1848. Das Proletariat war unter den Straßenverhältnissen vom Juni 48 eine auf die eigenen Phrasen vertrauende, zeitweise sich ihrer eigenen Schwäche nicht bewußte Masse gewesen. In der Praxis hatte es hier ein Exempel statuiert, wie es sich nicht verhalten sollte, dessen Lehren bis zur »Pariser Kommune« gelten und dann durch andere Wahrheiten abgelöst werden. Für die Literatur aber wird das neue Kaiserreich ein Stachel sein, der zur Opposition treibt und sich bei den Naturalisten einen ihr gemäßen Ausdruck schafft. Zola setzt »Naturalismus« und »Republik« gleich, insofern, als er die Republik, auf die er hinschreibt, selbst als »naturaliste« bezeichnet. Vom Druck, der auf ihnen lastet, vom Interesse und der als Notwendigkeit betrachteten Hinwendung zur Naturwissenschaft her halten sich die Naturalisten in der Gesellschaft der Materialisten und Darwinisten auf. Das hat sie oft in den Geruch gebracht, gegen jede höhere Idealität subversiv aufzutreten. Das bedeutet jedoch nicht nur ein Mißverständnis, sondern zeigt auch an, wie wenig eindeutig die naturalistische Schule sich bestimmen läßt, wie gespalten sie in ihren gesellschaftlichen Tendenzen ist. Taine sah schon während der 50er Jahre vor allem in den »Provinzszenen« bei Balzac den »Naturalisten«, und dies darum, weil er bei dessen die Wirklichkeit nachbildenden Kunst das »Ideal« vermißte. Die Uneinigkeit über die Bedeutung wird bleiben. Den Naturalismus, der sich bei Zola mit der Republik verbündet, in jedem Falle mit der Demokratie oder gar mit der Arbeiterschaft zu verbinden, steigert das grundsätzliche Nichtverstehen derer, die irgendwie in Zusammenhang mit naturalistischen Tendenzen gebracht werden könnten. Bei Flaubert und den Goncourts, soweit sie von der »Bewegung« erfaßt sind, ist ein Höchstmaß an Individualität erreicht, die damit rechnet, daß von der Demokratie für sie nicht viel zu erhoffen bleibt, sich darum dem Interieur zuwendet, um sich in geträumten Festen und Landschaften grenzenlos auszuleben. Aber auch Zola, der als Verfasser des Bergwerksromans »Germinal« auf der Seite des Proletariats steht, hat als bürgerlicher Schriftsteller zu keinem Zeitpunkt die bürgerliche Republik mit dem Arbeiterstaat vertauscht wissen wollen und gehört nach der Niederschlagung der »Pariser Kommune« zu ihren erklärten Feinden. Für die von der bürgerköniglichen Demokratie und später nach dem Zwischenakt der Zweiten Republik von der geistigen Leere des Zweiten Kaiserreichs ins Schattendasein getriebene Intelligenz bedeutet die »Wissenschaft« der einzige Komet, auf den sich ihre Erwartungen richten konnten und wo sie den Hoffnungen des Proletariats teilweise begegnet. Comtes Verabschiedung der Metaphysik läßt sich dabei theoretisch überhaupt nicht hoch genug einschätzen. Seine »philosophie positive« hat aufgehört, mit irgend einem von der Religion gesetzten Glauben zu rechnen, aber auch mit dem Atheismus als seinem leiblichen Bruder. Comte hat die Verwicklungen, in die der Atheismus bei der Auseinandersetzung mit Ideen der Transzendenz gerät, durch die »Wissenschaft« als dem Ende der Metaphysik vorherberechnet. »Wissenschaft« bedeutet hier naturwissenschaftliches Experiment, das nicht nach übernatürlichen Ursachen fragt. »Wissenschaft« im Sinne Comtes ist Wissenschaft vom Leben, die auf Biologie, Physik, Chemie, Mathematik beruht. Die Soziologie, der im System Comtes alle anderen Disziplinen subsumiert sind, befragt die Tatsachen des Lebens und bezieht ihre Einsichten aus den Gesetzen der organischen Natur. Bei der Vereinigung von Theorie und Praxis, dem eigentlich entscheidenden Stadium, macht es die Einsicht in die Gesetze der Erscheinungen möglich, in den Gang der Dinge einzugreifen. Wissen ist die Bedingung, um vorauszusehen, Voraussehen ist die Bedingung, um vorzubeugen. Comtes Soziologie als die methodische Organisation der menschlichen Gesellschaft bedeutet Entwicklungslehre, die die Entwicklung vom kriegerischen zum industriellen Stadium zu ihrem Gegenstand hat, neben den wissenschaftlichen Einsichten die Anwendung der Einsichten im Dienst einer allgemeinen Menschheitsreligion vertritt und zwar in Richtung auf das *Grand Être* der Menschheit.

Hatte Comte das Gebirgsmassiv der »Metaphysik« unter dem Zeichen des naturwissenschaftlichen Experiments eingenommen, so macht Ernest Renan aus der alten Kirche des antik-mittelalterlichen Glaubens eine in der Philologie sich erfüllende neue. Gottesdienst hier wie dort wird transformiert im Dienst an einer kritisch filternden, dem Zweifel weit zugeneigten Wissenschaft, ein Vorgang, der weit übergreift auf die Krise, in die die der Bourgeoisie zugehörige Intelligenz wenigstens theoretisch und vorwegnehmend hineintreibt. Hier wird eine Vergangenheit verabschiedet, die dessen ungeachtet in Wahrheit ziemlich unverändert weiterbesteht. Vom gleichen Vertrauen auf die »Wissenschaft« ist auch Taine erfaßt, ein als Literat streng nach den Dokumenten arbeitender Kopf, der da, wo er wie in seinem philosophischen Hauptwerk »De l'Intelligence« das Denken mit chemischen Prozessen vergleicht, Philosophie in Naturwissenschaft übergehen läßt. Als 1871 der Krieg für Frankreich verloren ist, fühlt sich Taine veranlaßt, nach den Gründen für die Niederlage zu forschen. In seinem historischen Hauptwerk »Les Origines de la France Contemporaine« bedeutet der Ruin des Zweiten Kaiserreichs für ihn nur das Ergebnis des französischen Zentralismus, der als Gegenschlag gegen Ancien Régime und Revolution den altfranzösischen Individualismus mit seinen Energien beseitigt habe. Napoleon ein italienischer Bandenführer, der dem Frankreich der alten Zivilisation das Ende bereitete! Das waren Anschauungen, die zugleich Taines Materialismus in der Methode mit der Interessenlage der reaktionärsten Tendenzen der neuen Bourgeoisie verbanden. Hier wird in der Tat die eigentlich militärisch-heroische Epoche Frankreichs übersprungen und die Kommunikation der neuen herrschen Klasse mit dem Bourbonentum des 17. und 18. Jahrhunderts hergestellt, ein Verfahren, das Flaubert bei seinen Urteilen über die Bourgeoisie geläufig ist. Thibaudet nennt Taines historisches Hauptwerk ein »großes Buch der Verteidigung der Bourgeoisie«[28] mit ihren Errungenschaften durch Revolution und die wirtschaftlichen Konjunkturen in der legitimistischen wie in der orleanistischen Monarchie.

Als Kritiker und noch mehr als Verfasser von »Port-Royal« hat Sainte-Beuve das auf Tatsachen aufbauende Berichten zu seiner eigentlichen Domäne entwikkelt und steht somit Comte und Taine in ihrer Metaphysik-Skepsis sehr nah. Bei ihm fließen aber auch als einem Sonderfall der Literatur Ströme aus einer an Balzac erinnernden erzählerischen Ader mit den dokumentarischen Quellen der Historiographie Taines zusammen. Sainte-Beuve ist Erzähler, der den Großen des französischen Romans zur Seite gestellt werden kann, und zugleich verläßlicher Geschichtsschreiber, eine Kombination, die ihresgleichen sucht. Der Port-Royalismus Sainte-Beuves als Phänomenologie und Darstellungsstil des Erzählers hat die religiösen Ekstasen der jansenistischen Frommen in den erkalteten Lavastrom verwandelt, dem der Historiker mit Abstand gegenübersteht, dessen nicht ohne weiteres ableitbare Herkunft für ihn feststeht und dessen Material er durchforscht wie der Geologe eine Gesteinsformation. In Port-Royal hatte die Bourgeoisie durch die Kraft großer Privatvermögen schon ihre gesellschaftlichen Ansprüche und Stilformen in die geistlichen Übungen, Sentiments, Gebetsleistungen eingebracht, und zwar in einer Weise, die sie mit der jansenistischen Faktion des Adels gegen den jesuitischen Aristokratismus, gegen den Hof und in der Sache gegen die absolute Monarchie zusammenführt. Aber eben diese Bourgeoisie stellte zugleich schon die allmächtigen Kollaborateure des Königs gegen die Fronde, wird vom König beim Aufbau des zentralistischen Staats als bevorzugtes Werkzeug zur Niederhaltung aller eigenmächtigen Allüren verwandt, die in den »Maximes« La Rochefoucaulds ihre literarisch treffendsten Formeln gefunden hatten. Sainte-Beuve behandelt in »Port-Royal« für die inzwischen siegreich gewordene Bourgeoisie ein Kapitel ihrer eigenen revolutionären Vorgeschichte, und zwar als Eindringen über spirituelle Übungen zusammen mit der jansenistischen Disziplin, die »Feuerbrände der Seele« in die Gewalt zu bekommen, sie cherubinisch nach den Spielregeln der höfischen Etikette zu behandeln. Wie Taines »Origines« ist Sainte-Beuves »Port-Royal« Klassengeschichte. So sieht Sainte-Beuve einen Racine, der zum »Tiers-État« gehört und die Äbtissin von Port-Royal in seinem Testament darum bittet, eine Summe von 800 Pfund anzunehmen, um ihn auf dem Friedhof der frommen Gemeinschaft zu bestatten. So gibt Pascal, der luzideste Geist von Port-Royal, Reflexe des »Tiers-État« wieder, wenn er Unterwerfung unter den König und den Adel darum anrät, weil sie über eine Suite von Lakaien verfügen. Mehr als alles andere aber ist Sainte-Beuves »Port-Royal«

Darstellung der historisch gewordenen Religion im Zuge ihrer Selbstzerstörung, der Verabschiedung ihrer eigenen Grundlage, ein Verfahren, das auch der Katholik Balzac immer wieder verwendet, für Stendhal als Weltanschauung eigentümlich ist und Sainte-Beuve hier als positivistischer Historiker an den Streitigkeiten zwischen Jansenisten und Jesuiten mit den methodisch entwickeltesten Mitteln und größter Kunst in der erzählerischen Form ausführt. Man muß nur die Schlußszene lesen, die Sainte-Beuve der Auflösung von Port-Royal und der Vertreibung der alten weiblichen Insassen durch die Ordonnanz im Auftrag Ludwigs XIV. gewidmet hat: »Zweiundzwanzig Mädchen, das jüngste fünfzig und einige achtzig und darüber« werden aufgefordert, bei der gesetzten Frist von drei Stunden den Konvent aufzulösen und die Gebäude zu verlassen. Frappierender noch ist die Antwort der Priorin: »Eine halbe Stunde ist mehr als genug, um unser letztes Lebewohl zu sagen, unser Brevier, eine Bibel und unsere Regeln mitzunehmen«. Ignatianische Grausamkeit hat zusammen mit der königlichen Gewalt gesiegt. Hier war ein der Monarchie und ein den Jesuiten gefährlich erscheinendes Institut, das Adel und Bourgeoisie durch religiöses Amalgam verband und höfisches Zeremoniell mit frommer Devotion in Einklang gebracht hatte, aus der Geschichte ausgestoßen worden. Der Katholik Balzac tut nichts, um die Jesuiten vom Geruch der heimtückischen Intrige freizusprechen, aber er tut alles, um sie romanesk zu verwerten. In Stendhals »Rot und Schwarz« ist der alte Curé, der einzige unter den Klerikern, zu dem Julien wirklich Vertrauen hat, ein Opfer der jesuitischen Molinisten.

So eigentümlich es klingen mag, sind die Übergänge von naturalistischem und impressionistischem Sehen immer fließend gewesen, was wiederum nur bestätigt, wie unzulänglich der Sprachgebrauch in solchen Stilkategorien weiterhilft. Auch die Impressionisten schulen ihr Auge an den Gegenständen der Natur wie an der Natur der Gegenstände. »Impressionistisch« – so hören wir – ist die Malerei von Manet, Monet, Cézanne, Renoir, Pissarro, zwischen denen freilich auch wieder ganze Welten liegen. Gemeinsam ist der Wille zu neuen Farbtechniken, die der gesteigerten Reizbarkeit der Nerven entgegenkommen und sie über die Farbpalette mit unendlich vielen Zwischentönen einer großen Tonleiter bedienen. Gegenstände und Formen werden im Zustande des Verschwimmens gezeigt. Sie scheinen sich in fortwährender Bewegung zu befinden, man schaut ihnen nicht unvermittelt zu, sondern wie durch leicht angehauchtes Glas oder einen Schleier. Die technische Seite des Malens ist hier in Übereinstimmung mit der Technik der industrialisierten Warenanfertigung überhaupt auf eine bis dahin unbekannte Weise zur Ausbildung gelangt und noch mehr: sie ist bereits dabei, sich zu verselbständigen. Von den Regimewechseln, den Übergängen von der Bürgermonarchie zum Zweiten Kaiserreich, vom Kaiserreich zur Republik sind die impressionistischen Kunstanschauungen nicht wesentlich betroffen, weil sie auch da – wo sie sich auf abseitigen Schauplätzen der Provinz oder wie bei Gauguin in Übersee an ihren Sujets vergewissern – Anschauungen der Großstadt sind. Der Impressionismus der Malerei ist nach einer treffenden Bemerkung Arnold Hausers »Großstadtkunst«, er bleibt es sogar noch bei einer dem Lande zugewandten Natur wie van Gogh, dessen Plebejertum die Vorstellung vom Impressionismus als einem aristokratischen Stil durch seine »expressionistische« Version zwar stört, aber auch die Regel bestätigt, daß er seine eigentlichen Lebensbedingungen in den von Grund- und Kapitalrenten lebenden Schichten hat. Toulouse-Lautrec entstammt der alten Hocharistokratie und findet auf unvergleichliche Weise zum malerischen Protest gegen bürgerlich-simple Wohlgeratenheit der Mittelklasse: dies mit dem Auge eines gesellschaftlichen Außenseiters, der durch seine Palette für das nächtliche Paris der Tanz-Salons mit den hell aufleuchtenden unverbrauchten Frauenleibern aus der Provinz einzunehmen versteht. Toulouse-Lautrec kennt weniger die Strich-Technik, wie man sie bei Monet und Renoir, aber auch van Gogh findet, er ist bei den Lichteffekten in geschlossenen Räumen auf breitere Flächen hin orientiert, legt über sie ein Netz wie von feinstem Spinngewebe, er liebt, mit den Farben schwebend zu verfahren und das Hell-Dunkel wieder ins Spiel zu bringen. Diese schwelgerische Farbschrift hebt ihn von jedem bloßen Impressionismus der »Schule« noch zusätzlich ab. Ihre Szenen aus dem Großstadtleben, die Boulevards mit Equipagen und Trams, die Damen im *décolleté*, die Parks und Baumalleen in arrondierten Naturlandschaften werden entworfen und ausgeführt im Blick auf die Bestellung, zumindest aber im Blick auf die Ausstellungen mit ihren Vernissagen. Dem Kunsthandel und Ausstellungswesen mit den »Sezessionen« liegt schon eine hochentwickelte Konkurrenzpraxis zugrunde. Die »Sezessionen« kommen durch Verweigerung der im offiziellen Kunstbetrieb herrschenden Richtungen zustande und zwingen zum Zusammenschluß der Abgewiesenen. Aber zum Charakter der Sezessionisten gehört auch immer, selbst abzuweisen. Dieser Turnus besitzt in großstädtischen Verhältnissen die geeignetste Unterlage für sein Stattfinden und hat in Frankreich eine zentralistische Note, von der die Impressionisten als vom Markt abhängige Richtung gezeichnet sind. Rohe, erbarmungslose Naturwahrheit, wie wir sie in grausamen Szenenbildern bei Flaubert und Zola finden, ist freilich ihre Sache nicht, sie setzen eher mit dem Spiel flackernder Farben auf eine Sinnlichkeit, die der neuen Eleganz unter den Käufern entspricht. In der Literatur können diese Linien nachgezogen werden, so etwa, wenn Maupassant die Kultur des Genießens nach der müde-zynischen Seite hin gegenüber Flaubert überbietet, damit zwar keine künstlerische Steigerung an sich bringt, wohl aber eine Steigerung der kulinarischen Zubereitung nach dem Geschmack der arrivierten Bourgeoisie. Die Bourgeoisie ist es, die alle Staatskrisen überdauert, sowohl die, die von ihr ausgegangen waren, als auch die, in denen sie eine Bedrohung sehen mußte.

1870 erbringt der Staat den Beweis, wie schlecht es um ihn steht. Das »Sedan«, das ihm bereitet wurde, beruhte auf Voraussagen der im Kaiserreich ausgeschalteten Intelligenz, die sich wie Zola bestätigt fühlt. Über die Gründe, die zum Sturz des Kaiserreichs geführt haben, ist viel nachgedacht und vieles gesagt worden. Es sei am Can-Can, an den Offenbachschen Operetten, an Zolas Nana wie an der eigenen Hohlheit zugrunde gegangen, war zu hören. In der Tat war die Sucht nach flachen Vergnügungen, waren die Haschischräusche der zur Verzweiflung Verurteilten wie Baudelaire, die Lebensmüdigkeit in den Ekstasen des Parnaß äußere Zeichen des Niedergangs, der jetzt durch »Sedan« vor aller Augen sichtbar wird. Es gehört zu den Themen und Verdiensten der naturalistischen Bewegung, die Gründe für den Zustand des Staats offenzulegen, ihn wie der Darwinist Zola biologisch oder Bourget und Barrès psychologisch zu erklären. Aber »Sedan« bedeutet nur den Fall des Kaiserreichs, nicht den der von der Kapitalrente her organisierten Schichten, wie es die Anhänger der Pariser Kommune gehofft hatten. Darum kann in der Dritten Republik das weich genüßliche Auskosten der von der Moral verbotenen Reize weitergetrieben und noch verfeinert werden: von den »élégants« Maupassants, in den schwülen Luftzonen Adolphe Daudets, bei Prousts bourgeoisen Mondänen auf der Basis neuer Einkünfte durch Zins und Hausbesitz in den Champs-Elysées-Quartieren.

Die Dritte Republik in ihren Anfängen führt freilich auch schon die Krise der naturalistischen Bewegung herbei, deren belastendes Sehen als ihre eigentliche Stärke nicht mehr die gleichen herausfordernden Gegenstände vorfindet, sich an ihnen nicht mehr vergewissern kann. Zola hatte die »Rougon-Macquart« ausdrücklich als Familiengeschichte im Zweiten Kaiserreich entworfen. Als es von der Bildfläche verschwunden ist, fehlen die alten Impulse, ist der Naturalismus, sofern er Kunst der demokratisch-republikanischen Opposition ist, um einen beträchtlichen Teil seiner Anlässe gebracht. Gleichzeitig verschwimmen seine ohnehin nicht klaren Tendenzen noch mehr und zwar in dem Augenblick, wo er sich übernational auszubreiten beginnt, so über Ibsens Familiendramen mit ihrer trostlosen Vererbungslehre zum frühen Gerhart Hauptmann. Der deutsche Naturalismus ist gemessen an den französischen Ursprüngen ein Naturalismus der zweiten Stunde. Er trägt dazu bei, mit seinem Aufkommen in den späten 8oer Jahren, wo er in Frankreich schon auf dem Rückzug ist, zugleich die letzten Fiktionen eines einheitlichen Schulbewußtseins zu zerstören. Hier führt der Naturalismus noch einmal den Beweis, daß er weniger war als das, was ihm zugeschrieben wurde, daß die ihm zugerechneten Schriftsteller sich oft entweder gar nicht, allenfalls nur für eine vorübergehende Zeitspanne mit einer solchen Bewegung überhaupt oder bestimmten ihr nachgesagten Tendenzen verbunden fühlten, bzw. einige von ihnen jede Beziehung zu ihr bestreiten konnten. Ein Blick auf die Romankunst Tolstojs, die ja auch ihre »naturalistische« Seite hatte, macht den Beweis für den geringen Aussagewert des »Naturalismus« komplett.

Mit seiner weiteren Verbreitung, die zugleich ein Verwischen seiner Grenzen und ein Vermischen mit den verschiedensten Stiltendenzen war, kommt es an den Tag, daß die »naturalistischen« Wahrheiten sich zusehends weiter verbrauchen. Der Roman als Erforschung der »Zeit« kann gegen Ende des Jahrhunderts die bei Balzac und insbesondere Flaubert verwandten vielfältigen Methoden zu ihrer Gestaltung sich zu eigen machen: die »Zeit« als unumkehrbare Reihe, als dahinfließender Strom, als in Bewegung befindlicher Teppich, der im Abrollen seine Dessins vor Augen führt. Philosophisch entsprach dem die »durée« als Dauer, als Erlebniszeit, die Bergson der »tempslongueur« als Verräumlichung der »Zeit« entgegenstellte. Es gehört zu den Grunderfahrungen des Erzählens die Frage nach der Annäherung der erzählten Zeit an die wirkliche, für den Ablauf der Handlung notwendige Zeit. Wenn Proust später seine Mnemotechnik des Erzählens als Erforschen abgelaufener Zeit einführt, dann baut er auf der vorausliegenden Praxis in der »naturalistischen Schule« auf. Die »Suche nach der verlorenen Zeit« bedeutet ein im Vollzugsakt erfolgendes Wiederfinden. Es geht freilich bei Proust nicht mehr wie bei Balzac um die Darstellung Frankreichs während eines halben Jahrhunderts, das die »Comédie Humaine« im Ablauf der einzelnen historischen Etappen hindurchschimmern läßt, sondern um das Nach-Innen-Schlagen der Zeit, ihr Erfahren durch ein eingezogenes psychisches Ich. Suchen bedeutet Forschen, Wahrnehmen mit den Nerven, Einatmen der verschiedenen Gerüche, Tasten vertrauter Stoffe und Formen, Einkehrhalten mit dem inneren Auge auf Schauplätzen der Jugend, Reagieren des inneren Ohres auf Laute, Geräusche der Vergangenheit und schließlich ein symphonisches Vereinigen aller dieser Sensationen durch das Erinnerungsvermögen. Mit Proust wird die von Stendhal romanfähig gemachte Provinz, der Balzac eine ganze Romanabteilung gewidmet, Flaubert ihrer Trostlosigkeit wegen einige seiner großartigsten Gestalten abgerungen hatte, schon zur villegiatura-Landschaft gemacht. Im Blick auf die historische Entwicklung kann Thibaudet in Prousts Werk »vielleicht das erste vollständige Beispiel eines Romans« sehen, der »rein pariserisch« ist.[29] Bei Proust wird die epische Totalität Balzacs in einer Weltkugel mit verkleinertem Radius aufgebaut, wo die Ästhetik der Haussmannschen Neubauquartiere den napoleonischen Heroismus in den Heroismus des Snob verwandelt; das Leiden, das immer seine Opfer braucht, ist immer auch von den Dissonanzen einer neuen Finanzoligarchie mit dem verwegenen Anspruch auf Anciennität getönt. Es wird vom »atavistischen Standpunkt einer heraldischen Scheinwelt« zubereitet, die nach der Devise lebt: »Das Laster gibt einen stärkeren Kitt als die Liebe«.[30]

In dieser Vereinseitigung lag ein Verabschieden der großen realistischen Traditionen des französischen Romans. Hier war in der Darstellung der französischen Gesellschaft dieser Realismus, der bei Stendhal und Balzac sich als stärkste künstlerische Kraft der französischen Romanprosa gezeigt hatte, der die bestehende Grundtatsache verschiedener Moralen noch in ihrer Pervertierung nicht außer acht ließ, preisgegeben durch Illusionen einer preziöselnden Kaste im Höhenrausch. Wörter und Wortbildungen werden zu Drogen, die das Erinnerungsvermögen mit feinen Täuschungen durchsetzen, sie wirken wie Haschisch, um den Träumenden in seine Vorstellungen neuer Erlesenheit einzuwiegen. Im Vergleich dazu erscheint der künstlerisch viel höher stehende Immoralismus Flauberts altfränkisch, das »Verbotene« darin nimmt neben dem Eindruck der nervösen Reizungen bei Proust konventionelle Züge mit tiefer greifenden Wirkungen an. Darum bedeutet Prousts Großepos trotz der feinziselierten Sprachfiguren ein Sich-Wegbewegen von der höchsten Höhe des französischen Romans, ein Abnehmen der Kräfte durch ein Zunehmen der Prätentionen, mit denen sich die Bourgeoisie als allmächtig gewordene Klasse über ihre Ursprünge, ihre Geschichte, die Anfänge ihres Machterwerbs, überhaupt ihren ganzen Charakter hinwegsetzt und damit Tatsachen in die Geschichte einbringt, von denen ihr weiterer Ablauf seine Richtung bekommen hat.

Stendhal

Jakobiner, Psychologe und Zeitgenosse des 20. Jahrhunderts

Im zweiten Vorwort zu seinem »Lucien Leuwen« aus dem Jahre 1836 gibt sich Stendhal als das zu erkennen, was er in Wirklichkeit immer gewesen ist: ein enthusiastischer Republikaner und Anhänger Robespierres, aber er fügt sofort hinzu: ein Anhänger, der mit Leidenschaft die Herrschaft eines Ludwigs XIX. herbeiwünscht. Stendhal, als Henri Beyle 1783 in Grenoble geboren, schreibt diese Sätze in einer Zeit, die ein bereits fest eingerichtetes Louis Philippinisches Bürgerkönigtum kennt mit allen Zügen der Sicherheit, dem Genuß demokratischer Freiheiten, dem vollen und satten Leben rundherum. Was von dem Wandel der Dinge nach dem Sturz der restaurierten katholischen Monarchie durch die Julirevolution zu erwarten war, war eingetreten. Das Bürgerkönigtum ist in der Tat eine Republik, die zu ihrem Präsidenten einen König hat. Es kennt das System der beiden Kammern, hat die Privilegien des Geblüts abgeschafft, glänzt durch seine Prosperität, schafft die Möglichkeit, über Nacht große Vermögen zu machen, versteht es, mit der Freiheit der Presse und des Gewerbes für sich einzunehmen. Und doch: Zufriedenheit, die von einem mit der bürgerköniglichen Demokratie Sympathisierenden zu erwarten gewesen wäre, spricht nicht aus den Worten. Welch traurige Zeit, wo der Verleger eines Romans den Autor um ein erklärendes, über seine Absichten Aufschluß gebendes Vorwort bitten muß! Wieviel besser wäre es um ihn bestellt gewesen, wäre er zweihundertfünfzig Jahre früher unter Heinrich IV. geboren.

Vom alten Rang des Schriftstellers hat die veränderte Zeit nicht viel übriggelassen. Ein Autor, der noch nicht einmal seine Gegenwart herauszufordern die Absicht hat, muß sich bereits verantworten und Rechenschaft über seine Gesinnung ablegen. Er muß dem Publikum mitteilen, daß er angesichts der beiden einzigen in Frage kommenden Parteien des zeitgenössischen Frankreich: der Legitimisten und der Republikaner, kein Vorurteil wird gelten lassen und die Personen nicht an ihrer Anschauung, sondern nur an ihrer Liebenswürdigkeit mißt.

Hier sind einige Gründe für das Mißvergnügen Stendhals trotz der für ihn günstig scheinenden Entwicklung im Blick auf seine republikanische Ader schon angedeutet. Darin tritt eine eigentümliche Dialektik der Geschichte zutage. Denn das System, das er sich herbeigewünscht hatte, das mit der Kraft des Republikanertums die traurige Müdigkeit in den Palais von Saint-Germain aus der Mode gebracht hatte, besorgt jetzt, nachdem es sich konsolidiert hat, seine Deklassierung. Es bringt durch die ungezähmte Herrschaft der Kapitalrendite seine in der Restauration immer wieder mondän übertünchte Malaise als Licht. Denn es zeigt, wie bodenlos seine schriftstellerische Existenz in

Wahrheit angesichts der neuen Herren mit den Rothschilds an der Spitze ist. Die neue besitzende Klasse, die nichts mehr im Sinn hat, als über die Kapitalinvestitionen ihrer ökonomisch entwickeltesten Faktion ihren Aufstieg fortzusetzen, hat dazu ihre Instinkte ausgebildet und empfiehlt ihren Gebrauch zur Nachahmung als Mittel, um am »enrichissez-vous« teilzunehmen. Der eigentliche Fachmann, diesen Vorgang mit allen seinen Abscheulichkeiten und mörderischen Nuancen zu beschreiben, ist freilich Balzac, nicht Stendhal, der als ein noch unter der Monarchie Ludwigs XVI. Geborener mit seiner napoleonischen Vergangenheit und seinem Überdauern der Restauration jetzt in der eigenen privaten Lebensführung seine Veralterung erfährt.

Es gibt eine genau treffende Zäsur, wenn das Jahr 1830, in dem »Le Rouge et le Noir« beendet wird, das Jahr der Revolution Louis Philippes ist und zugleich der Beginn von Stendhals wachsender Hoffnungslosigkeit. Auch das wirkt am Charakter des »style beylien« mit, daß er seinen Höhepunkt in der Zeit der zerrinnenden Erwartungen während des Bürgerkönigtums erreicht, von dem Stendhal, entgegen seiner ursprünglichen Annahme, nicht viel zu erhoffen haben wird. Die liberale Monarchie schiebt ihn als Konsul von Frankreich nach Triest und später nach Rom ab. Das Sonderlinghafte bildet sich mehr und mehr bei ihm aus. In kleinen Hotelzimmern sich der »Einsamkeit« widmen zu können, wird zum bevorzugten Genuß. Wir begegnen hier dem seltsamen Umstand, daß derjenige Schriftsteller, der mit dem Julien Sorel und der Mathilde de la Môle »die ersten modernen Menschen der abendländischen Literatur«[31] schafft, bei den Zeitgenossen persönlich den Eindruck des Veralteten erweckt. Die neue besitzende Klasse mit ihrem veränderten Geschmack macht aus dem älter werdenden Stendhal, dem Verfasser der »Chartreuse de Parme«, das aus der Mode gekommene Faktotum. Sie zwingt Stendhal, seinen Erfolg erst für eine ferne Zukunft vorauszusagen, und er denkt dabei an eine Zeit, in der die alten Ideale der »Philosophen« noch einmal zu neuen Ehren kommen. Dieser Glaube selbst war eine Täuschung, aber die Voraussage des posthumen Ruhmes sollte sich auf überwältigende Weise erfüllen.

Stendhals Anschauungen sind immer von denen der Ideologen, von Canabis und vor allem von Destutt de Tracy geleitet worden, ja noch mehr: »Die große Originalität von Stendhal bestand im Grunde darin, sich als Ideologe zu bekennen in einem Augenblick, wo man allgemein annahm, daß das Werk der Ideologen zerstört war«.[32] Er gehört mit diesen Ideen zur Nachhut des 18. Jahrhunderts, die aber, ohne daß man sich dessen damals bewußt geworden wäre, im Begriff steht, die Spitze zu übernehmen. Die Vorstellung der »Energie« wird nach dem Abtreten der Ideologen von Taine, und zwar viel entwickelter, vertreten. Von den Ideologen hat Stendhal das Mißtrauen in die Metaphysik, das Vertrauen auf das beobachtende Auge, die Reaktionen der Nerven, den Ablauf körperlicher Empfindungen. Der »Beobachter des menschlichen Herzens« registriert die Tatsachen ohne den metaphysischen Anspruch, den sie stellen könnten. Das höchste und einzige, das ihn interessiert, ist der Genuß des Augenblicks. Leben heißt, sich in einer unaufhörlichen Folge von »sensations fortes« zu befinden. Wenn er selber zugibt, daß sein »moralisches Leben« um fünf oder sechs Hauptideen kreist, liegt bei allen Widersprüchen seiner Natur Stendhals Beständigkeit im eigentümlichen Festhalten an solchen Maximen. Seine Indifferenz im Politischen, die bereit ist, doktrinäre Meinungen dem Gebot des persönlichen Wohlbefindens zu unterwerfen, besagt nichts gegen die Unbestechlichkeit seines Auges als »Physiologe«. Weil er die Dinge in beständigem Wechsel begriffen sieht, ist sein Republikanertum so vage wie die Bewunderung für Napoleon, die er ohne große Schwierigkeiten damit verbinden kann. Stendhal ist nicht zuletzt durch die Zeitverhältnisse dazu gezwungen, ein *libertin* zu sein, aber er ist durch die Voltairesche Disziplin des »philosophe« vor der Existenz des Liberalen bewahrt. Er verachtet die Bourbonen wie die Académie française und huldigt als Romancier den überholten Formen des bourbonischen Zeremoniells, er löst sich nie von der im Ancien Régime gültigen Ästhetik, ja er mobilisiert ihre Regeln gegen die Bourgeoisie, auch wenn er die zurückgekehrten Emigranten in einem Feldlager unter Aufsicht zu stellen und jeden Ausbruchsversuch mit einer Füsillade zu beantworten empfiehlt. Sein Kampf gegen die Romantik ist immer begleitet vom altmodischromantischen Sentiment gegen die Heraufkunft ordinärer Zwecke. Ein Ärgernis ist ihm der Vers, der mit Victor Hugos Dramen auf dem Theater wieder triumphal befestigt wird, womit er Balzac nahe steht, dessen Romanprosa die entschiedenste Absage an das stilisierte, mit allerlei Prätentionen verbundene Verseschmieden ist.

Hier werden Richtungen festgelegt, die in der Zukunft lange Zeit nicht befolgt wurden, aber auf weite Sicht unabweisbar sind. Die Ehe bedeutet für ihn von ihren bourgeoisen Grundlagen, die Balzac ebenso wie er durchschaut, im Gegensatz zu ihm jedoch bejaht, eine absurde Einrichtung, eine einfache Vereinigung der Interessen, die vom Staat und der Religion mit einem sakralen Gütesiegel versehen wird. Als Verfasser der »Souvenirs d'Égotisme« spricht er schon eine Flaubertsche Grundeinsicht aus, die mit Doktor Bovary eine unvergleichliche Gestalt annehmen wird: »Die Ehe und besonders die Provinz lassen einen Mann erstaunlich altern, der Geist wird träge, und eine Bewegung des Gehirns wird ihrer Seltenheit wegen mühsam und bald unmöglich«.[33] Solche Anschauungen sind aus einem fortwährenden Bewegungszustand heraus gewonnen. Stendhal lebt vom Vergleich. Steht ihm Italien über alles, sieht er hier das Land seiner Ideale, eines Cimarosa, den er verehrt wie sonst nur Haydn und Mozart, so bleibt er noch in der Abkehr von Frankreich immer Franzose und nirgendwo mehr als in Italien. Der Franzose ist, wie er sich selbst auch in der immer wieder begehrten Einsamkeit fühlt, soziabel, und er ist es durch die Sprache. Diesem von Stendhal ausgebeuteten Vorzug stellt er die Nachteile entgegen mit der Frage: Warum ist die französische Literatur so wenig pittoresk? Seine Antwort lautet: weil es um Paris keinen See und kein Hochgebirge gibt, fehlen den Schriftstellern die entsprechenden Motive; die Pittoreske kommt von Rousseau und der Schweiz. Dagegen ist seine eigene literarische Herkunft zu stellen. Taine, dem es darum zu tun war, Stendhals künstlerische Überlegenheit gegenüber Balzac hervorzuheben und der damit seine Freude an der Entdeckung des Verfassers von »Le Rouge et le Noir« verband, sieht ihn selbst als »tout classique«. Warum? Beyle verzichte auf den »style inexacte« des Metaphorischen, auf die Flucht in den Vergleich aus Mangel an Klarheit, er stelle damit die verloren gegangene Genauigkeit des Ausdrucks in der Sprache Montesquieus und Voltaires und auch der Ideologen wieder her.[34]

Die Erfolglosigkeit Stendhals zu Lebzeiten gehört mit zum Ausdruck des Fremdartigen, das er für die Zeitgenossen nach 1830 mehr und mehr verkörpert und das er selbst in der Bürgermonarchie bemerkt. Stendhal entschuldigt sich bei den Lesern des »Lucien Leuwen« im voraus, wenn die Legitimisten wie auch die Republikaner den Eindruck bekommen sollten, der Autor sei ein Parteigänger des Gegners, mit der Erklärung, daß er die Gespräche der jeweiligen Partei nur »kopiert« und an Absurditäten nicht mehr aufgezeigt habe, als in Wirklichkeit vorhanden sind. Das war die Antwort eines Schriftstellers, der die Pariser Salonszenen von 1827 als ein auf den Umbruch im Sinne der bürgerlichen Demokratie Setzender verfaßt hatte und jetzt, wo sie unter monarchischem Mantel eingerichtet ist, im Blick auf den Adelssalon schreibt. Sein weiterer Weg zur »Chartreuse« ist ein Weg zu jener Beyleschen Phantastik, in der Napoleon und die lombardische Szenerie der gleichen Welt des exotischen Wunders zugehören, die aber auf dem abgezirkelten Grund der italienischen Duodezresidenz beruht, sich auf ihm entzündet und auf ihm ihre eigentümlichen Zauberreiche errichtet.

Stendhal hat als Erzähler den Vorgang der Kapitalisierung der Bourgeoisie als den Vorgang ihrer weiteren Machtbefestigung nur in begrenztem Maße dargestellt, er zeigt im »Lucien Leuwen« wohl ihre Folgen am Milieu insbesondere der finanziellen Rotüre mit deren zwangsläufigem Hang, sich jetzt die Verkehrsformen des Seigneurs angelegen sein zu lassen; er zeigt die seltsame Fremdheit des »Helden«, der sich wie ein Verlorener in dieser Welt fühlt. Luciens Weg beginnt als Protest eines Schülers der »École polytechnique« und endet mit dem Weg in die Diplomatie, und das heißt für Stendhal, der sich hier auskennt, in den Lebensverlust durch das Aufgehen in das abtötende Einerlei der Karriere unter den von der Bourgeoisie geschaffenen Verhältnissen. Da, wo die Schwelle zum administrativ geordneten Leben beginnt, bricht der Roman und mit ihm das Interesse des Autors ab.

Diese Öde der neuen, durch den Aufstieg der Bourgeoisie geschaffenen Verhältnisse mit der Gefahr für die romaneske Welt, die schließlich nur da aufblühen kann, wo die an der Kapitalrente orientierten Lebensformen sich noch nicht alles andere unterworfen haben, lenkt den Blick Stendhals auf die eigene Vergangenheit und auf seinen Helden, der auch der Held Luciens war: auf Napoleon. Die Ausbildung der Napoleonlegende gehört mit zum Resultat der bürgerköniglichen Demokratie und nimmt nicht nur in den Köpfen der Pensionäre und Invaliden des Kaisertums, sondern auch in den Köpfen der Schriftsteller, bei Victor Hugo, sogar bei dem Altroyalisten Chateaubriand, bei Balzac, schließlich dem deutschen Emigranten und Republikaner Heine, die Rolle eines Mythos an. Erst unter dem Eindruck der Bankiers, Advokaten und Parlamentarier wird aus Stendhal ein leidenschaftlicher Bewunderer des Kaisers, dessen Schicksal in den Abenteuern Fabrices gegenwärtig ist. Die Wendung in die Beylesche Phantastik der wunderbaren Geschichte, wie sie jetzt die »Chartreuse de Parme« in ihrer ganzen Blütenpracht aufquellen läßt, ist auch immer ein Ausweichen vor den Folgen der zerstörerischen Beschränktheit, vor der es Sicherheit nur in exotischen Traumreichen oder in der Vergangenheit einer »heroisch« gesehenen Geschichte gibt. Nicht daß Stendhal eine Revision der zeitgenössischen Verhältnisse unter den gegenwärtigen Umständen für denkbar hält oder die Stufe der »Republik« innerhalb des Bürgerkönigtums überschlagen will. Er denkt nicht daran. Auf längere Sicht gibt es keine Aussicht, der neuen Trivialität zu entkommen, es gibt nur den Trost, nicht in New York zu leben und statt der Herrschaft des Monsieur Guizot nicht die des Krämers an der Ecke ertragen zu müssen. Soweit sich um die Mitte der 30er Jahre die Verhältnisse in einem bürgerlich gewordenen Staat gediehen, daß ein enthusiastischer Republikaner, ein Anhänger Robespierres und der Verfassung sein Unbehagen in ein vernichtendes Fazit faßt: »Im 19. Jahrhundert führt die Demokratie notwendigerweise in der Literatur zur Herrschaft einer vernünftelnden, borniert und falschen Mittelmäßigkeit«. So der Schlußsatz der dritten Vorrede zum »Lucien Leuwen«, mit dem seine Anschauungen denen des weltanschaulich und erzählerisch völlig andersgearteten Balzac gleichkommen! Dieser Satz besäße nicht die Überzeugungskraft, wenn er sich nicht an der Wirklichkeit bestätigt hätte. Denn da, wo die Literatur aus den Geleisen einer »vernünftelnden, borniert und flachen Mittelmäßigkeit« herausgelangt, bewegt sie sich wie bei den Brüdern Goncourt, Flaubert und Maupassant auf apartem, von jeder Demokratie hochmütig abgeschlossenen Gelände mit verbotenen Süchten und Früchten.

Stendhal erweckt Interesse als Romancier von weltliterarischem Rang erst im Jahre der Julirevolution. Bis dahin hat er zwar viel und vieles geschrieben, über Musik und Malerei, über Reisen, Napoleon, über die Liebe und auch seine weniger erfolgreiche »Armance«. Aber der Eintritt in die große Literatur erfolgt – von der Öffentlichkeit unbemerkt – mit dem Wunderwerk »Le Rouge et le Noir«. Seine Motive zum Schreiben sind schwer auszumachen, sie wechseln in seinem bewegten Leben häufiger, als sie es bei Balzac tun, der im Gegensatz zu Stendhal Berufsschriftsteller ist und fast die ganze Kraft auf seinen großen Romanzyklus verwendet. Stendhal wird nach dem vergeblichen Versuch, Schüler des Polytechnikums zu werden, in das napoleonische Abenteuer hineingerissen, erhält eine Offizierscharge in der Armee, nimmt an den Feldzügen in Italien teil und ist auch in Rußland dabei. Das Ende Napoleons erlebt er in Italien, das er bis 1821, also bis tief in die Restauration hinein, nicht verläßt. Die Gründe, die es dafür gibt, sind zum Teil administrativer, zum Teil persönlicher Art, aber sie setzen Stendhal in den Stand, sich in einem Lande aufzuhalten, wo er den »Leidenschaften« in ungebrochener Form begegnen kann. Das wird für den Verfasser der »Chartreuse de Parme« bedeutungsvoll. Dieses Italien der großen Gefühle, der Giftanschläge, der heimlich gezückten Dolche, der Meuchelmorde und unsagbaren Perfidien wird von ihm noch in einer Weise erfahren, die als romaneske Staffage auftaucht und zum Charakter des »beylisme« gehört. Das war eine Welt, die das nachrevolutionäre Frankreich und das Frankreich Napoleons verschlungen hatten. Darum wird Stendhal, nachdem er die restaurierte bourbonische Monarchie erlebt hat und bemerken muß, daß das Ende Napoleons keinen Vorteil für Frankreich und für ihn selbst gebracht hatte, zwangsläufig in das Lager der Opposition geraten. Das wird bei ihm noch mondän überzogen und hat auch keine eindeutigen Züge. Was hätte schließlich eine Natur wie die seine mit ihrer Herkunft aus dem mittleren Bürgertum von der monarchisch-klerikalen Wendung des Jahres 1816 zu hoffen? Hier sieht er aus seiner Sicht die Dinge mit ganzer Schärfe. Als mit der bürgerköniglichen Demokratie dann die Entwicklung neue unerwartete Züge annimmt, kann er von einem ganz anderen Erfahrungshorizont als Balzac zwar in dessen Kritik am zeitgenössischen Frankreich einstimmen, aber andere Ursachen dafür verantwortlich machen. Schuld an der verlorenen Heiterkeit des Ancien Régime sind die Jesuiten, die Kongregationen und das neobourbonische Regime. Seine Parteigängerschaft für Robespierre geht freilich nicht soweit, daß er den Wert der höfischen Festgesellschaft, die einen Voltaire und einen Condillac leben ließ, für seine Romanwelt gering einschätzte. Hier war, wie nie zuvor und nachher niemals wieder, die Ästhetik des zeremoniellen Verkehrs, und zwar in einer für alle zivilisierten Staaten verbindlichen Weise, ausgebildet worden. Ohne Versailles nicht das Leben in den italienischen Kleinresidenzen mit chevaleresken Gebärden und graziöser Heimtücke! Aber die Zerstörung der alten Generosität, wie sie nach Balzac die Bourgeoisie besorgt, ist für Stendhal das Werk von Emigranten, den fromm-freudlosen Dunkelmännern im Dienst des restaurativen Bourbonentums. Wenn er andererseits davon überzeugt ist, daß die Regierung Karls X. das Volk gut habe leben lassen, dann bedeutet das keinen Widerspruch; denn Stendhal weiß, daß das Volk sehr wohl imstande ist, sich von einer bedenklichen Obrigkeit die Freude am Leben nicht nehmen zu lassen.

Als Romancier ist Stendhal mit seinen »Helden« autobiographisch verbunden, aber schon durch die Verschiedenheit des Milieus nie identisch. Sein Octave de Malivert in der »Armance« ist, wie Stendhal selbst sich fühlte, Schüler des Polytechnikums, doch im Gegensatz zu ihm Pariser und Angehöriger der großen Familien von Saint Germain, ohne – und hier kommt es wieder zum Gleichklang mit Stendhal – die Anschauungen seiner Schicht zu teilen. Bei Octave wird das Schicksal des Beyleschen »Helden«, in die Ausweglosigkeit getrieben zu werden, durch körperliches Unvermögen ausgelöst. Octave ist von seinen physischen Bedingungen her nicht imstande, das Typenideal seiner »Rasse« darzustellen, es fortzusetzen, und so bleibt ihm nur der Selbstmord. Stendhal sieht hier scharf. An der Melancholie in den Palais von Saint-German haben die Träume der hier ansässigen Familien ihren Anteil: die Träume als Täuschungen über die wirklichen Verhältnisse, als ein Ensemble fortwährender Schwächungen, das die Kräfte lähmt und in einer exemplarisch gewordenen Gestalt ins volle Licht rückt. Den Konversationen des Salons mit seinen Vorgeblichkeiten hängt bereits im vornehmsten Übermut die Trauer an. »Es ist in unserem Alter traurig«, läßt Stendhal auf dem Höhepunkt der karlistischen

Monarchie seine Armance sagen, »sich zu entschließen, das ganze Leben zur geschlagenen Partei zu gehören«.[35] Das Leiden, die »Monomanie« Octaves, wie es seine Ärzte nennen, war »ganz und gar moralisch« und beruhte »auf irgendeiner einzigartigen Idee«. Entstanden war sie zweifellos in Verhältnissen, die dem Enthusiasmus der »generösen Seele« ein Ende bereiten und sie dafür in den Zustand beständiger Beschäftigung mit sich selbst versetzen.

In dem gewiß wenig geglückten Werk mit seinen unergiebigen Monologen, Dialogen und Reflexionen entfernt sich Stendhal nicht weit von einer kunstlosen Prosa. Daß Armance und Octave sich mal einander nähern, mal wieder voneinander entfernen, Stationen von Hoffnungen, Zweifeln, Mißverständnissen durchlaufen, daß die Intrige nicht fehlt, entspricht dem Versuch, sich einfachster Techniken zu befleißigen. Was darin schon den Meister ankündigt, ist nicht das als delikater Fall gedachte Fiasko eines sexuellen Versagens, auch nicht der Versuch psychologisierenden Ausleuchtens, sondern das mikroskopische Absuchen seiner am höfischen Zeremoniell orientierten Gestalten nach Symptomen für ihren Zustand als Zustand der Zeit, in der das Schicksal ein von den bestehenden Klassenverhältnissen hervorgebrachtes Schicksal ist. Drei Jahre später wird mit der Julirevolution seine Genauigkeit bestätigt.

In »Le Rouge et le Noir« setzt Stendhal seinen mit autobiographischen Zügen ausgestatteten Julien *unter* der Schicht der eigenen Herkunft an, läßt ihn aber ebenso aus der Provinz kommen und sein Glück in Paris suchen, wirft ihn in das gleiche vom Klerus bestimmte Leben hinein, das Stendhal mit der Restauration heraufziehen sieht und das er unerbittlich bekämpft. Der Titel sagt hier schon alles: Wer unter Napoleon Offizier geworden wäre, wie Stendhal es dem Rang nach war, wird unter der Restauration Seminarist, wie es bei Julien zeitweise der Fall ist. Zugleich aber sind Rot und Schwarz die Farben des Spieltisches, auf dem der Zufall regiert, der den einen ins Glück erhebt, den anderen ins Unglück absinken läßt. Dieser picareske Abenteurer hat begriffen, was Stendhal als Erfahrung vom fünfmaligen abrupten Regimewechsel in Frankreich seit der Revolution bis zur Regierung Louis Philippes aufgenommen hat, daß das Leben ein Lotteriespiel ist, wo das Reichtum oder Armut ziehende Los die Laune des Schicksals aufzeigt. Das gehört mit zum Resümee seines Lebens, als sich der Eindruck der Einsamkeit als Folge der großen politischen Veränderungen in Frankreich bei ihm mehr und mehr verdichtet. In dieser »Chronik von 1830« stehen sich Provinz und Hauptstadt gegenüber, und zwar die eine als das unerschöpfliche Rekrutierungsfeld des andern. Derselbe Umstand wirkt unter anderen Bedingungen in die Lebensgeschichte Balzacs hinein und führt zu der scharfen milieuthematischen Abgrenzung der »Szenen des Pariser Lebens« von den »Provinzszenen«. Ohne ihn wäre die Geschichte von Flauberts »Emma Bovary« als vom Provinzelend mitgeschaffener Fall nicht vorstellbar, und ebenso spielt er im Leben Frédéric Moreaus in der »Éducation sentimentale« eine Rolle.

Wie Stendhal selbst durch die Schule Napoleons gegangen ist und Macht und Machtwechsel als unberechenbare Größen im Spiel sieht, zieht er seinen Julien Sorel auf diesen Spuren nach. Das Leben in den Verhältnissen des väterlichen

Sägewerks läßt Julien unbefriedigt, in der Honoratiorenwelt von Verrières müßte er sich bald an ihren Grenzen festlaufen. Die zunächst einzige Aussicht bietet das Priestertum. Hier begegnet er der Möglichkeit, sich über die engen Schranken seines Milieus hinwegzubewegen. Aber er begegnet ihr zugleich in der Aufforderung zum Farbwechsel. Nur im Gebrauch der Verkleidungskünste der priesterlichen Kader kann unter den bestehenden Verhältnissen der Ausbruch aus der provinziellen Enge gelingen. Die Fähigkeit, sich dem Schnitt und den Farben des Kostüms anzupassen, hat dem Heldentum von ehemals den Rang abgelaufen. Dem »Schüler« Napoleons kann, wenn er zum Erfolg kommen will, dies nur mit den Mitteln des Tartüffe gelingen. So muß er von Station zu Station den Weg hinter der Maske zurücklegen. Aber Stendhal läßt keinen Zweifel: den Weg so zu gehen, ist dieser »edlen Seele« aufgezwungen worden. Freilich die Wunde schließt sich, und mit der neuen Haut wächst die Eigenschaft der »Heuchelei« als dem unerläßlichen Schutzmittel in dem von der priesterlichen Ranküne beherrschten nachnapoleonischen Frankreich. Wenn Stendhal den Seminaristen in Besançon mit allen Künsten der Verstellung nach dem Vorbild seiner Lehrer vertraut macht und er den Klerus als eine Versammlung von Schurken verschiedenster Größenordnung sieht, unter die von Zeit zu Zeit ein schlichtes Gemüt gerät, so mag daraus der im Affekt schreibende Antiklerikale sprechen. Ein solches Bild wie das hier entworfene geht in der Wirklichkeit nicht auf. Doch indem Stendhal mit der ganzen Kraft seiner Einseitigkeit die Dinge über sich selbst hinaustreibt, läßt er visionär die Un-Menschlichkeit der hier im Spiele befindlichen Religion aufsteigen mit ihrer Fähigkeit, die menschliche Natur zu entstellen und zu verzerren. Die Macht, als militärische Macht unter Napoleon, hat jetzt klerikales Timbre angenommen. Es genügt, wie Julien es tut, die fromme Gebärde zur Schau zu stellen, um Erfolg zu haben. Von dieser Kenntnis und dem Willen zur Macht geleitet führt der Weg des jungen Mannes in die provinzielle Bourgeoisie mit ihrem Glauben an die Rente als ihrer eigentlichen Grundlage. Was sich bei der Begegnung mit Madame Rênal in Julien abspielt, beruht auf den Einsichten in eine von Neid, Bigotterie und Beschränktheit durchsetzte Sphäre. Das Späherauge des großen Psychologen sieht, wie hier Schutzbedürfnis, Liebe und Haß dicht nebeneinander liegen, ineinander übergehen und am Ende den Explosionsstoff bilden, der im Schuß Juliens auf Madame Rênal frei wird. Die Zeitchronik von 1830 wäre unvollständig ohne die Erfahrungen mit der Klasse, die in diesem Jahr, und zwar als herrschende Klasse, für immer gestürzt wird. Wie zwei Pole stehen sich in der Madame Rênal und Mathilde de la Môle Großbourgeoisie und royalistischer Adel gegenüber, zwischen denen Julien bis zuletzt entscheidungslos hin- und hergewiesen wird und seine eigene bodenlose und schließlich in Resignation versinkende Existenz demonstriert. Denn dieser Tod, der sich durch die von Mathilde eingeleiteten Maßnahmen zu seiner Befreiung aus dem Gefängnis hätte verhindern lassen, ist in Wahrheit ein verkappter Selbstmord angesichts der richtigen Einschätzung seiner, gesellschaftlich gesehen, hoffnungslosen Lage.

In Julien Sorel begegnen wir dem wahren Nachfolger von Goethes Werther mit stärker ausgebildeten Instinkten des Plebejers und freilich in Verhältnisse einer viel entwickelteren Verbürgerlichung hineingestellt. Indem Stendhal – wie wir gesehen hatten – seinen Julien *unterhalb* der eigenen Klassenschicht ansetzt und ihn von hier aus seinen Weg ins Abenteuer und zur »Eroberung« der Hauptstadt antreten läßt, schafft er ihm einen viel größeren Handlungsspielraum und sich selbst eine unbegrenzte Freiheit für das Schalten und Walten seiner Phantasie, verurteilt er aber auch jede möglicherweise geglückte Anpassung an das bestehende Klassensystem von den gegebenen Bedingungen her zum Scheitern. Denn Julien Sorel ist eben doch nicht Henri Beyle. Erst so, wie Julien von seinen Bedingungen her in die Welt entlassen worden ist, kann er zu jener Unbedingtheit gelangen, die wir am Ende bei ihm antreffen. Diese vielschichtige, komplizierte und schließlich undurchschaubare Gestalt, dieser Meister der Tarnung, wird durch die Umstände und die Verwicklungen, in die ihn die beiden Frauen noch tiefer hineindrängen, auf einen harten Kern zurückgebildet. Es ist beziehungsreich, wie er durch diese zunächst verborgen gehaltene Anlage zur Absolutheit das Herz Mathildes gewinnt, wie sich dann gerade zwischen ihm und ihr, nicht der Madame Rênal, der eigentliche Kampf abspielt: der Kampf des Jakobiners gegen die Konventionen des Adels, der aber in den Augen Mathildes nur noch als Trümmermasse besteht, die seine besten Eigenschaften verschüttet haben. Von der alten Heroik des 16. Jahrhunderts ist nicht mehr viel übrig geblieben. Mut und Tapferkeit haben sich vom Schlachtfeld in den Salon verflüchtigt, Tugenden, wie sie Mathilde in Julien wiederentdeckt. Das macht ihn zeitweilig zu einem ihresgleichen, stellt ihn in den gleichen Rang, den er in Wirklichkeit eben nicht einnimmt. In Mathilde als der großartigsten Frauengestalt Stendhals wird gegen die im Frost der Gefühle zustande gekommenen Erstarrungen daran erinnert, daß Wagemut, von allen Zwecken losgelöst, im Menschlichen immer einen Sinn behält. Hier ist höchster weiblicher Reiz mit zu allem entschlossener Härte verbunden, die Julien, der selber Macht über sie ausübt, dazu zwingt, sich auch ihrer Macht zu beugen.

In Juliens Beziehung zu Mathilde kommt eine extreme Konstellation im Verkehr der Klassen, hier eines kostümierten Paria mit einer grandiosen Vertreterin der Oberklasse, zu tragischem Ausdruck. Dabei zeigt sich wieder, wie unbestechlich Stendhal als Romancier die handelnden Kräfte gegeneinander abwägt, wie seine Nähe zu Julien ihn nicht dazu bewegen kann, sich über die ästhetische Überlegenheit der entfeudalisierten gesellschaftlichen Reste gegenüber den im Schatten der Bourgeoisie auftretenden »outlaws« zu täuschen. Es gehört zu seinem realistischen Sehen, seine Maßstäbe an dieser Mädchengestalt zu entwickeln und gegen sie alles andere abfallen zu lassen. Im Verhältnis Julien-Mathilde werden die tatsächlich im Frankreich von 1830 vorhandenen Gewichte ausgependelt, wird dem Plebejer ausdrücklich das Recht auf seinen Anspruch zugebilligt. Und noch mehr: wird dieser Anspruch *über* alle bestehenden und verkrusteten Konventionen gestellt. In dem wie ein Raubtier stets zum Sprung bereiten Julien erkennt Mathilde die gleichartige Natur. Diese kurze Beziehung macht die unterirdisch arbeitende soziale Verschiebung für einen Augenblick sichtbar. So wie sie mit dem Tod Juliens abbricht, geht auch das konstitutionelle Frankreich Louis Philippes, dessen Geschichte noch aussteht, über die hier eingeleitete Veränderung hinweg und macht sie zu einem Zwischenakt.

Warum es Julien gelungen war, Mathilde zu seiner Geliebten zu machen, hat Stendhal ausdrücklich erklärt: »Mademoiselle de la Môle wird verführt, weil sie sich vorstellt, daß Julien ein Mann von Genie ist, ein neuer Danton. Der faubourg Saint-Germain hatte 1829 eine furchtbare Angst vor einer Revolution, die er sich so blutig wie die von 1793 vorstellte. Er wußte nicht, der edle faubourg, daß eine Revolution nur proportional genau zur Grausamkeit der Mißbräuche blutig verläuft, die sie beseitigen will. Nun die Mißbräuche waren nicht grausam. Wie es auch immer sei, Mademoiselle de la Môle hat Angst wie ihre ganze Klasse, und, merkwürdige Sache, sie schätzt Julien, weil sie sich vorstellt, daß er ein neuer Danton sein wird. Hier ist noch eine der Erfindungen unseres Romans, der vor 1789 unmöglich gewesen wäre. Ein junger Plebejer konnte eine große Dame verführen nur durch das Temperament«.[36] Die Liebe zwischen Julien und Mathilde ist also von den genau angegebenen Umständen der Zeit getönt. In ihr kommt die Umsturzkraft der Zeitenwende zum Vorschein. Liebe als Angst vor der heraufdringenden Gefahr, als tumultuarisches Schaudern vor der Gewalt, mit der die neue Klasse sich den Weg zur Herrschaft bahnt und neue Verhältnisse schafft, zu denen die Liebende durch die Maßlosigkeit ihres Schreckens bereits »ja« sagt, auf die sie sich einstellt, bevor sie eingetreten sind. Eine solche von der bürgerlichen Revolution ausgehende »Psychologie« geht auch über das psychologische Fassungsvermögen Balzacs hinaus, liegt jedenfalls durch seine andere Einschätzung der Julirevolution jenseits seines ausdrücklichen Interesses. Dazu bedarf es der plebejischen Instinkte Stendhals. Es ist interessant, daß dem körperlichen Besitzergreifenwollen bei Julien der Haß vorausgeht mit einem Willen, der in Genuß an der Macht umschlägt. Das gilt sowohl gegenüber der Madame Rênal als auch gegenüber Mathilde. Die hier vorherrschende Grausamkeit zeigt sich noch in den Folgen. So wie die mütterliche Madame Rênal aus Eifersucht und dem Zwang, sich von ihr zu befreien, Julien töten will, hält Mathilde später im verhangenen Wagen den guillotinierten Kopf Juliens liebkosend in ihren Händen.

Stendhal hat hier sein eigenes Jakobinertum am weitesten entwickelt. Er steht auf der Seite Juliens, aber erkennt der in royalistischen Anschauungen groß gewordenen Mathilde, die im Protest gegen ihre Klasse deren verkümmerte beste Eigenschaften noch einmal verwirklicht, den Preis für die höchste Bravour zu. Ein Fall wie der Juliens war nur in einer Zeit gesellschaftlicher Provisorien möglich. Als solchen stellt ihn der vor seinen Richtern stehende Attentäter auch dar. Julien fühlt sich als Opfer, das stellvertretend für alle durch Herkunft und und Vermögenslosigkeit benachteiligten, aber mit intellektueller Ausbildung versehenen jungen Männer seiner Generation wegen ihres Protests im nachnapoleonischen Frankreich von den Herrschenden gestraft wird. Das gibt der Geschichte, die von Stendhal bekanntlich einer Kriminalsache entlehnt wurde, ihre exemplarische Bedeutung.

Doch die Geschicke Frankreichs werden durch die Ungewöhnlichkeit Juliens, die Frau Rênal dem Gericht bezeugt, nicht im geringsten verändert. Der im Grunde selbstgewollte Tod, durch das Exekutionskommando ausgeführt, ist das Resultat seiner rechten Einschätzung der Machtverhältnisse, in denen über ein solches Schicksal hinweg schließlich wieder zur Tagesordnung gegangen wird. Dem entspricht die hier gezeigte Kompromißlosigkeit. Hier wird keine Hoffnung angeboten. Weder von der institutionellen Religion noch von »Gott« selbst ist das Geringste zu erwarten. »Mais quel Dieu?« ist die resümierende Frage am Ende dieses Lebens: gewiß nicht derjenige der Bibel mit seiner Grausamkeit und Rachsucht. Man könnte »vielleicht« noch einiges vom sogenannten »wahren Christentum« erwarten, wo die Priester nicht »*mehr*« bezahlt werden, als die Apostel es wurden. Aber auch diese Aussicht ist verstellt; denn selbst der Apostel Paulus wurde noch entschädigt, und zwar durch das Vergnügen, zu herrschen und über sich selbst zu sprechen.[37] Juliens Vorstellung vom Ende »Gottes« als Erlösung des Menschen von einer Idee, die durch ihren Mißbrauch größeren Schaden gestiftet hat, als ihr rechter Gebrauch je Gutes hätte leisten können, drängt hier den Voltaireschen Gedanken »Wenn es keinen Gott gäbe, so müßte man ihn erfinden« in die Absurdität, obwohl er sich selbst als Voltairianer versteht.

»Le Rouge et le Noir« war bekanntlich kein Buch, dem der Erfolg auf dem Fuße folgte. Stendhal sagt ihn erst für das Ende des Jahrhunderts voraus und ist von Anfang an bereit, das Scheitern als Schriftsteller in seiner Zeit hinzunehmen. Was auch immer die Gründe für diesen fehlenden Anklang beim Publikum sein mochten, der Eindruck von »Le Rouge et le Noir« war schon darum gering, weil mit der Julirevolution die »rote« Partei gesiegt hatte und der Gegensatz zur »schwarzen« nicht mehr die gleiche brennende Wirkung haben konnte, wie sie es in den Tagen der Restauration gehabt hätte. Darüber hinaus wirkt natürlich die Veralterung mit, die in Stendhals aufklärerischen Begriffen anzutreffen ist, aber auch der Glaube an eine bloß vorübergehende Banalisierung der Lebensvorgänge. Stendhal schreibt seine großen Romane, als ob es einen Scott nie gegeben hätte, ganz im Gegensatz zu Balzac, der selbst da, wo er, wie im Vorwort zu »Peau de Chagrin«, sich mit dessen Kunst ausführlich auseinandersetzt, im Banne von seinen großen historischen Gesellschaftsgemälden steht und den Zersetzungsvorgang des Adels als einer im »Mittelalter« kulminierenden Klasse von England auf französischen Boden überträgt. Angesichts der veränderten Verhältnisse ist Stendhal nicht so »fortschrittlich«, wie er selber glaubt, es zu sein. Er rührt mit seinen vorrevolutionären Vorstellungen, über die das napoleonische Zeitalter, von ihm in den Schlachtenbildern von Waterloo unvergleichlich dargestellt, hinweggegangen war, nicht an den Nerv eines in bisher unbekanntem Maße politisierten Publikums. Hier liegen die Umstände für Balzac günstiger. Durch seine Anlehnung an die altroyalistische Partei versteht Balzac sich selbst als Konservativer, er hat zweifellos tiefere Einsicht in die Erwerbsformen der »financiers« und der industriellen Produzenten als den beiden Hauptflügeln der neuen besitzenden Klasse, sieht bei aller Bewunderung für die hier ausbrechenden Produktivkräfte durch sie ein

Verhängnis über die Zivilisation der zeremoniellen Regel heraufziehen und sich selbst als Schriftsteller durch das Absinken seiner Stellung gegenüber der die alten Privilegien für sich nutzenden Literaten unmittelbar betroffen. Entwurzelt wie Stendhal, der spätestens von 1830 an in die veränderte gesellschaftliche Organisation mit der fortschreitenden Umschichtung der Vermögen zu Gunsten bourgeoiser Klientelen wie ein Fremdling hineinlebt, fühlt er sich nicht. Stendhal ist ohne Heimat, weil er durch die Abenteuer seines Lebens, die politischen Ereignisse und sein Naturell keine Identifizierung mit irgendeiner Klasse mehr kennt. Aber die Heimatlosigkeit wird bei ihm in seinem Julien Sorel literarisch konstitutiv. Sein Scheitern kündigt sich schon in »Le Rouge et le Noir« als Grunderfahrung an und verwandelt den Weltschmerz von Chateaubriands René in Verachtung der in der Welt geltenden Konventionen. Der Ton der Elegie ist aus dem Werk verbannt. Stendhal verfaßt »Le Rouge et le Noir« ausdrücklich als »Chronik« und hat sich damit bei allen stilistischen Bedenklichkeiten auf ein berichtendes Sprechen festgelegt. Dabei liegt trotz der Freude an der Episode diesem Erzählen eine von keiner äußeren Regel abhängige innere Disziplin zugrunde, die auf die Nüchternheit des Tons vertraut und das »Sentimentalische« unter Kontrolle hält. Die »Tragödie« in »Le Rouge et le Noir« bringt er als Tatsachenbericht zu Ende: »Madame Rênal blieb ihrem Versprechen treu. Sie dachte nicht daran, auf irgendeine Weise ihrem Leben ein Ende zu setzen; aber drei Tage nach Julien starb sie mit den Kindern in ihren Armen.«

Der Abstand zu den Ereignissen, der bis zum Zynismus reicht, hat immer etwas von der Aussichtslosigkeit in der späteren Existenz Stendhals, gemessen an den Erwartungen der Jugend. Während Balzacs »Helden« in den 30er Jahren wie Balzac selbst am Anfang ihrer Laufbahn stehen, sind die Stendhals schon enttäuscht oder werden bald von den Zerstörungen ihres Idealismus durch das Leben auf die Seite des Lebensverzichts geschlagen. Sie kennen keine Phrasen, haben an den leidenschaftlich emphatischen Ausbrüchen, wie sie de Maître und Chateaubriand liebten und Balzac auch als Stilform gesellschaftlichen Verkehrens für unentbehrlich hält, nicht den geringsten Anteil. Alle Romantik, zu der Stendhal als Freund der »Einsamkeit« gefühlsmäßig neigt, wird nach der »Armance« in seinen Helden niedergezwungen. Aber wo er ihr Inneres offenlegt, bringt er Züge des Grausamen ans Licht, zeigt er sie mit dem Kranken und Sadistischen in engem Bunde.

Im gleichen Augenblick, in dem die Bourgeoisie mit der konstitutionellen Bürgermonarchie Louis Philippes an ein vorläufiges Ziel ihrer Absichten gelangt ist, wird ihr Druck gegen die Oberklasse sofort schwächer, löst sich die alte starre Front gegen sie langsam auf, schafft die Auflösung Übergänge zur neuen Front gegen das Proletariat, das aus den Julitagen mit leeren Händen hervorgegangen war. Was sich später als »wissenschaftlicher Sozialismus« ausbilden wird, hat seine Anfänge in diesen Erfahrungen. Die Einsicht, daß die gesellschaftliche Verfassung an die Literatur weitergegeben wird, war bereits von der Madame de Staël ausgesprochen worden. Stendhal, der unter dem Eindruck der von der Bourgeoisie getroffenen Vorbereitungen zur Ablösung der Geblütsklassen steht, hatte sich schon in der »Armance«, wo er sie an den Reaktionen des Adels vermerkt, auf der Bahn des Gesellschaftsromans bewegt und wird in allen seinen großen erzählerischen Werken diese Bahn nicht mehr verlassen. Es verbreitet sich bereits in der noch sicher eingerichtet erscheinenden restaurativen Monarchie Karls X. unter dem Adel selbst das Gefühl von der *tatsächlichen*, in der politischen Konstitution nicht ausgedrückten Überlegenheit der Bourgeoisie, das Octave de Malivert in die Worte faßt: »Ist es nicht beschämend..., daß unsere Stützen und zwar bis zu den monarchischen Schriftstellern, die beauftragt sind, jeden Morgen in den Zeitungen die Vorzüge von Geburt und Religion zu verkünden, aus der Klasse stammen, die alle Vorteile hat, die Geburt ausgenommen«.[38] In dieser Erkenntnis ist selbst im Ton des romanesk Unverbindlichen die Dialektik der historischen Entwicklung gegenwärtig, von der Stendhal ebenso wie Balzac erfaßt ist, wenn beide als aus der Bourgeoisie stammende Schriftsteller am Adelssalon nicht vorbeikommen, weil sie hier ein unerläßliches Milieu, einen Großteil der in Frage kommenden Leser mit ausgebildetem Geschmack und Zellen der literaturfreudigen höfischen Zivilisation antreffen. Die alten Klassen können zwar ohne die Stützen aus der Bourgeoisie nicht auskommen, aber die Bourgeoisie ist immer auch noch darauf angewiesen, Rekrutierungsfeld für vom Adel bezahlte und ausgezeichnete Publizisten zu sein. Diese hier variierte und illusionslose Einsicht gehört zur persönlichen, von der Feder Stendhals niedergeschriebenen Erfahrung.

Den »Helden« des »Lucien Leuwen« setzt Stendhal im Gegensatz zum Julien Sorel *über* der eigenen Klassenlage an. Damit verschiebt sich dessen Perspektive, gemessen an der Juliens, zusammen mit Stendhals eigener, und zwar zweifellos als Folge der weiteren gesellschaftlichen Entwicklung innerhalb der bürgerlichen Monarchie. Der »Lucien Leuwen« hat seine Zeitgemäßheit gerade durch das »Juste-Milieu« der sogenannten Finanzaristokratie, in dem er spielt, gegen das Lucien sich auflehnt, allerdings ohne äußere Heftigkeit. Der Protest des »polytechnicien«, der ebenso wie Stendhal an diesem Institut scheitert, ist aus diesem Milieu herausgewachsen. Er findet im Kammerton statt, ist aber gerade darum milieuentsprechend. In der Thematik, in der ganzen Behandlung des Stoffes ist die Verflachung als eine Folge des bürgerköniglichen Regimes mit seinem Vertrauen in die Zinsen gegenwärtig. »Die Zinsen bedeuten alles«, läßt Balzac zur Charakterisierung eines von der Verbürgerlichung betroffenen Systems in seinem Roman »Les Paysans« sagen. Indem sich Stendhal einem von der Finanzrotüre geschaffenen Fall zuwendet, wirkt er an der Bestandsaufnahme der Zeitverhältnisse mit, und zwar eben durch die Behandlung der ökonomisch am höchsten entwickelten Fraktion der Bourgeoisie. Durch die Geldleihe des alten Leuwen werden durch relativ immaterielle Erwerbsakte Lebensumstände hervorgerufen, die mit dem hier gestatteten »Liberalimus« die intensivste Annäherung an Formen des seigneuralen Terrains führen. Es kommt jetzt zum sozialen und biologischen Ineinanderwachsen von Teilen der »Feudalen« mit Kapitalrentnern, ein Vorgang, der die Beteiligten: Bankiers, Parlamentarier, Industrielle, Staatsfunktionäre, Diplomaten auf dem Parkett des Adelssalons vereinigt, das Stendhal insbesondere in den Schlußkapiteln eindringlich heraufbeschwört.

In dieser eigentümlichen Luftleere zieht die Ambition den »héros beylien« mit der Zwangsläufigkeit der gesellschaftlichen Schwerkraft auf die Seite der neuen bürgerköniglichen Konventionen, bringt ihn aber mit seinem Eintritt in die diplomatische Laufbahn um die künftige Neugier des Verfassers. Der »Lucien Leuwen« ist ein Fragment. Doch Stendhal war mit seiner Hauptgestalt ans Ende gelangt. Der »Held«, der sein Jakobinertum abgestreift hat, um den Anschluß an die Karriere zu gewinnen, hört auf, die weitere Anteilnahme des Verfassers zu behalten. Wir wissen auch, warum Lucien Leuwen den Weg in die Diplomatie geht. Es ist der Verlust des Familienvermögens, der ihn dazu zwingt. Über die jakobinischen Ideen des »Republikaners« ist das Interesse der im Namen des Eigentums auftretenden Klasse hinweggegangen, es läßt keine andere Wahl und unterwirft sich alle *gegen* die Konventionen gerichteten Instinkte. Das Ende der Leidenschaften durch den Übergang in die »sécheresse convenable«, in jene Prosa des Alltags, bedeutet das Ende des Romans.

In diesem Werk, das zur »Chartreuse« überleitet, das Stendhal mit geringem weltanschaulichem Anspruch, dafür stilistisch äußerst sorgsam schreibt, das er künstlerisch höher einschätzt als »Rot und Schwarz«, zeigt er jene aus der Restauration herausführenden Kräfte mit den hinter ihnen stehenden Motiven am Werk. Der Abstand zu den hier geschilderten Begebenheiten ist gewonnen durch die Einsicht, mit der sich Stendhal in den neuen Verhältnissen einrichtet, die ihm auch jene wachsende Indifferenz beschert, daß die unbehinderte Intrige der Priester unter Karl X. sich in größere Bestechlichkeit während der Bürgermonarchie verwandelt hat. Von Erfüllung bestehender Wünsche und Erwartungen ist bei diesem Freund der Revolution von 1789 nirgendwo die Rede. Die Krankheit hat sich von einem Organ wegbewegt und dafür ein anderes befallen. Darum kann er auch unbesorgt sein über das Mißfallen, das einiges »Extravagante« in seinen Romanen bei den Zeitgenossen erwecken könnte. Die Entwicklung zur Zukunft hin wird es nach und nach zurückbilden und im Zeitalter des Fliegens, das er in seiner Phantasie vorwegnimmt, des Telegraphen und der Börse, seine ganze rückständige Harmlosigkeit aufzeigen. Er sieht hier ganz klar: die eigene Gegenwart der bürgerköniglichen Demokratie ist so sehr von der Flachheit des Geschmacks gekennzeichnet, daß sie keine Maßstäbe setzt oder allenfalls solche, die um 1890 Anlaß sein werden, sich darüber zu amüsieren.

Die künstlerische Ebenbürtigkeit der drei großen Romane Stendhals, wenn man von Werken wie »Armance« und »Lamiel« absieht, mit den über neunzig Romanen Balzacs zeigt, daß hier verschiedenartige Naturen mit voneinander abweichenden Arbeitsweisen am Werk sind. Stendhals »Psychologie« kennt nicht die gleiche Neigung zum Generalisieren der Charaktere von den Klassenbedingungen und Temperamenten her wie Balzac, und wo er doch auf einen allgemeinen Nenner dringt, wenn er von den »Frauen«, der »Jugend«, den »Italienern«, den verschiedenen Formen der »Liebe« spricht, da geschieht es sprunghafter, weniger an ein vorgegebenes Regelsystem gebunden. Die Balzacschen Fortsetzungsromane kennen keine männliche Gestalt, die so vorherrschend ist wie der Julien Sorel, aber auch keine Frau, deren Nähe so eindringlich wird wie Madame Rênal oder Mathilde de la Môle. Julien Sorel kann als Picaro aus der Provinz zwar das Schicksal vieler seiner Generation sichtbar machen, die Opfer der gleichen Verhältnisse in der Restauration werden, aber er bleibt dabei doch ein ganz einmaliger Fall. Sieben Jahre nach »Le Rouge et le Noir« läßt Balzac in den »Illusions Perdues« zum ersten Mal den Lucien de Rubempré auftreten: er schildert darin das Schicksal, das unter anderen Bedingungen als bei Julien Sorel aus dem Übergang in die mondäne Welt abläuft, das schließlich ganz anders, wenn auch nicht weniger entmutigend endet, aber ohne die Verkleidungskünste und das Spiel der Tarnungen wie beim Stendhalschen »Helden« vor sich geht. Bei Rubempré sehen wir einen psychologisch betrachtet fast glatt verlaufenden Klassenwechsel, bei Julien einen kompliziert vor sich gehenden Stellungskrieg, der mit den raffiniertesten Vorgeblichkeiten geführt wird und die Teufelskünste der herrschenden Kräfte als Vorbild hat. Wenn Julien schließlich im Kerker endet und das vollstreckte Todesurteil seinem Leben ein Ende macht, dann waren Betrug und Gewalttat aufgezwungene Mittel einer »generösen Seele«, um ihn in den Stand zu setzen, seine Generosität noch über den Tod hinaus zu beweisen. Dieser Falschspieler aus der kleinen Stadt Verrières ist durch die Schule der provinziellen Honoratioren wie des Klerus hindurchgegangen, er hat den Blick hinter die Masken getan und verfährt danach mit bestem Wissen und Gewissen.

Stendhal führt hier in von der Restauration getönte Leidensformen ein, die den »héros beylien« erkranken lassen, aber diese Krankheit beruht auf nichts anderem als auf einer Gesundheit viel höherer Art. In dieser Welt des Umbruchs, wo Heroik, Galanterie, devotes Wesen neben rechnerischem Zusammentragen wie »Töne« abgespielt werden, wo es zu den Herrschaftsmitteln gehört, sich in ihrem Gebrauch auszukennen, wird das Ausforschen eines Charakters wie dem Juliens vom Erzähler zu einem unvergleichlichen Gegenstand gemacht. Die »Heuchelei«, ein Stichwort in diesem Roman, ist von Julien auf die Spitze getrieben worden. Indem sich der Heuchler gleichsam selber überschlägt, wird klar, daß er nur mit ihr sein Leben überhaupt zu führen imstande war. Die Welt dieses »Helden« ist nicht mehr aus einem Wurf, hier wird schon jene Zerrissenheit der »Seele« sichtbar, die höfisches Zeremoniell, Geblüt und Perücke, kaiserliches Militär und Eroberung, Kruzifix mit Weihrauch und Einbringen fester Einkünfte in sich verarbeiten muß und im beständigen Hin und Her ihre Orientierungslosigkeit erfährt. Als Erbe Napoleons ist das erneuerte bourbonische Regime nicht mehr in der Lage, für eine Natur wie Stendhals Julien verbindliche Lebensregeln zu geben. So kommt es in diesem Roman zum Ausleuchten eines jungen Mannes, bei dem das altroyalistische Elternhaus Stendhals selbst, sein Widerstand dagegen, die Sympathie für die Revolution bei gleichzeitiger Verachtung der Masse, die Verehrung für den großen Täter Napoleon, das Gefühl für die Schädigung durch die katholische Religion zu Tage treten. Der Gedanke steigt auf: überbietet dieses Schauspiel der Selbstbefragung Henri Beyles nicht doch den bewegten Ablauf des kurzen

Lebens, das er in seinem Julien Sorel darstellt? Die Freude am Ambitiösen ist ehrlicher als die Entrüstung über die Heimtücke in einer von keinem Krieg mehr bedrohten Welt. Man würde Stendhal unendlich verharmlosen, wenn man ihn als Zeitkritiker sehen würde. Denn es besteht noch nicht der Zwang, mit unerträglich gewordenen Verhältnissen abzurechnen. Dazu müssen erst Anlässe von Stadien höherer industriekapitalistischer Entwicklung geschaffen, müssen Sensationen, Schauder und Grauen zum Bedarfsartikel der »Freien Presse« geworden sein, die sich im Julikönigtum einzurichten beginnt. Von der Erscheinung des weit um sich greifenden literarischen Protestes kann man erst im Zweiten Kaiserreich sprechen, und Zola ist sein klassischer Vertreter. Voraussetzung dafür ist eine weiter fortgeschrittene machinelle Ausrüstung der Industrie und ein davon erzeugtes Proletariat, wie es die frühen 30er Jahre nur in bescheidenem Umfange kennen.

Die Frage nach einem weltanschaulichen Resümee Stendhals führt immer wieder das Unbeständige, Schwankende seiner Anschauungen vor Augen, worin sich auch seine Bewunderer einig sind. Seine Empfindlichkeit gegenüber dem Wechsel der Machtverhältnisse und seine Fähigkeit, als Epikuräer, der er immer ist, auf das Angebot neuer Reize sogleich zu reagieren, kommt aber dem Belegwert seines Schreibens außerordentlich entgegen. Hier werden die Erschütterungen der Zeitereignisse kardiographisch wahrgenommen und aufgezeichnet. Der »Philosoph«, als der er sich im Sinne Voltaires fühlt, auf den sein Julien sich am Ende *gegen* den »Gott der Bibel« beruft, bringt es an den Tag, wie weit die Misere der Religion während der Tage Karls X. vorangeschritten ist. Für Glück oder Unglück gibt es keine festen Werte. An dieser Einsicht hält Stendhal fest. Was hätte aus einem Julien unter anderen Voraussetzungen alles werden können, was wäre aus Napoleon in der Gewürzkrämerzeit der Julimonarchie geworden? Der Schlaf der Zeit kann oft nur ein scheinbarer sein, in Wirklichkeit aber schon den Wandel vorbereiten, der dann schlagartig einbricht. Mit seinem Vertrauen auf die Genußkraft des Ichs als der alles an sich ziehenden Erfahrung, die bei ihm zum Kult des »Egotismus« wird, bricht er in einen metaphysischen Bereich ein, mit dem die Priester »schrecklichen Mißbrauch«[39] treiben, wie Julien im Angesicht des Todes es noch ausspricht. Mag hier jene Luft der Genüßlichkeit im Stile der »philosophes« wehen, in der Stendhal sich nicht ohne herausfordernde Züge bewegt, so steckt dahinter doch die ganze Notwendigkeit seiner Natur.

Wir werden sehen, wie später der Verfasser der »Chartreuse« nach der Behandlung des »Juste-Milieu« im »Lucien Leuwen« mit seinem im wortwörtlichen Sinn die »Impotenz« des »héros« schaffenden Klimas die Unendlichkeiten des großen Abenteuers sucht, wie er sich vom Boden in schwindelnde Höhen der Phantasmagorie begibt. Aus der Geschichte der napoleonischen Zeit erhebt sich ein imaginäres »Renaissance-Italien«, das verführerisch in die europäische Prosa der »Heiligen Allianz« einbricht. Da ist Leben nur noch als Genuß des Ich möglich, das in Gestalten wie Fabrice und der Sanseverina kulminiert. Stendhal baut hier von einer durch bourgeoisen Fortschritt verödeten Wirklichkeit seine in die Höhe schießenden Phantasieburgen. Der italienische Schauplatz erlaubt ihm, sich vom Paris Thiers und Guizots, von dem durch Zins zusammengetragenen Reichtum der Rotüre wie den traurigen Salons des Adels im Faubourg Saint-Germain wegzubewegen in eine noch von wilden Leidenschaften angerührte Landschaft. Es ist auch der Weg in die residenzlerische Welt von Parma, einer der vielen duodezabsolutistischen Kleinstaaten in Italien, die nach dem Ende Napoleons in das freiwerdende Machtvakuum eintreten und vorübergehend wieder in Blüte kommen. Dieser Schauplatz gibt einen günstigen Boden für politische und erotische Intrigen ab, wo Stendhal mit den ganzen reichen Farben des »Beylismus« aufwarten kann. Seine Wahl bedeutet Eindringen in ein historisch überwundenes Stadium, das in höfischen Restbeständen noch eine Weile weiteragiert und so den historischen Entwicklungsprozeß von der eigenwirtschaftlichen Herrschaft kleinmonarchischen Zuschnitts über den zentralistischen Staat bis zu Napoleon und seinen »Nachfolgern« aufzeigt. In seiner Rezension der »Chartreuse« in der »Revue Parisienne« vom 25. September 1840 rechtfertigt Balzac diesen Schauplatz ausdrücklich damit, daß hier die Schurkereien, mit denen die Kamarilla Ludwigs XIII. einen Richelieu bedacht hatte, noch anzutreffen seien. Das Werk ist trotz seiner zeitlich zurückliegenden Handlung kein historischer Roman. In den kleinen und großen Perfidien treten vom absolutistischen Staat geschaffene und in absolutistischen Verhältnissen immer wiederkehrende Typen zu Tage. Mit dieser schriftstellerischen Residenzkunst schlägt Stendhal den Bogen vom 18. Jahrhundert in seine Gegenwart, schafft er eine phantastisch drapierte Verbindung verschiedener historischer Schichten in ein- und derselben Zeit. Wenn Stendhal also außergewöhnliche Menschen darstellt, dann steckt dahinter nicht etwa bloße Laune eines Romanciers oder Bekenntnis zu bedenkenloser Willkür, sondern – auch das hat Balzac beobachtet – Zwangsläufigkeit, die immer mit Ursache und Wirkung rechnet und die Gestalten auf der in ihnen jeweils typisch gewordenen Stufe der historisch-gesellschaftlichen Entwicklung zeigt. Das gilt nicht nur für Fabrice und die Sanseverina, sondern auch für die beiden Herzöge, den Minister Mosca und den Revolutionär Ferrante Palla. Wenn Balzac in der Kritik an Stendhal die in der Residenz von Parma spielende Geschichte den eigentlichen Roman nennt und die ausführlich erzählten Begebenheiten von Fabrices Jugend wie auch den Schluß als Rahmen aus dem Werk verbannt sehen wollte, dann beleuchtet er damit seine eigene Darstellungsweise. So hätte er es gemacht, wenn er selbst die »Chartreuse« geschrieben hätte. Er empfiehlt denn Stendhal auch die nochmalige Überarbeitung.

Am verhängenden Rankenwerk des Romans nimmt also Balzac Anstoß! In einem Brief vom Oktober 1840, von dem wir nicht die Endfassung, wohl aber drei Entwürfe kennen, antwortet Stendhal seinem Rezensenten. Gleich zu Anfang gesteht er ihm, daß er sich sofort an die Umarbeitung des Romans begeben habe, nämlich die ersten 54 Seiten des ersten Bandes auf 4 oder 5 zusammenzustreichen. Er zeigt, wie ernst er die Einwände des jüngeren, aber im Gegensatz zu ihm anerkannten Balzac nimmt, gegen den er keinen Namen, wohl aber seine Absichten, seine Arbeitsweise und nicht als Geringstes seine Aussichten auf die Zukunft zu stellen hat. Hier erfahren wir, was ihn bewegt, unmittelbar an der Quelle: Stendhal erzählt aus Freude am Erzählen. Planen ist nicht seine Sache. Er kann zwanzig oder dreißig Seiten entwerfen, fühlt sich aber dann genötigt, irgendwelchen Zerstreuungen nachzugehen und setzt am nächsten Tage, nachdem er die letzten drei oder vier Seiten der Niederschrift gelesen hat, die Arbeit am Manuskript fort: wobei er sich ganz an das hält, was ihm die Phantasie gerade eingibt. Er weiß, wenn er sich niederläßt, nicht, wohin ihn die Feder führen wird.

Welch ein Unterschied zum Verfasser der »Comédie Humaine«, der vor der Abfassung seines Riesenepos wie ein Linné der Sozialwissenschaften die französische Gesellschaft katalogisiert und sich dann an die vorher ausgemachten Einzelrubriken ohne grundlegende Abweichungen hält! Einem solchen ganz anders organisierten Schriftsteller gegenüber fühlt Stendhal sich nicht nur veranlaßt, über sein handwerkliches Verständnis des Schreibens auszusagen, sondern auch die Gründe für seine Erfolglosigkeit anzuführen. Er erklärt ausdrücklich, für eine andere Zeit zu schreiben, und sieht seinen Erfolg erst um 1880 anbrechen.

Hier tritt der optimistische Zug Stendhals zutage, der ihn auf eine günstige Entwicklung, in jedem Fall auf ein Entfernen von den vulgären Tendenzen der bürgerköniglichen Demokratie hoffen läßt. Das gehört mit zur Rechtfertigung seines von Balzac kritisierten Stils. Wir wissen, wie sorglos Balzac selbst zeitweilig in seinen Romanen mit dem stilistischen Kostüm verfahren war, wie hoch er es andererseits einschätzt, welche strengen Konventionen er hier gewahrt wissen möchte. Stendhal weist bei allen Konzessionen an die Kritiker Zumutungen des »schönen Stils« à la Chateaubriand als veraltet und seit 1802 lächerlich geworden zurück. Er hat Recht, sich auf den eigenen Stil vieles zugute zu halten, muß aber gegen die Vorwürfe Balzacs für die romantisch-wilden Verkräuselungen seiner eigenen Sprache argumentieren. Dem Hinweis auf den Diktierstil der »Chartreuse« und den Anteil des Unbedachten darin stellt er die Sorgfalt gegenüber, mit der er sich stets Gedanken macht, ob ein Adjektiv vor oder nach dem Substantiv zu stehen hat. Er muß freilich zugeben, daß viele Passagen der Erzählung ohne nachträgliche und offenbar wünschenswerte Korrektur geblieben sind. Das bedeutet im Vergleich zu seinem Kritiker, daß die Ambivalenz zwischen Strenge und Nachlässigkeit des Stils, wie wir sie auch bei Balzac kennen, auf eine andere Ebene gerückt ist. Anspielungen auf die »Falschheit« der Sprache bei Rousseau und der Madame Sand im Gegensatz zum »gut geschriebenen« Stil Fénelons und Montesquieus sagen, wem Stendhal sich zugehörig fühlt.

Damit sind die beanstandeten Abschweifungen des Stils in der »Chartreuse« gegenüber Balzac natürlich nicht hinreichend erklärt. Die diktierte »Chartreuse« ist für ihn darauf berechnet, mit ihrer Naturwahrheit einer späteren Zeit zu gefallen, die nicht mehr von der arrivierten Bourgeoisie (Stendhal spricht hier von »enrichis grossiers«) beherrscht sei. Wenn er sich jetzt seinem berühmten Rezensenten gegenüber dem Traumland Hoffnung überläßt, dann tut er dies auch darum, weil er den Schriftsteller-Kollegen auf seine Seite hofft ziehen zu können. Er entschädigt sich für den ihm zu Lebzeiten versagten Ruhm mit der

Aussicht auf einen Ruhm nach dem Tode, wo man sich weniger eines Metternich, eines Ludwig XVIII. oder Karl X., doch dafür mehr des Verfassers der »Chartreuse« erinnern wird.

Die gegenüber der »Chartreuse« auffallende Beschliffenheit wenigstens einiger Balzacscher Romane war natürlich nur möglich durch deren Fortsetzungscharakter, die Weiterführung der Handlung und Übernahme schon eingeführter Personen in den sich anschließenden Ablauf der erzählten Geschichte. Das liegt jedoch außerhalb der Kompositionsweise Stendhals, der in diesem bunten Beiwerk, das für ihn im Grunde gar kein Beiwerk, sondern der erzählte Stoff selber ist, die ernüchternden Umstände der nachrevolutionären Flachheit, das Fehlen jeglicher Ideale in der bürgerköniglichen Demokratie anführt und aus ihnen die Ausnahmenaturen als ihre unbeabsichtigten Folgen herauswachsen läßt. Was Stendhal an Szenerie, etwa an Landschaftsbildern des Comer Sees mit seinen wilden Uferpartien und öden Gebirgszügen heraufbeschwört, reicht dabei von einer pastellfarbig festgehaltenen Bukolik bis zur pathetischen Oper Cherubinis. Sie bleibt im Pathos immer noch gedämpfter als Heinses »Renaissance-Italien« oder das Tiecks in seiner »Vittoria Accorombona« mit ihren grellen Farbschwelgereien. Über sie ergießt sich ein Feuerwerk aufgeklärter Skepsis und mit ihr die immer anwesende Einsicht, daß die Julimonarchie als Republik mit dem König als ihrem Präsidenten nicht das Ziel der Weltgeschichte bedeutet.

André Gide hat von den zehn besten französischen Romanen die »Chartreuse de Parme« an erster Stelle genannt. Aus diesem Munde bedeutet das zweifellos auch Bewunderung der baulichen Form. Von hier aus gewinnt Balzacs kritischer Einwand gegen das Werk einen neuen, ihn umkehrenden Wert. Was die »Chartreuse« ihrer formalen Komposition nach so interessant macht, ist die Verschachtelung von zwei gegensätzlichen Bauelementen. Stendhal hat hier zwei Romane zusammengeflochten. Er erzählt die Geschichte Fabrices, aber er erzählt auch eine Hofgeschichte, die völlig selbständig existieren kann und geradezu fremdartig in das wild-abenteuerliche Geschehen einbricht oder umgekehrt von ihm durchbrochen wird. Die naiven Verwegenheiten bewegen sich beständig gegen den Boden des höfischen Romans. Stendhal zeigt bis in die Form des Erzählens, daß der in Italien sich wieder erhebende Absolutismus nach dem Ende des ersten Kaiserreichs zwar eine veraltete Staatsform ist, aber bei aller kuriosen Verstaubtheit immer noch stark genug, um durch ein Zusammenspiel von List und Gewalt seine Gegner relativ mühelos auszuschalten. Zeremoniell und Niedertracht sind hier die engsten Verbündeten. Unerschöpflich ist der Erfindungsreichtum Stendhals, wo er Beispiele gibt, Fälle entwickelt, sie in Bilder, Vorstellungen und Nuancen faßt. So werden satirische Elemente immer wieder gegen den Hofstil gestellt, wird der Hofstil ins Satirische hinübergezogen, weil keine Form allein ausreicht, die »wirklichen Verhältnisse« bei der Schilderung der italienischen Kleinresidenz wiederzugeben. Die romaneske Heiterkeit kennt wohl die Molltöne, aber auch die Molltöne können nicht den genau treffenden Eindruck von jenem miniaturhaft zusammengezogenen Leben am Hofe von Parma vermitteln. Das hier bestehende Regime, so gefährlich und mörderisch es auftritt, hat schon seine Fundamente verloren und lebt am liebsten von der Nachahmung. So posiert der Fürst Ernesto IV. in Sprechweise und Blick wie sein Vorbild Ludwig XIV., er kann sich aber ebenso auf den Scagliola-Tisch in der Haltung Josefs II. stützen. Unaufhaltsam geht der Veränderungsvorgang weiter und wird auch von den einsichtigsten Vertretern des Absolutismus, hier dem Grafen Mosca wahrgenommen, wenn er nach dem Fall Napoleons den Aufstieg eines geistlosen Strebertums und den Triumph der Advokatenschläue für die nächsten fünfzig Jahre voraussagt. Veränderung – aber in einer anderen als der gewünschten Weise! So kann Stendhal das 2. Buch der »Chartreuse« unter das Motto stellen: »Mit ihrem ewigen Geschrei könnte uns diese Republik noch abhalten, uns der besten aller Monarchien zu erfreuen.« Stendhal hat sein altes Jakobinertum eben doch nicht abgestreift, aber er hat seine puristischen Elemente, gegen die schon die Jugend von 1795 aufbegehrte, um dann Napoleon anzuhängen, in ein indifferent scheinendes Spiel, den »Corrégianisme de la Chartreuse«[40] aufgelöst. Auch der altadlige Fabrice fühlt sich als Jakobiner, nämlich da, wo er in Neapel seiner Armut gegenüber der Unbesorgtheit seiner reicheren Standesgenossen gewahr wird.

Das sind mehr als bloße Zwischentöne eines schwere Farben auftragenden Pinsels. Die Freude am Unberechenbaren, an der Romantik einer gefährlichen Landschaft wiegt immer vor, aber sie wiegt darum vor, weil Stendhal dieses Buch in Frankreich schreibt. Das nachnapoleonische Frankreich ist für Stendhal zum Land der Konformisten geworden, von dem er sich im Schwelgen seiner Träume wegwendet nach Italien als dem Boden der Enthusiasten. Eine Sanseverina als »Hochmensch« vorbourgeoiser Verhältnisse wäre im Frankreich der beiden Kammern und der Kapitalrentner mit ihrem Anhang nicht mehr lebensfähig, weil der verbürgerlichte Salon sie nicht ertragen könnte. Es gehört zur schriftstellerischen Größe Stendhals, dem welthistorischen Übergang von der in sich schon gebrochenen, unter Anspannung letzter Kräfte noch einmal ihre Blüten treibenden Feudalität in das von der Bourgeoisie angeleitete Stadium durch diese Frauengestalt so unvergleichlich sichtbar zu machen. In ihr leben noch unbeschädigte Instinkte, lösen sich ständig wechselnde Farben ab, wird das Vorgebliche, das Wilde und schließlich Unbezähmbare zur Schöpfung der Natur selber. Hier ist das Unbesonnene, das alles aufs Spiel setzt, selbst Person geworden und gehört zu einem archaischen Äon gegen den Lieferantengeist der Rue Saint-Honoré.

Dahinter steckt die Erkenntnis, daß man in dieser Zeit »das Wahre« nur noch im Roman finden kann. Darum haben auch seine »Helden« in der veränderten Welt keine Lebensberechtigung. Sie scheitern an ihr, wie Julien Sorel, als er das Schafott besteigt, Lucien Leuwen, den seine Zeit kraftlos werden läßt, Fabrice, als er sich in die Kartause zurückzieht. Noch als jugendliche Gestalten werden sie von einer eigentümlichen Veralterung durch den Wandel in der gesellschaftlichen Organisation erfaßt, die ihrem Wesen nicht entspricht, sie werden von einer Woge weggespült, gegen die sie als Ohnmächtige erscheinen wie Julien Sorel vor seinen Richtern. Es nützt ihnen nichts, daß in ihnen das Zukunftsträchtige, die Kraft der Phantasie, das Leben ist, so wenig wie sein erzählerisches Genie Stendhal vor dem Eindruck eines alternden, aus der Mode gekommenen Junggesellen angesichts einer mit Warenfetischen ausgestatteten neuen Generation bewahren kann.

In seiner Rezension der »Chartreuse« hatte Balzac Stendhals Roman der »Literatur der Bilder« von einem «literarischen Eklektizismus« abgegrenzt, dem er sich selber zugehörig fühlt. Die Auseinandersetzung, die sich durch Stendhals Replik ergibt und beide Romanciers aus ihrer Werkstatt berichten läßt, von denen der eine berühmt, der andere völlig unbekannt ist, führt in eine von Balzac entwickelte, von Stendhal noch näher umschriebene Typologie des Romans ein, die glaubwürdig allein schon durch die künstlerische Autorität dieser beiden Schriftsteller ist. Balzac lobt die alle Umschweifigkeit vermeidende Erzählweise Stendhals. Aber wieder beschreibt er sein eigenes Verfahren, wenn er anführt, man könne das Bild der modernen Gesellschaft nicht mit den literarischen Mitteln des 17. und 18. Jahrhunderts darstellen. Davon war Stendhal insofern betroffen, als er sich in seinen Denkvorstellungen auf den Bahnen Helvétius' und Condillacs bewegt, in der Sprache die Autoren des 16. Jahrhunderts zur Nachbildung empfiehlt und beim »Code Civil« sich in der von ihm geforderten Nüchternheit des Stils übt. Wie genau treffend indessen der Ausdruck »Ideenliteratur« für Stendhals erzählende Prosa war, ergibt sich aus dem hier vorherrschenden Menschtypus, in dem Lebensumstände, Kennzeichen seiner Klassenzugehörigkeit und des ganzen Zeitalters zusammentreffen und am Aufbau seiner Biographie mitwirken. Julien Sorel lebt, noch im Widerspruch, von den aus der Restauration herauswachsenden Momenten einer das napoleonische Zeitalter ablösenden Gesinnung. In Lucien Leuwen drängen sich die Lebensformen der sogenannten finanziellen Aristokratie des Julikönigtums zusammen, fordern ihn heraus und wirken als untergrabende Kräfte an seinem Abstieg mit. Fabrice del Dongo wird ein romaneskes Opfer einer aus dem Zusammenbruch des Kaiserreichs hervorgehenden neoabsolutitischen Zwischenära in Italien. Verbunden sind sie alle in dem *einen* Schicksal, einer Epoche anzugehören, »in der es für die großen Nachkommen der heroischen Phase der Bourgeoisie, der Periode der Revolution und Napoleons keinen Platz mehr gibt«.[41]

War die Mehrspaltigkeit ein bei Stendhal vorherrschender Charakterzug, der in seinem Werk durchschlägt, so besagt das für ihn als den eigentlichen Schöpfer des modernen Romans wenig. Das Frankreich des Zusammenbruchs, das er haßte, gab ihm zugleich die Luft, die er nötig hatte. Die Lüge ist für ihn ein bewährtes Mittel zur Selbsterhaltung, von dem er als Schriftsteller mit seinem Erfindungsreichtum lebt. Mit der Lüge halten sich Regierungen und Kirchen am Leben oder verzögern den Abbau ihrer Macht. Wäre denn ein Frankreich der Restauration und des Bürgerkönigtums, wo Lüge und Korruption die größten Triumphe feiern, anders überhaupt glaubwürdig, noch dazu bei einem solchen Realisten der erzählenden Prosa, der Stendhal selbst als Träumender immer bleibt? Wenn er sich in einer von Geheimbünden, Kongregationen, Jesuiten vergifteten Luft, die auch Balzac als für die Romanintrige der

»Vie Parisienne« sich empfehlendes Element empfindet und dementsprechend ausbeutet, immer wieder tarnt, in Briefen und Manuskripten Personen und Institutionen mit geheimnisvollen Chiffren versieht, so mag das wie ein Spleen erscheinen und auch sein. Aber in Wahrheit steht dies für die richtige Einschätzung der Verhältnisse eines Illusionslosen. Stendhals Gepflogenheit, aus Furcht vor der Polizei Briefe mit ständig wechselnden Pseudonymen, falschen Absendeorten und Daten zu schreiben, hat natürlich eine spielerische Note. Fiktionen der Dichtung werden ins Leben hinübergezogen. Reine Schaumgebilde aber müssen diese kecken Maskeraden nicht sein. Das wäre eine Unterschätzung des österreichischen Spitzelsystems, das seine Zuträger in Italien überall gegenwärtig hält, wie von Fouchés Geheimpolizei, deren Agenten auch in Balzacs Schauergeschichten eine aus der Wirklichkeit abgeleitete Rolle spielen.

Stendhals Lust an der Mystifikation macht es durchsichtig: die Lüge gehört zu den größten Realitäten des Zeitalters, das so viele Umbrüche erlebt, wo mit dem Sturz des einen Systems der Aufstieg des andern verbunden ist. Bei allem aber schwimmt Stendhal nicht auf der Woge der Zeit, er lebt mehr als Balzac gegen sie an. Er mischt sich nicht in das Gedränge, ist kein von rastlosem Schaffensdrang und äußerer Notwendigkeit vorangepeitschter Arbeiter, wie es Balzac ist und wie ihn Rodin mit fleischigem Körper, Stiernacken und Augen unter gewaltigem Stirngewölbe vom körperlichen Habitus her später sehen wird. Stendhal verfährt sparsamer mit sich selbst und hält sich gern in der Rolle des Beobachters auf. Von diesem Standpunkt kann das ihm von Nietzsche zugeschriebene »Psychologen-Auge«[42] die Erscheinungen durchdringen. Zurückhaltung als Vorsichtsmaßnahme, um die Arbeit zerstörender Kräfte in sich selbst unter Kontrolle zu halten! Überraschender in seinen Aperçus und reicher an ihnen ist keiner unter den französischen Romanciers des 19. Jahrhunderts vor ihm und nach ihm gewesen. Er liebt nicht nur die Einsamkeit, sondern genießt auch noch seine Erfolglosigkeit. Sich selbst um den Erfolg zu bringen, ist für ihn größte Ausdauer und Umsicht wert. Gerade von hier geht sein Widerstand gegen den »american way of life« als auf ein Erfolgssystem bedachtes Leben aus. Im Ausbruch des Zeitalters der Freiheit, den er als Zeuge miterlebt, sieht er sie beim Ausbrechen sogleich in ihre Verfälschungen übergehen. Vom Zwang des Amtes, auf das er bei seiner schriftstellerischen Arbeitsweise der Einkünfte wegen angewiesen ist, versteht er sich immer wieder freizumachen. Drei Jahre seiner Tätigkeit als französischer Konsul in Civitavecchia verbringt der in der Praxis des Absentismus erfahrene Stendhal in Paris. In diesem Abseitsstehen und der Fähigkeit, sich den Amtspflichten zu entziehen, kommt der Zug des Vorbehalts zum Vorschein, der den Skeptiker zum Wahrnehmen aus einer gewissen Ferne anhält und auf seine künstlerischen Arbeitsprozesse einwirkt. Der große Schriftsteller in ihm wird erst geboren, als er sich mit seinen bürgerlichen Hoffnungen auf das Ende zubewegt und die Arbeit an der Geschichte Juliens im wahrsten Sinne des Wortes lebensrettend wird, weil sie den geplanten Selbstmord überflüssig macht. Aber das Schreiben bleibt – äußerlich betrachtet – immer Liebhaberei.

Das gibt ihm das unverbindlich Schwerelose, eine Haydn-Mozartsche Heiterkeit, der gar kein Bewußtsein von einer Technik zugrunde liegt. Oft weiß er nach eigenem Geständnis am Ende eines Kapitels nicht, was er im nächsten schreiben soll. Denn zur Arbeitsweise Stendhals gehört eine ausgesprochene Konzeptionslosigkeit. Auf einem Papier aus der Zeit von Civitavecchia findet sich der Satz: »Ich mache überhaupt keinen Plan.«[43] Warum? Wenn er einen Plan hat, stellt sich nach eigenen Worten bald die Unlust ein, weil dann die Arbeit des Gedächtnisses einsetzt und die Einbildungskraft nachläßt. Vorgänge der Großhirnrinde sind also hier entscheidend. Sein Arbeitsrhythmus ist so beschaffen: »Die Seite, die ich schreibe, gibt mir die Idee zur folgenden.« Er macht gar keinen Hehl daraus und betont es als Prinzip, beim Erzählen von der Hand in den Mund zu leben. Erst Balzacs Kritik der »Chartreuse« macht ihn theoretisch mit der Tatsache vertraut, die er praktisch sehr wohl demonstriert, daß es eine Technik des Romans gibt. Über allem steht Stendhals beständig erneuerte Erfahrung, daß das Schreiben die Einsamkeit schafft, die er sucht wie sonst nur noch die Unabhängigkeit. Der Jakobiner Stendhal ist, wenn er in Paris lebt, ein Mann des rechten Seine-Ufers, also zu keiner Zeit den Anhängern der Madame de Staël zuzurechnen; er steht der Ästhetik des neuen Unternehmertums fremd gegenüber, wendet sich in seiner Schrift »D'un nouveau Complot contre les Industriels« von 1825 ausdrücklich gegen dessen Utilitarismus, wie er die Saint-Simonisten und ihre Lehre von der Produktion verwirft und über alles die Liebe für die schöne unnütze Sache stellt. Gegenüber der Industriegesinnung bleibt er anders als Balzac, der sie auch bekämpft und ästhetisch denunziert, aber einer unerläßlichen historischen Etappe zugehörig weiß, altertümlich unbelehrbar. Doch während Stendhal das linke Seine-Ufer als feindlichen Boden ansieht und darum meidet, hat er auf dem rechten – auch hier wieder anders als der späte Balzac – keinen persönlichen Zugang zu den Palästen der royalistischen Ultras von Saint-Germain, so daß er in der »Armance« ihr Leben im Interieur nur vom Hörensagen beschreibt. Sainte-Beuve wirft ihm in dieser Hinsicht die fehlende Wahrheit des Details vor. In »Helden« wie Julien und Fabrice lebt etwas von der eigenen Anarchie. Sie gehen wie Stendhal-Henry Brulard ihrem Lebensappetit nach, relativieren jede Moral, wissen von der Unbeständigkeit des Glücks, streifen sich die Kostüme als Kleriker über, in denen sich ihr Leben als Libertin und Parasit erfüllt. Aber gerade im »al fresco« ihrer Ausführung gelangt ein realistisches Wahrheitsmoment zum Ausdruck. Freilich in die tiefsten Abgründe ihrer Natur kann man nicht hineinschauen. Es gehört zur »Psychologie« Stendhals, daß sie unerklärlich sind. Man kann Gründe für ihr Verhalten anführen – Stendhal selbst tut das unablässig – doch einen letzten sicheren Zugang von irgendeiner Theorie her gibt es nicht. So hat die Generation von 1830 »Le Rouge et le Noir« nicht verstanden, und darum schreibt er das Manuskript des »Henry Brulard« ausdrücklich für den Leser des 20. Jahrhunderts. Die Romane führen die Handschrift des Diagnostikers mit dem Willen, die Symptome aus Sprache, Gang, Haltung des Kopfs herauszulesen, die Gestalten aus der Tiefe zu erfassen. Zeigt Balzac »die Verteidigungslinien, die die Vermögen und Familien gegen die aus der Bourgeoisie entsprossenen Ambitionen organisieren«, so »richtet sich Stendhal in einem

Salon ein und liest auf den Gesichtern die Resultate dieser Nivellierung«.[44] Hier ist in der Tat die große Kunst des Verkürzens wirksam geworden. Stendhals Menschen nehmen die veränderten Strukturen oder besser die Strukturen in ihrer Veränderung auf, tragen sie in ihren Zügen mit sich herum, ohne daß es großer Erklärungen bedarf. Sie bringen das Innere nach außen, auch wenn sie es verbergen. Stendhal selbst holt es aus ihnen heraus, aber er »erzählt, ohne sich zu kommentieren«. Taine, der dies in seinem Stendhal-Essai hervorgehoben hat,[45] sieht von ihm Individuen entworfen, die zugleich die Gattung darstellen, freilich nicht so sehr, wie wir wissen, im Sinne der arrondierten Klassenformationen Balzacs als vielmehr der physiologisch-psychologischen Spezies, des Typus' Mensch, den sie jeweils für ihn darstellen.

»Psychologe« ist Stendhal nicht in einer von Freud geprägten Auffassung. Bei ihm bedeutet »Psychologie« Selbstbefragung, die er bei seinen Gestalten, insbesondere bei seinen »Helden« vornimmt. »Liebe ich sie schon? Liebe ich sie noch?« »Warum tue ich dies, unterlasse ich das?« Die Selbstbefragung wird dabei zur Selbstberatung. Hier hat der larmoyante Seelenroman des 18. Jahrhunderts eine ganz andere Form angenommen, die vom einmaligen Fall Stendhal abhängig bleibt. Die Beratschlagung mit sich selbst eröffnet bereits eine Strategie im Verkehr mit den Mitmenschen, über die es lange und breite Auslassungen gibt. Denn dieser Henri Beyle mit den schwerbeweglichen Gliedern bei äußerster Sensibilität hat unter den Verhältnissen fünfmaligen Regimewechsels, die er miterlebt, bevor er zum großen Romancier wird, den Weg in den »Egotismus«, in das ausschließliche Vertrauen auf die vom Ich ausgehenden Erfahrungen, Genüsse, Regungen, Maßnahmen zur Selbsterhaltung zurückgelegt. Mag die Eleganz, mit der er zu überzeugen wünscht, nicht hervorstechen, kann er die Barrieren, die die beständigen Regierungsveränderungen in Frankreich aufrichten, nicht mit der gewünschten Leichtigkeit nehmen, so verfügt er über einen genau kontrollierten Haushalt von Gefühlen, in dem es so streng zugeht wie in Buffons System der Tiere.

Dabei lebt Stendhal in unablässigen Ausnahmezuständen als Voraussetzung für ein Schaffen wie dem seinen. Er selbst – betrachtet man allein schon seine berufliche Karriere – wird vom Gleichmaß nie erreicht. Die »Leidenschaft«, bei allem szenischen Aufwand, aller Episodik und dem Gestenreichtum des mondänen »comme il faut«, bedeutet immer auch Flucht aus bedrückenden oder gefährlichen Umständen. Das war schon das Thema der »Armance«. Hier schlägt die Leidenschaft zweier Ausnahmenaturen in die Krankengeschichte um. Wenn dieses Werk nicht geglückt ist, dann nicht zuletzt darum, weil sich Stendhal hier nicht genügend verständlich gemacht hat. Die Vorlage selbst: das körperliche Versagen in der Liebe als Folge jener Berührungen mit einer sterilen Kaste war großartig und schon ganz mit dem Scharfblick des »Psychologen-Auges« entworfen. Ihre Behandlung wird ihm in der Ausführung des »Lucien Leuwen« überzeugender gelingen. Die Julimonarchie mit ihren Reformen bedeutet ein Abdämpfen allen Strebens nach dem Außergewöhnlichen, eine Wendung zur statistischen Mitte. Aber was kann ein Romancier, wenn er Stendhal heißt, mit der statistischen Mitte anfangen. Der neue König ist bei allem Wohlstand, der unter seiner Regierung geschaffen wird, ein Gegenstand der Verachtung. Mit den Anfängen seiner Herrschaft entstehen die Voraussetzungen dafür, daß Stendhal zur Opposition gegen diejenige Regierung übergeht, die seine eigenen Maximen in einer Weise durchsetzt, wie Frankreich sie vorher nicht gekannt hatte. Stendhal spürt in der Freiheit der Bourgeoisie sofort den Druck, der sich auf seine Existenz als Schriftsteller legt, ihn in seiner Phantastik beschränkt. Der machiavellistische Strang, der sich durch ihn hindurchzieht und auf den Balzac in einem Brief an Madame Hanska zuerst hingewiesen hatte, wird in ihr zu kurz kommen. Aber die Frage nach Stendhals Machiavellismus kann nicht isoliert aufgeworfen werden, sie kann vor allem nicht gestellt werden, ohne die Verhältnisse des Regimewechsels von 1830 ins Auge zu fassen, wo er ganz bestimmte Züge zeigt, die sich aus dem Übergang der Bourgeoisie als Mittelklasse zur Oberklasse ergeben. Denn die populare Richtung, das »Volk«, auf das sich Louis Philippe gegen die Karlisten stützt, wird sich nach der Machtübernahme auf seinen von der Kapitalrendite her organisierten Kern zusammenziehen und das Proletariat von diesem Kern abschälen. Der Machiavellismus, mit dem sich die Bourgeoisie vorwärtsschiebt, die vorher von ihr entfeudalisierten Klientelen zur Seite drängt und sie zwingt, nach neuen Regeln zu verkehren, wird als »Tonlage« an einen aus dem Umgang mit der Zeit hervorgegangenen Roman wie die »Chartreuse« weitergegeben.

Es ist kein Zufall, daß gerade Balzac, der erfahrenste Kopf in den Fragen des Machtwechsels, diesen machiavellistischen Instinkt bei ihrem Verfasser bemerkt und damit ein wichtiges Motiv beim Namen nennt, das an der Revolution von 1830 mitgewirkt hatte. Wir dürfen nicht einen Augenblick vergessen, daß die romaneske Prosa auf dem Boden der neuen besitzenden Klasse oder zumindest bei derem Vorrücken durch die veränderte Perspektive, die sie schafft, unmittelbar in den Stil ihrer Canaillerien hineinführt und sie auf zeitentsprechende Weise durchsichtig macht. Gerade beim Vergleich der altroyalistischen Monarchie mit dem Julikönigtum der Orléans zeigt es sich, daß Stendhal zwar mehrspaltig, aber nicht unmoralisch ist. Im Gegenteil: er ist sogar »die stärkste und originellste der Persönlichkeiten, die dem Geist der Restauration und der Romantik Widerstand geleistet haben«.[46] Er stützt sich auf die Ideologen, die Materialisten und Sensualisten, die am Vorabend der Revolution standen und ihren Morgen einläuteten. Er ist bei aller Wechselhaftigkeit seines Charakters ein »athée« – mehr als Voltaire, der es nur dem Namen nach war – und als Erzähler von einer unvergleichlichen Durchleuchtungskraft, die im Namen der Religion abgewickelten Machenschaften als solche zu erkennen und darzustellen. Mit dem Atheismus als einer furchtbaren Waffe ausgestattet, stößt er durch die Soutanen der Priester von Besançon hindurch, zeigt er sie als Verkleidungskünstler und hat als Schriftsteller, wie Victor Hugo und Flaubert, das Schicksal des Klerus mitstiften helfen, der bei der Trennung von Staat und Kirche von der Bourgeoisie aus dem offiziellen Frankreich herausgedrängt werden wird.

Aber Stendhals Stärke ist nicht, sich theoretisch einzulassen, sondern zu erzählen. Unbestechlich bei allem Schwanken seiner Ansichten bleibt er, wo er

Bilder schafft: Bilder, die noch in der Unglaublickkeit ihres Entwurfs die Wahrheit sagen. Ein Ziel von Fabrices Eitelkeit sind die Bischofskleider. Das Ambitiöse im »héros beylien« wird als solches nicht im geringsten verdächtigt, es gehört zu ihm, macht ihn erst zu dem, der er sein soll, aber es bezieht alle ihn umgebenden Ambitiösen unwiderstehlich in die Komplizenschaft mit ein. Balzac konnte von seinen eigenen Ansichten her noch das Mißverständnis äußern, Fabrice sei mit seinem Eintritt in die Kartause von Parma der Idee der asketischen Weltflucht gefolgt. Nichts lag dem eitlen und in seiner Eitelkeit vom Autor ausdrücklich bestärkten Fabrice ferner als die Frömmigkeit. Fabrice ist nicht mehr wie Julien ein durch seine Herkunft Benachteiligter, wie Lucien ein vom Übermaß an Sensibilität Behinderter, sondern ein von der Sonnenseite Beglückter, dem die Früchte in den Schoß fallen und der sich noch nicht einmal immer die Mühe gibt, sie zu genießen. Die hinter der äußeren Gunst verborgene Malaise hat sich im Vorrücken der Zeit so zusammengezogen, daß sie schon die Organe der Bevorzugten anfällt und sie mit Lebensüberdruß erfüllt. Eben darin kündigt sich die Krise an, die Stendhals Favoriten als erste wahrnehmen.

Wenn Stendhal ebenso wie Balzac Bewunderer der Gewalt bleibt und diese Bewunderung in seine Romane eingeht, dann spricht daraus der Zeuge der Revolution und des napoleonischen Zeitalters. Der wechselvolle Verlauf der Geschichte läßt ihn weniger nach den Gründen für ihre Anwendung fragen als nach ihren Stilformen. Darin liegt seine eigentümlich Indifferenz. Stendhal bezieht auch als mondäner Schriftsteller, den der Plebejer in ihm nie überwindet, das Resümee der Revolution beständig mit ein. Zu diesem Resümee gehört Napoleon, dessen Gewaltanwendung er auf das Privatleben seiner »Helden« überträgt. Julien Sorel erobert Madame Rênal nach napoleonischer Strategie. Auch in der Liebe ist er Bonapartist. Fabrice del Dongo berechnet genau den Vorteil, die Herzogin Sanseverina nicht zu seiner Geliebten zu machen. Als Geliebte gewönne sie sofort Einfluß auf ihn, während er mit der Unabhängigkeit seine Macht über sie immer wieder erneuern kann. Die »Psychologie« ist hier Mittel, die Sprungbereitschaft des Raubtiers richtig einzusetzen. Natürlich durchbricht Stendhals »Psychologie« fortwährend die »Logik« einfachster Lebensvorgänge. Die Freiheit, im Roman vom Alltäglichen abweichen zu dürfen, das Begreifbare zu mißachten, wird grenzenlos ausgenutzt. Ein Julien, der eine geliebte Frau töten will und anschließend im Gefängnis vor seinem Tod Stunden des höchsten Lebensglücks mit zwei Geliebten genießt, liegt außerhalb des Wahrscheinlichen. Und was ist glaubhaft an einem Fabrice, der am Ende seiner kurzen Laufbahn als Kleriker und Vater eines Sohnes die nächtlichen Rendezvous mit dessen Mutter vor dem fürstlichen Hof verheimlicht, inmitten einer Kulisse mit Kartause, Residenz, Banditen, wo geheimnisvolle Tode gestorben werden und die Geschichte zum Abschluß bringen?

Aber die hier Scheiternden behalten recht gegenüber der Zeit, die Schuld an ihrem Verhängnis hat. Darin liegt ihre alles andere überbietende Wahrheit. »O dix-neuvième siècle!« hat als Klage Juliens das Urteil über einen Zeitraum zusammengefaßt, der den Klagenden hoffnungslos zurückläßt. Der Weg zu neuen Ufern ist ihm versperrt. Alle Schuld war nur darum möglich, weil der

Schuldige das Unglück hatte, in diese fatale, alle großen Taten ausschließende Zeit hineingeboren zu werden. Bei Julien liegt das Unglück in der nach dem Ende des Kaiserreichs von dem Betroffenen selbst klar erkannten Klassenmisere. Napoleon war der große Verwandler gewesen, der die Revolution damit überwand, daß er bei ihr anknüpfte, Ansprüche der revolutionären Klasse befriedigte und gleichzeitig die entfeudalisierten »Feudalen« vor ihren Gegnern schützte. Nach seinem Abtreten brechen die alten Klassenkämpfe in alter Heftigkeit wieder aus, setzt der Streit um die Einkünfte, Beamtenstellen, Pensionen, jovial oder mit Ranküne gewährten Zuwendungen aus der Zivilliste ein. In der Monarchie Ludwigs XVIII. sind plötzlich die gepuderten Höflinge mit ihren Uniformen und Perücken wieder da und sogleich am Werk, der vornehmen Perfidie unter Assistenz der Geistlichkeit zum alten Glanz zu verhelfen. Talleyrand sonnt sich im Lichte seines in Wien erneuerten Ruhms und schreibt – wie Balzac es ihm ausdrücklich bestätigt – den Stil der neuen Verkehrsformen vor. Der Adel kann jetzt die ihm zugefügten Schädigungen vergelten, wenigstens da, wo er nicht durch völlige Vermögenslosigkeit daran gehindert wird. So ist andererseits das Schicksal Juliens ein Schicksal der Restauration. Unter Napoleon hätte er ein anderes Leben gelebt und er wäre einen anderen Tod gestorben. »Meine Herrn«, kann er vor Gericht den Geschworenen zurufen, »ich habe nicht die Ehre, zu Ihrer Klasse zu gehören, Sie sehen in mir einen Mann vom Lande, der sich gegen die Niedrigkeit seiner Verhältnisse aufgelehnt hat.« Schuld oder Unschuld steht in diesem Prozeß weniger auf dem Programm als Vergeltung. Auch ohne die hier vorliegende Schuld soll ein Beispiel statuiert werden, um in Julien »diese Klasse junger Leute zu entmutigen, die aus einer niedrigeren Klasse stammen und auf irgendeine Weise von der Armut bedrückt sind, aber das Glück haben, eine gute Erziehung zu bekommen«.[47] Wenn seine Richter »reich gewordene Bürger« sind, wie er sie nennt, dann wird darin nur sinnfällig, daß die Rotüre im Verkehr mit den Unterklassen ebenso verfährt wie die Oberklasse mit ihr und sich jetzt schon deren Interessenlage annähert, ohne mit ihr zusammenzufallen.

Im »Lucien Leuwen« spitzt Stendhal den Fall zu, indem er jetzt vom Niveau der sogenannten finanziellen Aristokratie, an der ein Lucien leidet, weil er selbst aus ihr stammt, sich den schwachen Stellen der katholisch-legitimistischen Ultras zuwendet, und zwar mit den gleichen Gründen wie Balzac: den Kastengeist stellen sie über die Interessen Frankreichs, sie denken nur an sich selbst, je geistloser sie sind, desto mehr wüten sie. Und doch ist der Umgang mit ihnen nicht zu vermeiden. Warum nicht? Die zweihunderttausend Adligen verfügen über die elegantesten Salons und vermitteln ihm Genüsse, die er bei den übrigen dreißig Millionen Franzosen vergeblich suchen würde. Das wird hier zur Lebensfrage der großen Bourgeoisie im Frankreich Louis Philippes, daß sie, wenn sie die Aristokratie nicht beseitigen kann, sich mit ihr arrangieren und dabei, wie Lucien Leuwen, ihre jakobinischen Ideen, denen sie ihren neuen Rang verdankt, ablegen muß. Die veränderten sozialen Gewichte bereiten den Gesinnungswandel vor; Lucien muß sein Republikanertum abschleifen, um Botschafter der Julimonarchie in Capel (Rom) werden zu können.

Wieder wie in »Le Rouge et le Noir« waren persönliche Erfahrungen Stendhals in den Fall seines »Helden« eingearbeitet, der wie er als französischer Diplomat nach Italien geht. Der alle Poesie abtötenden Frostigkeit des Amts konnte er selbst durch den Weg in die Zauberwelt der künstlichen Paradiese ausweichen. Aber wie sehr der Eintritt in die diplomatische Laufbahn zum Lebensverlust, zum Verlust der Beyleschen Instinkte führt, quittiert er damit, daß der Roman in diesem Augenblick abbricht.

Hier wird es wieder deutlich: das »Psychologen-Auge« Stendhals schaut dem »Organismus« der ihn umgebenden Welt die Geheimnisse ab, die der Künstler in vergrößerten Verhältnissen darstellt. Nietzsche beneidete Stendhal um den »besten Atheisten-Witz«, nach dem »die einzige Entschuldigung Gottes ist, daß er nicht existiert«,[48] und macht so gleichzeitig mit Stendhals Arbeitsweise vertraut. Stendhal hält sich beim Atheismus nicht auf, läßt ihn nicht zur fixen Idee werden, sondern kann sich als Erzähler mit seinem spielerischen Umgang begnügen. Das bringt ihn wieder in die Nähe der Materialisten des Ancien Régime, die die Revolution mit vorbereitet hatten, ohne selbst Hand anzulegen, weil sie dem Adelssalon immer noch zu nahe standen und die Stätten ihrer Zerstreuungen nicht selbst zerstören wollten. Aber Stendhal ist mehr als sie, auch mehr als Diderot »Weltschöpfer« und als »Psychologe« Entdecker von Gefühlen, die nach ihm Mode und Klischee werden. Ein Land kann die Züge, die seine großen Schriftsteller aus ihm herauslesen, auch als stilisierte nicht mehr ablegen. Es muß mit dem Charakter, den sie ihm und seinen Menschen geben, weiterleben, und wenn dahinter die größten Vorurteile steckten. Die Leidenschaften, die als romaneskes Element nicht ohne die große Gebärde bestehen können, kennen hier den Umschlag nach innen. Sie führen in fremdes, rätselhaftes, beängstigendes Land hinein und tragen wie die Verbrechen die Kennzeichen des historischen Stadiums, in dem sie sich abspielen, hier des Übergangs »feudaler« Reste in die Verbürgerlichung. So kann Stendhal als Künstler seine Perspektive der »Objektivität« in der Darstellung dieser welthistorischen Zeitwende wegen beständig wechseln. Was gelten die Unbedenklichkeiten der Herzogin Sanseverina, um Fabrice zu rächen, gegen das Plebejertum des Justizministers Rassi, der im Gespräch sein Interesse damit zeigt, daß er die Beine kreuzt, seine Schuhe in die Hand nimmt und seine steigende Neugierde bekundet, indem er sein rotes Wolltaschentuch auf ein Bein legt? Die Kapricen der Herzogin nehmen für sie ein, die Manieren des Ministers machen ihn lächerlich. Das ist aber nur die Kehrseite von Verhältnissen, in denen der Erbprinz bei der Aufführung einer Commedia dell'arte eine bedauernswerte Figur abgibt und das Spiel abgebrochen werden muß, der Revolutionär Ferrante Palla auch als Verbrecher bewundernswerte Eigenschaften des Plebejers zeigt. Inmitten der »Hochblüte« einer historischen Epoche ist der Gedanke an ihr Ende schon erwägenswert, kann der mit Polizeigewalt von den herrschenden Kräften gefesselte oder niedergehaltene Gegner bereits ein erstzunehmender Faktor sein. Stendhal hat hier zweifellos die Republik im Auge, weiß aber auch, daß eine »Republik ohne Republikaner« so luftleer ist wie eine »Revolution ohne Revolutionäre«. Als Romancier liegt für ihn die Gunst der Stunde, während er die »Chartreuse« in Paris schreibt, in Italien, das noch die Allüren wie die Verbrechen im duodezabsolutistischen Residenzstil kennt, während es in Frankreich 1839 keinen Absolutismus mehr gibt und sich die klassische Ausstattung der Hofintrige durch die Verbürgerlichung in der orleanistischen Monarchie nicht mehr schaffen läßt.

Das war schon in Balzacs Rezension angedeutet worden. Balzac kann auch später bei einer zufälligen Begegnung auf der Straße als Lehrmeister auftreten und dem zum Lernen bereiten – man hat sich inzwischen in ein Restaurant zurückgezogen, um das Gespräch fortzusetzen – seine Verbesserungsvorschläge weiter ausführen. Aber Balzac, unentwegt bei der Entdeckung der Zirkulationswege des Geldes, bewegt sich als »Psychologe«, der er auch ist, nicht in den gleichen »Tiefenschichten«, ist hier schon vom formal-kompositorischen Entwurf seines zyklischen Nacheinandererzählens her flächiger als Stendhal. Die »Psychologie« selbst, wie sie Stendhal in den strategischen Feldzügen der Seele, in ihren Selbstforschungen, Rückzügen, Geständnissen, Vorgeblichkeiten, über die sich Julien oder Fabrice Rechenschaft ablegen, am Werk zeigt, wird bereits in einem fortgeschrittenen Stadium der Verbürgerlichung entwikkelt, ohne die »Psychologie« nicht möglich ist. Das nüchtern Betrachtende, das schon die Erregungen hinter sich hat und mit ihnen umzugehen versteht, führt bei ihm zur Idealismusferne, zu jenen Erhellungen, die ohne jedes System auskommen und aphoristisch Licht über Verborgenes werfen. Eine unterschiedliche Entwicklung, wie sie von Frankreich im Vergleich zum rückständigen Italien aus ins Auge gefaßt und dargestellt wird, hat thematisch begründend an der »Chartreuse« mitgewirkt und die Dialektik der Geschichte in sich aufgenommen. Es kommt jetzt auf dem Boden der Bourgeoisie als der fortschrittlichsten, energischsten und am zielbewußtesten wirtschaftenden Klasse jene »Perspektive« zustande, von der aus die Feudalität in ihrer Veraltertümlichung wahrgenommen werden kann, eine Perspektive, die die von Balzac beobachteten Vorzüge Frankreichs für den Romancier bekräftigt, indem sie zwei ganz verschiedene historische Phasen in Bewegung zeigt. In dieser Phasenverschiebung, in diesem Übergang mit seinem Gelingen in Frankreich, seiner Verzögerung in Italien, wird zugleich jenes Leiden am Verschwinden der Heroik in der nachnapoleonischen Zeit ausgelöst, das in die Romantik eingeht, dabei ein ganzes Register von Zügen der Trauer schafft und auch nicht Halt vor der Klasse macht, von der die Zerstörungen der noch übrig gebliebenen generösen Unbedachtheit, so erdichtet sie immer sein mochte, ausgegangen waren. Der »Roman« wird gerade dadurch als Erzählform bestätigt, die über den statistischen Durchschnitt hinausgeht. Noch beim Niederringen der Trauer über den Verfall der heroischen Zeit steigt sie selbst immer wieder auf. Den Folgen läßt sich nicht entgehen. Hier kündigt sich schon an, daß der »Held« in der »Welt«, so wie sie durch Kapitalisierung, Entheroisierung, Trivialisierung nun einmal ist, nicht mehr mithalten kann, wie er darum aus ihr ausscheiden will, weil er aus ihr ausgeschieden wird. Bei Fabrice wird dieser Rückweg Zug um Zug vorbereitet. Als er in Gefangenschaft ist, weigert er sich lange, ins Leben zurückzukehren. Das wird durch die Liebe zu Clélia motiviert. Aber das Motiv reicht als Erklärung nicht aus. »Ein leichtsinniges Geschöpf, wie die Leute vom Hof Fabrice in ihrem Reden Clélia gegenüber dargestellt hatten, hätte zwanzig Geliebte geopfert, um einen Tag früher aus der Zitadelle herauszukommen«.[49]

In dem hier schon vorweggenommenen Ende bestreitet Fabrice die Zugehörigkeit zu der ihn umgebenden Welt. Noch in der Veralterung eines Schicksals, wie er es in einer rückständigen Phantasielandschaft erlebt, ist die zu ihrer Zeit am weitesten fortgeschrittene Phase, nämlich die der bürgerlich-demokratisierten Julimonarchie, berücksichtigt, von der aus Stendhal seinen Italien-Roman schreibt. Das »Ausnahmsweise« in dieser Gestalt bildet sich gerade gegen die alltagsgraue Durchschnittlichkeit aus und weist dabei immer auf das unterirdische Vorrücken dieses bürgerlichen Mittelwertes sowie die Unaufhaltsamkeit, mit der er sich durchsetzt. Zum Sonderfall Stendhals gehört es, den Augenblick, in dem die Bourgeoisie die zu seinen Lebzeiten höchste gesellschaftliche Entwicklungsstufe erreicht, produktiv werden zu lassen und künstlerisch auf das Unvergleichlichste festzuhalten. Abhängig von den französischen Ereignissen fällt die Zeit zwischen »Le Rouge et le Noir« und der »Chartreuse« in eine große Wende. Daß sie in ihrer Bedeutung über Frankreich weit hinausgeht und eine welthistorische Wende ist, sichert den Romanen Stendhals, in denen sie »durchbricht«, bei allen Zügen persönlich befangener Unverbindlichkeit des Spiels eine welthistorische Objektivität und stellt Stendhal auch von den zeitgenössischen Voraussetzungen her gleichrangig neben Balzac als seinem einzigen Antipoden.

Der »Beylismus« als das Stendhal selbst anhängende und von ihm ausgehende Phänomen hat seine Hauptquelle neben den »Souvenirs d'Égotisme« im »Henry Brulard«. In diesem Manuskript ohne große künstlerische Ansprüche begegnet uns Stendhal von innen aus gesehen und mehr noch: eine Bestandsaufnahme dessen, was der Mensch in abstrakter Form konkret sein kann. Es ist keine Abrechnung mit seinen Gegnern: den Aristokraten und den an die Stelle der Aristokraten getretenen Bourgeois, mit den Priestern und der Heuchelei, die sie als ihr Berufsgeheimnis beherrschen. Es ist ein Buch der Träume von der Vergangenheit und der Zukunft. Es ist ein Entwurf, der sich ausdrücklich auf Chauderlos de Laclos' »Liaisons dangereuses« beruft, wo er den Geist der Intrige in seiner Heimatstadt Grenoble beschwört, die auch der Ausgang der Leiden des jungen Henri Beyle ist. Der Schrecken vor der Religion, das Unbehagen an der Aristokratie lassen in ihm den in die Zukunft weisenden Wunsch aufsteigen, in einer von Priestern und Aristokraten freien Welt zu leben. Erfahrungen aus der Jugend verdichten sich zur Zeit ihrer Niederschrift, werden durch Erfahrungen mit der Bourgeoisie ergänzt, über die sein Urteil sich bestätigt findet durch das, was inzwischen in den beiden Kammern geschehen ist. Der Beylismus in dieser Form ist immer ein Zustand der Schwebe, der sich über das Leben in der jeweiligen politischen Organisation hinwegsetzt, der Phantastik vertraut, aber in aller Verkräuselung des Gedankens, ja selbst bei der Willkür und Laune, der blitzhafte Erhellungen ihren Ursprung verdanken, Stendhals instinktsicherem Steuerungsmechanismus verrät. Noch das Grausame, an dem das Buch überreich ist, ist in eine schwebende Heiterkeit getaucht. Das »Leben Henry Brulards« ist eine Rechtfertigungsschrift, die aus der Selbstbefragung Stendhals hervorgeht. Als er es in kurzer Zeit von November 1835 bis März 1836 in Civitavecchia und Rom schreibt, muß er sich das Scheitern aller höheren Berufsaussichten und die Vergeblichkeit seiner ursprünglichen Lebenspläne vor Augen halten. Er hilft sich, indem er den Wechsel der politischen Regime dafür verantwortlich macht, aber, über alles andere hinaus, sein Naturell. Dieser Zustand der gelebten Improvisation ist sein eigentliches Glück: »Das Glück für mich ist, niemanden zu kommandieren und nicht kommandiert zu werden.«[50] Das Glück besteht darin, nichts zu verwalten zu haben, weder Ländereien noch Häuser, im Gegensatz zu der während seiner Jugend in Grenoble geltenden Regel, derzufolge dort niemand etwas galt, der keine Domäne als Eigentum hatte. Als »Beylist« befindet sich Stendhal auf dem richtigen Weg, nämlich keine reiche Heirat eingegangen zu sein und sich danach um die eingebrachte Gütermasse der Ehefrau kümmern zu müssen. Zur Maxime des »Egotisten« gehört es gerade, Güter und Ländereien zu verkaufen und den Erlös in Renten anzulegen, um freie Hand für das Leben zu haben. Die Weggenossen der Jugend, die napoleonischen Karriere-Offiziere, die Erfolgreichen in der Administration, die zu Pairs von Frankreich avanciert haben, sind am »Egotisten« Stendhal vorbeigezogen. Wäre ich ihnen gefolgt, so schlußfolgert er, würde ich reich sein, zumindest bequem leben können: »Aber ich sehe 1836, daß mein größtes Vergnügen zu träumen« ist.[51] Es gilt für ihn die Alternative, entweder »Visionen vom Schönen« zu haben oder »Schuft« zu werden.

Im »Egotismus« Henri Beyles, der hier die Willkür eines großen Einzelgängers der Literatur hervorscheinen läßt, war zweifellos die Willkür der neuen Klasse auf atemberaubende Weise am Werk. Ohne die vorwärtsdrängenden gesellschaftlichen Energien des kapitalistischen Bürgertums kein »héros beylien«! Wir hören es: Umwandlung der Immobilien in mobiles Kapital ist nach Stendhal die Voraussetzung der Beyleschen Existenz. Die entwickelte Technik dieser Umwandlung gehört aber zu den Eigenschaften des Bürgertums, mit denen sie die Aristokratie zäh und ausdauernd aus ihrer ökonomischen Macht herausgedrängt hatte, um ihr mit der Julirevolution auch die politische, und zwar für immer, zu nehmen. Doch darin liegt für die Charakterisierung des »Beylisten« Stendhal nur die eine Hälfte der Wahrheit. Mit ihr macht er zweifellos die Tendenzen des Zeitalters durchsichtig. Es gehört zum Recht des großen Schriftstellers und kennzeichnet ihn als solchen, wenn er sich diesen Tendenzen anverwandelt, sie wie ein Medium beherrscht, in dem das Zeitalter wiedererkennbar ist. Die andere Hälfte der Wahrheit aber zeigt Stendhal schon jenseits seiner eigenen Gegenwart, den Träumer, der visionär sich von der Enge, der Kleinlichkeit, der Heuchelei der bürgerlichen Moral löst und neu begehbares Land vor Augen sieht. Das war Utopie und Realismus in einem. Das laizistisch gewordene Frankreich wird ein Staat sein, der jedenfalls dem Wunsch Stendhals vom Ende der Priesterherrschaft durch die Trennung von Staat und Kirche auch konstitutiv näher gekommen ist. Ein Julien Sorel, der im

Affekt seine Geliebte erschießt und dafür guillotiniert wird, käme heute in seinem Land wegen Totschlags und unerlaubten Waffenbesitzes mit Gefängnis davon. Hier zeigt sich, wie die Zeit nach Stendhals Wünschen gearbeitet hat. Der Beylismus selbst, gleichgültig, was man darunter verstehen will, ist mit seinen Spuren freilich nur *eine* Form der künstlerischen Größe des Romanciers Stendhal, der die Geschichte in Bewegung zeigt.

Balzac

»Das Geld als die große Triebfeder des modernen Lebens«

Ist es Stendhal von der Zugehörigkeit zu seiner zumindest von 1830 ab zum Resignieren verurteilten Generation verwehrt, die Kapitalisierung der Bourgeoisie als Vorgang, seine Ursachen und Folgen, mehr als nur am Rande darzustellen, so bewegt sich Balzac gerade jetzt und gerade dieser neu entstandenen Thematik wegen auf den ersten Gipfel seiner Erzählkunst zu. Die Einleitung zu seinem Roman »La Fille aux Yeux d'Or« von 1834 ist eine einzige Einführung in das Pariser »Inferno«, wie er es mit einer dramatisierenden Zutat nennt. Das Resultat von vier Jahren Bürgerherrschaft liegt vor, zeigt Spuren in den zerstörten Körpern ihrer Bewohner, für die Liebe bloß nur noch ein Wunsch, Haß bloß noch eine Absicht ist, wo die Gefühle angesichts einer grenzenlosen Gewinnbesessenheit über das »laisser aller« bis zur Unkenntlichkeit zusammengeschrumpft sind, die Gesichter sich in Masken verwandelt haben. An keiner Stelle seines Gesamtwerks hat Balzac unbarmherziger die durch die Bourgeoisie verursachten Zerstörungen gegeißelt, gewiß auch immer in der Absicht, den unvergleichlichen, durch Leidenschaften, Vergnügungs- und Geldbesessenheit entfesselten Schauplatz der Metropole dem Publikum zu empfehlen, als in diesem generalisierenden Abriß der Pariser Fünfklassengesellschaft. Dieses Paris war gewiß nicht das Werk der Bourgeoisie von 1830, aber sie vollendet es, gibt der Verwüstung die letzte grausame Form, steigert sie ins Unendliche. Jetzt können sich die auf die Ausbeutung des Proletariats kaprizierten Genußinstinkte am hemmungslosesten ausleben, bekommt auch der Selbstzerstörer den letzten Schliff für seine Arbeit. In ihren Motiven sind alle Klassen durch die ihnen vom System her aufgezwungene Notwendigkeit des Geldes und des Vergnügens einträchtig miteinander verbunden. Hier kann Balzac von dem zeremoniellen Regelbewußtsein der gerade verabschiedeten katholischen Monarchie her das aufgewühlte Chaos der Straße, die Not der in frühen körperlichen Verfall Getriebenen den neuen Verhältnissen zuschreiben. Sie sind es, die den Geist des Kleinbürgers schwächen, den Arbeiter verkrüppeln, dem im Dienste des Patron Stehenden ein Greisenalter mit dreißig Jahren bescheren. Aber auch wer von der schlechten Luft in dunklen Quartieren und von den Krankheitserregern der Straße verschont ist und dafür den Vorzug genießt, in großen luftigen Salons gartengeschmückter Villen sein Leben zu führen, wird von der Misere der Verhältnisse angefallen. Hier werden die Gesichter von Geiz und Eitelkeit zernagt. Die beständige Sucht, sich Vergnügen zu verschaffen, erschlafft den Körper und hat die gleiche Wirkung wie der Branntwein für den Arbeiter. Um Wirkung zu haben, müssen die Dosierungen heraufgesetzt werden.

Nun spricht aus Balzac gewiß kein Moralist, der mit der Peitsche des Puritaners eingreifen will, um Abhilfe zu schaffen. Ihm sind die Verhältnisse Material für seine Darstellung. Und noch mehr: er ist als Schriftsteller selbst Mitspieler in diesem Teufelstanz, lebt unter dem Zwang, immer neu hervorzubringen, den Geist in Tätigkeit zu halten, im Vergnügen sich für die Arbeit zu entschädigen und wird dabei von der Einsicht begleitet, daß Ruhm, Geld und Kunst in keinem Einklang miteinander stehen. Er kann den aus der eigenen Erfahrung gewonnenen Satz für den »Künstler« der Großstadt aussprechen: »Seine Bedürfnisse treiben ihn in die Schulden und seine Schulden kosten ihn die Nächte.«[52] Die unter Anspannung aller Kräfte vor sich gehende Arbeit führt dabei zur völligen Ermattung, die ihn das ausgefallenste Vergnügen, den pointierten Reiz suchen läßt. Eines ist sicher: noch bis in die Arbeit der Maler, Schriftsteller, Schauspieler reicht die Macht des Goldes, das die Arbeit aus ihnen heraustreibt, als Erbschaft oder Mitgift zirkuliert, durch die Hände junger Mädchen gleitet, von knochigen Greisenfingern berührt wird und Kellerloch und Adelspalais miteinander verbindet.

Es besteht kein Zweifel, daß Balzac da, wo er die mit der bürgerlichen Demokratie auf ihre bisher höchste Höhe hinaufgetriebenen Entfesselung der Instinkte darstellt, die Macht der Tatsachen literarisiert. Der Romancier steht von Haus aus mit den Leidenschaften auf besserem Fuß als mit ihrer geglückten Überwindung. Wäre es anders, würde er sich selbst um bedeutende Gegenstände seines Erzählens bringen. Mit der Pariser »Hölle« ist Balzac gerade wegen der von ihr ausgehenden Gefahr, alles in sich zu verschlingen, ausgesöhnt. Aber dieser geringe Elan zur Entrüstung steigert den Realismus noch zusätzlich durch den Zweifel an der Kraft des Schriftstellers, die Verhältnisse zu verändern: ein Zweifel, der sich in der weiteren Zukunft trotz Victor Hugo bestätigen wird. So sah Friedrich Engels in Balzacs Romanen eine zuverlässige Einführung in die Verkehrsformen der neuen besitzenden Klasse, die durch den Besitz ihre Macht noch vergrößert.

Bei Balzac treffen, abgesehen von seinem Erzählertum, Generationszugehörigkeit und Begabung für die Darstellung klassenproduzierender Tatsachen mit dem Zeitpunkt zusammen, wo eine im Bunde mit dem »Volk« auftretende Besitzerschicht durch die Hilfe eines »Volkskönigs« und den Parlamentarismus an die Herrschaft gelangt und die Frage entsteht: ist mit ihr zugleich das »Volk«, dem sie ihre Macht verdankt, Teilhaber der vollziehenden Gewalt geworden? Wir sind in der glücklichen Lage, hierüber Balzacs Anschauungen genau zu kennen. Die bürgerliche Demokratie, die das glauben machen will – so urteilt er als später Verteidiger des Ancien Régime – ist in Wahrheit eine Demagogie. Sie erweckt den Eindruck, als spräche aus ihr der Wille der Majorität, ist aber in Wirklichkeit nur das Instrument der neuen besitzenden Klasse. An die Stelle der alten Dynastien sind die neuen getreten, und Balzac als »Doktor der Sozialwissenschaften«, wie er sich als Verfasser der »Cousine Bette« versteht, unterläßt nicht, durch Aufzählung der in Frage kommenden Familien den Übergang des alten Systems in das neue genau zu belegen. Er hat nie dem republikanischen Optimismus Victor Hugos gehuldigt, der als Verfasser der »Misérables« wie als Rhetor die bürgerliche Demokratie durch den »vierten Stand« erweitern will. Solche Vorstellungen können Balzac zufolge nur im Advokatenpathos überleben, mit dem sie vorgetragen werden. Als Balzac den jungen Victor Hugo, der ihm seine Aufwartung macht, empfängt, da tut er es (Victor Hugo hat uns die Szene überliefert) als »Legitimist« gegenüber dem »Demagogen«.

Es kann überhaupt nicht in Frage stehen, daß die tiefere Einsicht in die machttechnischen Zusammenhänge, wie sie durch den bürgerköniglichen Staat geschaffen werden, auf der Seite des Konventionalisten Balzac gegenüber Victor Hugo als Mann der republikanischen Avantgarde liegt. Die durch die Revolution von 1830 entstandenen Bedingungen erweisen Balzac als Romancier ihre Gunst dadurch, daß sie die Manieren bei der Revenuebildung und die Revenuebildung selbst als Zweck wie als Mittel der neuen besitzenden Klasse unverhüllt am Werk zeigen. In der »Eugénie Grandet«, die Balzac bereits in der vollen Verfügungsgewalt über seine erzählerischen Mittel zeigt, sind die Strukturelemente dieser gesellschaftlich-ökonomischen Vorgänge genau wahrnehmbar. Worin besteht die Vorgeschichte dieses Romans? Sie besteht in der Akkumulation von Grundrenten, Bodenspekulation, dem kalkulierenden Zusammentragen des Vermögens durch den alten Grandet, das sich ursprünglich aus konfisziertem seigneurialen Besitz, privatisiertem Kirchengut usw. zusammensetzt und über Directoire, Kaiserreich und das Königtum der »Älteren Linie« erhalten und vergrößert hat und der Erbin übereignet wird. Die Erbschaft, die das Glück Eugénies bedeuten sollte, führt zu ihrer Entstellung als Frau, verhindert ihre Ehe, bringt sie um die Mutterschaft, greift zerstörerisch auf die Organisation ihrer Natur und läßt die »arme Eugénie« zurück. Ein traurigeres Ende als das in einem Haus, in das kein Sonnenstrahl fällt, in dem sich die Freudlosigkeit der Provinzstadt verbreitet, ist kaum vorstellbar. Aus dem mit allen Anlagen zur Empfindsamkeit ausgestatteten Mädchen bleibt ein menschliches Wrack zurück, das wie der Vater schließlich Einkünfte akkumuliert, allenfalls mit dem Blick auf fromme Stiftungen. Die Verwandlung durch die Umstände ist vollkommen. Leidenschaft hat sich in Gewinnbesessenheit zusammengezogen. Eine fast vermenschlichte Erscheinung gesellt sich zu den Gestalten: das Gold, mit dessen zum Phallus gekneteter Masse Goethes Mephisto bei der Mummenschanz die Frauen erschrickt, löst manische Begierden aus. Noch vor dem sterbenden Grandet muß Eugénie die Goldstücke auf dem Tisch ausbreiten, um ihn zu erwärmen. Hier, wo im letzten Augenblick der Sterbende sich an das Cruzifix klammert, werden die von der bürgerlichen wie von der katholischen Monarchie sanktionierten Motive ans Licht gebracht.

In der Gestalt des alten Grandet hat die menschliche Natur Züge der Verzerrung angenommen. In Grandet wird die Vater-Gestalt ebenso entstellt wie im alten Goriot, und auch hier wegen des alle anderen Gefühle niederzwingenden Geldes. Aber während Grandet seine Tochter in das fast stumm ertragene Elend hineinstößt, wird Goriot Opfer der maßlosen Ansprüche seiner Töchter. Doch hier wie da haben ihre Anschauungen die Väter der

Depravation ausgeliefert, in der sie sich so oder so befinden, mal Objekt des Entsetzens, mal des Mitleids. Balzac hat mit diesen ersten Hauptwerken den durch den Herrschaftsantritt der Bourgeoisie nicht ausgelösten, aber ihrer Akkumulationsinstinkte wegen zugespitzten Verhältnissen eine am Schicksal mithandelnde Rolle zugewiesen, auch da, wo er zurückblickend Geschehnisse der Restauration zur Darstellung bringt. Die Bürgerdemokratie ist durch die Schule der neobourbonischen Monarchie hindurchgegangen; ein Rastignac oder ein Rubempré, die ihre Abenteuer weitertreiben, befinden sich mit ihrem Leiden wie mit ihren Intrigen noch in den Bannmeilen eines devot meuchelnden Erpressertums, das sich gegebenenfalls hinter der Soutane verbirgt und seiner Virtuosität wegen bewundert werden will. Die Bürgerdemokratie ist auch auf die katholische Monarchie aufgesetzt; sie hat in ihr ihre politischen Instrumente entwickelt, die Werkzeuge zum effektiveren Erwerb geschliffen, mit denen sie den Umbruch zu ihren Gunsten erzwingt. Von ihr hat sie auch die »vierzigtausend Häuser« in Paris mitbekommen, »die ihre Füße in Unrat baden« und den Satz Balzacs rechtfertigen: »Halb Paris schläft in den faulen Ausdünstungen der Höfe, Gassen und Kloaken.«[53]

Balzac ist weit davon entfernt, diesen Schauplatz Paris, den er in seinen »Scènes de la Vie Parisienne« auch als Schauermilieu verwendet, der ihm so unheimlichen neuen besitzenden Klasse zuzuschreiben. Auf ihm hat sich die Summe aller Abscheulichkeiten gleichsam als Resümee der bis dahin erreichten gesellschaftlichen Entwicklung angesammelt. Hier ist der Kulminationspunkt der verwerflichsten Laster, aller Ausbeutungsinstinkte und aller Perversionen erreicht. Für den Romancier ein unvergleichlicher Vorzug, von Ort und Stelle aus ihre Darstellung in Angriff nehmen zu können! Zum Balzacschen Realismus gehört es, daß er auch die von ihm mit Sympathie bedachten, mit Trauer über ihren politischen Sturz begleiteten Angehörigen der alten Oberklassen nicht dadurch verzeichnet, daß er sie verschont. Es würde ihn um den Rang eines beglaubigten Schilderers des französischen Lebens in der Metropole und in der Provinz bringen, wenn er nicht an das innige Bündnis von Frömmigkeit und Heuchelei, Devotion und Geiz, die Verbindungsdrähte zwischen Leidenschaften, Ranküne und Verbrechen glauben würde, wenn er als Freund der Kirche nicht genau wüßte, daß sich Bestechlichkeit nirgendwo besser verbergen kann als hinter dem Priestergewand. Er muß freilich der bürgerlichen Demokratie zugestehen, daß sie den Perversionen ungehinderter freien Lauf läßt und daß auf die Matadore der Korruption jetzt erst das schillerndste Licht fällt. Erst jetzt, wo der gesellschaftliche Organismus durch den Abstieg der einen und den Aufstieg der anderen in Bewegung gerät und jenen Erschütterungen ausgesetzt ist, ohne die das Romanwerk Balzacs eine andere zentrale Thematik haben würde, erst jetzt kann Balzac seine ganze erzählerische Meisterschaft ausspielen. Vom gleichen gesellschaftlichen Verschiebungsvorgang, der einen »financier« wie Nucingen zum »Fürsten« des neuen Systems macht, wird auch die Feder des Romanciers in Bewegung gesetzt, wenn er formal in die Bahn des in selbständige Einheiten zerfallenden Fortsetzungsromans gedrängt wird und dies nicht nur vom Plan, ein Gesamtgemälde der französischen Gesellschaft zu geben, sondern auch vom Mechanismus der kapitalistischen Organisation her, die einem solchen zyklischen Erzählen Vorschub leistet. Dabei ist die zyklische Aufteilung des als »Comédie Humaine« zustande gekommenen Gesamtwerks eine sich erst bei der fortschreitenden Niederschrift ergebende, mit allen Zügen des Zufälligen, mit Partien, die durch ihre Personen von der Generallinie mit ihren Nebenlinien abweichen, oder Strängen, die selbständig scheinen oder es sind.

Die Anordnung in der Ausgabe von 1842 läßt Einsicht in eine bruchlos rationalisierte Bündelung der Einzelromane nicht zu. Das war schon durch die verschiedenen Anlässe bei ihrer Niederschrift seit den ersten Anfängen gegeben. Die unterschiedlich angelegten Konzeptionen der »Études de Mœurs«, der »Études Philosophiques« und der »Études Analytiques« mit ihren Untergruppen, so den »Scènes de la Vie Privée, de Province, Parisienne, Politique, Militaire, de Campagne« überschneiden sich, so daß etwa der »Père Goriot«, zunächst für die Pariser Szenen veröffentlicht, jetzt in den Privatszenen erscheint. Diese Problemlage ergab sich aus der nachträglich vorgenommenen Gestaltgebung als zyklisches Gebilde, aber nicht unabhängig von den industriell hochentwickelten Herstellungs- und Absatzverfahren der Buchproduktion, die weltliterarisch gesehen zum erstenmal mit einem Romanzyklus, und noch dazu in diesen Größenverhältnissen, befaßt wird und sich den Anforderungen gewachsen zeigt. In diesem Unternehmen können jetzt Herzoginnen, Advokaten, Abenteurer, Ärzte, Wucherer, Prostituierte, Journalisten, Priester, Verbrecher, Handwerker, Legitimisten, Republikaner von einem Werk in ein anderes übernommen werden, kann eine Hauptgestalt sich in eine kleine Gastrolle verflüchtigen oder die bescheidene Charge eines Ballgastes wieder in den Kreis der großen Akteure zurückfinden.

Das heißt, daß Balzacs Großepos *vor* dem von ihm selbst dargestellten Stadium der maschinellen Produktion gar nicht möglich gewesen wäre, weder was die Themen noch die Art und Weise der Verbreitung der Romane anbetrifft. Für den neunzehn Jahre jüngeren Karl Marx, der dem Verfasser der »Comédie Humaine« zeitlebens unbekannt geblieben ist, bot Balzac das lebendigste Anschauungsmaterial für die Rücksichtslosigkeit jener Parvenues, die mit ihrem Wucher à la Nucingen und Gobseck die Praxis der »Feudalen« als Harmlosigkeit erscheinen läßt. Über seine moralischen Maximen hat Balzac sich in der Vorrede zum Gesamtzyklus von 1842 ausgesprochen: »Ich schreibe im Licht von zwei ewigen Wahrheiten, der Religion, der Monarchie, der zwei Notwendigkeiten, welche die Ereignisse der Gegenwart verkündigen und zu denen jeder Schriftsteller von gesundem Menschenverstand unser Land zurückzuführen versuchen muß«. Damit stellte der Verfasser ausdrücklich seine Authentizität für die Darstellung eines Frankreich fest, das vom Ancien Régime über Republik, Konsulatsverfassung, Empire, Rückentwicklung in den Bourbonenstaat mit mißglücktem Ausgang, Bürgermonarchie mit dem Sieg der Rendite verschiedene Stadien der Menschenbewirtschaftung hinter sich hatte und sie im Kapitalismus, vornehmlich der sogenannten Finanzaristokratie, etabliert darbot.

Das waren indessen Anschauungen, die bei Balzac selbst einen langen Entwicklungsprozeß hinter sich hatten. Seine eigenen liberalen Anwandlungen hatte der junge Balzac zusammen mit dem konstitutionellen Liberalismus der 20er Jahre bereits in der »Physiologie du mariage« durchdacht und für eine Absurdität erklärt. In diesem kaum hoch genug einzuschätzenden Werk hat er, seine spätere Opposition vorwegnehmend, die bürgerliche Ehe mit dem konstitutionellen System verglichen. Beide beruhen auf Zusicherungen, hier des Mannes, das Glück der Frau, dort des Staates, das Glück des Bürgers zu garantieren. Sowohl der Ehemann als auch der Staat können unentwegt die Frage stellen: Wann hat es jemals glücklichere Zustände und mehr Freiheit gegeben als gerade heute? Die Wasserversorgung, der Polizeischutz, die Sicherheit des Eigentums, die Entwicklung des Straßenbaus, das Recht, sich in Blau oder Rot kleiden zu dürfen, ja sogar noch das Scheinen der Sonne werden angeführt, um für die Spender des Glücks zu zeugen. Macht aber der Bürger, macht die Frau von der ihnen zugesagten Freiheit Gebrauch, stellt sich die Frage: werden sie vom Garanten der Freiheit am Leben gelassen? Alle Freiheitsverheißungen – folgert Balzac in diesem Frühwerk – beruhen auf der Lüge, von der jeder weiß, daß sie existiert. Es werden hier von den Garanten der Freiheit die Regeln eines Spiels sehr ernst genommen, das selbst Falschspiel ist. Mit seinem späteren Mißtrauen gegen das Wahl- und Repräsentativsystem, mit der Forderung, das von der Revolution abgeschaffte Erstgeburtsrecht wiederherzustellen zur Erhaltung des bestehenden Grundbesitzes, am Patriarchat und der Unauflösbarkeit der Ehe festzuhalten, mit der Abneigung gegen jeden Parlamentarismus brachte er über das Kaiserreich hinübergerettete Lebensregeln wieder zur Geltung, zeigt er das Land so, wie es wirklich war. Seine Sachkunde, wie Wechsel kursieren, die Vorschriften des Handelsrechts genutzt oder umgangen, Bankerottangelegenheiten bewältigt, Scheinfirmen ungestraft gegründet werden können, kurz seine Kenntnis des Instrumentariums der bürgerlichen Ökonomie waren für Marx und Engels unumstritten und noch nicht einmal durch die Voreingenommenheit des Moralisten getrübt. Aber Balazc weiß ebenso und stellt sein Wissen auf unvergleichliche Weise dar, daß das Kaiserreich mit seiner Heroik und seinem Abenteurertum auch nach seinem endgültigen Sturz nicht auszustreichen ist. Es hat den sozialen Körper des Staats von Grund auf verändert und arbeitet mit seiner Administration, den Erinnerungen der Invaliden und den enttäuschten Hoffnungen der Pensionäre in diesem Körper weiter. Der große napoleonische Zwischenakt läßt sich nicht rückgängig machen, seine Folgen können nicht nachträglich übersprungen werden. Da wo Balzac die napoleonische Klientel auftreten läßt in der Gestalt des Oberst Chabert oder des General Montcornet, läßt er sich keine Gelegenheit entgehen, sie an der bourbonischen Klientel respektvoll zu deklassieren, aber die Vergangenheit vernarbter kaiserlicher Offiziere kann sie wiederum günstig ausstatten und ihr beim Vergleich mit leerem royalen Höflingswesen Vorteile sichern. Denn Balzac kennt die vornehme Diskretion auch aus Mangel an Geist als Kennzeichen der Reaktion, so in Angoulême, einer ihrer großen Kernzellen, wo die Vorurteile der alten Klassen nach ihrem Machtverlust noch höher emporschießen. Der Monarchie Karls X. – das weiß Balzac ganz genau – wurde die Rechnung dafür quittiert, daß sie vom kaiserlichen »Despoten« Napoleon nicht gelernt hatte, die Selbstsucht zu zügeln und an die Bedürfnisse des Volkes zu denken. Der Beweis wird später angetreten, als ein aus napoleonischem Haus hervorgehender Kaiser die Unterlassungen nutzt und die Gelegenheit wahrnimmt, sich im Namen des ersten Napoleon als Wohltäter der Arbeiter zu zeigen.

Auch als Anhänger der »Älteren Linie« bleibt Balzac von der Erscheinung Napoleons gefesselt. Seine frühe Jugend steht unter dem Eindruck seines Aufstiegs wie seines Falles. Damit ist das napoleonische Abenteuer zunächst endgültig abgeschlossen, an irgendeine Fortsetzung und Weiterführung seiner Ideen nicht zu denken. Die Erinnerung der zurückgekehrten Emigranten wie der Republikaner gilt einem unheimlichen Bösewicht, der Frankreich an den Rand des Ruins gebracht hatte. Erst mit der erneuerten katholischen Monarchie, der Bigotterie des Hofes, der über die Moral im Lande wacht und es selbst nicht so genau damit nimmt, beginnt die Gestalt Napoleons in der Phantasie des Volkes freundlichere Züge zurückzugewinnen und der Stachel, den seine Erscheinung im Lande hinterlassen hatte, an Kraft zu verlieren. Die Jugend, die sich in dem zum bourbonischen Regime zurückgebildeten Staat um ihre Hoffnungen gebracht sieht, identifiziert ihre Lage mit der des jungen Bonaparte und träumt sich so in einen Aufstieg hinein, den ihr die Gegenwart versagt. Das gilt für den jungen Lucien de Rubempré, in dem sich die Verfassung von Balzacs eigener Generation widerspiegelt, das gilt noch mehr für Stendhals Julien Sorel, der auch in der ihm aufgezwungenen Soutane des Seminaristen dem Idol Napoleon anhängt. Es steigt mit der Generation von 1830 die Vorstellung einer eigentümlichen Relativität des Bestehenden auf, und diese Vorstellung greift trotz bestimmter fester Grundanschauungen sowohl bei Balzac als auch Stendhal um sich. Das macht jene schillernde Indifferenz bei Stendhal möglich, der kein Verbrechen unverständlich ist, und läßt auch den Erzähler Balzac aus den schraffierten Feldern der von ihm für gültig erklärten Moral herausgelangen. Balzac ist Anhänger des energetischen Prinzips. Er glaubt, daß das Potential an Kraft durch Zersplitterung vertan werden kann, daß alles auf ihre Sammlung ankommt. Bei Napoleon sieht er die Konzentration der Energien auf *einen* Zweck gerichtet. Gerade in der Übertragung dieses Prinzips auf sein Künstlertum ist er, der bourbonische Legitimist, ein Napoleonide. Die Anspannung aller Energien auf das immer wieder nächtliche Schreiben in der Mönchskutte, wenn Papier und Federkiel gerichtet sind und der oft rauschhafte, oft kalkulierende Kampf mit dem Gegenstand beginnt, kennt als Vergleich in seiner Zeit nur den mit Napoleon. Als Victor Hugo, Sohn eines napoleonischen Generals und zeitweise selbst der bonapartistischen Partei nahestehend, an das Sterbelager Balazcs gerufen wird, da erkennt er im Gesicht des Toten die Züge des Kaisers. Wer außer ihm hätte unter den Zeitgenossen sonst mit Napoleon in gleichem Rang gestanden als dieser Titan an Schaffenskraft, der mit den wachsenden Zinsen seiner Gläubiger um die Wette schreibt, diesen Kampf als Künstler gewinnt, mit ihm aber seine Organe derart schwächt, daß er auf dem Höhepunkt seiner Kraft dahinsinkt. Es waren nicht Widersprüche seiner Natur, sondern der durch den Aufstieg der Bourgeoisie zugespitzten Verhältnisse, wenn Balzac als Romancier sich selbst als Galeerensklave fühlt und eine Darstellung von der Gewalt gibt, mit der der bürgerliche Kapitalismus alle Widerstände niederbricht, menschliche Tätigkeiten in Gang setzt durch Bedürfnisse, die immer neu geschaffen werden und mit ihrer Befriedigung sich selbst reproduzieren. Die Phase der kapitalistischen Ökonomie, die die feudale Eigenwirtschaft zur Veralterung verurteilt hatte, die sich auf ihr einrichtet, ihre Saugkanäle tief in den Boden hinabläßt und ihr mit dem Zins die Kräfte entzieht, ist eine zwangsläufige, aus der gesellschaftlichen Organisation zugunsten der neuen bürgerlichen Interessen sich ergebende. Wo sie erreicht wird, hat sie schon feudales, aber auch bäuerliches Eigentum zerstört und baut ihre weitere Zukunft auf der weiteren Zerstörung dieses Eigentums auf, indem sie dessen Produktionsweisen lähmt, die mit den organischen Arbeitsvorgängen gewachsenen Formen der Religion, der Sitten ihrer Berechnung unterwirft und sie langsam und erbarmungslos Zug um Zug ausstreicht. Sie zieht die Kraft für die Errichtung ihres Apparates aus einem Boden, den sie verödet zurückläßt. Balzac hat sich als Romancier mit dem Umstand auseinanderzusetzen, daß sich ein großer Teil der Seigneurien in den Händen der Bankiers und Industriellen befindet, die, was als seigneuriale Eigenwirtschaft etwa in Anjou, der Vendée oder in Le Maine die Stürme der Revolution überdauert hat,[54] zusammen mit bäuerlichem Besitz untergraben und sehr wohl imstande sind, ihren weiteren Abbau zu betreiben. Dahinter steckt ein durch die Geschichte lang sich hinziehender Vorgang. »Natürlich, der Landerwerb durch den Bürger war eine alte Tatsache«, meint M. Bloch und fügt zur besonderen Charakteristik der sich schon vor der Revolution von 1789 ankündigenden Verhältnisse hinzu: »Die Neuheit lag in der Beschleunigung des Rhythmus«.[55] Der Verbürgerlichung seigneurialen Eigentums war bereits im Ancien Régime der parzellenweise erfolgende Erwerb von Grund und Boden vorausgegangen, auf den erst später der Übergang herrschaftlicher Rechte an den Kapitalisten folgt. Sicherlich ist die Thematik Balzacs viel weiter gesteckt, wenn er das »Schicksal« der Kleinbauern aus der Vermögensmasse der Nationalgüter mit ihren neuen Parzellen hervorgehen läßt. Und noch mehr: die neuen Erwerbsformen beherrschen auch die Vorstellungen derer, die ihre Opfer sind. Der späte Balzac wird für Marx zum Gewährsmann dieser Praktiken, wenn er im »Kapital« schreibt: »In seinem letzten Roman, den ›Paysans‹, stellt Balzac, überhaupt ausgezeichnet durch tiefe Auffassung der realen Verhältnisse, treffend dar, wie der kleine Bauer, um das Wohlwollen seines Wucherers zu bewahren, diesem allerlei Arbeiten umsonst leistet und ihm damit nichts zu schenken glaubt, weil seine eigene Arbeit ihn selbst keine bare Auslage kostet. Der Wucherer seinerseits schlägt so zwei Fliegen mit einer Klappe. Er erspart bare Auslage von Arbeitslohn und verstrickt den Bauern, den die Entziehung der Arbeit vom eigenen Feld fortschreitend ruiniert, tiefer und tiefer in das

Fangnetz der Wucherspinne.«[56] Es gehört in der Tat zu den Absichten Balzacs als Parteimann des Großgrundbesitzes, die ruinöse Anwendung des Zinses für die Zerstörung organischer Bewirtschaftungsvorgänge auf dem Lande verantwortlich zu machen, mit den Folgen der absterbenden Schloßwelt und dem Ende der arkadischen Elegie.

Der tiefe Pessimismus Balzacs gegenüber den Verhältnissen auf dem Lande entsprang eher den auf die Februarrevolution sich hinentwickelnden Zuständen. Dabei stand die Schuld der Julimonarchie an ihrem eigenen Ende für ihn von Anfang an fest. Was ihn als Schilderer verbürgerlichter Lebensverhältnisse früh auf die weder vom Zwang des streng-royalen Zeremoniells noch von der Kalkulation geregelte Welt des Alten Frankreich lenkt, entsprang zum Gutteil seinem gallischen Temperament, bedeutete aber sicher auch Flucht in ein Paradies vor seiner Verunstaltung. In den »Contes Drôlatiques« sah man – so E. R. Curtius – einen Seitentrieb am Stamm von Balzacs Werk. Das meint, daß Balzac sich hier von allem royalistischen Etikettenzwang selber dispensiert und einen Abstecher in die unterdrückte Freude am Rabelaisschen Unflat gestattet. Die Welt des Gargantua erscheint hier im Licht einer Freiheit, die durch die zentralisierende Monarchie und die Kalkulation der neuen besitzenden Klasse in einem jahrhundertelangen Prozeß vernichtet worden ist: vorkapitalistisches Leben, das alle Maßstäbe der geltenden Moral aufhebt, Kleriker und Laien, Herren und Knechte durch faunisches Genießen in eine verloren gegangene Freiheit hineinstellt. Darum sind die »Contes Drôlatiques«, durch die er sich Unsterblichkeit erhoffte, kein Extemporieren und kein Abschweifen von seinen urbanen und provinzialen Schauplätzen, sondern Erfüllung seines Fabulierens überhaupt. Hier und im strikten Gegensatz, dem Seraphischen, das über alle Wirklichkeit erhaben scheint, aber die höchste, immaterielle Verflüchtigung der Liebe bedeutet, ist Balzac in Wirklichkeit zu Hause; zwischen beiden Extremen bewegen sich, ohne daß sie sich dessen stets bewußt wären, die Lebensläufe der Balzacschen Menschen. Wie sie von *einer* Energiequelle aufgeladen sind, handeln sie, jedenfalls die von der Leidenschaft Erfaßten, unter dem Druck höchster Gespanntheit. Natürlich wird diese Energie immer wieder umgebrochen durch Prätentionen, Geiz, Albernheiten, sie verbraucht sich an den Spieltischen der Salons von Angoulême, durch die Klatschsucht der Gesellschaftsdamen, in kriegerischen Abenteuern, Expeditionen durch die Wüste, überhaupt durch jede Form der Besessenheit. Darum bedarf es keiner Anklage. Die Natur in ihrer Entstellung verzehrt sich schließlich selber.

Man kann es freilich nicht deutlich genug sagen: Balzac ist bei aller Einsicht in die Vernichtungskraft des Geldes auf dem Boden der durch die Bourgeoisie geschaffenen Verhältnisse kein Sozialkritiker. Die menschliche Gesellschaft sieht er als »zoologisches« System mit Löwen, Wölfen, Lämmern, Giraffen, Eseln usw., nur daß sich in den menschlichen Verkehr das Geld sowie der Umgang mit den Objekten wie Häuser, Mobiliar, Bodenbesitz dazwischen schiebt und vulkanische Leidenschaften in Bewegung setzt. Dabei überbietet der Trieb nach dem »Geld um des Geldes willen« (Karl Marx) in dieser Phase der Bourgeoisieherrschaft alle anderen Triebe, läßt erotische Passionen, so heftig sie auch immer sein mögen, zu Episoden absinken. Geldbesessenheit kann wie bei Eugénie Grandet alle sexuelle Triebhaftigkeit absorbieren, sie kann ebenso zur Ehe wie zur Liaison führen: wobei sie das sexuelle Moment in jedem Falle überdauert. Das war eine uralte Einsicht, von der u. a. Shakespeare gerne Gebrauch macht: bei Balzac wird sie unter dem Eindruck der Zeitverhältnisse aus dem Vorgang heraus gewonnen, in dem der Triumph der Bourgeoisie exemplarisch wird wie in der »Cousine Bette« beim Gegensatz zwischen dem Unternehmer Crevel und Hulot als am Ende arrivierter Aristokrat. Die Dinge sprechen für sich selber. In sie ist das für Balzac entscheidende Ereignis als das alles andere sich unterordnende Thema eingegangen, das große Schauspiel, dem er aus immer wieder veränderter Perspektive beiwohnt und das zu beschreiben die eigentliche Vorlage für sein Romanwerk ist: das Abtreten der alten besitzenden Klasse, der in einem lang sich hinziehenden Kampf, sowohl mit Gewalt als auch ohne, von der neuen besitzenden Klasse der Wille aufgezwungen wird und dem sie sich so oder so fügen muß.

Die Veränderung, nach außen hin oft dem Blick verborgen, ist vollkommen. Mit ihrer geldtechnischen Überlegenheit, die sie durch die unbeschränkte Verfügungsgewalt über das Eigentum schafft, mit der Freiheit des Gewerbes und der Presse, die sie ihrer Interessenlage entsprechend in Aussicht stellt, den Debatten im Parlament, der Praxis, veränderbare Mehrheitsverhältnisse herzustellen, arbeitet sich die Bourgeoisie unaufhaltsam vor, zerstört sie aber auch rücksichtslos die Illusionen derer, die nicht auf ihre Herrschaft gebaut haben. Natürlich fühlt sich Balzac da am stärksten von ihr betroffen, wo sie mit der Presse als ihrem Werkzeug in die Literatur eindringt. Mit der Kritik, der er seinen »Père Goriot« in der Presse ausgesetzt sieht, bildet sich bei ihm der Eindruck von der Presse als einer »Kaiserlichen Zensur« aus, deren Machtanspruch absolut ist und die aus Balzac einen entschiedenen Gegner der Pressefreiheit macht. Wo »Ihre Majestät das Journal« auftritt, steht sie hoch über allen Königen und ist imstande, ihnen ihre Meinung zu suggerieren. Was Presse und Pressefreiheit in Wirklichkeit bedeuten, bringt Balzac den Lesern seiner »Illusions Perdues« in Erinnerung. An die Stelle eines Tacitus, Luther, Calvin, Voltaire, Rousseau, Chateaubriand, Benjamin Constant, der Staël ist in der unter dem Mantel der Monarchie erscheinenden bürgerlichen Demokratie das Journal getreten. Philosophie, Schriftstellertum, Journalismus, so strikt sie bei Balzac auseinandergehalten werden, können für ihn auch übergangslos ineinander aufgehen. So in der Gestalt Voltaires. Unter den veränderten Bedingungen – so wird hier gefolgert – würde eine Koalition von fünfzehn talentierten Leuten unter der Anleitung eines Kopfes wie Voltaire völlig ausreichen, die Konstitution außer Kraft zu setzen. Das konnte als Ausgeburt eines phantastischen Gehirns gelten. Die Zukunft lehrte, daß noch nicht einmal fünfzehn Männer von Talent und auch kein Kopf à la Voltaire notwendig waren, um das Parlament in alle Windrichtungen auseinanderzutreiben. Der Staatsstreich vom 2. Dezember 1851 sieht an der Spitze tatsächlich einen Schriftsteller und Journalisten, Louis Bonaparte, dem man eine gewandte Feder nachsagen mußte, aber mehr nicht, und dem selbst der besagte talentierte Anhang noch fehlte.

In den »Illusions Perdues« kommen Balzacs eigene Erfahrungen im Literaturbetrieb der demokratisierten Monarchie Louis Philippes zum Vorschein, wie sie sich vor allem im Machtabbau der von ihm bevorzugten katholischen Partei herausbilden und dabei die Gespaltenheit seiner Interessenlage als Schriftsteller aufzeigen. Der vom »Markt« begünstigte Schriftsteller wie der Journalist der »Freien Presse« sind Matadore der Öffentlichkeit in einem bis dahin nicht dagewesenen Maße. Man kann unter den vorgegebenen Verhältnissen eine Zeitung unterdrücken oder ein Buch konfiszieren: der Schriftsteller selbst ist nicht greifbar. Seine Bücher werden irgendwo anders aufgelegt und seine Ideen verbreiten sich auf anderen Wegen. Ihm gegenüber bleiben der Regierung nur zwei Möglichkeiten: die Herausforderung des Schriftstellers anzunehmen oder sie unmöglich zu machen. Meint er die französische mit Thiers und Guizot an der Spitze, so hat Balzac keinen Anlaß, sich als Schreibender von ihr besonders gefördert zu fühlen. Hier wird eine eigentümliche Verschiebung der Perspektive durch das Verhältnis eines »fortschrittlichen« Systems zu einem auf die Konventionen setzenden Autor sichtbar. Der Gewinn durch den Zuwachs an Freiheit ist geringer als der Verlust durch die schwächer gewordene Stellung des in der mondänen Welt noch etablierten, mal mit Auszeichnungen versehenen, mal verfolgten, aber immer ernst genommenen Schriftstellers, der in jedem Falle außerhalb der Fron steht, wie sie ihm die Verhältnisse des »enrichissez-vous« bescheren. Davon wußte Balzac als zeitweise auf unbesorgtem Fuße lebender, zu sporadischer Verschwendung neigender, auf Spiel und Aktienspekulation setzender Romancier ein Lied zu singen. Die maschinisierte Produktion, deren Entwicklung er als Schriftsteller verfolgt und als Druckereiunternehmer noch weiter steigern will, fordert die Anspannung aller Kräfte. Sie treibt das Werk gewissermaßen gnadenlos aus dem Schreibenden heraus. Hier hatte Balzac seinen eigenen Fall im Auge, wenn die Boten der Druckerei am Morgen die während der Nacht geschriebenen Manuskriptseiten abholen und sie gegen die noch feuchten Korrekturfahnen eintauschen. Wenn er meint, daß nur Menschen mit der Kraft eines Herkules den Kampf in der ungeheuren Arena von Paris aufnehmen und das schützende Dach der Familie irgendwo in der Provinz aufzugeben wagen können, dann war das auch im Blick auf sich selbst und seine eigene provinzielle Herkunft aus Tours gesagt.

Wir sehen hier Balzac unmittelbar in die gesellschaftlichen Umschichtungsvorgänge durch den vollständigen und, wie sich später herausstellen sollte, endgültigen Sieg der Bourgeoisie verwickelt, wir sehen, wie er als Schriftsteller die Folgen zu spüren bekommt, wie er einerseits durch die effektiveren Anfertigungs- und Verteilungsformen ihren Vorteil für sich selbst erfährt und andererseits die Lähmungserscheinungen, die davon ausgehen. Das bedeutet, daß er als Schriftsteller den Sieg der Bürgermonarchie als Sieg der »Freien Presse« nicht als seinen eigenen ansieht, daß er seine Schriftstellerexistenz nicht an das »Wohl und Wehe« des neuen konstitutionellen Systems bindet. Die Segnungen der Charta sind keine Segnungen für einen Schriftsteller wie Balzac. »Die

Literatur«, so kann er als Verfasser der »Illusions Perdues« sagen, »hat viel verloren mit der Einrichtung der beiden Kammern.«[57] Eine Nation mit zwei Kammern ist wie eine Frau mit zwei Liebhabern. Damit sind wir zu den Grundlagen der Demokratiefeindschaft Balzacs gekommen. Die Demokratie selbst ist eine Abstraktion und besagt noch nichts über ihren Charakter. Das eben sieht Balzac, wenn er in der Demokratie von 1830 die bürgerliche Demokratie sieht, die zum Vorteil der neuen besitzenden Klasse und zum Nachteil der alten eingerichtet wird mit der Folge, daß an die Stelle eines einzigen absoluten Herrschers deren mehrere treten. Das ist die Kritik eines katholischen Legitimisten am neuen System, die sich mit der Stendhals in einem Punkte eigentümlich berührt, wenn sich der Verfasser des »Lucien Leuwen« zwar einen gemäßigten Anhänger der Charta von 1830 nennt, aber doch die Rückkehr des Älteren Zweigs der Bourbonen wünscht. Was sich uns hier darstellt, ist das außerordentliche Beharrungsvermögen von gesellschaftlichen Verfassungszuständen, die aber in dem Augenblick, wo sie sich verändern, für die Freunde der Veränderung den Wunsch nach Rückverwandlung in die alte Form angeraten erscheinen lassen. Daß gerade Stendhal mit seiner republikanischen Ader diese Rückverwandlung im Auge hat, daß er glaubt, es könne noch einmal die Zeit zurückkehren, wo die »Philosophen« eine wenn auch noch so bekämpfte Daseinsberechtigung besaßen, zeigt bei ihm eine optimistische Nuance, die bei Balzac fehlt. Balzac weiß, daß die Rückkehr in die »Einsamkeit der Elegie« abgeschnitten ist, daß der Adel, der den Schriftsteller in seine Existenz hätte hinüberziehen können, dabei ist, von der erwerbskräftigeren Bourgeoisie zerrieben zu werden, nachdem ihm einmal die Macht genommen worden ist. Balzac, zehn Jahre nach der Revolution geboren, erlebt freilich einen Aufschub seines Verfalls als Klasse durch die erneuerte katholische Monarchie nach dem napoleonischen Zwischenspiel. Die vierzehn Jahre einer neu eingerichteten Adelsherrschaft bei bereits veränderten Bodenbesitzverhältnissen setzen die Feder Balzacs für den mondänen Salon in Bewegung, lassen mit ihren Redouten und Kostümbällen, aber auch ihren Priestern noch einmal die Erinnerung an die Tuilerien aufsteigen. In den Palais von Saint-Germain wird noch im Stil der »grande passion« aufgewartet, aber in die courtoisen Veranstaltungen mischt sich schon das Gefühl der Starre und Luftleere. Stendhals »Armance« und Balzacs »Duchesse de Langeais« sind vom Milieu her an dieses Quartier gebunden. Ein Rastignac, ein Marsay sind als mit aller Tücke ausgestattete Salonhelden Mandarine der Restauration. Doch die Restauration ist nicht mehr das Original, sondern nur ein mit allen Anzeichen der Vergeblichkeit unternommener Versuch, die Dinge noch einmal in den Hofstil Ludwigs XVI. zu wenden. Die Antwort ist Karl X. und sein Ende: der Anfang Louis Philippes.

In seinem Romanwerk gelangt Balzac über die Restauration zum Ancien Régime, über die Nachbildung zu eben diesem Original mit der den Roman begünstigenden Tatsache, daß er als verbürgerlichte Form des Epos die sich aus ihrer Entmachtung heraus neu sich formierende, in ihrer neuen Formation auf ihre erneute und endgültige Entmachtung hinentwickelnde Aristokratie im Zusammenstoß mit der neuen besitzenden Klasse darstellen kann. Wem bei diesem mit Gnadenlosigkeit geführten Kampf die Waage des Erfolgs sich zuneigt, darüber läßt Balzac bei all seiner Parteinahme für die Aristokratie kaum einen Zweifel, und dies um so weniger, je weiter seine Darstellung voranschreitet und er den gesellschaftlichen Entwicklungsverlauf innerhalb des bürgerköniglichen Frankreich beobachtet. Balzacs Darstellungsgweise rechnet mit einer objektiven gesellschaftlichen Entwicklung, die unabhängig von persönlichen Sympathien und Interessen vor sich geht, die Gegenstand der Untersuchung, der »sozialen Wissenschaft«, ist. Hier ist ein frei von aller Sentimentalität gesehener »mécanisme social« am Werk, der nach ganz bestimmten Gesetzen funktioniert und mit dem wie kein anderer vertraut zu sein Balzac für sich in Anspruch nehmen kann. Balzac begegnet in seiner Darstellung von rechts dem neuen System, das eine Majorität der Bourgeoisie gegen den Adel, des liquiden Geldes gegen die Herkunft schafft, das mit der Diskussion, dem Parlament, dem Kapitalismus, der Presse und der öffentlichen Meinung die alten Familien aus ihren Rängen herausdrängt. Die Majorität ist das unwiderstehliche Zwangsmittel der neuen besitzenden Klasse gegen die alte. Aber so rücksichtslos es angewandt wird, so sehr Balzac als mondäner Schriftsteller seine Folgen gegen sich selbst gerichtet sehen muß: eine Aussicht auf einen Rückwärtslauf, irgendeine Rückkehr aus dem durch die Parzelle entstellten Bauernland in die Parklandschaft kann sich der Verfasser der »Bauern« nicht vorstellen. Die panische Angst vor der Majorität, von der auch Stendhal besessen ist, wenn er, der Republikaner, den »Lucien Leuwen« den »happy few« widmet, hat ihre Gründe in den Schwächen der bürgerlichen Demokratie von 1830. Die »soziale Maschine« läuft indessen unaufhaltsam weiter. Auch mit dieser Einsicht in die Unumkehrbarkeit der Geschichte, die keine Hoffnung auf das Entkommen in die Vergangenheit zuläßt, unterscheidet sich Balzac von Stendhal. In der Politik schätzt Balzac die Rolle des »Volks« gering ein, im Einklang mit den Vorstellungen der altbourbonischen Partei, aber auch den durch Napoleon gemachten Erfahrungen wie dem Umgang der siegreichen Bourgeoisie mit den demokratisch-egalitären citoyens. Für Balzac ist das »Volk« politisch gesehen eine zu fruchtbringender Tätigkeit unbrauchbare Masse. Politik ist für ihn eine Sache des »dirigeant«, sie bedeutet »dirigeant gegen dirigeant«. Die Partei, die Gruppe, der Clan sind um den »dirigeant« versammelt; durch ihn kann man Zugang zur Macht bekommen. Macht ist Konspiration. Zur Macht gelangt man durch das Komplott. Das war im Blick auf Richelieu, Mazarin, die Minister der bourbonischen Regime, die herrschenden Hofparteien, auf Talleyrand, Napoleon, Louis Philippe gesagt. Wie anders wären sie zur Macht gelangt als durch konspirative Anschläge? Sie gehören einem Netz an, mit dem Verschwörer die Regierung in ihre Hand bringen und, wenn sie sie haben, andere von ihr fernzuhalten trachten. Machtwechsel besteht für Balzac in der erfolgreichen Technik der Konspiration derer, die zum Zirkel der zur Macht Fähigen gehören, von der die Massen ausgeschlossen sind. Auch die Revolution war keine Herrschaft der Massen, sondern ihrer Führer, die sich auf sie beriefen und in Fraktionen aufgespaltene Gruppen um sich vereinten. Napoleon hat über die Massen geherrscht, aber er hat mit ihnen nie gemeinsame Sache gemacht. Balzac lobt ihn ausdrücklich dafür, daß er es 1814 vorzog, lieber auf einen möglichen Erfolg zu verzichten als die Massen zu bewaffnen. Die Massen bedeuten für ihn immer die Majorität, die er bekämpft. Wenn er sie nach der Julirevolution in der parlamentarischen Repräsentation am Werk sieht, muß er sich fragen: was kann eine solche Repräsentation der Dummen, Unfähigen, Ehrgeizigen wert sein? Balzacs Kritik war immer Kritik an der Demokratie unter den von der Bourgeoisie geschaffenen Bedingungen.

Ein von der Industriebourgeoisie erzeugtes Proletariat mit seinen Leidensformen tritt in Balzacs Darstellung zurück, weil seine Misere von der viel größeren der Kleinbauern überschattet wird. Das beruht auf den Zahlenverhältnissen zwischen Bauern und Fabrikarbeitern im Agrarland Frankreich während der 30er und 40er Jahre. 1846 leben von 35,4 Millionen Franzosen noch 25,5 Millionen auf dem Lande.[58] So sieht auch Marx den Revolutionsversuch der Arbeiter von 1848 nicht zuletzt wegen der zahlenmäßigen Schwäche der auf sich allein gestellten Industriearbeiterschaft zum Scheitern verurteilt. Marx braucht sich in seinen »Klassenkämpfen in Frankreich« nicht mit dem Feudalismus auseinanderzusetzen, weil der Feudalismus in Frankreich nicht mehr existiert. Sein Gegner ist die Klasse, die auch Balzac bei aller realistischen Einschätzung ihrer Lebenskraft immer wieder ästhetisch denunziert. Aber Gegensätze können sich in der Symbiose auflösen. So kann es wie im Hause Nucingen zu jenem Zusammenspiel von – wie Balzac es nennt – »corruption élégante et froide de la princesse, et des monstruosités de la Haute Banque«[59] kommen. Die größere Anziehungskraft dieser Symbiose von zwei ihrem Charakter, der Art ihrer Einkünfte, der Verkehrsformen nach ursprünglich verschiedenen Klassen, die im Verlauf ihrer Übereinkunft auf der Grundlage des Kapitalzinses die Neigung zu fallweiser Kooperation zeigen, geht unzweifelhaft von der entfeudalisierten Aristokratie aus, der der bürgerliche Part seine robustere Erwerbsgewinnung zur Verfügung stellt. So sieht Balzac eine auf die ökonomische Grundlage ihrer Motive zurückgeführte Symbiose der beiden Klassen. Aber er kennt auch den beständigen Perspektivenwechsel des Erzählers, dem die »Sottisen« Karls X. nicht verborgen geblieben sind und dem die mit unerbittlicher Konsequenz alle seigneurialen Ansprüche niederringende Bourgeoisie Bewunderung abnötigt, der vom Schauspiel des Regimewechsels mit seinen Stadien des Rückschlags, der gegenseitigen Anverwandlung des Klassencharakters wie des erneuten Auseinanderfallens überwältigt ist und in ihm den eigentlichen Gegenstand seines Erzählens sieht.

Eine für die Bourgeoisie viel ungünstigere Perspektive, nämlich ihre Rolle als der einer das Industrieproletariat bewirtschaftenden Klasse, kommt bei Balzac auch wegen der relativ unausgebildeten Maschinisierung der Industrie nur schwach zur Geltung. Ihm die Zukunft zuzuschreiben, liegt außerhalb seines Gesichtskreises. Wir wissen nur, daß Balzacs Erwartungen von der Zukunft gegen Ende seines Lebens wenig hoffnungsvoll sind. Das bezieht sich immer auch auf die Literatur und auf die Stellung des Schriftstellers. Urheberin des Übels ist ihm jene aus der Asche der Revolution aufgestiegene Mittelklasse, ohne die die Herrschaft Napoleons nicht möglich gewesen wäre, die ihn überdauert, die auch die restaurierte altbourbonische Monarchie überdauert, mit ihrer Zähigkeit die Fehler Ludwigs XVIII. und Karls X. addiert und sich, als es soweit ist, in der Julirevolution zur Stelle meldet. Ihr großer Schlag besteht jedoch nicht in der Revolution selber, die sie in der Gewißheit macht, daß ein bourbonischer Prinz ihre Geschäfte führt, sondern darin, daß sie als Mittelklasse sogleich den Weg zur Oberklasse beschreitet – und ihn mit historischer Zwangsläufigkeit beschreiten muß. Sie kann diesen Weg beschreiten, weil ein großes Selbstbewußtsein sie begleitet. Der »Dritte Stand«, so hatte der Abbé Sieyès auf die Frage nach dessen Charakter geantwortet, sind »alle«. Das bedeutet, daß nach dem Machtwechsel alle ehemals Privilegierten um den Wiedereintritt in den Dritten Stand nachzusuchen haben.

Historisch ernstzunehmen war, wenn Thierry in seinem »Essai sur l'Histoire de la Formation et des Progrès du Tiers État« die Geschichte der bürgerlichen Gesellschaft auf dem Fortschreiten des »Dritten Standes« beruhen sah. Die Feudalisierung als Folge der Anarchie nach dem Zusammenbrechen des Römischen Imperiums und die Errichtung der Germanenreiche auf italischem und gallischem Boden mit den Kämpfen zwischen eigenwirtschaftlich auftretenden Seigneurs und den monarchischen Zentralgewalten haben den Blick für den auf dem Territorium der »Stadt« heranwachsenden »Tiers État« verstellt. Mit der bürgerlichen Revolution tritt der »Dritte Stand« aus dem Schatten der Weltgeschichte heraus, in den ihn eine boden- und geblütsrechtlich begünstigte Klasse und zwar dieser Gunst wegen hineingedrängt hatte. Aber mit der Revolution zeigt sich, daß »Tiers État« und Bourgeoisie nicht zusammenfallen, denn der »Tiers État« hört in *dem* Augenblick zu existieren auf, wo ihm nach dem Sturz der Monarchie der Sturz des Adels gelingt. Die Bourgeoisie dagegen existiert weiter, sie streift in ihren ökonomisch am höchsten entwickelten Faktionen die Häute des »Tiers-État« ab. Die Monarchie des siegreichen Bürgers bleibt eine »monarchie censitaire«, die das Wahlrecht für die Deputiertenkammer auf 200000 beschränkt und aus dem Parlament ein Monopol der Bourgeoisie macht, das den Adel ohne feste Revenuen, d.h. ohne Übergang in verbürgerlichte Ökonomie, ebenso deklassiert, wie es den »Vierten Stand« von vornherein ausschließt.

Balzac hat in »La Peau de Chagrin« die private Leidensseite des durch seine Verarmung deklassierten Adels dargestellt mit zahlreichen autobiographischen Zügen, wenn er etwa den auf ein elendes Zimmer verwiesenen Raphaël de Valentin mit der Unbedingtheit während seiner eigenen armseligen Pariser Anfänge in der Dachstube der Rue Lesdiguières ausstattet. Es bildet sich natürlich in der Deputiertenkammer mit ihrer bürgerdemokratischen Majorität die Einsicht aus, daß kein System ohne Aristokratie auskommen kann und sich die neuen »Feudalherrn« aus Kaufleuten, Bankiers und Fabrikanten erzeugen lassen. Jeder Zweifel ist ausgeschlossen, daß der Hochmut der alten Privilegierten bei den neuen noch um die Zugabe kleinlichster Rechenhaftigkeit ergänzt wird. Die Konvenienzheirat, in Frankreich in Jahrhunderten bei den Oberklassen ausgebildet, wird jetzt durch die Erfahrungen der im Umgang mit dem liquiden Geld geübteren Bourgeoisie nach der Beseitigung des feudal bewirtschafteten Grundeigentums unter den Gesichtspunkten der Addition von Renten und Zinsen ummodelliert. Das gehörte mit zu den Folgen der Verödung in den Seigneurien, die zum Teil ihre Besitzer gewechselt haben und in der Hand der neuen Eigentümer oft eher Anlagevermögen sind als organisch produzierende Eigenwirtschaften. Balzac läßt seine Handlung aus der gesellschaftlichen Umschichtung herauswachsen, wo er bei Grandet das Vermögen aus der feudalen Expropriationsmasse hervorgehen läßt, hier mit der Pointe, daß es die Ehe der Tochter nicht zustande bringt, sondern die Triebstruktur dieser bürgerlichen Sentimentalen umbricht und die Ehe verhindert. In der Art und Weise, wie Eugènie Zucker auf den Tisch stellt, kommt der auf Geiz ruhende Verkehr des Hauses zum Ausdruck. Die »große Passion« lebt natürlich weiter, hat aber schon Züge der stilistischen Veralterung angenommen, ist schon Mittel der neuen Klasse, ihre eigenen Ansprüche anzuempfehlen. Die Geschichte des Père Goriot, der als Leidender alle Sympathie Balzacs für sich hat, der Opfer seines schwindenden Vermögens wird, zeigt eine der Kehrseiten der Verbürgerlichung an und läßt die Dialektik der gesellschaftlichen Entwicklung wirksam werden. Es sind die in ihrer Höhe genau aufgeführten Mitgiften, die seine Töchter für die Ehe empfehlen und geradezu zu einem klassischen Schicksal des Bourgeois führen: nämlich sich für seine der alten Oberklasse angehörenden Schwiegersöhne zu ruinieren.

Es gehört zur Klasseneigentümlichkeit der Bourgeoisie, die Barrieren zur Aristokratie niederzureißen, um sie dann um so stabiler gegen die Masse, gegen alles, was sie nicht zu sich zählt, aufzurichten. Sie kann unablässig durch ihre Wortführer die Privilegierten für tot erklären und sich durch ihr Eigentum über das Zensuswahlrecht vor allen unliebsamen Elementen abschließen mit dem Zusatz, daß kein Gesetz den Erwerb des vom Wahlrecht geforderten Besitzes verbiete. Sie kann, nachdem sie sich die Herrschaft mit Gewalt erobert hat, durch Guizot erklären lassen: »Es gibt keine Klassenkämpfe mehr«. Die Praxis der 40er Jahre läßt nicht den geringsten Zweifel an der Tatsache, daß sie als neue Oberklasse mit den Arbeitern kaum weniger erbarmungslos verfährt, als die alte Oberklasse mit ihr verfahren war, daß sie mit der maschinisierten Industrie, wenn auch gewaltlos und kalkulierter, Leistungen herauspreßt, das Proletariat in kasernierten Arealen ansiedelt, ihre eigenen Wohnquartiere strenger arrondiert und durch steigende Mieten von unerwünschter Anwesenheit freihält.

Balzac hat die erste Berührung mit den nachnapoleonischen Verhältnissen am ausführlichsten in den »Illusions Perdues« dargestellt, dem Roman, dem durch das Literatur- und Zeitungsmilieu im Paris Ludwigs XVIII. und eigenen darin gemachten Erfahrungen ein sehr persönlicher Charakter anhängt. Luciens literarische Anfänge fallen mit denen Balzacs in die frühen 20er Jahre. Balzac läßt seine Hauptgestalt 1830 sterben, er führt sie also nicht über die Schwelle der Restauration hinaus, aber er macht sich nach langer Ausreifung des Stoffes erst in der Mitte der 30er Jahre an die Niederschrift. Das bedeutet, daß er die während eines halben Jahrzehnts erworbenen Einsichten in die bürgerkönigliche Demokratie auf die Darstellung ihrer in der Restauration angelegten Vorgeschichte verwenden kann, und weiter, daß dieser Übergang im Juli 1830 nicht bloß revolutionär abrupt erfolgt, sondern ebenso nahtlos als Folge schrittweiser Vorbereitung. Die persönliche Anteilnahme Balzacs am Schicksal Luciens war insbesondere durch dessen Schriftstellertum gegeben, das abhängig ist von den materiellen Erzeugungsbedingungen, die von der Papierfabrikation bis zum Buchhandel reichen. Das heißt: der »poète« lebt nicht unabhängig vom jeweiligen Entwicklungsgrad der maschinisierten Druckereiausrüstung. Wo die ökonomisch-technische Entwicklung – hier des Hauses Séchard – vernachlässigt wird, zeigen sich sofort Risse im Unternehmen. Séchard kauft keine Eisenpresse und überläßt das Feld der Konkurrenz. Der Lebensweg Luciens ist noch in den ersten Pariser Monaten nicht zu trennen von den ausführlich beschriebenen Produktionsformen der Firma seines Freundes und Schwagers. Wie Balzac selbst während der Anfänge in der Hauptstadt wird Lucien in tiefstes Elend herabgestoßen. Dieser Gang der Entwicklung setzt Balzac nach dem Vorspiel in der Provinz in die Lage, die Verelendung des zeitgenössischen maschinisierten Literaturbetriebes, auf den durch Interessenten über Geldzuwendungen und -entzüge Einfluß genommen wird, in ihrem ganzen Ausmaße darzustellen, d. h. jetzt zum eigentlichen Thema des Romans zu kommen.

Damit hat sich Balzac die Perspektive geschaffen, um sein Bild von der Literaturindustrie zu entwerfen, in der er selber mit seinem ganzen Wohl und Wehe verstrickt ist. Berührung mit ihr bedeutet Bekanntschaft mit einem Abgrund von Ungerechtigkeit und Lüge, aus dem niemand unbeschädigt wieder herausgelangt. Diese Warnungen werden Balzac von seiner Einstellung zur »Freien Presse« diktiert, diesem mächtigen Werkzeug, mit dem sich die neue besitzende Klasse ihren Weg bahnt. Es gehört zum erzählerischen Mittel, daß Balzac theoretisch die Gründe gegen den von der Bourgeoisie organisierten Literaturbetrieb anführt und dann seinen »Dichter« aus der Provinz durch dieses Inferno gehen, ihn aber auch die Frivolität des »poète vicieux« anwenden läßt, der sich darin einzurichten versteht. Was sich gegen den Journalismus als der zur untersten Stufe des Schreibens erklärten Literatur sagen läßt, was ihm von seinen Gegnern vorgeworfen werden kann, wird in diesem Werk schon als Resümee angeboten. Er erscheint hier als eine Hohe Schule der Perfidie, nach der Schauspielerinnen ihre Kritiker bezahlen, Firmen dem Zeitungsschreiber wohlwollend mit ihren Erzeugnissen wie Pasteten, Parfum, Brasilzigarren usw. entgegenkommen, gedungene Skribenten bereitstehen, um auf Veranlassung eines einflußreichen Mannes ein mögliches Talent schon bei der Geburt unschädlich zu machen. Hier werden Federn auf Signal in Bewegung gesetzt, stehen »Neger« zur Verfügung, die gegen Entgelt unter fremdem Namen schreiben. Denn das Geheimnis der Literaturindustrie, wie sie uns Balzac hier vor Augen stellt, ist nicht das Arbeiten, sondern die Arbeit anderer auszuwerten.

Balzac hat hier die negativen Seiten der mit dem Vorrücken der Bourgeoisie um sich greifenden Verkehrsformen als schaurige Groteske dargestellt, wo alle natürlichen Verhältnisse aufgehoben, »auf den Kopf gestellt« werden, deren positive Seiten aber notwendig sind, um seinem Genie über entwickeltere Produktionswerkzeuge entwickeltere Mittel zu seiner ganzen Selbstverwirklichung zu geben. Es ist immer auch die gesteigerte Maschinisierung des Literaturwesens, das durch den Eigennutz zum Funktionieren gebrachte Verteilersystem, wie es Balzac hier unvergleichlich darstellt, das ihn schon zu Lebzeiten den ganzen Ruhm des großen Schriftstellers ernten läßt. Und weiter: dieses mit dem Übergang zur bürgerlichen Demokratie hochgetriebene, auf Gewinn des Gewinns wegen bedachte Wirtschaften, das zugleich der bürgerlichen Demokratie den Weg weiter ebnen wird, schafft erst die Einsicht in den »mécanisme du monde«,[60] der durch das Räderwerk des Systems in Bewegung gesetzt und gehalten wird. Die auf die nackte Selbstsucht zurückgeführten Motive treiben die Maschine an, und wo sie fehlen, setzt über den Stillstand der sofortige Verfall ein. Was hier ausdrücklich von der Literaturindustrie und den darin zu Grunde liegenden Arbeitsvorgängen gesagt wird, umfaßt den Umgang mit der Ware an sich, ist ein Teilbereich des Ganzen, zu dem ebenso die Boutiquen in den Galerien des Palais Royal gehören, wo der Fetischismus der Ware vom Luxusartikel bis zu den Frauen reicht, die sich dort selber »käuflich« zur Schau stellen. Es steigt der Gedanke auf, der ein aus der schriftstellerischen Praxis Balzacs selbst aufsteigender Gedanke ist, daß die Gestalten der Poesie Luftgebilde sind, mit denen sich ein in diese künstliche Welt hineinversetzter Schriftsteller an der Wirklichkeit entschädigt. Hier konkret: wo einem Lucien durch die Veränderung der politischen Szenerie die seigneurialen Lebensformen des Ancien Régime verwehrt sind und er sich mit den mageren Weiden des Theateralltags begnügen muß, verschafft ihm die Feder des Poeten einen Ersatz.

Daraus ergeben sich Folgerungen, die Balzac für den Schriftsteller als eine durch das bürgerkönigliche Regime auf seine Arbeit zusammengedrückte Existenz zieht. Das weitere Auseinanderfallen von den bestehenden Herrschaftsverhältnissen und dem Anspruch des Künstlers, dem in der Isolation, in die er gerät, nichts anderes mehr bleibt, als unablässig am Entwurf von Phantasieschlössern weiterzubauen, nimmt er mit unvergleichlicher Schärfe wahr. Dabei ist er bei all seiner Sympathie für die katholische Monarchie von den Zerstörungskräften wie gebannt, weil sie die vitalen Kontrakräfte sind, ohne die das grandiose Schauspiel ihres Abbaus nicht vor sich gehen könnte, weil seine Kunst in der Darstellung des Absterbens und der verzweifelten Versuche, es aufzuhalten, Rückschübe einzuleiten, verbliebenes Leben noch einmal zu mobilisieren, ihre ganze Größe zeigt. Das Sterben schafft ihm eine unaufhörliche Ausnahmesituation, gegen die keine andere voll bestehen kann. Hier gelangt er, ohne es zu wollen, allein durch die Schwerkraft der wirklichen Verhältnisse in die Interessenlage der Bourgeoisie, aus der er selber stammt und deren alles sich unterwerfende Kraft zur wirtschaftlichen Organisation, zum Aufbau von Industrien, zur Einrichtung von neuen Erwerbszweigen und Handelswegen ihn an die Zugehörigkeit zu dieser Klasse wieder erinnert. Diese Zugehörigkeit bricht in der Praxis des Schreibens durch und kann sich sogar gegen die strikte Parteinahme für de Maîstres antirevolutionäres Programm behaupten, wie es gerade dieses fallweise erfolgende Einschwenken auf die Linie der von ihm bekämpften Bourgeoisie durch die Bewunderung beweist, die er noch für ihre rohe Kraft zeigt. Das ist natürlich nur möglich durch die Gegenüberstellung zum Adel, insbesondere zum Hochadel, dem Balzac sich als Freund dadurch empfiehlt, daß er seinen Charakter richtig einschätzt. Altmodische Prinzessinnen als Überreste aus der Zeit Ludwigs XVI. stehen ihm ebenso wie übriggebliebene Höflinge mit erloschenen Augen für den Willen dieser Klasse, entweder zu sterben oder das zu bleiben, was man ist. Diese Ruinen sind freilich nicht mehr rekonstruierbar, so wenig wie die Vergangenheit wiederherzustellen ist. Noch als mumienhaft Erstarrte sind diese organisch verbrauchten, von der Zeit überholten Überreste des Ancien Régime von der Etikette her unangreifbar, bestätigen aber gerade dadurch den Eindruck einer mit dem Maliziösen im Bunde stehenden Tugend, wie etwa die alte Baronin Leseigneur in »La Bourse«. Im »Cabinet des Antiques« werden uns solche durch die »Zeit« und den Wandel der Verhältnisse entstandenen »Trümmer« vorgestellt. Doch »diese Trümmer haben Prestige... Es sind die Prinzipien ihrer Zeit. Aber sie kommen vierzig Jahre zu spät... Diese Ratgeber geben nur sich selbst Rat... Sie rechtfertigen ihre Vergangenheit, ohne daran zu denken, daß es sich um die Gegenwart handelt – und zwar die Gegenwart eines andern«.[61] Als Erzähler hat Balzac es mit dem Umstand zu tun, daß auch für den Adel der Restauration sich die Macht nicht mehr im alten Umfang herstellen läßt, ja daß er in Wahrheit seine Privilegien verloren hat, auch wenn sich Teile der ihm Zugehörigen das nicht eingestehen wollen. »Ein Adel ohne Privilegien« ist »ein Stiel ohne Werkzeug«, wie er in »Le Bal de Sceaux« bemerken läßt.[62] Das ist eine erzählerisch vorgetragene Einsicht, die Tocqueville in »L'Ancien Régime et la Révolution« als feststehende Maxime behandelt. In der gleichen Erzählung stellt Balzac die Bemühungen Ludwigs XVIII. voraus, nach dem Fall Napoleons Bourgeoisie und Aristokratie einander näherzubringen, gewissermaßen einen gesellschaftlichen Austausch stattfinden zu lassen mit der Empfehlung an den Adel, sich den unabhängigen Berufen und der Industrie zuzuwenden, die Reservate des »Tiers État« sind wie Administration und Militär solche des Adels. Aus diesen sozialen Vorbedingungen läßt Balzac die Handlung herauswachsen. Bei Emilie de Fontaine nähert sich der nach Balzac als zu Recht bestehende Stolz auf ihre Herkunft einer Wahnidee. Sie bricht mit Maximilian Longueville, als sie durch Zufall beobachtet, daß er im Commerz beschäftigt ist: bei »Palma, Werbrust et Cie.«. Von der Anlage der Erzählung her traktiert Balzac durch die Gestalt Emilies die Bankiers und den Handel in unerhörter Weise, macht aber damit schon durchsichtig, wie ungerecht die Urteile der legitimistischen Konvention gegenüber den Gewerbe treibenden Klassen sind, wie unrealistisch und unzeitgemäß, weil sie an den neuen materiellen Lebensbedürfnissen vorbeidenken.

Es sind immer wieder die im Bürgerkönigtum für die Restauration der »Älteren Linie« eintretenden Jungen Männer wie etwa Albert Savarus in der gleichnamigen Erzählung, denen Balzacs Sympathie gehört. Hier kann er das

Register seiner Kunst ziehen, kann er vor allem die wesentlichen Elemente seiner politischen Anschauungen zur Geltung bringen, verliert der Künstler bei aller romanesken Übersteigerung die »wirklichen Verhältnisse« nicht aus den Augen: mehr als das Milieu des vom Bürgerkönigtum hochgetragenen Commerz mit den »radikalen« Ideen gibt die Reaktion durch die Bevorzugung der mondänen Geste, der alten zu Tode treffenden Leidenschaften, dem Halbdunkel der politischen Agitation unter Beihilfe des Klerus bei der Aufstellung der Kandidaten für die Kammer den Boden für das »große Verbrechen« ab. Die als Opposition auftretende altmonarchistische Partei liegt durch die Privatvermögen insbesondere als Landbesitz wie ein Pfahl im Fleisch der bürgerlich-demokratischen Monarchie als dem Regime der mobiler und monetär entwickelter auftretenden Klassen. Hier ein rascher funktionierender Apparat, der das Parlament beherrscht, weniger sentimental und dafür praktisch, dort große Passion im Bunde mit unterirdisch wirkender Heimtücke!

Es gehört zu Balzacs Handschrift, die »Schicksale« unmittelbar aus dem »sozialen Material« zu formen, so wenn in »Un Début dans la Vie« die Handlung vom technischen Stand der Transportmittel her entwickelt wird. Zu Anfang der 40er Jahre, als er die Erzählung schreibt, stellt er schon die neue Eisenbahn den von Pferden gezogenen Reisefahrzeugen mit ihrer ganz verschiedenen Ausstattung entgegen, zeigt er die Verhältnisse der Konkurrenz zwischen Groß- und Kleinbetrieb und legt in ihnen die verschiedenen politischen Regime schichtweise als verschiedenartige historisch-soziale Etappen von Napoleon bis Louis Philippe dar. Die private Geschichte des Grafen Sérisy und seines Verwalters Moreau, wie sie vom Standpunkt der maschinisierten Entwicklungsverhältnisse der Bürgermonarchie her erzählt wird, enthält zugleich die Darstellung der Vermögensverschiebungen, die die Besitzmasse des alten seigneurialen Grundeigentums seit der Revolution hinter sich gebracht hatte. Der Vater Moreaus hat als Anhänger Dantons die Familiengüter der Sérisys gerettet und wird später von Robespierre gehenkt. Aus Dankbarkeit für geleistete Dienste setzt der Graf den Sohn als Schloßverwalter ein, der die Bewirtschaftung der Domäne mit persönlichen Interessen verbindet und die Grundlage für den eigenen herrschaftlichen Bodenbesitz legt. Damit erzählt Balzac auch die Geschichte der aus der Aufsicht über die expropriierten Güter hervorgehenden Verwalter, die teils im Dienst der Revolution, teils im Dienst des wiederhergestellten Eigentums sich durch die Schwerkraft ihrer Verwaltungskünste wie ihres neugebildeten Eigenbesitzes als neue Eigentümerklasse konstituieren: ein Thema, das Balzac von der Anlage seines Erzählkonzepts großartiger und ausführlicher in dem Roman »Die Bauern« behandeln wird und hier in Zusammenhang mit dem Elend des parzellierten Landeigentums und seinen neuen Sklaven sieht. In »Un Début dans la Vie« kann der Verwalter sich auf der neuen eigenwirtschaftlichen Lebensgrundlage selbst ein »Fürstenleben« angelegen sein lassen: Schloßbetrieb mit renovierter Ausstattung in Gold und Rocaille, sowie Toiletten und Karosse für Madame. Das alles schlägt nach unten durch und löst immer neue Nachahmungen aus. Am privaten Fall Moreau wird demonstriert, wie schon unter der Ägide Napoleon eine von der

Revolution geförderte Berufsklasse wie die der Domänenverwalter sich anschickt, aus der verwaltenden Funktion in die besitzende überzugehen mit den gesellschaftlichen Anzeichen der alten Oberklasse. Die Anziehungskraft der Feudalität, die nach 1792 praktisch-wirtschaftlich nur noch leere Hülle ist, sich aber stilistisch-ästhetisch durch das napoleonische Zeitalter hindurch aufrechterhalten hatte, u. a. auch dem kaiserlichen Offizierscorps noch zur Vorlage diente, bleibt nach wie vor bestehen, und sie bleibt für Teile der von der Revolution nach vorne geschobenen Bevölkerungsgruppen stärker als die der ökonomisch realer wirtschaftenden Bourgeoisie. Das ist auch für Balzacs soziale Rangordnung der Klassen maßgeblich. Diese Rangordnung beruht zwar auf statisch vorgegebenen Werten, wird aber im Zuge der gesellschaftlichen Bewegung selbst mobil gehalten. Am Supremat der alten Oberklasse bis 1789 ist für Balzac kein Zweifel gestattet. Sie gilt durch ihre Herkunft, die Nähe zu Monarchie und Kirche, ihren Besitz, als Kern der Beamten- und Offizierskader, durch die Etikette als gefrorene Disziplin, als die einzige, die zählt. Sie verfügt über einen normgebenden Haushalt der Gefühle, verleiht den Leidenschaften den ihr zukommenden Ton, geht voran im Stil der Ranküne, der vornehmen Perfidien. Das ist es, was ihre Anwesenheit in der romanesken Welt unentbehrlich macht. Wo wären, wenn nicht hier, die Meister der großen Intrige im Stil Talleyrands zu finden? Die alte gesellschaftliche Überlegenheit setzt sich nach den Hindernissen während des Empire in der Restauration fort. Es zählt die Ancienniät, zu der Gegengewichte geschaffen werden können durch Kriegsauszeichnungen als napoleonischer Offizier, die aber als solche den Rang der Geburt nicht ohne weiteres erreichen. Das gilt für den Oberst Chabert, der als Waise nie eine Familie gehabt hat wie für Montcornet, der aus dem bescheidenen Faubourg Saint-Antoine stammt und seine Karriere als napoleonischer Marschall beschließt. Das gilt auch für den General Montriveau mit seinen Blessuren von Waterloo.

In der Restauration treten die militärischen Verdienste wieder zurück gegenüber der ausgesuchten Geste, können aber nicht aus der Welt geschaffen werden von der altbourbonischen Kamarilla mit ihren Erinnerungen an den Hof Ludwigs XVI. sowie der Erlesenheit durch Emigration nach England oder Bad Ems. Im »Antikenkabinett« hat Balzac die weitere Aufspaltung des bourbonisch gesinnten Adels in unversöhnliche Ultras, zeitweilige Freunde der Republik oder deren Mitläufer, Anhänger Napoleons und nach ihm der Orléans dargestellt – ein Thema, das im »Bal de Sceaux« der eigentlichen Intrige vorausgelegen hatte. Damit war die Tatsache einer sich nach ihrem Machtabbau in ihrer Interessenlage weiter auseinanderfallenden Klasse für den Ablauf des Romanzyklus hinzugefügt, lösen sich aber auch die Fakten von den Absichten. Balzac, für den die gesellschaftliche Überlegenheit des altbourbonischen Adels, der Montmorency, Rohan, Plessis, La Rochefoucauld, Noailles, feststeht, muß zugleich unter dem Eindruck der allmächtigen Bewegung der Zeit und im besonderen der napoleonischen Ereignisse ebenso seine Krankengeschichte darstellen. Am Phänomen Napoleon ist kein Vorbeikommen. Napoleon setzt die von Balzac für gültig anerkannten Spielregeln der Gesellschaft außer Kraft. Er ist von den Gesetzen der Konvention ausgenommen. Für den Balzac der »Comédie Humaine« verfügt

Napoleon über eine Allmacht, die in Existenzen eingegriffen hat wie Gott, der sie förderte oder aus der Bahn warf.

Darin liegt zugleich eine Verwandtschaft mit sich selbst. Denn Balzac tritt als Demiurg auf, als Schöpfer eines Kosmos, der über seine Gestalten uneingeschränkte Verfügungsgewalt besitzt, der wie Napoleon von seiner Herkunft die Konventionen nicht für sich, sondern gegen sich hat. Und Balzac ist wie Napoleon Stratege. Er hat die »Comédie Humaine« entworfen nach einem Aufmarschplan, der Gesellschaftsklassen und Einzelgestalten in ihrem Auftreten und ihrer Begegnung miteinander von einem festen Konzept her dirigiert. Der für die Gesamtveröffentlichung des Zyklus zusammengestellte Katalog von 1845 fixiert, welche Strategie dem Werk vor der Niederschrift von Anfang an zugrunde gelegen hatte. Drei Hauptteile: »Études de Mœurs«, »Études Philosophiques«, »Études Analytiques«; den »Études de Mœurs« subsumiert sind die sechs Szenenfolgen über Privatleben, Provinz, Paris, Politik, Militär, das flache Land. Mögen Leidenschaften und die Arbeit der sozialen Maschine mit dem Geld als der Triebfeder die französische Gesellschaft aus dem Gleichgewicht gebracht haben, der sie nach einem Katalogsystem in soziale und geographische Sphären aufteilende Autor selbst verliert in den Augenblicken ihrer heftigsten Erschütterungen nie den Überblick. Er hält an der Schwebelage aller beteiligten Milieus in dem von ihm geschaffenen Universum fest.

Schon der Napoleon der »Hundert Tage« hatte sich für die Konstitution ausgesprochen, und selbst ein so dezidierter Emigrant wie Chateaubriand wird sich später dem Lager ihrer Anhänger hinzugesellen. Die Monarchie Ludwigs XVIII. muß nach dem Abtreten Napoleons auf den Ausgleich zwischen altbourbonischem Adel und Unternehmertum bedacht sein wegen der ihr auferlegten Notwendigkeit, die antagonierenden Kräfte im neuen Staat zusammenzuführen. In »Modeste Mignon« stellt Balzac am Beispiel von Le Havre die Milieus von Seehandel, Baumwollproduktion sowie einer mit Grundstücksarrondierung befaßten Bourgeoisie – als die mit dem Parlament zusammengehende Seite, und zwar in der Zusammengehörigkeit ihrer Elemente gegen die entfeudalisierten »Feudalen« – dar, die hier nach dem gescheiterten russischen Kriegszug in der Gestalt von Charles Mignon den Übergang zum ökonomisch überlegenen Unternehmertum vollziehen und freilich auch in dessen Krisen hineingeraten. Eine Modeste Mignon muß sich hier wie eine Gefangene fühlen. Die verdünnte Lebensluft läßt ein von Melancholie erfülltes Mädchen heranwachsen. Ihr Lebenslauf wird von den wirtschaftlichen Krisen und Konjunkturen mitbestimmt: der Konkurs der väterlichen Firma, die Flucht des Vaters und die Familienmisere mit Vormund und erblindeter Mutter, dazu das Fehlen der Mitgift; ihre Abhängigkeit und ihre Unschuld stehen am Anfang ihrer Geschichte und wirken als Ursachen an den Folgen mit. Hier wird organisches Leben auf Spielgebilde der Phantasie zurückgedrängt, auf Eheträume mit zum Leiden verurteilten Genies der Literatur, denen sie ihr Vermögen zu Füßen legen möchte, das sie in Wirklichkeit als Tochter eines bankrotten Vaters nicht besitzt.

Der eingeschobene Briefroman zwischen Modeste Mignon und Canalis bedeutet formal Anleihe bei Rousseaus »Nouvelle Héloise« unter verbürgerlichten Verhältnissen, mit dem Geld als dem alles beherrschenden Element.

»Wären Ihre Ideen und Ihre Sprache die gleichen gewesen, wenn Ihnen irgend jemand ins Ohr gesagt hätte, was sich als wahr erweisen kann: Mademoiselle O. d'Este-M. hat sechs Millionen und will keinen Dummkopf als Mann?«,[63] kann die anonyme Briefschreiberin dem Schriftsteller in Paris vorhalten und bringt damit erste aufhellende Wahrheiten ins dunkle Spiel. Die romantische Phantasie auf ihren Höhenflügen ist begleitet von der Einsicht, daß die Dinge des Lebens vom Geld regiert werden, auch wenn die Allmacht der Gefühle dies vergessen lassen soll. Canalis liegt als Schriftsteller wie Rubempré, Blondet, d'Arthez auf der Linie des jungen Mannes der Restauration und empfängt, da seine Ausgaben seine Einnahmen übersteigen, Zuwendungen aus dem Geheimfond der königlichen Schatulle. In den politischen Anschauungen der in seinen Romanen auftretenden »Schriftsteller« kommen immer wieder Züge von Balzacs Selbstidentifikationen mit ihnen zum Durchbruch. Der Salon der Madame d'Espard in den »Geheimnissen der Prinzessin von Cadignan« als einem legitimistischen Widerstandsherd nach der Julirevolution vereinigt diese Schriftsteller, zeigt aber neben ihren Übereinstimmungen in der altbourbonischen Sache auch ihre Neigung zur Frivolität, dem ästhetischen Kennzeichen ihrer Partei. Wenn Balzac sich selbst zum Gewährsmann der Royalisten macht, wenn er sich auskennt in den politischen Manövern, den erotischen Veranstaltungen, wie sie hier stilistisch vorherrschen, wenn er die großen Allüren und die Verschwendungssucht der »feudalen« Reste bewundernd für seine Romanprosa verwertet, wenn er aber auch die Hohlheit in der Konversation nicht verschweigt, dann sehen wir seine ganze unerbittliche Wirklichkeitstreue am Werk. In diesem Rahmen ist Balzac als Schriftsteller zu Hause; hier zeigt er sich vertraut mit den großen Damen, die in Komplimenten ihre vergifteten Pfeile gegeneinander abschießen, verkehrt er mit den gleichen Vorsichtsmaßnahmen wie Daniel d'Arthez, der sich die Regelmäßigkeit der schriftstellerischen Arbeit erkauft durch den Rückzug aus der mondänen Welt mit ihren Beunruhigungen. Die Neigung zur Politik bei den legitimistischen »Löwinnen« des Salons – diese Bemerkung kann sich Balzac nicht versagen – zeigt den Verlust ihrer vollen erotischen Liebesfähigkeit durch Enttäuschung und Alter an. Was sich als restaurative Politik darstellt, ist hier in die Vorgänge des Energieaustauschs hineingelangt. Die äußeren Ereignisse kommen der privaten Malaise zu Hilfe. So hat die Revolution von 1830 der Prinzessin von Cadignan geholfen, ihren Ruin als Frau und Besitzerin eines großen Vermögens als Folge der politischen Umwälzungen auszugeben. Und ebenso verliert Daniel d'Arthez, nachdem er die alternde, aber immer noch reizvolle Frau erobert hat, seine schriftstellerische Produktivität. Balzac als Elogist des Pariser *High Life* weiß zur Zeit der Niederschrift dieser Erzählung nicht, daß Stendhal in seiner »Armance« von anderer politischer Position und mit anderen schriftstellerischen Mitteln die gleiche Sterilität von Saint-Germain dargestellt hatte. Denn das Adelsquartier, dem die Schriftsteller fehlten, die es unterhalten und im glänzenden Lichte zeigen, wäre ein bloßer Jahrmarkt der Eitelkeiten mit dahinwelkenden Herzoginnen, deren Erotik sich auf die erotische Intrige zurückgebildet hat. Was diese Frauen zu den Schriftstellern hinzieht, ist der Instinkt, daß sie ihnen die große imaginäre Zauberwelt mit ihren Täuschungen verdanken. Der »Roman« selbst bedeutet Zuflucht der Poesie überhaupt vor der immer weiter um sich greifenden Geschäftigkeit der vulgären Prosa mit dem Heraufziehen der Revolution als dem Sieg der Rechner und Wechsler, der Handelsgesinnung der Bankiers als ihren eigentlichen Gewährsleuten.

Der »Roman« als Insel mit arkadischer Landschaft, wo die alte Galanterie noch gilt, wo mit zauberischen Gesten noch Signale im Spiel unter ausgewählten und verstehenden Teilnehmern ausgetauscht werden! Der Romancier als Schöpfer dieser Gesellschaft, die über ihre Zeit hinaus noch agiert nach überkommenem Rhythmus! Gerade in den Schriftstellern, die in seinem Werk auftreten, hat Balzac die Zusammengehörigkeit seiner legitimistischen Anschauungen mit der arkadischen Rolle des Romans dargestellt, vor allem durch die Gestalt Blondets in den »Bauern«. Der Zauber macht sich als ein verbleichender verdächtig, die Mitspielenden sind dabei, als Angehörige einer durch die Julirevolution veralteten Generation sich auf den »Friedhof der Aristokratien« hin zu bewegen. Balzacs Versuche, als politischer Publizist der Opposition dieser Entwicklung entgegenzuwirken, sprechen nicht dagegen. Dem Künstler in ihm ist gegen Ende seines Lebens das Ende »Arkadiens« unwiderruflich und gewiß.

Als Legitimist kennt Balzac den unverdächtigen Gebrauch der Etikette, der Formeln des zeremoniellen Verkehrs, der gebärdenhaft auftretenden Leidenschaften; für ihn bedeuten sie immer Stilmittel, die noch in der »blague« oder im tückischen Anschlag der vornehmen Intrige zur Aufrechterhaltung des gesellschaftlichen »status quo ante« unerläßlich sind. Hier werden Zeichen gegeben, werden Sätze und Satzteile ebenso wie konventionelle Phrasen durch die Intonation orchestralisch geregelt. Der Roman als Schule der höfischen Zivilisation in einer die höfische Zivilisation abtragenden Zeit! Wie von Rinnsalen werden die bestehenden Konventionen ausgespült, aber sie selbst bleiben immer auch um ihrer selbst willen in Kraft. Balzacs Ästhetik, die ihnen zugrunde liegt, trägt den höfischen Klassizismus durch rocaillehafte Verschalungen hindurch noch bis in die Jahrhundertmitte und zeigt die aus dem gesellschaftlichen Austausch hervorgebrachten Schichten der Mittelklasse bei ihrem Werk der Vergröberung, der Ökonomisierung ihrer Zwecke, doch auch die Übernahme der stilistischen Tendenzen derer, die sie zum weiteren Rückzug treiben. Mittel dazu ist neben effektiver Warenherstellung und Warenverteilung die Politik, d. h. das Eintreten ihrer Leute ins Parlament sowie die Praxis, die Nationalgarde zum Instrument der bürgerlichen Mittelklasse und all derer zu machen, die vom »Eigentum« her mit ihr zusammengehen. Die wirklichen Könige sind, neben den Bankiers wie den Kellers, die Großhändler in Kolonialwaren, die mit wenig maschinellem Aufwand arbeitenden Hersteller von Parfümerieerzeugnissen, die zugleich den Verkauf ihrer Produkte besorgen können. Ein Unternehmer wie Crevel geht aus der Schule eines César Birotteau hervor, bei dem er das Parfümeriegeschäft gelernt hat, das er um andere Artikel aus der Luxusbranche erweitert. Politik mit den Mitteln der Ökonomie, Ökonomie mit den Mitteln der Politik durchzusetzen: das sind die Techniken, mit denen sich die auf das Parlament vertrauende finanzielle Oligarchie weiter vorwärts schiebt. Balzac hat wie kein anderer vor Marx die von der Bourgeoisie befolgten Regeln, mit der sie die Machtablösung einer ihr ehemals gesellschaftlich überlegenen Klasse besorgt, aufgezeigt. Die Folgen dieser Vorgänge dringen unmittelbar in die privaten Begebenheiten ein. Eine Frauengeschichte wie die der Cousine Bette, die schon tief in die 40er Jahre hineinreicht, findet in einer Lebensluft mit rechenhafter gewordenen Gesinnungen statt. Hier wird nicht mehr mit den großen Unbedachtheiten von Balzacs Herzoginnen aufgewartet, hier triumphieren die kleinlicher gewordenen Mittel. Gerade als Romancier zeigt Balzac, wie angesichts des Wandels in den Verhältnissen die Heroik sich veraltertümlicht, wie unter dem Einfluß des Geldes die Passionen gedämpfter auftreten, wie die großen Gefühle beginnen, romanhaft zu werden. Das war eine an Stendhal erinnernde Einsicht, die ihn in der »Chartreuse de Parme« dazu veranlaßt hatte, sich dem italienischen Schauplatz zuzuwenden, weil er hier die Gefühle noch unzerstört glaubt. Damit gelangen wir von den Folgen zwangsläufig zu dem diese Folgen auslösenden Charakter jener Klasse, der das Frankreich der bürgerlichen Demokratie seine Zukunft zuzuschreiben hat.

Wo Balzac die Bourgeoisie der Restauration und der Julimonarchie darstellt, arbeitet er unmittelbar nach der Naturvorlage. Der Bewunderung ihrer Kraft und ihrer wirtschaftlichen Überlegenheit stehen freilich in dem »Essai sur la situation du parti royaliste« die großen Einwände gegen die Ursprünge ihrer politischen Macht während der Zeit Ludwigs XV. gegenüber. Der Essay verbindet die Kritik an der Bourgeoisie mit der an Sainte-Beuves »Port Royal«, der auf der Seite der Jansenisten zugleich die Partei derer unterstützt, in denen Balzac die Feinde der legitimen Autoritäten sieht. Man wird sagen müssen: hier schießt er weit über das Ziel hinaus. Doch noch in der Übertreibung erfaßt er den wirklichen Zusammenhang von Religion und Politik im absolutistischen Frankreich, wenn er seine Polemik gegen Sainte-Beuve in der »Revue Parisienne« vom 25. August 1840 fortsetzt und meint: »Die Lehren von Port-Royal waren unter der Maske der überspanntesten Frömmigkeit, unter dem Deckmantel der Askese eine hartnäckige Opposition gegen die Prinzipien der Kirche und der Monarchie. Die Herren von Port-Royal waren trotz ihres religiösen Mantels die Vorläufer der Ökonomisten, der Enzyklopädisten der Zeit Ludwigs XV., der Doktrinäre von heute... Die Bourgeoisie von heute mit ihrer schändlichen und schlaffen Regierungsform, ohne Entschlußkraft, ohne Mut, geizig, kleinlich, ungebildet... hielt sich hinter den Herrn von Port Royal versteckt«. Hier sind kühne Konsequenzen gezogen: Voltaire setzt die von Pascal kommende Linie fort, die sozial gesehen die Linie ist, auf der die Emanzipation der bürgerlichen Klasse in Frankreich erfolgt. Das gehört nach Balzac zum letzten Kapitel in der Vorgeschichte der Bourgeoisie, die nach der Julirevolution sich als herrschende Klasse präsentiert.

Hier hatte Balzac mit rücksichtsloser Vereinfachung die Verständnislosigkeit zurückgezahlt, die ihm durch Sainte-Beuve zuteil geworden war. Für Pascals Erhellungen, denen er selbst vieles verdankt, war hier so wenig Platz wie für

Voltaire, dem Idol Stendhals. Die Rolle der aufgeklärten Vernunft ist an dieser Stelle jedenfalls völlig ausgestrichen. Doch was der Kritik Balzacs an Sainte-Beuve auch in ihrer Einseitigkeit, ihrer Reduzierung auf den Anteil der Klassenverhältnisse in »Port-Royal« eine große Linie gibt, war das Illusionslose, mit dem er das »Wesen der Religion« beschreibt. Er beschreibt es, wie es seine entschiedensten Gegner nicht überzeugender hätten tun können, führt Gründe an, unbekümmert darum, daß durch sie die eigene katholisch-legitimistische Sache ebenso leicht zu desavouieren wäre, und schiebt die Schuld für die Misere der bürgerlich-demokratischen Regierung den Eigenschaften der an ihr hauptsächlich interessierten Klasse zu. Die Charaktereigenschaften der Bourgeoisie sind hier zu einem Arsenal von Beschuldigungen zusammengestellt, mit denen sie in der Zukunft zu leben haben wird. Sie bezeichnen ihre negative Seite, gegen die der Romancier Balzac mehr als der politische Journalist ihre wirtschaftlichen Aufbaukräfte stellt, mit der Unwiderstehlichkeit kapitalistischen Wirtschaftens an der Spitze. Ihr gewaltsames Auftreten in der Geschichte Frankreichs als »Dritter Stand« ist von ihm in einer Komplexität gesehen, die an Einsicht die der Proudhonisten, denen das Primat der Arbeiter innerhalb der revolutionären Bewegung vorschwebt, insofern weit übertrifft, als Balzac die agrarischen Grundlagen Frankreichs nie aus den Augen verliert. Die Revolution von 1789 war für ihn die Revolution der Bürger in der Stadt, aber auch der Bauern auf dem Land, die die Feudalisierung, die Landeinnahme der von Norden eindringenden Eroberer während der nachrömischen Völkerwanderung rückgängig machen. Davon sieht er den Fortgang der französischen Geschichte bis in die orleanistische Zeit bestimmt und wird auch die weitere Zukunft ihre ungewisse Richtung bekommen.

Die Rolle der Arbeiter hat Balzac entsprechend ihrer tatsächlichen Stärke nicht hoch veranschlagt. Angesichts der Streikbewegungen von 1840 nennt er in einem Artikel »Über die Arbeiter« der »Revue Parisienne« ihr Auftreten nur eine Episode in einem unabgeschlossenen Drama. War er schlecht unterrichtet über die Lage in Frankreich, wenn er die Arbeiter für nicht revolutionsfähig hält? Der Ausgang von 1848 und 1851 bestätigt ihn zumindest zur Hälfte. Die Arbeiter können den Aufstand wagen, aber sie können nicht siegreich aus ihm hervorgehen. Als Klasse haben sie für Balzac nicht das Schrecklich-Ungeheuerliche der »Bauern« bzw. der Nachkommen der ländlichen Parzelleneigentümer, die sich mit der weiteren Aufteilung der Parzelle ins Unabsehbare vermehren und als »Avantgarde des Cosaques« die Zivilisation bedrohen. Wenn Balzac in seinem System der Gesellschaftsklassen den Arbeiter im Souterrain ansiedelt, wenn er ihn in der Regel anonym und gesichtslos auftreten läßt, wenn er ihn darüber hinaus nicht einer geschlossen auftretenden Klasse zurechnet, sondern als eintönige Masse betrachtet, der eine Revolution nicht zuzutrauen ist, dann zeigt das von den Verhältnissen eines Agrarlandes wie Frankreich vor der Jahrhundertmitte eine bessere Einschätzung der wirklichen Lage, als dies durch die Phrasen im Munde von Arbeiterführern und Journalisten geschieht, die das »Gespenst des Kommunismus« heraufbeschwören.

Als revolutionäre Klasse der Zukunft gelten für Balzac die Bauern. Das mag in dieser lakonischen Form gesagt eine Täuschung gewesen sein. Aber Zahl, Gewicht und Rolle der Bauern bei der Machtergreifung Napoleons III. sind von größerem Belang als die der Arbeiter und werden auch in der Folge als Kontrakräfte den Arbeiteraufständen bis zu deren regelmäßiger Niederschlagung immer wieder entgegenwirken. Einzelne Arbeitergestalten, die Balzac zeichnet, verlieren sich im Grau in Grau der gestaltlosen Masse. Von der Wirklichkeit der Lage, von den »wirklichen Verhältnissen« her, war eine getreuere Spiegelung, als sie Balzac vom ›Arbeiter‹ gibt, nicht zu erwarten. Aber zur ganzen Größe Balzacs gehört es auch, daß er die Wirklichkeit da aufzeigt, wo sie in Bewegung gehalten wird und den Übergang in ein neues historisches Stadium schon ankündigt. In der autobiographischen kleinen Erzählung »Facino Cane«, die noch auf Balzacs eigenes Elend seiner Anfänge in der Rue Lesdiguières anspielt und in der Ich-Form verfaßt ist, folgt er einem Arbeiterehepaar, das kurz vor Mitternacht sich auf dem Heimweg befindet. Während er Zeuge ihres Gesprächs wird, vollzieht sich geradezu ein magischer Akt der Verwandlung: er »fühlt ihre Lumpen auf dem Rücken«, er »geht mit seinen Füßen in ihren durchlöcherten Schuhen«, er »lehnt sich mit ihnen auf gegen die Werkstattchefs, die sie tyrannisieren« oder gegen die schlechten Sitten, sie immer wieder herzubestellen, ohne sie zu bezahlen«.[64]

Hier bewegen wir uns selbst auf den Grundlagen von Balzacs Erzählen. Der Erzähler folgt den Menschen in ihrem Arbeiterquartier, zeigt, wie sie organisch zu ihm gehören, wie dieses Quartier unerschlossene Energien in sich birgt, wie es Helden, Erfinder, Verbrecher durch das gemeinsame Elend zusammenhält, wie es geradezu ein »Seminar über Revolutionen«[65] ist. Diese Art, das eigene »Ich« aufzugeben und in ein anderes einzutreten, wird hier als »Traum«, als »Zweites Gesicht« beschrieben. Im Zusammenhang seines Erzählens bedeutet dies die Fähigkeit Balzacs, die Grenzen der Gegenwart zu überschreiten und Möglichkeiten der Zukunft vorwegzunehmen. Im »Roman« als der in Auflösung befindlichen Form des alten Epos geht Balzac noch einmal den Versuch ein, von den Voraussetzungen der »Neuzeit« jene »Totalität« aufzubauen, die bei Homer und Dante fraglos war. Dantes »Divina Commedia« ist ausgesprochenermaßen die Vorlage für den eigenen Entwurf, der in Wahrheit trotz allen Jasagens zur »Religion« die Verabschiedung der Metaphysik durch das Geld vorbereitet, ja die Wege aufzeigt, auf denen sie erfolgt. Balzac hat unter den schwieriger werdenden Bedingungen des Epikers dessen Hauptgeschäft: die Gleichzeitigkeit räumlich auseinanderliegender Geschehnisse darzustellen, immer wieder aufs neue besorgt. Als in »Modeste Mignon« der mit der Bewachung der Tochter befaßte Vormund beim vermeintlichen Liebhaber, dem Schriftsteller Canalis, vorstellig wird, kann der ihn beschwichtigen: »Die Engländer töten in Indien Tausende von wertvollen Menschen, und man verbrennt in diesem Augenblick, wo ich zu Ihnen spreche, die entzückendste Frau; aber haben Sie deswegen weniger gefrühstückt bei einer Tasse Kaffee?... In diesem Augenblick kann man in Paris viele Mütter zählen, die auf Stroh ein Kind in die Welt setzen ohne Wäsche bei der Entbindung! ... Hier vor Ihnen steht köstlicher Tee in einer Tasse von fünf Louis und ich schreibe Verse, um die Pariserinnen ›Charmant! Charmant! Göttlich!‹ ... sagen zu lassen.«[66] Hier leuchtet blitzhaft die Grundeinsicht von der epischen Ubiquität als Nebeneinander unendlich vieler Einzelgeschehnisse und ihr Zusammenfallen in einem einzigen Augenblick auf.

Balzacs Erzählen hat das Zusammensehen weit auseinanderliegender Umstände immer schon hinter sich: Glück tut sich auf vor dem Hintergrund des Elends. Es ist die Düsternis, die das Licht besonders hell erscheinen läßt. Worin der eine oder andere gestellt ist, hängt durch die Arbeit der sozialen Maschine immer auch vom Zufall der Herkunft, der wirtschaftlichen Situation durch Erbschaft oder Vermögensverlust, plötzlich hereinbrechende Ereignisse, das Unwägbare großer Gefühle, die hemmende Wirkung kleiner usw. ab. Der Anteil der Krisen und Konjunkturen wird dabei mit der Weiterentwicklung der bürgerlichen Ökonomie, wie Balzac sie mit wissenschaftlichem Interesse verfolgt, immer bedeutsamer. Das zeigt – um nur einen Fall herauszugreifen – die Lebensgeschichte der Cousine Bette, eines von der Natur vernachlässigten »Mädchen aus den Vogesen«, das durch die Zeitläufe der napoleonischen Wirren Handarbeiterin in einer Stickerei wird. Hier erfährt sie die Bedeutung des Kriegs für Industrie und Handel, als das Ende Napoleons wie ein Schlag über die Gewerbe einbricht, weil plötzlich kein Bedarf für die Ausrüstung der Armee mehr besteht, d. h. die Aufträge für gold- und silberverzierte Uniformen aufhören. Die eigentlichen vorwärtstreibenden Kräfte liegen nach Balzac bei den industriellen Aktivitäten, sei es der Seehandel, die Herstellung von Parfümerie- oder anderen Luxuswaren, nicht zuletzt beim Druckereiwesen zusammen mit der Papierproduktion. Dabei sind die Arbeitsvorgänge in der industriellen Anfertigung nicht nur Arbeitsvorgänge an sich, sondern sie verändern die gesellschaftliche Organisation. Denjenigen, die sie ausüben, kommt eine nicht immer von außen her wahrnehmbare Funktion der Bewegung zu. Die Wirtschaft tritt als Zyklus von Konjunkturen und Krisen auf. Wirtschaftliche Krisen mit ihren weit um sich greifenden Folgen sind in »La Maison Nucingen« beschrieben und weiter in »Modeste Mignon«, wo Monsieur Mignon als ihr zeitweiliges Opfer nach dem wirtschaftlichen Zusammenbruch seiner Unternehmungen in Übersee ein neues Vermögen schafft, bevor er zu seiner Familie in Le Havre zurückkehrt. Zum Charakter der Krisen gehört es, daß sie wie die Konjunkturen nicht andauern, aber schon in kurzer Zeit, gewissermaßen von heute auf morgen, Menschen aus ihrer Bahn herausreißen. Es gehört zu Balzacs Grundeinsichten angesichts der Verwirtschaftlichung der Lebensvorgänge nach dem Abtreten Napoleons, daß in die Spuren des Kaisers der Typus des Erfinders getreten ist. Es ist die Innovation auf den Märkten, die die Zeit weitertreibt. Balzacs Vertrauen auf die »Neuheit« als Wegbereiterin der Zukunft ist grenzenlos. Demgegenüber sieht er in der Sparneigung der Menschen auf dem Lande, die ihr Geld vergraben und darum dem Staat Riesensummen entziehen, ebenso wie in der bloßen Warenanhäufung ein Hindernis für den Fortschritt. »Verschluß des Geldes gegen die Zirkulation wäre gerade das Gegenteil seiner Verwertung als Kapital und Warenakkumulation im schatzbildnerischen Sinne reine Narrheit«, wird Marx später schreiben und als beglaubigte Autorität dafür niemand anderen als den Verfasser der »Comédie Humaine« anführen: »So ist bei Balzac, der alle Schattierungen des Geizes so gründlich studiert hatte, der alte Wucherer Gobseck schon verkindischt, als er anfängt, sich einen Schatz aus angehäuften Waren zu bilden.«[67]

Alle bürgerliche Ökonomie aber organisiert sich durch den Kredit. Der Kredit ist ihr Alpha und Omega. Was der Priester mit der Verwaltung der Sakramente für die mittelalterliche Religion ausrichtet, nämlich Lebensvorgänge zu regulieren, das besorgt für die kapitalistische Wirtschaft der Kreditgeber. In seinen Auffassungen über den Kredit steht Balzac zwischen Saint-Simon und Proudhon, bewegt er sich mit seinen Anschauungen schon auf die Lockerung der Kreditbestimmungen zu, und zwar insbesondere für das »Genie«, dem seiner Bedeutung für die Gesellschaft entsprechend Kredit eingeräumt sein müsse. Der Kredit als das große, Schicksal schaffende Mittel der bürgerlichen Ökonomie, das Instrument neben Parlament und freier Presse, mit dem die Bourgeoisie sich durch die Liquidität ihren Weg weiterbahnt! Rothschild, den Heinrich Heine zu den »Terroristen« zählte, das Vorbild für den Bankier schlechthin, dessen Funktion, Kredit zu schaffen, alle anderen Funktionen für die Staatswirtschaft übersteigt, ist eine von Balzac in seinen Bankiersgestalten immer wieder variierte Figur. Was der bürgerlichen Ökonomie ihre Überlegenheit schafft, ist ihre Flexibilität, mit der sie den Kapitalisten zu großen Operationen einlädt: Verkauf von haussierenden Renten, Rückkauf à la Baisse bei richtiger Einschätzung der günstigen Umstände und möglicher politischer Entwicklungen, die der Instinkt eines Spekulanten wie La Peyrade herausspürt. Es sind die großen Tauschmanöver, wie Balzac sie wiederholt beschreibt: so verkauft Grandet sein Gold bei der Nachricht, daß sich sein Preis verdoppelt habe, so trennt er sich bei ihrem vermuteten Höchststande von seinen Renten und kauft mit dem Erlös das Gold zu gesunkenem Preis zurück. Grundstückkäufe werden von dem zu erwartenden Preisanstieg für Baugelände um die Madeleine abgewickelt, die Rentabilität der Häuser wird nach genauen Berechnungen der Mieten angesetzt. Es ist der Markt, der mit dem ökonomischen *va banque* das Schicksal bestimmt. Mit der Börse hat sich die bürgerliche Ökonomie ihre arteigene Maschine geschaffen, das Glücksrad, das mit einigen Operationen dazu verhilft, das Vermögen des einen zu verdoppeln, während es dem weniger glücklichen zerrinnt. Über sie spricht Balzac als ein durch eigene Spekulationen in Eisenbahnaktien mit großen, aber wenig guten Erfahrungen ausgestatteter Spieler. Statt der Aktien für die Orléans-Linie, die der Geldverleiher Élie Magus in »Le Cousin Pons« empfiehlt und die lange haussieren, kauft er selbst die Nordbahn-Papiere und erlebt damit das der Madame Hanska am 19. September 1846 brieflich mitgeteilte Desaster. Die Einnahmen durch den Verkauf des Manuskripts der dann sehr erfolgreichen »Cousine Bette« an den »Constitutionnel« können den Verlust wieder wettmachen.

Es ist von Interesse, daß gerade die »Cousine Bette« nicht nur zu den am meisten gelesenen Romanen Balzacs gehört, sondern auch zu den wichtigsten seiner Produktion. Hier hat Balzac schon mit den Pariser Mietshausszenen den naturalistischen Milieuroman Zolas über ganze Partien hinweg vorgebildet.

Das Werk ist nicht einheitlich ausgeführt; aber gerade die Bruchstellen des Romans, die nicht geglätteten Übergänge, der unfertige Rohbau, wo Balzac verschiedene Milieus, vom Adel bis zum Proletariat, ineinanderschiebt und Verbindungslinien aufzeigt, die von einer Klasse zur andern führen, läßt das Ungeheuerliche der Frauengestalt über alles bloß flach Konventionelle hinaus hindurchscheinen: das ältliche Mädchen, die zur Arbeiterin gewordene Bauernnatur, die verhinderte Mutter, die ihre nicht beanspruchten Instinkte dem jungen litauischen Emigranten zuwendet und dienende Hingabe mit grausamem Herrschenwollen verbindet. In Wenceslas Steinbock hat Balzac den von ihm bevorzugten Typus des jungen, von der Bourgeoisie um seine Zukunft gebrachten Aristokraten dargestellt, einen ins Slavisch-Romantische hineinverwandelten Raphaël de Valentin, einen von der Not seines Vaterlandes Vertriebenen. Der Roman zeigt, wie Balzac am konventionellen Schema von »La Peau de Chagrin« bis in die späten Werke festhält, wie er sich von der aufgestiegenen Klasse ein Konzept mit anderer gesellschaftlicher Staffelung nicht aufzwingen läßt, wie er ihr widersteht und nach ihrem Sieg ihre furchtbaren ökonomischen Verfolgungskräfte an der Arbeit zeigt, die ihre alte vorrevolutionäre Unterlegenheit ins Gegenteil wenden. In das Schicksal der Cousine Bette hat Balzac auch seine geringen Erwartungen in eine Revolution der Arbeiter hineingelegt. Der Arbeiter löst sich, wenn er Erfolg und Glück hat, von seinem Arbeiterdasein dadurch, daß er in den Genuß fester Renten kommt und löst damit – für sich – auch die Arbeiterfrage.

An keiner Stelle seines Romanwerks ist Balzac über die Grenzen seiner von der »Régence« her konstituierten Ästhetik hinausgegangen; in den gesellschaftlichen Klischeeformen trägt er – anders als in seinen Anschauungen, die sich dem Wandel Frankreichs nicht nur nicht verschließen, sondern von ihnen her leben – dem Machtantritt der bürgerlichen Klasse keine Rechnung: d.h. er stimmt in keinem seiner Werke dem Übergang des Seigneurs in den bürgerlichen Unternehmer zu, läßt also nicht an die Stelle des alten »Heldentyps« ohne weiteres einen neuen treten, stellt vom fortschreitenden Umbau der französischen Gesellschaft keine der verabschiedeten Werthierarchie gleichwertige auf dem Boden der aufsteigenden Klasse dar. Wo Gestalten des unternehmerischen Bürgertums entworfen werden, hängen ihnen, gleichgültig, ob dies unmißverständlich offen oder verblümter gesagt ist, gleichgültig, ob ihre Rechtschaffenheit mehr oder weniger außer Zweifel steht, zur Parodie einladende Züge an. Falschtöne klingen auf, wenn etwa der arrivierte Bankier oder Händler sich nach seiner Arriviertheit die Jugendträume erfüllen will und mit seinen Bauaufträgen einem architektonischen Stil verfällt, der vor zwanzig Jahren in Mode war. Das zu zeigen ist nicht etwa Ausfluß einer reaktionären Ader in Balzac, sondern ergibt sich aus dem Provisorium, das den Machtwechsel von 1830 mit seinen Vorankündigungen und Folgen erzeugt hatte. Aber benachteiligt davon ist nicht einfach das davon betroffene Bürgertum, mit in die Malaise hineingezogen ist auch der Adel, der – so bemerkt der Verfasser der »Cousine Bette« –, nachdem er einsehen muß, daß er von der Bourgeoisie ausgeplündert worden ist, vorsichtig und sparsam zu werden beginnt und sich selbst in Bourgeoisie verwandelt.

In diesen Zuständen des Übergangs zwischen den beiden Klassen bleiben die Klischees aber auch umgekehrt in Kraft: zum ersten durch die Aristokratie, die sich von ihren alten Verkehrsformen nicht lösen kann, und zum zweiten durch die Bourgeoisie, die sich für ihre Übernahme außerordentlich geneigt zeigt. Erotisches Idol für beide kann jene Pariser »Kreolin« sein, die ihre Tage auf dem Divan verbringt, hier ihre Gedanken spielen läßt, dabei in die Seele anderer eindringt und Intrigen ausdenkt: Ranküne in den Stilformen von Versailles, aber schon auf der Grundlage von Gewinnen aus der Parfum- und Pomadenproduktion. Balazc läßt die »Roman-Pariserin«, die von ihrem Salon aus ihre Liebhaber gegen hohe Zuwendungen, Aussichten auf feste Pensionen, Karriereförderung des Ehemanns von der größten Öffentlichkeit unbemerkt zufriedenstellt, an den Konventionen festhalten. Wo die Herrschaft des Geldes außer Frage steht, wird die mögliche Lebensdauer des Ehemanns genau ins Kalkül gezogen, werden Optionen für die Zeit nach seinem Ableben vorsorglich vorgenommen, gelten Jugend und Kraft wie Alter und nachlassende Gesundheit als Posten der Rechnung, die es zu bedenken gilt. So horcht die Madame Marneffe den Körper von Monsieur nach Symptomen für seine fortschreitende Krankheit ab und gibt schon Eheversprechen für den Fall seines Todes.

Geld ist dabei für Balzac die Form des verflüssigten Goldes, das als archaisches Besitz-, Tausch- und Hortungsmittel im Mythischen verharrt und noch in der vom beweglichen Papier beherrschten Welt des Bourgeois seine aus der »Vorzeit« aufgespeicherten magischen Kräfte beweist. Es ist kein billiges Moralisieren im Spiel, wenn Balzac die Wirkungen des Goldes zeigt. Für den alten Grandet wie für seine Tochter wird es zum Verhängnis. Den venetianischen Musikanten in »Facino Cane« hat es im wahrsten Sinne des Wortes geblendet. Mit Gold sucht der verwachsene Butscha sich eine Frau zu gewinnen und denkt dabei auch an Modeste Mignon. Modeste Mignon wiederum bietet mit ihrer Hand ihr Vermögen und ausdrücklich ihr Gold dem Schriftsteller in Paris an. Gold hat auch in seiner Bedeutung etwas vom Schillern des Metalls, es widersetzt sich einem festen Sinn, es kann für den materialisierten Eros stehen wie für den Verlust der Liebe, die sich mit dem wertvollen Stoff entschädigt. Zugleich ist es ein magisches Mittel zum Werben, Durchdringen und Besitzen, das verführt und unterwirft.

Diese Vorstellungen werden bei Balzac aus der Abstraktion in ein Spiel mit wechselnden Gestalten herübergeführt. Dabei kommen Fragen zur Sprache, die sich durch die Verbürgerlichung Frankreichs in der Orléans-Monarchie mit vorher nicht gekannter Intensität stellen. Jetzt, wo Balzac die höchste Verfügungsgewalt über seine schriftstellerischen Fähigkeiten erreicht, erscheint die »Zeit« von gesteigerter Bewegung erfaßt. Das Gefühl, auf einem Gipfel an theoretischer Einsicht angelangt zu sein, einen Blick auf weit umliegendes Land zu tun, stellt sich ein. Für Balzac mit seinem Interesse an den Menschen und Menschenklassen bedeutet das die erzählerisch zu beantwortende Frage: Was ist aus dem bourbonischen Adel nach der Revolution und im Empire geworden, was ist aus den Soldaten und Beamten des Empire in der Restauration, was ist aus ihnen allen in der Orléans-Monarchie geworden, die die Rückkehr in die Zeit des Moses gebracht hat, wo um das Goldene Kalb getanzt wird? Das heißt, welches Schicksal hat ihnen die Bourgeoisie bereitet?

Balazc hat die während dieser Zeitfolge ablaufenden Familien- und Personengeschichten auf vielfache Weise erzählt, wie es der Wirklichkeit entsprach: Er kennt die bourbonischen Fälle des »Antikenkabinetts« oder die napoleonischen Fälle der Hulots in »Cousine Bette«. So gesehen bedeutet die Orléans-Monarchie mit ihrer Vorliebe für den bürgerlich-privaten Geldbeutel ein Auslaufen der großen Geschichte und der welthistorischen Umwälzungen, die von Frankreich seit der Revolution ausgegangen waren. Es herrscht jetzt die von Balzac als Romancier verbreitete Meinung vor, daß höher noch als die Charta und auch höher noch als der König Louis Philippe das allmächtige 100-Sou-Stück steht.

Von diesen bürgerlichen Folgen sind auch die großen Leidenschaften gezeichnet, sie haben auf ihrer höchsten ökonomischen Entwicklungsstufe den Stil der »financiers« mitbekommen in Form von Kapitalüberschreibungen an ihre Mätressen, durch Wohnungsausstattungen mit entsprechendem Mobiliar, verzinsbarem Kapital, Testamenten, in denen im Gegensatz zur alten Feudalität die liquide zu machende Masse vorwiegt. Es gehört zu den Grundeinsichten Balzacs: Große Leidenschaften kosten immer gewaltige Summen. Aber sie kosten auch das Leben anderer, die mit ihnen nichts zu tun haben. Wie von einem Strudel werden an den Gefühlen der Leidenschaften Unbeteiligte mit in die Tiefe hinabgezogen, etwa im Fall des Bankiers Nucingen. Eine vorübergehende Bestandsaufnahme vermeldet bei der Katastrophe des Baron Hulot zwei Tote sowie die durch das Leiden zur »Ruine« gewordene Baronin. Doch das ist nur ein Provisorium. Wie in einer Skakespeare-Tragödie reiht sich im Schlußakt Leiche an Leiche, und dies alles als Werk der an der Perversion der Madame Marneffe sich entzündenden, von der Intrige der Cousine Bette geschürten tödlichen Leidenschaft.

Bei der Darstellung der gesellschaftlichen Organisation Frankreichs in der Schwebelage beständigen Wandels gehört die Vorurteilslosigkeit Balzacs zu seinen vorzüglichsten Zügen. Eine Erscheinung wie der napoleonische Marschall Hulot kann noch als Pensionär zur großartigen Republikanergestalt werden, der die im Abspielenlassen älterer Konventionen erstarrte »société« in den Schatten stellt und damit die von Balzac für gültig anerkannte Rangordnung durchbricht. Balzac hält fest, wie nach der Vorbereitung durch Typenideale der Feudalität, die nach der Revolution in der Schule der Emigration insbesondere bei Chateaubriand romantisch ausstaffiert wurden, die Einsicht von einer besonderen *Rasse* sich ausbildet, zu der das *Blut* Eingang verschafft. Es kommen hier Vorstellungen vom Ausnahmecharakter des älteren, von Richelieu wegen seiner Aufsässigkeit gestraften Hochadels zum Ausdruck, durch die sich, wie Balzac ausdrücklich bemerkt, die Intelligenz der Großbourgeoisie (»des gens d'esprit de la haute bourgeoisie«) getroffen fühlen konnte.[68] Diese Gedankengänge, von Balzac in das Gesellschaftsgemälde nur farbstrichhaft aufgenommen, werden sich später bei Gobineau verfestigen und haben hier früher als irgendwo anders den Darwinschen Selektionismus auf die Ungleichartigkeit von Menschenrassen festgelegt. Die ›égalité‹, unter derem Zeichen die Bourgeoisie angetreten war, wird ins Gegenteil gekehrt.

Balzac sind solche Ideen in ihrem Ansatz geläufig. Er kennt sie – und hier zeigt sich, wie richtig er sie einschätzt – auch immer wieder als Prätentionen einiger junger Pariser Salon-Helden, in deren Köpfen sie sich in bloße Wahnideen verwandelt haben angesichts der wirklichen Verhältnisse mit einer allmächtigen Bourgeoisie, die »in ihrer kaum hundertjährigen Klassenherrschaft massenhaftere und kolossalere Produktionskräfte geschaffen« hat »als alle vergangenen Generationen zusammen«, wie Marx und Engels es ihr im »Kommunistischen Manifest« nachsagen. Balzac führt unmittelbar an die Grundlagen solcher Ideen heran, nämlich den Machtverlust des Adels mit der Folge, sich durch romantische Traumgebilde für diesen Verlust schadlos zu halten und eine Sonderart als *Rasse* zu etikettieren. Das geht mit allen Zügen der theoretischen Unbedachtheit vor sich und zeigt das Harmlose an, gegenüber den späteren Gedankengebäuden vom »Übermenschen«, der bei Nietzsche die gesteigerten Ansprüche einer durch industrielle Großgewinne der Gründerjahre erzeugten Klasse in sich aufnehmen wird. Balzac, der die Rassevorstellungen des entfeudalisierten Adels in der bürgerlichen Orléans-Monarchie in die Bestandsaufnahme seiner Welt einbezieht, tut dies ohne den geringsten Anspruch auf Ideologie. Aber das Bild hält die Konturen fest: wie grotesk sind die Existenzen, wenn sie aus ihrer Macht herausgedrängt von einer bereits stärkeren Klasse längst überholt, für sich ohne Grund, d. h. ohne ihre anerkannten Vorzüge zeigen zu können, als Menschenrasse erlesener Art Geltung beanspruchen. Die Bourgeoisie ist längst dabei, von der Kraft ihrer robusteren Organe die Ansprüche höher zu treiben und weiter: als Klasse sie durch Philosopheme zu bekräftigen und in der Anwendung zu zeigen. Balzac stellt ja gerade den Übergang der Bourgeoisie zur politisch tonangebenden Klasse mit den Folgen für das erste aufkommende Bewußtsein einer neuen Überlegenheit durch die wirtschaftliche Praxis dar, die die Vorgeblichkeiten des Adels als unerheblich erscheinen läßt: unerheblich auch darum, weil sie sie in der Übernahme praktisch-wirtschaftlich noch überbietet.

Gerade die oft gehörte falsche Auffassung, in Balzac eher den »Ökonomen« als den »Künstler« sehen zu müssen, ihm überhaupt das Künstlertum zu einem großen Teil abzusprechen, hebt seine Zuständigkeit für die Einsicht in die Veränderung des wirtschaftlichen Organismus noch hervor. Kennt man die Wege, die das Geld einschlägt und die, die es meidet, dann kennt man auch das Schicksal der Aristokratie *in* der Bourgeoisie als der zahlenmäßig, biologisch und ökonomisch stärksten Klasse, die allen nicht zu ihr Zählenden, d. h. von hohen Einkünften oder festen Renten Ausgeschlossenen, ihrerseits Handeln oder Nichthandeln vorschreibt. Balzac führt hier nur an die Schwelle heran. Er ist ein Experte der bürgerlichen Ökonomie, aber nicht *aller* von ihr ausgelösten Folgen. Diese Folgen, von ihm geahnt, liegen in ihrer ganzen chaotischen Undurchsichtigkeit *jenseits* seiner Welt, sie gelten ihm als ein unbeschiffter

Ozean. Wer aber wie er die Zirkulation des Geldes im Auge behält, seinen Charakter kennt, wer weiß, welche Anziehungskraft es ausübt, wie es »alle chinesischen Mauern« (Marx/Engels) durchdringt, dem Eros als angenehmer Gefährte gilt, der sieht z. B. dem Luxus im Appartement der Madame Marneffe an, daß er von ihren Liebhabern stammt; der weiß auch, daß die entfesselten Leidenschaften der Marquise d'Espard oder der Herzogin de Maufrigneuse nur möglich sind auf dem Boden der alten erlesenen Unbesorgtheit. Kein Fleck der hier in Frage kommenden Welt bleibt von diesem Kreislauf des Geldes unberührt. Liebe und Macht in ihrer Absolutheit, wie Balzac sie sieht, aber auch in ihrer Preisgabe, im Verzicht auf sie, sind davon betroffen. Denn Balzac kennt – und das gehört zur Apparatur des Mystikers in ihm – Verwandlung der Liebe in Macht, den energetischen Umschlag des einen in das andere. Sage der Liebe auf, und die Macht über die eigenen Fähigkeiten wie über andere wächst ins Unermeßliche! Dieses Gefühl war ihm mit seinem gewaltigen Schaffensimpuls eingegeben und verbindet ihn auch hier wieder mit dem größten Machthaber des ganzen Jahrhunderts: mit Napoleon.

Von diesem Gefühl ist seine Vorstellung vom Menschen ausgefüllt. Balzacs Menschen sind vor allem Erwartende. Wo er ihnen sein ganzes Interesse zuwendet, verfolgt er ihr Leben meist bis an den Anfang ihrer Laufbahn zurück. Sie treten mit heißen Wünschen in den gesellschaftlichen Kosmos ein. Was sie empfängt, ist ein Kessel voller Leidenschaften, Süchte, Ambitionen. Und wenn sie schließlich mit hineingezogen werden in die strudelnden Bewegungen und sich von ihrer Ausgangsbahn der naiv Hoffenden entfernen, wenn sie umgeformt und andere werden, dann waren sie doch zunächst Gläubige. Das gilt für niemand mehr als für Rastignac, der später Züge des Blasierten annimmt, in der Pose des *roué*, des frivolen Genußmenschen auftritt und hinter dessen Tünche der langsame Zerfall der Ideale vor sich geht. Rastignac ist wahrscheinlich die Lieblingsfigur Balzacs, dessen Bedeutung im Zyklus nur von Vautrin und Nucingen erreicht wird. Das zeigt, daß Balzacs »Welt« sich im Gegensatz zu seiner eigenen Auffassung nicht um eine einzige Achse der Moral bewegt. Denn mit Vautrin, dem großen Verbrecher, dem »Bonapartisten der Galeerensklaven«, dessen vulkanisches Temperament aus der administrierten Welt herausführt, weckt Balzac das Schaudern vor der unbezähmbaren Natur. Es fehlt diesen Favoriten Balzacs der auf Täuschung und kühle Berechnung hin angelegte Zug von Stendhals Helden. Wenn sie später dann doch Meister der Tücke werden, so darum, weil sie durch die Umstände, Vorbilder, die gesellschaftliche Organisation dazu eingeladen worden sind. In *einem* geht Vautrin über alle Balzacschen Gestalten hinaus: er ist der totalen Liebe, der völligen Unterwerfung unter den Freund fähig. Für Lucien de Rubempré, durch den hindurch er auf die Gesellschaft wirken will, ist Vautrin Vater und Mutter zugleich. Im Schmerz über seinen Tod durch Selbstmord erhebt sich dieser König des Verbrechens über sich selbst. An solches Urgestein – so sieht es Balzac – reichen die Konventionen nicht heran. Hier leuchten auch die Fixsterne, Kirche und Königtum, um die sich für den Verfasser der »Comédie Humaine« alles bewegt, nicht mehr auf. Hier entfernt er sich selbst von diesen

Signalpunkten, läßt er sie historisch werden und zeigt er – was erst der Rückblick aus einer mehr als hundertjährigen Entfernung zur Gewißheit macht – das Eintreten der Geschichte in die klassische Zeit der »bürgerlichen Gesellschaft«, die mit dem Eintreten für die Zukunft ihre Kainsmale mitbekommen hatte.

Das gleiche Bewußtsein, daß man seiner Zeit nicht entkommen kann, auch wenn man gegen sie anlebt, daß man von ihr gezeichnet ist, läßt sich an jeder Balzacschen Einzelgestalt verfolgen. Es wirkt auch in den Roman-Zyklus und zwar in seine formale Gestalt hinein, indem das alte Vers-Epos hier seine Aufspaltung in den von der »Freien Presse« angebotenen Fortsetzungsroman erfährt, in seiner aufgespaltenen Form aber die epische Totalität immer und immer wieder aufs neue hergestellt wird. Im Jahre 1833, als die ersten Werke des Zyklus veröffentlicht sind, erscheint in Rußland Puschkins »Eugen Onegin«, wo durch ein großes Versgedicht die Ganzheit des russischen Lebens hindurchschimmert. Bei Balzac war der Weg eingeschlagen, der von der Versepopoë wegführt, sie von nun an und endgültig veralten läßt und ein Zurück nicht kennt. Eine künstlerische Entwicklung in aufsteigender Linie nach einigen weniger gelungenen Werken der 20er Jahre ist bei Balzac nicht immer leicht auszumachen. »Peau de Chagrin« als Meisterwerk folgen Produktionen unterschiedlichen Rangs, aber alle sind sie immer wieder erneuerte Versuche, zu einer Reproduktion der Welt zu gelangen. In ihr begegnen sich Wirklichkeit und Imagination. Noch in den phantastischsten Erscheinungen bleibt – und sei es wie hinter Nebeln – die Wirklichkeit anwesend. Umgekehrt widersteht die Wirklichkeit nicht dem Drang des Künstlers, aus ihr Anlässe für imaginäre Eingebungen oder das Auftreten spukhafter Erscheinungen und Kräfte gewinnen zu wollen. Seine Gestalten erheben sich fast alle über die platte Wirklichkeit. Ein Kutscher oder ein Hausmeister sprechen nicht wie ein Kutscher oder ein Hausmeister, sie sind geradezu von Kraftströmen der Balzacschen Intelligenz aufgeladen und an den Stromkreis angeschlossen, der alle Gestalten des Zyklus verbindet. In ihren kleinen Aktivitäten können sie ebenso heißen Anteil am Leben haben wie die Herrschenden, die sich bei ihren größeren Aktivitäten ihrer bedienen.

Das gehört gleichzeitig zum Umgang mit dem surrealistischen Arsenal des Romanciers, der sich unbegrenzte Freiheit der Phantasie herausnimmt. Der Gebrauch dieser Freiheit kann, wie wir wissen, bis zum vorübergehenden Bruch mit seinen eigenen Anschauungen gehen. Seinen mit stark autobiographischen Zügen versehenen Louis Lambert etwa läßt er in einen Gegensatz zur katholischen Kirche gelangen, der er selber angehört. Zwar geht Louis Lambert am Ende zugrunde, die römisch-katholische Wahrheit überlebt bekanntlich, aber eine so tiefe Einlassung mit dem häretischen Mystikertum gibt Anlaß zum Bedenken. Schon »Séraphita«, ein Buch, das Balzac über alles andere von ihm Geschriebene stellt, und zwar als Vademecum zur mystischen Erleuchtung wie als Schlag gegen kalt-mondänes Spötteln des Pariser Salons, zeigt, wie er sich in seinen religiösen Vorstellungen vom autoritären Kircheninstitut entfernt. Hier wurde die Mystik in die phantastische Sphäre Swedenborgs und der

Illuminaten gerückt. In »Séraphita« wie im entschiedensten Gegenstück, den »Contes drôlatiques« als Huldigung an Rabelais, holt er sich auf Seitenpfaden weitab von den sonst bevorzugten Konventionen den Dispens für das Unerlaubte, wo das Phantastische den Vorrang hat. Sainte-Beuve kritisiert, daß Balzac das Unwahrscheinliche im Charakter des Fabrice aus Stendhals »Chartreuse de Parme« verteidigt. Aber gerade deswegen ist Balzac von diesem Roman so eingenommen. Er verhält sich – wenn der Vergleich gestattet ist – wie in unseren Tagen ein Forscher auf dem Gebiete der theoretischen Physik, der unabhängig von dem zugänglich Beweisbaren nach noch unerschlossenen Wahrheiten sucht. Es ist gerade der Realist in Balzac, der weiß, daß selbst die allergrößte Phantasie stets hinter der Wirklichkeit zurückbleibt. Daß ein Fabrice als hoher Kleriker sich mit dem Liebhaber seiner Freundin Marietta unter freiem Himmel herumprügelt, mag allem offenkundig Wahrscheinlichen oder für wahrscheinlich Gehaltenen widersprechen, aber in der Wirklichkeit mit ihrer unbegrenzten Zahl von Möglichkeiten ist für diesen Fall immer noch Platz. Hier springt bei Balzac, als er die »Chartreuse« liest, der Funke über zu Stendhal als dem einzigen unter seinesgleichen.

Was solche Meister des Phantastischen wie Stendhal und Balzac über alle Unterschiede des erzählerischen Temperaments, der Erzählweise, des Stils hinweg miteinander verbindet, ist ein Wirklichkeitssinn, der sich *objektiver* Tatsachen versichert. Wir wissen, wie Balzac seine eigene Lebensgeschichte durch das Hineinziehen persönlicher Elemente in das romaneske Geschehen *objektiv* werden läßt, indem er weit und weit über das Persönliche hinaus und den persönlichen Anteil daran das Ineinanderübergehen verschiedener historischer Etappen widerspiegelt. Man denke an die Intimität der Auskünfte über die eigenen Leiden während der frühen Jugendjahre in Tours am Anfang von »Le Lys dans la Vallée«. An der Gestalt von Felix Vandenesse stellt er seine eigene Zurücksetzung durch die Mutter, die Armut, Demütigungen und Verlassenheit in der Familie und in schlechten Internaten dar. Was der Geschichte, in der der mißhandelte Knabe sich eine neue Mutter in einer Geliebten sucht, die niemals seine wirkliche Geliebte sein wird, den großen Rang verleiht, jene knisternde Elektrizität des Balzacschen Erzählens, ist ihre Verknüpfung mit dem Schicksal des durch die Revolution expropriierten und später durch Rückkauf provisorisch wiederhergestellten Domäneneigentums. Vandenesse fühlt sich durch die eigene Deklassierung auf die Seite der durch Enteignung und Emigration Geschädigten gestellt; das macht die Beziehung zur mütterlichen Frau mit den »schönen Schultern« erst möglich. Aber Balzac läßt seinen »jungen Mann« zum Zeugen dafür werden, wie die Familie Mortsauf durch falsche Erziehung, Prätentionen auf der Seite des Mannes, persönliche Schuld und Fügung in die historischen Abläufe untrügliche Merkmale des Abstiegs aufweist. Die Kinder sind organisch nicht mehr lebensfähig. Das gehört zur grausamen Bilanz, die von Balzac hier gegen die von ihm bevorzugte Partei gezogen wird. Seine eigentlichen jugendlichen Leiden, wie er sie Vandenesse zuschreibt, führen zu jenem Rückstau kindlicher Empfindungen, zu jenem Druck auf den Energiehaushalt eines heranwachsenden Menschen, der sich, wie wir wissen, auf unvergleichliche Weise und zeitweilig explosionsartig in seinem Schreiben davon befreit.

Der Verfasser der »Comédie Humaine« versteht sich selbst als legitimistischer Schriftsteller mit dem Blick auf die Urteile von Saint-Germain. Aber noch als sein Elogist kennt Balzac die Unfruchtbarkeit des Salons, die Leere, die dort herrscht, wie es Stendhal in seiner »Armance« und den Pariser Palaisszenen von »Le Rouge et le Noir« darstellt. Das größte Mißverständnis wäre der Glaube an die Tiefe der dort ausgetauschten Gedanken. Als Julien Sorel Zeuge einer Salon-Konversation wird, denkt er, die Personen wollten sich selbst zum Narren halten. Balzac bestätigt ihn: überall die gleichen Plattitüden. So nachdrücklich man spricht, so wenig denkt man. Alles ist der Absicht geopfert, den Fluß der Konversation durch keine übermäßige Anstrengung zu beeinträchtigen nach der Regel Talleyrands: Die Manieren sind alles. Aber eben das sind, gemessen am Ancien Régime, wo diese Klasse es verstanden hatte, die Philosophen und Schriftsteller noch in ihre Salons zu ziehen, bereits Symptome des Machtverfalls. Der Verlust der großen Vermögen, die sich auch durch die Rückerstattung der berühmten Milliarde an die Emigranten nicht wiederherstellen ließen, so wenig wie die einmal aus der Hand gelassene Macht, treibt jetzt in beständige Usurpationen, die früher bei den Mittelklassen so erfolgreich bestraft worden waren. Darum kann Balzac in der »Duchesse de Langeais« vom Hochadel als einer Klasse sprechen, die ebenso viel Lob wie Tadel verdiene. Richtig beurteilt wird er nur, wenn man sein Glück kennt, unter dem Beil Richelieus sein Leben auszuhauchen, um dem König zu gehorchen. Der Hochadel – das wird ihm hier von Balzac bestätigt – hat für die Gewalt selbst, in deren Gebrauch er sich seiner Herkunft und Geschichte nach genau auskennt, immer Verständnis, wenn sie nach gewissen Konventionen angewandt wird.

Es kommt dem Erzähler Balzac zustatten, daß alle moralischen Maximen *im Fluß des Erzählens* durch die Freude an der Exotik der Schurkerei, des Verbrechens, der Leidenschaft, die noch in der Prostitution als bunte Rakete aufschießen kann und rasch verglimmt, überspielt werden. Der geringste Zweifel daran wäre schon ein Mißverständnis. Im Zwiespalt zwischen Erzähler und moralisierendem Kopf fallen die Gewichte auf die fabulierende Seite, auch wenn moralische Vergehen fast immer durch Strafe gesühnt werden. Ein grundsätzliches Aufbegehren gegen die bestehenden Verhältnisse mit ihren Verwerflichkeiten brächte ihn um die Gelegenheit, seine Meisterschaft gerade in ihrer Darstellung zu zeigen: etwa in den Verstellungen eines Vautrin, dessen Verbrechen in ihrer ganzen Zeittypik erscheinen, oder in der Schlaffheit Rubemprés, in der sich der Stil der restaurativen Monarchie verdichtet. Der Vautrinismus steht für die von der Verschlagenheit angeleitete rohe Kraft, für den Verbrecher, der in der Ausführung seines Verbrechens eine Probe dafür abgibt, was der Instinkt leisten kann. Das ist es, wodurch ein Fouché für ihn unentbehrlich wird: ein Operieren vom Dunkeln aus, das auch den Wandel der politischen Regime überdauert, weil das Verbrechen eine Garantie für die Ewigkeit hat; Kontrollen, Überwachen, das Zusammengehen von Staatsanspruch, Herrschaft und lautlos ausgeführten Verbrechen, die Strategie der Drohung, die Ungewißheit, die sie schafft, und schließlich das unangemeldete Auftauchen von Dolchen und würgenden Armen. Der Vautrinismus ist darum mehr als die Praxis des großen Verbrechers, er ist der gemeinsame Mantel, unter dem zwischen den entsprungenen Galeerensklaven, der Staatspolizei, dem Klerus, dem großen »financier« durch ihre jeweiligen Häscher als ausführenden Organen eine Übereinkunft besteht.

Wenn Balzac Schicksale wie die Valentins, Rubemprés, Rastignacs, Arthez', die seiner eigenen Generation angehören und in deren Gefühlshaushalt er sich darum besonders gut auskennt, während der nachnapoleonischen Monarchie ablaufen läßt, so erzählt er ihre Geschichte doch in jedem Fall vom Stadium der bereits vollzogenen Machtablösung durch die Bourgeoisie her. Mit diesen Gestalten war durch die Generationszugehörigkeit der höchste Grad der Selbstidentifizierung erreicht, was das soziale Timbre ihrer Schicksale zwischen den Schlachten Napoleons und den Redouten Ludwigs XVIII. anbetrifft. In ihnen zeigt sich darum, wie Balzac von einer veränderten Szenerie eine schon historisch gewordene Schicht in sein Erzählen hineintragen läßt. Anders als Stendhal in »Le Rouge et le Noir«! Dessen Darstellung der Lebensgeschichte Julien Sorels war schon 1830 abgeschlossen. Der Tod Juliens als verkappter Selbstmord bedeutet sinnfällig gewordener Abschluß eines gesellschaftlichen Scheiterns angesichts der durch die Reaktion geschaffenen Verhältnisse und demonstriert die ganze Häßlichkeit des Jakobiners, solange er sieglos bleibt. Der Lebenslauf Luciens endet nicht weniger tragisch durch Selbstmord, und auch an ihm ist der unter ganz anderen Umständen verlaufende und hier zeitweise geglückte Klassenwechsel mitbeteiligt, der diesen mit allen Zügen der Verweichlichung ausgestatteten jungen Mann aus der Provinz nach der Bekanntschaft mit der großstädtischen Frivolität und den ausgefeiltesten Genüssen wieder in das Niemandsland zwischen den Klassen treibt.

Balzac wäre nicht Balzac, wenn es bei seinem Erzählen nicht zu Durchbrechungen seines katholisch-legitimistischen Weltbildes käme. Dies geschieht aus dem Erfahrungsvermögen des »outlaw« heraus, der er sozial und als Künstler ist. Denn Balzac, von den gesellschaftlichen Stoffwechselvorgängen und seinem Genie hochgetragen, kommt aus dem Nichts und hat keine Vorbilder gleichen Ranges. Rousseau und de Maître, so viel er ihnen verdankt, sind keine Lehrmeister für ihn. Man braucht nicht die Psychoanalyse zu bemühen, um den Schlüssel für die lebenslange Gedrücktheit in den Erlebnissen seiner frühen Kindheit zu suchen. Ohne Gemeinschaft mit den Eltern, von der Mutter mit Zurücksetzung bestraft, im Internat früh abgesondert, sich seiner Ungewöhnlichkeit sicher, auf einem Speicher in der Großstadt allein vegetierend, erfolglos, von Spott und Verachtung begleitet, sieht er sich vor das »Alles oder Nichts« gestellt. Die Herausforderung Rastignacs an die Großstadt, mit der der »Père Goriot« endet, ist Balzacs eigene an die hierarchisch gegliederte Gesellschaft und zuerst an den Adel, dem er sich durch selbstverliehenes Prädikat zurechnet. Damit verurteilt er sich, will er die Herausforderung bestehen, selbst zu lebenslanger Fron, tritt er in die Rolle des Spielers, des Abenteurers, aber auch in die des großen Individualisten ein. Dieser Schriftsteller, der nach dem Fall der katholischen Monarchie von 1832 an *offen* in ihr Lager übergeht, braucht seine Sympathien für die Anarchie nicht als Widerspruch zu empfinden. Er schreibt der bürgerlichen Demokratie den Verlust aller Nuancen zu und ebenso die verheerenden Folgen für den Schriftsteller, der sich, wenn er ursprüngliches Leben finden will, sie allenfalls unter Dieben, Dirnen und Zuhältern suchen muß.

Aber auch diese negative Seite der bürgerlichen Demokratie dient ihrem Verächter Balzac zur sonst nirgendwo angebotenen Vorlage für seine erzählerische Prosa. Hier auf diesem Pariser Schauplatz läßt sich wie auf keinem anderen in der Welt, nicht einmal in England, die neue »bürgerliche Gesellschaft« so aus der Abstraktion herausgenommen und gegen den »Staat« gestellt sehen. Wenn Paris sich jetzt darauf vorbereitet, die »Hauptstadt des 19. Jahrhunderts« zu werden, dann war das nur möglich, weil sie die »Hauptstadt« der industriell entwickeltsten Klasse geworden war, die mit ihren ausgebildeten geldtechnischen Verkehrsformen, den Eisenbahnen, den Verkaufspassagen mit ihren Luxuswaren, der Daguerreotypie, dem organisierten Amüsement, den Dienstleistungen die Aufmerksamkeit der ganzen Welt auf sich zieht. Hier kann Lorenz von Stein in seiner »Geschichte der sozialen Bewegung in Frankreich von 1789 bis auf unsere Tage« die »Erscheinung der Gesetze, welche die Bewegung des politischen und gesellschaftlichen Lebens beherrschen«,[69] auf paradigmatische Weise in Kraft sehen. Hier ist nicht nur der Embryonalzustand einer künftigen gesellschaftlichen Organisation anzutreffen, hier ist die Klasse in die politische Macht eingetreten, die Balzac mit dem gleichen Namen benennt wie Marx und Lenin, Max Weber, Sombart und Pareto.

Es bedeutet wiederum keinen Widerspruch für Balzac, wenn er den Übergang in das verbürgerlichte Zeitalter als Verlust der »Mysterien« empfindet und die Entfesselung der Kräfte in Technik, Industrie, Wissenschaft in unvergleichliche Spiegelbilder faßt. Wenn die jungen Männer Balzacs aus der Provinz nach Paris streben, dann auch immer darum, weil sie hier in den konzentriertesten Strahlenkreis der mit allen Annehmlichkeiten ausgestatteten Welt gelangen, in der nichts an eleganter Ausstattung, Verbindlichkeit der Mode, Möglichkeiten des Wohllebens fehlt. Balzac hat zu Beginn der 30er Jahre nicht den geringsten Anlaß zur Trauer Stendhals über das Ende des napoleonischen Zeit, den Verlust der halben Pension, den fehlenden Ruhm; er kann sich der Teilnahme am vollen und runden Leben widmen. Er steht nicht als bloßer Beobachter außerhalb, sondern läßt sich von ihm tragen, auch noch in der Verzweiflung über die hereinbrechende Last der Schulden. Erzählerisch spricht daraus die Parteinahme für die aufbauenden Kräfte des Kapitalismus, der, indem er um sich greift, Industrien aufbaut, mit dem Hafen von Cherbourg nach Balzacs Meinung die Pyramiden von Ägypten an Kolossalität noch übertrifft, Geldmengen in bis dahin unbekannter Höhe zirkulieren läßt, ausgefallenste Genußbedürfnisse schnell und genau treffend befriedigt, sich auf den Ruinen einrichtet, die er von vorzeitig geschwächten Leibern selber schafft. Diese Maskerade mit ihren Elenden, die Energien noch vortäuschen, wenn sie bereits erschöpft sind, wird in seinem Zyklus beständig abgewandelt. Balzac hat mehr als jeder andere zeitgenössische Schriftsteller die ganze Lebenserhöhung durch den Eintritt in die Ära der beiden Kammern und die unbegrenzte Macht der Kapitalrente dargestellt. Seine Darstellung von der unentwegt arbeitenden sozialen Maschine verfügt darum über eine solche Zeugniskraft, weil er sie nicht mit dem bösen Blick des Zukurzgekommenen sieht, sondern sich selbst in die Bewegungen des Lebens, des unglaublichen Schauspiels auf dem Pariser Welttheater hineinversetzt fühlt. Balzac kann diese Epoche bejahen, sie als Eintritt in ein neues Stadium sehen, ohne alle geschichtsphilosophische Beschwernis. Er spürt eine neue Vitalität wie aus der Erde herausschießen. Mit seinen in der Restauration heranwachsenden Dandies wie Rubempré und Rastignac bewegt er sich auf dem Boden der von ihm selbst bevorzugten Eleganz. Jetzt, wo er sich noch am Anfang seines Riesenunternehmens befindet, teilt er die Erwartungen dieser Debütanten der Großstadt, deren Schicksal noch aussteht und im Grunde so oder so ablaufen kann. Als Romancier wird er selbst von diesem Teufelstanz der Maskierten, der vom Geld, von der Macht, vom Erfolg Besessenen mitgerissen. Im Gegensatz zu Zola mit dem Blick für den Sturz seiner Gestalten, hat Balzac zunächst ein bevorzugtes Interesse an ihrem Aufstieg.

Natürlich läßt sich dieser Umgestaltungsprozeß der französischen Gesellschaft nicht mehr allein im Licht seiner katholisch-altroyalistischen Vorstellungen sehen. Denn daran, daß wirtschaftliche Kräfte diesen gewaltigen Vorgang auslösen, die Auflösung der alten besitzenden Klasse und weiter die Verschachtelungen, die sie mit der neuen eingehen muß, um nach dem Verlust der politischen Macht zu überleben, kann bei der Gesamtkonzeption des Werks nicht der geringste Zweifel aufkommen. Hier geht Hegels geschichtsphilosophische Stufenfolge von der Ablösung eines Äons durch einen anderen in der erdichteten Praxis eines Romanwerks vor sich. Hier ist die »Originalität« Balzacs – bei allen der Eile wegen zustande gekommenen stilistischen Nachlässigkeiten – seine »Objektivität«, mit der er dem Geschehen seiner Zeit beiwohnt, die Heraufkunft von Einrichtungen wie mechanisierter Industrie und Bankwesen feiert, die die von ihm bevorzugten Klassen weiter schwächen. Mit den neuen Produkten wie der Herstellung von Haarpflegemitteln hat er sich im »César Birotteau« ausführlich beschäftigt. Wahrscheinlich aber fesselt ihn von dem Personenkreis der jetzt aufsteigenden Berufe keiner mehr als der des Bankiers mit seiner für das neue System unerläßlichen Macht, Kredit zu schaffen. Es gehört zum Unheimlichen des Bankiers, Degen oder Pistole als harmlose Mittel zur Überwältigung erscheinen zu lassen. Der Zauberkreis, den er für Balzac schlägt, liegt in der perfektionierten Rationalität im Umgang mit dem alles bezwingenden Mittel Geld. Von hier aus hat er wie Nucingen Zugang zur Unterwelt, verfügt er über Mittelsmänner, um unterirdische, durch Gnomen, Handlanger, Verbrecher vor sich gehende Handlungen auszuführen, kurz: seinen Willen durchzusetzen. Mit dem Einbruch der Finanz in die Welt der von Geblüt und Etikette regierten Gesellschaft nimmt auch das zum Achthaben zwingende Numinose eine neue Form an. Natürlich läßt Balzac die

Gelegenheit nicht verstreichen, sich am »financier« als dem erkannten Zerstörer der Feudalität dadurch zu rächen, daß er ihm die Noblesse abspricht. Wenn Hippolyte Taine meinte, daß Balzacs Kunst in der Darstellung niedriger Charaktere (»de peindre la bassesse«)[70] am größten sei, dann trifft das sicherlich auch auf eine Gestalt wie Nucingen zu. Dieser Nucingen-Rothschild, mag er sich gebärden wie er will, ist in jedem Fall ernstzunehmen. Er gehört zu den eigentlichen Herrschern des Systems.

Mit den neuen Gegebenheiten verbündet sich der Horror als klassisches Mittel der »schwarzen Romantik«, wenn vom Bankier die Stränge in die Unterwelt ausgehen, überall Verbindungen zu lautlos greifenden, entführenden, würgenden Armen bestehen, selbstverständlich Prostitution im Spiele ist, so wie bei Nucingen und Gobseck mit der aus dem Antwerpener Ghetto bezogenen Exotik. Hier findet sichtbar das in der Realität unsichtbare Vorwärtsdrängen neuer gesellschaftlicher Zellen zu den Schalthebeln der Macht statt. Was Macht ist, darüber braucht sich Balzac, dem das Vorbild Napoleons vor Augen steht, von niemandem belehren zu lassen. Macht zu erlangen, ist für ihn ein sein Schaffen antreibender Impuls. Wenn sie ihm in der Wirtschaft, der Politik versagt bleibt, dann kann er sie durch sein Schreiben mit dem nachhängenden Lebensverlust erkaufen, indem er zum »Weltschöpfer« wird, der seinem Geschöpf den eigenen Willen aufzwingt. Wo, neben Dante und Shakespeare, wäre im letzten Jahrtausend ein demiurgisches Werk vergleichbarer Art geschaffen worden?

Die Vorgänge in den Julitagen von 1830 sind von Balzac sofort in ihrer ganzen Tragweite erkannt worden, aber die Auseinandersetzung mit ihnen nimmt verschiedenartigste, ja widersprüchlich scheinende Formen an, je nach welchem Anlaß und aus welcher Perspektive er sie beurteilt. Er kann sehr wohl die Größe der Revolution einsehen und findet ihr Mißgeschick darin, daß sie ein paar kleinen Leuten in die Hand gefallen ist. Den Anteil der Fabrikanten an ihr schätzt er richtig ein, wenn er sie als eine ökonomisch sehr entwickelte Faktion der Bourgeoisie für fähig hält, die Macht an sich zu reißen, ohne sie teilen zu wollen. Und wie sieht die Rolle der Aristokratie aus? Vor der Julirevolution begeht sie die Torheit, die Bourgeoisie von der Regierung auszuschließen, nach der Revolution will sie die Zusammenarbeit. Was sie um ihre Herrschaft gebracht hatte, behandelt er in den »Lettres sur Paris« (1830/31): es sind u. a. der Journalismus, die Jugend und die liberalen Ideen. In diesen Anfängen, die dynastisch bloß den Wechsel von der »Älteren« zur »Jüngeren Linie« bedeuten, kann Balzac noch den ganzen Glauben an die wirtschaftliche Prosperität, den Aufschwung der Industrie, den frischen Wind, der durch die Literatur zieht, teilen und mit ihm die Erwartungen in das erneuerte, von Frankreich ausgehende Apostolat der Zivilisation und der politischen Intelligenz.

Aber schon jetzt stellt sich ihm die Geschichte Frankreichs von 1789 an als eine sich später wiederholende Wellenbewegung dar. Auf Revolution, Konvent, Klassenkämpfe zwischen Besitz und Proletariat folgt der Aufstieg Napoleons, der aus der von den Feuersbrünsten zurückgelassenen Asche zum Flug des

Phönix ansetzt. Napoleon als das vorläufige Fazit Mirabeaus, die Ordnung als das unerwartete Ziel ihrer Auflösung! Aber die Geschichte mit dem Charakter der Nichtabschließbarkeit zieht den Garanten der Ordnung selbst hinab, nachdem eine eifersüchtige europäische Oligarchie ihn umlauert, umstellt und schließlich niederringt. Mit dem Wiener Kongreß zahlt die konservative Liga die Demütigungen zurück, die eine auf Anciennität bauende Partei in der Vergangenheit hatte hinnehmen müssen, und sie tut es, indem sie eine Solidarität der Monarchen zustande bringt – gegen die Völker.

Balzac kann hier die Linien nachzeichnen ohne besondere Parteilichkeit. Die Geschichte als Weltgericht, das sein Urteil fällt und es in das jeweilige Resümee der geschichtlichen Entwicklung faßt! Ob Despotie oder Reform: für den Entwurf des großen noch ausstehenden Romanwerks, der in der Phantasie noch einmal erneuerten Welt mit ihren Parteiungen, ihrem Auf und Ab, hat der Glaube immer mit den jeweiligen Umständen zu rechnen. Die bourbonischen Sympathien sind hier zurückgehalten hinter der entscheidenden Einsicht, mit der er später ein phantastisches Spiel der Relativitäten in seine »Menschliche Komödie« einbaut: daß er während der Revolution auf der Seite der Gironde gestanden hätte, um dem Volk eine Verfassung zu geben.

Es ist der Übergang zum bürgerköniglichen Staat als ein Hineinwachsen in die von der Interessenlage der neuen besitzenden Klasse geschaffenen Verhältnisse, der den Wechsel von Balzacs Anschauungen langsam vorbereitet, ohne daß sie sich auch von jetzt an eindeutig fassen lassen. So wie er die entfesselten wirtschaftlichen Kräfte der Bourgeoisie bemerkt, bemerkt er auch Züge politischer Energielosigkeit beim Bürgerkönigtum. Die gegebenen Versprechungen werden nicht eingehalten, die Pressefreiheit ist eine Lüge und die Armee durch die Administration für ihren Gebrauch ungeeignet. Unübersehbar wird jetzt die Wendung zur royalistischen Sache, ja mehr noch zur Gegenrevolution. Er faßt den Übergang von der Schriftstellerei zur Politik ins Auge. Interessant ist, daß Balzac 1831 nach gescheiterten Kandidaturen für das Parlament in Fougères und Cambrai sich auch – wieder vergeblich – in Angoulême bewirbt, dessen Oberstadt als ein inzwischen zerstörtes altes »Nest der Feudalität« er in den »Illusions Perdues« so unnachahmlich beschreiben wird. Er wird sich von nun an die Sache der altroyalistischen Partei angelegen sein lassen und bekräftigt das in dem Satz, mit dem er die »Lettres sur Paris« beschließt: »Es ist unheilvoll für ein Land, daß seine berühmtesten Männer nur in der Opposition glänzen können.«

Unabhängig von der für sein Werk zweitrangigen politischen Entscheidung hat Balzac sogleich die Achillesferse des revidierten Systems bemerkt. Die neue Klasse zeigt in dem Augenblick ihre verwundbarste Stelle, wo sie durch ihre Führer nichts Eiligeres zu tun hat, als die Gewohnheiten der alten anzustreben. Die mehr oder weniger durchgeführten Reformen reichen nicht aus, ihren Übergang zur Macht zu rechtfertigen, ihre mangelnde Rechtfertigung setzt die Gegner jedoch nicht in die Lage, sie aus der Macht herauszudrängen. Sie stellt sofort in Frage, wie sie ihre Vorgängerin in Frage gestellt hatte. Dabei spielt es keine Rolle, ob sie sich in der Macht einzurichten versteht, sie bis zur völligen

Gefahrlosigkeit für sich sichert und die Versuche, sie zum Abtreten zu zwingen, durch einen Katalog von Angeblichkeiten mühelos abwehren kann: theoretisch hat sie ihren ursprünglichen Anspruch schon selbst beschädigt. Es kommt jetzt zu dem merkwürdigen Umstand, daß sogar Stendhal feststellen kann, das Volk sei nur unter der restaurierten Monarchie glücklich gewesen. Fügt sich das fugenlos in das Bild seiner jakobinischen Anschauungen? Es fügt sich, wenn man die Restauration als Übergangsstadium denkt, wo die frommen Intrigen der Priester zusammen mit den vornehmen der zurückgekehrten Emigranten nicht ausreichten, das Volk um den Lebensgenuß zu bringen. Dagegen kann – und hier finden Stendhal und Balzac zusammen – ein Fortschrittsstaat wie der Louis Philippes durch ein Gemisch von Versprechungen und Versäumnissen, sie einzuhalten, mit seinen auf *liberté* und *égalité* beruhenden Lehrsätzen ein Elend verbreiten, das die Soldaten-Aushebung unter dem Kaiser als große Sache erscheinen läßt.

Wir wissen, welche Bewunderung Balzac dem Kapitalismus als einem sich in seiner Unvergleichlichkeit zeigenden Phänomen zollt, wie er seine jungen »élégants« mit Gegenständen der neuesten Mode, der Luxusindustrie ausstattet, ihre Ansprüche durch Einrichtungen, Mobiliar, Schmuck usw. aufs ausgewählteste befriedigt, sich selbst als Unternehmer versucht, eine Druckerei gründet, Aktionär einer zum Bankrott verurteilten Firma zur Silbergewinnung ist, wie ihn Projekte der Technik fesseln, die die maschinelle Ausnutzung der Menschenkraft und sehr hochgetriebene Methoden der Menschenbewirtschaftung kennen. Aber er begnügt sich nicht mit dem Bewundern, sondern zeigt auch die Folgen. Die Leistungen, die aus dem Körper herausgepreßt werden und die Kräfte überbeanspruchen, führen zu seinem schnellen Verfall. Der Körper verwelkt vor der Zeit, die Augen werden müde, der Teint vergilbt rasch. Das greift auf alle Gesellschaftsklassen über. Auf den Pariser Festen begegnet man jenen »Pappgesichtern« mit ihren frühen Runzeln, der »Reichenmaske, in der die Ohnmacht Grimassen schneidet«.[71]

Als Romancier hat Balzac in den vierziger Jahren natürlich ein Interesse daran, die »Mystères de Paris« von Eugène Sue zu einer überdimensionalen Hölle auszuweiten, das Inferno Dantes in diesem Babylon des Kontinents großstädtisch-spektakulär auszugestalten. Balzac braucht sich dabei keine Sorgen über das weltanschaulich Eindeutige seines Schreibens zu machen. Er ist Energist und als solcher davon überzeugt, daß den Menschen wie den Klassen und den Völkern, aber auch den Epochen ein bestimmter Energievorrat zur Verfügung steht, der in Leistung, Moral, Genuß usw. umgesetzt wird, mit dem Kriege geführt, Frauen erobert, Kunstwerke geschaffen werden, der in der seraphischen Liebe ebenso anwesend ist wie im großen Verbrechen. Die Geschichte Frankreichs, insbesondere seit der Revolution, ist für ihn eine Geschichte fortwährenden Energieaustauschs. Es ist eine einzige Kraft, die in den Revolutionären, in Napoleon und schließlich auch in ihm selbst mit seiner Dominikanerkutte während der nächtlichen Arbeit als Zeichen asketischen Verfügens über seinen Energiehaushalt als Künstler wirkt. Die Machtverhältnisse sind stets Resultat der jeweiligen Energieverteilung. Aber eben darum sind sie nicht endgültig, nach dem Satz: die Geschichte geht weiter. Indem er den Kapitalismus als eine mit der Bourgeoisie und ihrem Vorwärtsrücken verbundene Erscheinung sieht und ihn durch seine Leistung, Kredite zu schaffen, Geld rascher in Umlauf zu setzen, Bedürfnisse nach Vergnügen, Schmuck, Besitz von Sachen auf der Stelle zu befriedigen, in voller Aktion zeigt, unterschlägt Balzac mit der Schilderung der absterbenden Leiber und den von dieser Produktionsweise geschaffenen Invaliden nicht die andere Hälfte seines Erscheinungsbildes.

In einem solchen Erzählen wird zugleich das gesellschaftliche Hinterland der Gestalten mitverhandelt. Von den drei Romanen, die als Titel eine Gesellschaftsklasse nennen, stehen »Die Beamten« von 1836 zeitlich vor den »Bauern« und »Kleinbürgern« aus dem Nachlaß. Balzac entwickelt den Charakter der »Beamten« von der Monarchie der wieder eingesetzten »Älteren Linie« her, und zwar eingeleitet durch die Frage: Woher stammt die wachsende Geringschätzung der Beamten in der Öffentlichkeit? Er findet die Gründe mit der Antwort: die Beamten, die vor der Revolution im Dienste des Königs standen, stehen nach der Revolution auch im Dienste der Regierung, aber die Regierung, die heute regiert, weiß nicht, ob sie morgen noch im Amt sein wird. Eine Bürokratie muß ihrer Funktion entsprechend wechselnden Regierungen zur Verfügung stehen und hat selbst das Bestreben, zu bleiben, den Wechsel zu überdauern. Sie sieht zu, wie sich die Minister mit den Chefs der Verwaltungsressorts streiten, und nimmt selbst in diesen Auseinandersetzungen wechselnde Positionen ein, stets in der Absicht zu überleben. Sie erweist sich als notwendig durch die Macht, die der »rapport« ausübt. Denn die Minister sind abhängig vom »rapport« und dessen Verfassern. So kultiviert die Bürokratie sich selbst und erweckt den Eindruck, als ob Frankreich nicht regiert werden könne ohne die dreißigtausend Beamten der Zentralverwaltung. Doch dagegen sprechen die dreihundert Jahre zwischen 1500 und 1800. Und was tut die Regierung in der irrigen Absicht, damit ihre Macht zu vergrößern? Sie vermehrt die Zahl der Beamten, vermindert aber deren Einkünfte. Das ist für Balzac ein schwerer Verstoß gegen das Energieprinzip. Denn je mehr handelnde Elemente im Spiel sind, desto mehr Energie wird verbraucht. Vom Charakter seiner Berufsklasse wie von den Verhältnissen des Staats her muß der Beamte danach streben, sich zu behaupten, um zum Ziel, nämlich zu seiner Pension zu gelangen. Da aber kein von wirklichem Tätigkeitsdrang erfüllter Kopf dort aushält, wo ihm am Ende allenfalls die Chance bleibt, Bürochef zu werden, wird die Administration zur großen Versammlung der Mittelmäßigen und der Zwerge an Arbeitsamkeit, mit der Folge, daß sie den Aufschwung des Staats durch Un- und Scheintätigkeit lähmt.

Das war ein Urteil, das mit dem napoleonischen Zentralismus und seinen Folgen hart ins Gericht geht, Staat und Administration aber auch schon von den industriekapitalistischen Aufbaukräften her ins Auge faßt und die Zurückgebliebenheit der behördlichen Mittel gegenüber den vom Staat nicht mehr organisierbaren neuen wirtschaftlichen Interessen ausspielt. Erzähltechnisch läßt Balzac Lebensschicksale bzw. Beamtenkarrieren vom »Nebeneinander«

zum »Ineinander« übergehen, indem er einige individuelle Fälle aus der »Bürokratenarmee« herausgreift und sie von der Natur der Berufsklasse aus gesehen als typisch erscheinen läßt, weil sie sich nach den Regeln der Administration abspielen. Da wird die Beförderung von Monsieur im Salon von Madame durch Diners und Thés vorbereitet, arrangieren sich »Mitte Links« und »Mitte Rechts« nach Maßgabe der gerade gegebenen Machtverhältnisse, fügt sich der Minister den an ihn herangetragenen Vorstellungen mit Blick auf künftig mögliche Koalitionen. Die »Comédie Humaine« als Darstellung der kapitalistischen Aufbau- und Vernichtungskräfte läßt nie vergessen, daß daneben das etatistische Frankreich Colberts und Napoleons unentwegt weiterexistiert.

Balzacs Darstellung aus der Perspektive der konservativen Opposition geht natürlich auf verschiedenen Ebenen, mit unterschiedlichen erzählerischen Mitteln und über ungleichartige Themen vor sich. In der »Eugénie Grandet« kann er die aus der Interessenlage der Bourgeoisie hervorgehenden, durch sie auf die Spitze getriebenen Vorstellungen und ihre Praxis, hier den grausamen Geiz des alten Grandet, Leben lähmend und schließlich vernichtend um sich greifen lassen. Das Kruzifix und der Griff des sterbenden Grandet nach dem Gold machen eine eigentümliche, triebhaft begründete Zusammengehörigkeit von Symbolen sichtbar, in der eine von der Restauration Karls X. überzogene bürgerliche Klientel sich gebärdenhaft ausspricht. Der »Père Goriot« ist ein ins Epische übertragener bürgerlicher »King Lear«. Wenn Balzac hier auf der Seite Goriots gegen die Töchter steht, dann darum, weil er höher als alle Konventionen das Leiden stellt. Denn es gibt für Balzac eine unabhängig von allen Klassenverhältnissen gebildete Gemeinschaft der Leidenden, in der sich ein Raphael neben einem Goriot, ein Lucien neben einem Louis Lambert, eine Herzogin von Langeais neben einer Eugénie Grandet befinden. Der gesellschaftliche Prozeß in der Umgestaltung der Klassenverhältnisse wird von diesen Schicksalen nicht betroffen, wohl aber werden es diese Schicksale von der Umgestaltung.

Die Ursachen hierfür und das Verschieben der Gewichte liegen im Charakter der Klassen und der Energieverlagerung. In der »Herzogin von Langeais« hat sich Balzac in längeren Partien mit diesen Vorgängen und ihrer Vorgeschichte befaßt. Der Adel, so kann er hier sagen, hat mit »den Marschallstäben gespielt im Glauben, daß sie die ganze Macht wären«. Dem Verlust der Macht ist die Verblendung vorausgegangen. Und er kann dann fortfahren: »Statt die Insignien, die das Volk schockierten, wegzuwerfen und im Geheimen auf seine Stärke zu achten, hat er die Stärke der Bourgeoisie überlassen, hat er sich auf fatale Weise an seine Insignien geklammert und fortwährend die Gesetze vergessen, die ihm seine zahlenmäßige Schwäche auferlegt. Eine Aristokratie, die kaum mehr als ein Tausendstel einer Gesellschaft ausmacht, muß heute wie früher ihre Aktionsmittel vervielfachen, um in den großen Krisen den Volksmassen gleiches Gewicht entgegenstellen zu können«.[72] Das Register der Vorhaltungen reicht natürlich noch weiter, enthält Klagen über Eigennutz, Disziplinlosigkeit, Abkapselung gegenüber der Außenwelt, Unkenntnis über den Unterschied zwischen Oligarchie und Aristokratie, Desinteresse am allgemeinen Wohl, Untätigkeit. Statt Talente zu absorbieren, hat sie sich gegen sie verschlossen. Was hier mit voller Kenntnis der Folgen dargestellt wird, ist das Bild einer Klasse, die sich längst auf dem Abstieg befunden hat, bevor der Fall in die Machtlosigkeit erfolgte. Privilegien bleiben ihr nur so lange, wie sie die Bedingungen aufrecht erhält, unter denen das Volk sie ihr läßt. Dieser Klasse wird von ihrem Freunde quittiert, daß sie, indem sie sich auf sich selbst zurückgezogen hat, den Anschluß an das Jahrhundert versäumen mußte. Der Romancier muß beklagen, daß die großen Damen mit ihrem Einfluß auf die Sitten und die Literatur zu fehlen beginnen. Sie sind selbst in den Verfall des großen Jahrhunderts hineingeraten. Die Herzogin von Langeais ist wie Stendhals Mathilde eine Ausnahme, aber als solche ein Resümee der alten Tugenden mit der grandiosen Unbedachtheit an der Spitze.

Was hat nun die Aristokratie gegen den unbändigen Willen der Bourgeoisie zu stellen? Balzac hatte die Antwort schon gegeben: ihre historischen Erinnerungen. Ihre einzige Unbändigkeit beschränkt sich jetzt darauf, die Umwelt zum Respekt zu zwingen. Aber es ist nicht die Bourgeoisie allein, die über sie hinweggeht, die Aristokratie zersplittert sich selbst, indem sie über nicht zum Adel zählende Minister spottet und zum Adel zählenden den Weg in die Ministerien verstellt. So hat sie sich über Talleyrand lustig gemacht, der mit »seinem metallenen Schädel« nach Balzacs Meinung der einzige seiner Klasse war, um für die Neuzeit brauchbare politische Systeme zu schmieden. Schließlich ging der Adel sogar so weit, den Bürger auf dessen ureigenstem Felde schlagen zu wollen. Statt sich an die Leistungen seiner großen Vergangenheit zu halten, das Gerichtswesen zu verbessern, Kanäle zu bauen, den Boden zu kultivieren, verkauft er seinen Boden – um an der Börse zu spekulieren.

Wir sehen, daß Balzac die Grundlagen des Adels für die Aufrechterhaltung seiner alten Stellung als zu schmal ansieht, daß nach dem Gesetz der Energieverteilung die Machtverhältnisse sich verschoben haben, daß sie gar nicht anders sein können als sie sind. Von hier aus kann Balzac den Verschiebungen im Energiehaushalt der sich gegenüberstehenden, beobachtenden, Verbindung suchenden, eingehenden und auch wieder lösenden Klassen als dem seinem Großepos zugrunde liegenden Hauptthema beiwohnen. Es fragt sich, ob die Strategie, nach der sich ein Heer von »financiers«, Advokaten, Unternehmern bewegt, nicht Balzacs eigene ist, nach der er die Formationen des entfeudalisierten Adels in der »Comédie Humaine« lautlos aufrollt. Wir wissen, daß der Abdruck der »Duchesse de Langeais« im »Echo de la Jeune France« plötzlich eingestellt wurde, offenbar, weil er den Vorstellungen einiger streng legitimistischer Leser nicht entsprach. Hier können sie erfahren, was sie gewiß nicht wissen wollten und nicht glauben mochten: der Adel ist durch die Revolution ruiniert worden, in der Restauration stürzte er sich so auf die Macht, wie es die Advokaten im Jahre 1830 taten. Seinem Ansehen nützt es nichts, wenn er sich nach dem napoleonischen Zusammenbruch um die Vakanzen streitet und dabei Vorteile hat. Angesichts der sich auf der Leidensseite befindlichen Mittelklassen kann Balzac seine Position wechseln, wenn er in der »Presse« die harten Worte abdrucken läßt: »Die armen Beamten kämpften gegen eine degenerierte Aristokratie, die auf den kommunalen Weiden der Bourgeoisie graste und für ihre ruinierten Kinder Stellen suchte«.[73]

Die Restauration als Versuch, das Ancien Régime aus den verbliebenen Resten wiederherzustellen! Die Wirklichkeit mit ihrem Ämterschacher, der Käuflichkeit fester Pfründe, in Frankreich nie ernsthaft beseitigt, von Napoleon nur eingeschränkt, schafft Balzac den Stoff, um aus dem Vollem zu schöpfen. Als 1825 die Rückerstattungssummen für die Emigranten zu zirkulieren beginnen, u. a. in städtischen Grundrenten und Effekten Anlage finden, Familien des Landadels sich mit einem Schlag in Kapitalrentner bourgeoisen Zuschnitts verwandeln, wird die Frage nach der Herkunft der Landgüter aufgeworfen. Dabei stellt sich heraus, daß ein Teil zur hugenottischen Expropriationsmasse gehört. Ein Grund für die Jakobiner, die Entschädigung, die den Emigranten zu niedrig erschien, als ganz und gar unrechtens zu verwerfen. Immerhin: die Umbildung des provinziellen Landadels in städtische »gentile« Rentner macht weitere Fortschritte. Balzacs Restaurationsszenerie ist von diesem Vorgang unmittelbar betroffen. Der seinen Tilbury fahrende junge Mann, der im übrigen »nichts tut«, ist zweifellos als Typus wieder voll in seine alten Rechte eingesetzt, aber gerät doch mehr und mehr in den Schatten der urbanen Dandies. Lucien de Rubempré muß den Stammbaum seiner Mutter bemühen, um in Angoulême »empfangen« zu werden. Die Verstädterung der entfeudalisierten »Feudalen« wird weiter durch den Kauf der Pairie vorangetrieben. Um die dazu erforderlichen Summen aufzubringen, muß man, wenn man nicht über sie verfügt, unter Umständen großen Landbesitz verkaufen. In »Le Droit d'Ainesse« und den »Mémoires de deux jeunes Mariés« hat Balzac Maßnahmen beschrieben, um über Majorat und Ehekontrakt Gelder außerhalb der Legalität in die Hand zu bekommen. Das Schicksal einer Louise de Chaulieu ist wie das ihrer Standesgenossinnen an die Mitgift gebunden nach der Regel: Es gibt in Frankreich keinen Mann, der eine Frau aus dem Hohen Adel ohne Mitgift heiratet... und wenn, gehört er zur Bourgeoisie. Wo die Geldseite bei den Geblütsklassen eine zusehends größere Rolle spielt, kann gerade die wachsende Liquidität ein neues Schicksal herbeiführen, etwa wenn Geld im Spiel verloren wird und der vornehme Schuldenmacher in Literatur und Leben als Typus seine Stellung festigt. Geldlosigkeit im Zusammenhang mit Gläubigern, die die Verfolgung einleiten, Drangsal verbreiten, zur Flucht zwingen und den Verfolgten in den Stand setzen, die ganze Gloriole seiner Herkunft in Erinnerung zu rufen, wirkt jetzt durch die Rückerstattung an die Emigranten und die weitere Umverteilung des Eigentums zum Fall der neuen Romantik. Unter den Verhältnissen der Restauration kann der Schuldenmacher noch einmal zeigen, wer er ist. Das Mußeideal der zurückgezogen lebenden Aristokratie darf auch da, wo es von den eigenen Gliedern der Klasse außer Kraft gesetzt wird, als solches nicht in Frage gestellt werden. Zweifellos führt der Übergang von der Landbewirtschaftung zur Industrie, auf Dauer zur Erhaltung hoher Revenuen schwer zu vermeiden, schon den Bruch der seigneurialen Ästhetik herbei, deren Boden Balzac selbst bei allen Positionswechseln in seiner Darstellung der Ereignisse nach 1815 nicht verläßt.

Darum ist das Schicksal eines César Birotteau allenfalls beklagenswert. In dem gleichnamigen Roman hat Balzac wie in keinem andern so zusammenhängend das ästhetische System verbürgerlichter Verhaltensformen und zwar an der Geschichte eines Parfümeurs dargestellt. Im Vergleich zu den industriell aktiven Schichten erhält die romaneske Gloriole ein eigentümliches Schimmern, wie umgekehrt die um sich greifende, alles andere beiseite schiebende Tüchtigkeit die Zeichen des Vergeblichen. Birotteaus Aufstieg geht vor sich durch den in der Restauration schon vollzogenen Übergang vom Verkauf zur Produktion medizinischer und Parfümerieerzeugnisse, wo der Luxus- und galante Wert der Produktion zweifellos ein Übergewicht hat. Zum Blühen kommt dieser Typus des Unternehmers erst in den 30er Jahren, als die Verkaufsmethoden durch anziehende Schaufensterdekorationen und entwickeltere Formen der Reklame weiter ausgebildet sind. Von der Luxuswarenherstellung und den Modewerkstätten wird wie von sonst kaum einem Erwerbszweig die Fetischisierung der Ware vorangetrieben. Elixiere mit fremdländisch klingenden Namen werden angeboten, denen die »Wissenschaft« ihre Heilkraft bestätigt und den Weg zur gesteigerten industriellen Herstellung vorbereitet. César Birotteau gehört als Fabrikant durch seine Grundstücksspekulationen auch der finanziellen Bourgeoisie an, die gegenüber der industriellen Bourgeoisie lange Zeit die entwickeltere war. Die in Frage stehenden dreihunderttausend Franken für die Beteiligung am Erwerb von Bauland in der Nähe der Madelaine nehmen sich gegenüber den später bei Zola genannten Summen während der Haussmannperiode natürlich noch bescheiden aus. Aber gerade die hier von Balzac aufgezeigten Übergänge vom finanziellen zum industriellen Flügel der Bourgeoisie bei grundsätzlicher Unabhängigkeit voneinander zeigt schon die Schwerkraft auf, im Zusammenwirken von durch Kapital zustandegekommener Verrentung mit durch Verrentung zustandegekommenem Kapital die entfeudalisierten »Feudalen«, wo sie um relativ unveränderte Lebensführung besorgt sind, ins Don-Quijotische zu verweisen. Balzac läßt die Geschichte von der Revolution bis ins Jahr 1823 spielen, hat aber schon teilweise Verhältnisse der Julimonarchie vor Augen und überträgt bestimmte Modelle der geldwirtschaftlich entwickelteren Phase, etwa Schaufensterausstattungen der Place Vendôme, auf die zeitlich zurückliegende Handlung. Warum Balzac mit der Biographie eines Parfümeurs die Zeitverhältnisse wie mit keinem anderen Beruf wiedergeben konnte, ergibt sich aus den hier vorhandenen, auf die Spitze getriebenen Konkurrenzverhältnissen. J. H. Donnard spricht von einem »Schrittmacher-Handel, einem dynamischen Handel, wo die Unternehmerinitiative freie Bahn vorfindet«.[74] Anfertigung, Handel und Verkauf der hier in Frage kommenden Präparate lassen an Aussichten alles andere hinter sich zurück, zwingen aber – wie es Balzac an der Gestalt des César Birotteau darstellt – den Parfümeur zu Anpassungen an die jeweils herrschende politische Richtung. Der Luxuswarenhändler ist seiner Klientel entsprechend royalistisch, bedient vorwiegend ein höfisch gesinntes Publikum, hat beim Fall des Königtums Einkommensverluste zu befürchten und wird zum zwangsläufigen Anhänger der Versuche, ein legitimistisches Regime wieder einzuführen.

Das bereits in der restaurierten Monarchie vor sich gehende weitere Vorrücken der Bourgeoisie erfolgt am raschesten freilich über ihren finanziellen Flügel mit einer in sich heterogenen Schicht von Bankiers, »financiers«, Geldhändlern, denen die maschinelle Ausnutzung des Kapitals aus verschiedenen Gründen verwehrt oder denen wenig daran gelegen ist, weil sie eine schnelle Verfügbarkeit darüber in jedem Falle bevorzugen. In ihrem Gefolge zieht eine ganze Armee anonymer Geldverleiher mit, die, wie Balzac uns in der »Monarchie du Rentier« versichert, fünfzig Prozent Zinsen in einem halben Jahr fordern und auch bekommen. Daran gemessen erscheint ihm Molières Harpagon als eine inzwischen harmlos gewordene historische Gestalt (La Mode de Janvier). Denn inzwischen verfügt der Geldverleih über den ersten Rang im Theater, Karossen, Diamanten, Lakaien. An der Spitze steht natürlich Gobseck und dahinter ein verbreiteter Geldhandel, darunter Apotheker und Notare der Provinz, die die Lage ihrer Klienten genau kennen, auch reich gewordene Unternehmer, ein Grandet oder ein Shylock en miniature wie der kleine Molineux. Man darf sich nicht darüber hinwegtäuschen, daß Balzac, der aus dem okkulten Syndikat der Wucherer einige seiner größten Schurken rekrutiert und mit ihnen ein romaneskes Halbdunkel beschwört, auch ohne den Anspruch des Moralisten ihre verhängnisvolle Rolle genau erkannt hat. Sie sind es, die Schicksale auslösen, indem sie ihre Kreditnehmer in den Bankrott hineintreiben. So kann Donnard den »César Birotteau« ein »trauriges Drama des Kredit«[75] nennen. Fehlen in der Provinz die offiziellen Bankinstitute fast ganz, die den privaten und verbotenen Geldverleih ersetzen könnten, so schließen sie in der Hauptstadt die kleinen Unternehmer von der Kreditvergabe aus. Der Geldverleih erfordert keinen umständlichen Apparat, zieht die Arbeitsvorgänge auf den Akt der Geldvergabe zusammen und nähert die Revenuen den alten arbeitslos zufließenden Grundrenten an, kann sie mit wachsendem Geldumlauf an Höhe leicht und schnell überbieten und ins Altertümliche hinabdrücken. Mit der finanziellen Rotüre als ihrer Vorhut überschreitet die Bourgeoisie am frühesten die Grenze zum historischen Adel, kann sie dieses Überschreiten zumindest am ehesten fingieren. Balzac, der diesen Vorgang in den Mittelpunkt seiner Soziologie stellt, hat ihn auf die verschiedenste Weise dargestellt und gedeutet. Er war zum Zeugen geworden, wie die Gerontokratie Karls X. hinweggefegt wurde, aber die neuen Herren mit Thiers als ihrem Anführer stellen sich als neue bürgerliche Dynastien vor, die nichts anderes im Sinn haben, als die Nachfolge des alten Dynastien anzutreten und statt des Stammbaums das Geld dazu mitbringen. Mit Thiers verlagern sie politisch – wenigstens dem Scheine nach – ihre Aktivität ins Parlament. Wenn Balzac die parlamentarische Komödie in seine »menschliche Komödie« einfügt, kann man den Eindruck haben, es handele sich um Verzerrungen aus der Feder eines Gegners dieser Institution. Aber was als Karikatur des Parlaments erscheinen mochte, das am 5. und 10. April 1831 Gesetze vor leeren Bänken verabschiedet, Abgeordnete als ungeschminkte Lobby in eigener Sache auftreten läßt und schließlich als Interessenverwaltung einiger Minister fungiert, verwandelt sich in dem Augenblick in eine traurige Vision, wo zwanzig Jahre später ein Diktator, ohne Widerstand zu finden, es auseinandertreiben wird.

Wie sieht Balzac als Romancier den Wechsel von der legitimen Monarchie Karls X. zur liberalen Bürgermonarchie Louis Philippes? Er sieht ihn als Bruch, der zugleich die Kontinuität fortführen läßt. Die Karrieren in der Administration werden davon nicht betroffen. Ein Marsay wird nach seinem Aufstieg unter der »Älteren Linie« im Jahre 1833 unter der Jüngeren Linie »Président du Conseil«, Rastignac 1832 Unterstaatssekretär und einige Jahre später Minister. Über ihre Aktionen erfahren wir darum nichts, weil Balzac den Entwurf der politischen Szenenbilder nicht mehr ausführen konnte. Aber so wie Talleyrand in der Restauration unentbehrlich war und es nach der Julirevolution bleiben wird, haben die bürgerlichen Dynastien unter der Restauration ihr Vermögen weiter vergrößert und können mit Louis Philippe schon einen König ihrer Wahl stellen. Aber sie können noch mehr: sie können, ursprünglich gegen das Erbprinzip der Staatspfründen, über das zensitäre Wahlverfahren und die Institution der Pairie bereits den erblichen Deputierten schaffen. Der Verfasser des »César Birotteau« hat sich ausdrücklich mit dem Umstand befaßt, daß man für einen Sitz in der Kammer Geld benötigt: Geld, das besorgt werden kann und von nun an gewissermaßen in der Blutbahn des Deputierten kreist und seine Denkbewegungen kontrolliert.

Zunächst gehört das Parlament mit den großen Rednern zu dem Instrument, das die Bourgeoisie besser zu handhaben versteht, als es die entfeudalisierten Reste können, und das schließlich dazu dient, sich langsam dieser zu entledigen. Hier wird die Klasse der neuen Dynastien ihre Überlegenheit zeigen, indem sie nicht nur die Opposition zuläßt, sondern sie mit ihrem Gelde ausstattet. Bürgerlich-parlamentarische Systeme sind nur möglich, wo ein Übergewicht der Kapitalrente über die aus der historischen Feudalität herausgewachsene Bodenrente wie in England während des 17. Jahrhunderts besteht oder die feudale Rente bis zum Nichtvorhandensein zurückgebildet ist wie in Frankreich im 19. Jahrhundert; wo darüber hinaus die Fähigkeit der bügerlichen Klassen, durch ihre Ideologie sich selbst in Frage zu stellen, einen Bund eingeht mit der Skepsis als beständiger Sicherheitsvorkehrung. Das Parlament, so wird sich 1848 zeigen, hat seine Gegner von außen zu gewärtigen, hat aber auch das Spiel der Claqueure, der zufälligen Mehrheiten, der zeitweilig zusammengebrachten und wieder voneinander gelösten Faktionen zu überstehen; es braucht die eingefädelte Intrige, die es in die Krise hineinstürzt und ohne die es nicht existenzfähig wäre; es braucht eine Handvoll Deputierter, die auf diesem Instrument spielen können. In der Darstellung des parlamentarischen Alltags führt der Weg von Balzac unmittelbar zu Zola. Für Balzac ist – wie er in der »Chronique de Paris« vom 6. März 1836 schreibt – Thiers der Mann des Parlaments, »der die Doktrinäre gespielt hat« und »Frankreich spielen wird«, weil er die ihn für das System befähigenden Eigenschaften besitzt: »ambitieux, parvenu, homme d'esprit et journaliste«.

Nachdem Balzac in der »Duchesse de Langeais« unbarmherzig mit dem Adel verfahren war, hält er strenges Gericht über die Bourgeoisie und ihre ideologischen Gewährsmänner, die durch die Revolution an die Macht gelangt sind und nun ihre Versprechungen Schritt für Schritt in Vergessenheit bringen wollen. Das Schema seiner Apologetik wird zwar in der Folge von den unterschiedlichsten Erzählstoffen bewachsen, bleibt aber bis zu seinem Spätroman »Les Paysans« das gleiche, wenn er vor der Eigenständigkeit der Kommunen warnt. Was kann daraus erwachsen, wo man sie sich selbst überläßt? Man schafft eine feudale Einrichtung, aber ohne die großartige Form von ehemals und dafür in ihrem Funktionieren unberechenbarer. Die politischen Tendenzen dieses Romans richten sich gegen die Schwächen solcher kommunalen Zellen, die in das durch den Konvent und den Fall Napoleons geschaffene Vakuum gelangen und deren Zweck durch ihre Schwerkraft zwangsläufig der sein muß, an die Stelle der alten tyrannischen, aber vergleichsweise milden Feudalität eine neue und ganz und gar gnadenlose zu setzen. Wieder steht Balzac auf der Seite der Opfer, hier des napoleonischen Generals Montcornet, der gegen die abtötende Öde vergeblich ankämpft und am Ende in diesem Kampf aller gegen einen niedergerungen wird. Aber Balzac erzählt ja, wie uns der Titel dieses Werkes belehrt, weniger die Geschichte einer Einzelgestalt, sondern vorweg die Geschichte einer Klasse, der der Fall des Generals untergeordnet ist. Es gehört zur realistischen Kunst Balzacs, daß er das Schicksal Montcornets nicht unabhängig sieht vom Schicksal der Kleinbauern als der von der Bourgeoisie durch Parzellierung des alten Domänenlandes geschaffenen und dann über den Zins ruinierten, zu jedem Aufschwung unfähigen Klasse. In den Spätwerken konzentriert sich Balzacs Interesse für aus den Klassenverhältnissen entwickelte Einzelfälle auf die umwälzenden Bewegungen ganzer Gesellschaftsklassen. Neben »Les Paysans« bleiben ebenfalls als unabgeschlossener Nachlaßroman »Les Petit-Bourgeois« zurück. Es spricht für sich, wenn Balzac im Vorwort seinen Bauernroman den wichtigsten je unternommenen Romanversuch überhaupt nennt und anschließend erklärt: »Ich studiere das Fortschreiten meiner Epoche und veröffentliche dieses Werk.« »La marche de mon époque«, sichtbar an einer sozialen Verschiebungsbewegung, hier der Erzeugung einer Klasse von »Pionieren« und »Nagetieren«, die den Boden zerstückelt, einen Morgen Land in hundert Parzellen aufteilt und zu »diesem Festschmaus durch ein Kleinbürgertum eingeladen ist, das aus ihr gleichzeitig seinen Bundesgenossen und seine Beute macht!«[76] Hier sieht er den Ausgangspunkt für weitere Umschichtungsvorgänge, die zugleich die Ergebnisse von 1792 und 1830 revidieren. Es ist dabei für den hohen Rang gerade dieses Werk ohne Belang, daß Balzac sich mit seiner Prognose täuscht, daß die Entwicklung in Frankreich in der zweiten Hälfte des 19. Jahrhunderts einen anderen Verlauf nimmt. Die von ihm dargestellte Übermacht der Bourgeoisie bleibt in jedem Fall im Spiel.

Unabhängig von der Richtigkeit der Prognose Balzacs für die Zukunft läßt die Visionskraft den Verfasser der »Comédie Humaine« nie im Stich. Eine Stadt, ein Quartier, ein Flecken werden vor seinem Auge Schicht für Schicht freigelegt, es wird gesagt, wie sie im Verlaufe der historischen Entwicklung zu dem wurden, was sie sind. Aber ebenso kann ein Ort im Wechsel der Zeit überdauern. Ein Beispiel dafür ist der Anfang von »Béatrix« mit der Schilderung von Guérande, einer kleinen Stadt in der Bretagne, die in ihrem Erscheinungsbild die *féodalen* Verhältnisse über Revolution und Kaisertum hinaus erhalten hat. Aber solcher Eindruck täuscht. Denn Balzac weiß, daß ein Volk manchmal in einem Jahrzehnt mehr altert als in einem Jahrhundert und in einer kurzen Zeitspanne die Aufschübe und Verzögerungen mit einem einzigen Schlage nachholt. Auch diese Einsicht ist aus der gleichen Visionskraft hervorgegangen, wie Balzac sie dem Louis Lambert verleiht, der bei einer Beschreibung der Schlacht von Austerlitz die Kanonen, die Schreie der Soldaten, den Hufschlag der Pferde zu hören und den Pulverdampf zu riechen glaubt: mit kaum einer anderen Gestalt hat sich Balzac mehr identifiziert als mit Louis Lambert.

Balzacs beschreibende Kunst hält schon alle wichtigen sezierenden Mittel im Sinne des Materialismus bereit, den er nicht bejaht, gegen den er sich sogar nachdrücklich wendet. Taine hat sehr früh auf diesen Zusammenhang aufmerksam gemacht, der zur Praxis von Balzacs Erzählen gehört, wenn er im »Journal des Débats« (Februar/März 1858) schreibt: »er fällt nicht mit der Tür ins Haus und heftig, wie Shakespeare oder Saint-Simon, in die Seele seiner Gestalten; er geht um sie herum, geduldig, abwägend, als Anatom, einen Muskel zeigend, dann einen Knochen, dann einen Nerv, und gelangt zum Gehirn und zum Herzen nur, nachdem er den ganzen Kreis der Organe und der Funktionen durchlaufen hat«. Leben läßt sich überzeugend nur von seinen Ursachen her beschreiben. Der Vorgang des Abtastens oder Beobachtens mechanischer Funktionen beim Körper eines einzelnen wie einer Gesellschaftsklasse kann nicht oder nur mit Nachteilen für die Gesamteinsicht in den jeweiligen Organismus unterschlagen werden.

Taine sieht Balzac als Pariser und Geschäftsmann. Geld ist der Tyrann seines Lebens. Aber in dem persönlich gefärbten sklavischen Verhältnis zum Geld kommt für Taine ein allgemeines historisch entwickeltes Lebensgesetz zum Ausdruck, in dem sich ein neues Zeitalter selber darstellt. Denn »das Geld ist die große Triebfeder des modernen Lebens«.[77] Mit dieser Einsicht in den neuen Totalitätscharakter des Geldes, nicht in der Psychologie der Charaktere, nicht im Entwurf von »modernen Gestalten«, worin sich Stendhal als der Überlegenere erweist, kommt die mit dem Vorrücken der Zeit entstehende Thematik Balzacs zu ihren eigentlichen Gegenständen. Als Schriftsteller ist Balzac von der Idee geleitet, »daß Wirtschaft werteschaffendes Tun aller Art ist, daß Intelligenz und Produktion verschwistert sind«,[78] eine in Deutschland im 19. Jahrhundert auf höchster künstlerischer Ebene weitgehend unbearbeitet gebliebene Thematik der Literatur, was zusammenhängt mit der Zurückgebliebenheit der deutschen industriellen und wirtschaftlichen Entwicklung. Balzacs Darstellungsweisen entsprechen von der technischen Seite her seiner Thematik, und das heißt auch stets seiner Weltansicht. Dem Sehen liegt eine immer wieder angewandte Methode zugrunde. Taine findet hier das Milieu als mithandelnden Faktor am Werk. Bevor er erzählend in den Verlauf der Begebenheiten eintritt, schildert Balzac in der Regel zunächst die Stadt, die Straße, das Haus, läßt er sich genau über das Material der Tür aus, spricht er von der Anordnung der Wohnung, wie die Möbel plaziert sind, von der Kleidung, er beschreibt die Form der Hände, bestimmter charakteristischer Körperteile, Nase, Kinn, Lippen, erwähnt die Gesten. Dann beschäftigt er sich mit der Herkunft, der Erziehung seiner Gestalten, führt den Besitz in Grundeigentum und in festen Einkünften an, beschäftigt sich mit Beruf, Gewohnheiten, Geldausgaben, nennt die Gerichte und Weinsorten, die bevorzugt werden. Taine zieht sein Fazit: Balzac ist »naturaliste«, und er ist es, weil ihm das »Ideal« fehlt.

Man mag über die Berechtigung streiten, Balzac mit dem Namen einer erst anderthalb Jahrzehnte nach seinem Tode auftretenden Schule zu belegen, sein Schreiben überhaupt so einschränkend zu bezeichnen. Den vorherrschenden Zug des illusionslosen Sehens bei Balzac, die Gegenstände von ihrer Natur her wahrzunehmen und ihnen dann die Konventionen gegenüberzustellen, um sie von ihnen entstellen und gegebenenfalls vernichten zu lassen, diese durch seine Kunst hindurchwirkende Wirklichkeitstreue Balazcs hat Taine ins volle Licht gebracht. Es gehört zu Balzacs schriftstellerischer Größe, sich im Erzählen um seine eigentlichen ideologischen Fixpunkte wie Monarchie und Religion, Adel und Klerus zu drehen und noch im Lobpreis ihre Geheimnisse zu verraten. Wenn Donnard sagt: »es gibt keinen indiskreteren Romancier als Balzac«,[79] so trifft das gerade gegenüber den von ihm bevorzugten Mächten und Klassen zu. Er schreibt als Bewunderer des Adels zugleich dessen Pathologie, wie sie den Erwartungen des Jakobiners Stendhal gar nicht gelegener sein könnte, der als Republikaner ein Gefühl für seine große kriegerische Vergangenheit bewahrt hat. Die »Scènes de la Vie Parisienne« lassen die Soutane als außerordentlich geeignetes Kostüm erscheinen, Verbrechen zu verbergen und zwar solche, die noch grausamer sind als die, die Stendhal dem Klerus zutraut. Balzacs Bewunderung für die Kraft, für biologisches Behaupten, das sich im Aufstieg in der Gesellschaft, in der gelungenen Verstellung, in Intrigen, im Erobern von Frauen und Reichtümern zeigt, unterliegt keiner Illusion: »Die Mehrzahl seiner Schurken sind am Ende reich, tituliert, mächtig, Deputierte, Generalprokureur, Präfekte, Grafen«.[80] Als Institution ist für Balzac die Ehe im Blick auf die Interessen des Geldes gegründet. Geld und Ehe sind in der Zusammengehörigkeit der Thematik Ausgangspunkt für den Romancier Balzac, sie sind in dieser Zusammengehörigkeit das große Arsenal, aus dem das Elend sich immer wieder erneuert. Mit den Konventionen werden der Ehe die Illusionen genommen. Der Gedanke des Mannes an die zu bezahlenden Rechnungen nehmen der Schönheit der Frau den Reiz. Die Frau heiratet eine Kalesche und einen festen Platz in der Oper. Für die Natur ist von den Konventionen nicht viel zu erwarten. Wenn Balzac als Romancier für die Gesellschaft und ihre Konventionen gegen die Natur eintritt, dann darum, weil ihm seine untrüglichen Instinkte sagen, daß die neuen bourgeoisen Voraussetzungen unerläßlich sind für sein Schreiben, es selbst auf einer nicht rückgängig zu machenden gesellschaftlichen Entwicklung beruht. Aber die von den Konventionen beleidigte, zu Schanden gemachte Natur als das, was bleibt, bricht immer wieder elementar durch, leuchtet auf, rächt sich auf listige wie auf grandiose Weise und macht so die echte Tragik der erzählten Geschichte erst möglich.

Das Verständnis der »Grundregeln« von Balzacs »Technik« wird erschwert durch ihre häufige Preisgabe. Er kann sie anwenden oder auf sie verzichten. Dazu gehört etwa die Vorschrift, die Daniel d'Arthez für Lucien de Rubempré macht, d.h. Balzac für Balzac: an den Anfang lange Gespräche zu stellen, anschließend zur Milieubestimmung zu kommen und dann den Übergang zur Handlung einzuleiten. Ebenso unverbindlich bleibt der Vorschlag, eine historische Gestalt gegen Ende des Werks heraufziehen zu lassen. Aber die formale Indifferenz des bürgerlichen Romans läßt ihn bedenkenlos und im Vertrauen auf die persönliche Gabe des Erzählenkönnens Bausteine der Handlung auswechseln. Die Zwangsläufigkeit, mit der ein Geschehen vorangetrieben wird, hat ihre Grenzen. Bauelemente des Erzählens lassen sich wie selbständig ausgeführte Brückenteile hier und dort verwenden. Sie können bereits vom Entwurf her für den Austausch vorbereitet werden. Sein Vorrat an Entwürfen gestattet ihm, wie ein Stratege vorhandene Truppenteile nach Bedarf einzusetzen. So ist »Une Fille d'Eve« aus einem Konzept von »Béatrix« hervorgegangen, die er mit einem neuen Anfang versieht, nämlich mit der Schilderung der Stadt Guérande, wobei er auf Erinnerungen an seine 1830 unternommene Reise in die Bretagne zurückgreift. Balzac hat Romane mit dichter, an Ereignissen sich überstürzender Handlung geschrieben und solche, in denen die Beschreibungen überwiegen. Wenn er – wie in der Vorrede zu »Béatrix« – sich ausdrücklich für die Romane mit »Längen« und gegen die feuilletonistische Bewegtheit ausspricht, also für Werke wie »Eugénie Grandet«, »La Recherche de l'Absolu«, »Le Médicin de Campagne« gegen »Un Grand Homme de Province à Paris«, dann geschieht das aus der Selbsterkenntnis, daß die Größe seiner Erzählkunst weniger in den Dialogen als in den Beschreibungen, den blitzhaft aufleuchtenden, Jahrhunderte auf knappem Raum zusammenrückenden Sätzen zum Ausdruck kommt. Ein paar Striche genügen, um einen Stadtteil, eine Provinz zu charakterisieren, die Häutungsvorgänge innerhalb gesellschaftlicher Klassen darzustellen, diese Klassen auf ihre Rudimente, d.h. ihren Anteil oder Nicht-Anteil an Boden- und Kapitaleinkünften zurückzuführen, aus Anspruch und Wirklichkeit die »Psychologie« als Verhaltensweisen der Männer und Frauen sowie ihren Umgang mit den »Sachen« hervorgehen zu lassen. Das Wesen der von ihm angetroffenen Gesellschaft ist eben ihre Aufspaltung, ihre Organisierung durch verschiedene Berufsgruppen, Tätigkeiten oder Untätigkeiten, Höhe der Einkünfte, geblütliche Fixiertheit, was sie im »État social«, dem Zwang zur allgemeinen Anpassung, zusammenführt. Gegen die Ziele der Revolution ist ihre Ungleichheit in der Praxis vollkommen. Unter Berufung auf Buffons Tierarten kann Balzac den Unterschied zwischen einem Soldaten, Arbeiter, Administrator, Advokat, Müßiggänger, Gelehrten, Staatsmann, Händler, Seemann, Dichter, Armen, Priester so groß finden wie zwischen einem Wolf, Löwen, Esel, Rabe, Hai, Seekalb, Lamm usw. Aber dieser »État social« hat ausdrücklich die »Natur« schon hinter sich gelassen und steht unter dem Gesetz des Zufalls, wie ihn die »Natur« nicht kennt.

Die Zugehörigkeit zu den von der gesellschaftlichen Organisation hervorgebrachten Gruppen oder Tätigkeiten ist also eine zufällige. Der Einzelne hat darüber keine Verfügungsgewalt. Gegenüber der Arbeit des Zoologen Buffon erschweren die mehr oder weniger vorhandene Intelligenz sowie die Leidenschaften des Menschen eine Darstellung des »État social«. Die Tiere haben kein Mobiliar, keine Künste und Wissenschaften, während die Menschen sich jeweils nach dem jeweiligen geschichtlich-zivilisatorischen Entwicklungsgrad, hierauf zustandegekommenen Gewohnheiten wie der Art ihrer Bekleidung, der Sprache, der Wohnung verhalten. Mit den in der Vorrede von 1842 noch einmal ausgesprochenen Erfahrungen hat sich Balzac bei der Arbeit an diesem größten Romanwerk der Weltliteratur aus der bloßen Abstraktion herausgelöst und faßt sie von der Einsicht in die Verschiebungsvorgänge durch den Sturz der Feudalrentner und den Aufstieg der Kapitalrentner als Kern der Bourgeoisie zusammen mit dem Resümee, daß in den daraus folgenden Verhältnissen ein Gewürzkrämer Pair von Frankreich werden und ein Adliger sich auf der untersten Sprosse der sozialen Leiter befinden kann. Auslösendes Moment dieser Verschiebung war die Entdeckung des Eigentums und noch mehr die unbegrenzte Verfügbarkeit darüber durch die neue besitzende Klasse, die mit der daraus hervorgehenden Praxis die Geldzirkulation in raschere Bewegung bringt und so den Umschwung der frühen 90er Jahre »verewigt«. Mit dem Eigentum kommen die »Sachen« ins Spiel, sie schieben sich als Bodenbesitz, Häuser, Mitgiften, Erbschaften, Pensionen usw. zwischen die Menschen, bedeuten eine dritte Größe in ihrem Umgang miteinander und geben den Leidenschaften eine besondere Tönung.

In diesem Verkehr zwischen Mensch und Mensch über das Medium der Sache kann der Zufall seine unbeschränkte Macht antreten. Der Zufall ist einfallsreicher als der größte Romancier, kann uns Balzac versichern. An welchem Ort in diesem Teufelstanz der Besessenen sich jemand bewegt, ist nicht Ausdruck der freien Wahl. »Leidenschaften«, »Laster« und »Tugenden« haben sich im »État social« von der »Natur« selbständig gemacht, unterliegen eigenen Gesetzen und verlangen vom Maler eines Gesellschaftsgemäldes, wie Balzac sich versteht, die Kenntnis des ganzen Inventars der »Sitten«, d. h. auch immer der vom Umgang mit den »Sachen« getönten »menschlichen Dinge« (»choses humaines«).

Die Ausführungen Balzacs in seinem Vorwort zur »Comédie Humaine« wären nicht so bedeutsam, wie sie sind, wenn sie nicht tief in die Praxis des eigenen Schreibens eindringen würden. Es scheint eine persönlich voreingenommene Auffassung zu sein, wo er es Scott als Verdienst anrechnet, dem Roman »philosophischen Wert« und einen bis dahin unbekannten Rang verliehen zu haben, der ihm als Verfasser des zyklischen Großgemäldes zustatten kommt. Warum das so ist, hat auch die von Balzac angeführten formalen Gründe. Im Roman hat Scott Drama, Dialog, Porträt, Landschaftszeichnung, Beschreibung miteinander vereinigt; er hat damit das getan, was Balzac mit seinen Mitteln und einem auf dreitausend Personen erweiterten Mitspielerkreis tut. Mit dem Verständnis des Romans als einer gültig gewordenen dichterischen Form, die ganz verschiedene Formelemente in sich verarbeitet hat, zeigt Balzac eine sehr ernstzunehmende Einschätzung der Prosa-Epopöe, insofern, als im Rückblick keine andere literarische Form an Bedeutung, ganz zu schweigen von der Verbreitung, den nach-Scottschen bürgerlichen Roman des 19. Jahrunderts übertrifft. Natürlich kennt Balzac die entscheidenden Ursachen, und er erkennt sie in dem Sturz der Hohen Posie durch die fortschreitende Verbürgerlichung der Lebensvorgänge, die Prosaisierung der Poesie, die zwar im Roman noch mit dem »Wunder« rechnet, es aber mehr und mehr durch eine Gebrauchssprache (»familiarité des plus humbles langages«) dem »Wahren« annähert. Balzac hat in den »Illusions Perdues« den mit bloßem Auge nicht ohne weiteres wahrnehmbaren Rückzug der Stanzen, Sonette, Jamben und Alexandriner als royalistische Salon- und Stammbuchpoesie dargestellt, er sympathisiert sogar mit dieser von den Zügen der stilisierten Veralterung betroffenen Verskunst, die ihm bekanntlich wenig geläufig war. Es handelt sich hierbei freilich um die eher diskrete Vorwegnahme einer Entwicklung, deren Verlauf sich erst bei nachlassender Bedeutung verslich gebundener Rede, und zwar über große Höhepunkte der Verspoesie hinweg abzeichnet. Entscheidend ist, daß Balzac die Wende für den auf der Höhe der Zeit befindlichen Roman in der historischen Erzählprosa Scotts sieht, den er bei aller Bewunderung damit charakterisiert, daß er seine Romankompositionen nicht zu einem einzigen historischen Ganzen vereinigt habe.

Das gehört indessen zum Bauprinzip Balzacs. Seine Vorrede zur »Comédie Humaine« legt dabei Rechenschaft darüber ab, wie der Kompositeur in seiner Darstellung sich eine genaue Wiedergabe hat angelegen sein lassen. Wirklichkeitstreue ist die oberste Richtschnur für diese Kunst. Das bedeutet für ihn konkret die Frage: wie weit hat sich die Gesellschaft von den »ewigen« Regeln des »Wahren« und »Schönen« entfernt, wie weit ist sie aus der Natur herausgefallen? Denn durch die Gesellschaft als »État social« werden – wer hätte das überzeugender dargestellt als Balzac – Giftströme der Besessenheiten, Leidenschaften, Ambitionen hindurchgeschickt, die sie in Bewegung setzen und ihren Wandel herbeiführen. Aber Balzac bleibt bei der Rousseauschen Einsichtigkeit vom verderbten Charakter der Gesellschaft nicht stehen, er sieht, und gerade bei dem von ihm beklagten Aufstieg der Mittelklassen, den Menschen perfektionierende Züge am Werk. Es wird ein neues Stadium der Geschichte betreten. Um diesen Übergang darzustellen, muß man nach den Gründen und dem verborgenen Sinn in dieser Versammlung von Gestalten, Leidenschaften und Ereignissen suchen. Die Abbildung der Gesellschaft in dem monumentalen Romanwerk führt zwangsläufig auf die Ursachen für die Bewegung und zeigt die unendliche Zahl der sie durchzuckenden Motive, die Unruhe, die sie aufwiegelt. Wenn sich Balzac als Schriftsteller auf die Seite der Religion und der Monarchie stellt, wenn er überhaupt dem Schriftsteller eine Parteinahme für verharrende Ideen abnötigen möchte, dann weiß er wie niemand sonst um diese Zeit, daß der Roman in der Kopie der Wirklichkeit eher dem Verwerflichen zuneigt als dem Guten. Gerade dieses im künstlerischen Alltag bestätigten Umstandes wegen muß er sich selbst gegen den Vorwurf des Sensualismus und Materialismus rechtfertigen, was nichts anderes bedeutet als: gegen den Tadel der Immoralität. Er verteidigt sich mit dem Hinweis, mehr tugendhafte als untugendhafte Personen dargestellt, Verbrechern die gerechte Strafe zugedacht zu haben, und zwar immer im Blick auf eine andere unerläßliche Wahrheit des Romanciers: sich auf »das schöne Ideal« zuzubewegen. In die grausamen Besessenheiten ragt die Vorstellung von der »besseren Welt« hinein. Hier sind Extreme auf einen einzigen Nenner gebracht. Ohne Leidenschaften kann der Romancier nicht auskommen, weil sie menschlich sind. Ohne Leidenschaften gäbe es keine Geschichte, wäre die Religion überflüssig und der Roman unergiebig.

Mit dieser Selbstbestimmmung als Romancier grenzt sich Balzac vom Historiker ab. Er hat den Unterschied auf verschiedene Weise gesehen und zu umschreiben versucht. Die Unvergleichlichkeit seines Riesenunternehmens, der er sich sehr genau bewußt ist, läßt in ihm das Gefühl aufkommen, als neuer Weltenschöpfer dem Politiker durch die größere Nähe zum Menschlichen, dem Historiker durch die größere Freiheit im Umgang mit den Tatsachen überlegen zu sein. Die Geschichte soll für den Historiker das sein, was sie in Wirklichkeit war, während der Romancier bei ihrer Darstellung eine unbefangene Hand zeigen kann. Aber der Roman wäre bei allem Recht zur erhöhten Wahrheit nichts, wenn er in den die menschliche Seite betreffenden Details nicht wahr wäre. Hier bricht der bei Balzac nie abzuweisende, noch in der »Séraphita« gegenwärtige Realismus als eine am Wirklichen ausgebildete meisterschaftliche Kraft seines Schreibens durch. Wiederholbar wird dieses Schreiben – bei aller Kenntnis seiner technischen Voraussetzungen, bei dem Eindruck, es verhältnismäßig leicht nachmachen zu können – in der Folge nicht sein. Alle Mühe, auf Balzacs Wegen fortzufahren, bei der scheinbaren Kunstlosigkeit mancher Partien mit ihren Alltagsvorgängen anzuknüpfen, sollte erfolglos enden. Eine geglückte Balzacnachfolge hat es nicht gegeben.

Mit Balzac hat unsere eigene Gegenwart begonnen. Die Darstellung vom Räderwerk der französischen Gesellschaft seiner Zeit bedeutete ein Unternehmen, zu dem sich »Übermensch« und »Galeerensklave« vereinigt haben, wo sich die geballteste Subjektivität des Künstlers am objektiven Verlauf eines großen geschichtlichen Wandels orientiert und dabei erfährt, daß erfindungsreicher als die größte Phantasie eines Erzählers die Wirklichkeit ist. Die Geschichte selbst bedeutet nach seinen eigenen Worten schon geschriebene Vorlage: »Die französische Gesellschaft war der Historiker, ich brauchte nur der Sekretär zu sein«.[81]

Der Romancier Balzac hat sich immer als Enzyklopädist verstanden. Die »Comédie Humaine« meint vom französischen Schauplatz aus das Universum, das »Himmel« und »Hölle« vereinigt. Am Anfang von Balzacs schriftstellerischer Laufbahn stand das Sammeln von Tatsachen aus allen Bereichen aller Wissenschaften: Philosophie, Anatomie, Medizin, Astronomie, Recht, Kriminalwesen, Sprachgeschichte, Chemie, Kriegsgeschichte, Sozialwissenschaften. Nichts an Umständen ist zu unbedeutend, um nicht beim Bau der imaginären Welt verwandt zu werden. Schon die zeitgenössische Kritik richtet sich gegen die stilistischen Verstöße, an denen bei Balzacs erzählerischer Bearbeitung seiner unerschöpflichen Materialmasse kein Mangel ist. Aber die stilistische Perfektion bedeutet ihm angesichts seines Dranges nach Erkenntnis wie auch der äußeren Bedrängnisse seiner wirtschaftlichen Existenz, die ihm dazu wenig Zeit läßt, nicht alles. Balzacs Denken begnügt sich von Anfang an nicht mit den literarischen Formen. Er sieht die »Kunst« lange vor Taine schon im Zusammenhang mit der »Naturgeschichte« und ist auch hier der größere Vorläufer Zolas, der seinen Romanzyklus expressis verbis von deren »wissenschaftlich« gesehenen Grundlagen aus entwerfen wird. Es gehört Balzacs klinisch geschultes Auge zur Ausstattung des »Naturalisten«, der den Menschen von der organischen Seite her wahrnimmt, ihn immer auch vom Funktionieren seines körperlichen Mechanismus her versteht. Balzac als Mediziner, wie Taine ihn deutet, ist in erster Linie »Physiologe«. Mit dem Wort selbst hat er sich auch außer dem frühen Roman »Physiologie du Mariage« auf verschiedenste spielerische Weise verständlich gemacht. So phantastisch er als »Physiologe« verfährt, so sehr die wissenschaftliche Physiologie über ihn hinausgeht, so zeigt das Sehen organischer Funktionszusammenhänge, wie Nutzen und Schaden für den Körper durch bestimmte Luftverhältnisse, durch Genußmittel wie Alkohol und Tabak und weiter die Bedeutung falscher Ernährungsweisen für das Schicksal ganzer Völker die umstürzende Neuartigkeit seiner Interessen an.

Wer war schließlich Balzac in seinem gesellschaftlichen Sein selber? Balzac, der in seiner Arbeitsweise ohne die von der Bourgeoisie geschaffenen Produktionskräfte, und zwar bei voller Einsicht in diese Tatsache, als Schriftsteller nicht vorstellbar wäre, der sich selbst dem Adel zurechnete, war mehr als jeder andere Künstler seines Jahrhunderts in Wahrheit Arbeiter. So hat ihn Rodin in seinen Plastiken kongenial gesehen. Die Kraft der Phantasie hinter der gewaltigen gewölbten Stirn hat ihren Sitz im muskulösen Körper. Was an Rodins Torsos ›balzacisch‹ ist, was sie beglaubigt, ist das in Tätigkeit gezeigte energetische Prinzip selbst. Die Arbeit des Schriftstellers ist immer auch die Arbeit seiner Muskeln und Sehnen: körperliche organische Kraft in ihrer Transformation, die mit dem Austausch, mit der Verlagerung und Weitergabe die *eine* ungeschiedene Energie demonstriert, auf die Balzac setzte. Es war das Gigantische in Rodins Balzac-Entwürfen nötig, um im Übermaß die in die Normen eingehende Arbeit der Natur selber darzustellen.

Flaubert

Werk als Form –
Form als Mittel zum Überleben

Der Übergang der französischen Romanprosa von Balzac zu Flaubert ist der Übergang zu einem bis dahin unbekannten Instrumentarium der Sprache. Lassen sich Stendhal und Balzac miteinander vergleichen, so wie es Balzac in der Besprechung der »Chartreuse de Parme« selbst getan hatte, geben Satzbau, Technik des Erzählens, ein trotz des Generationsunterschieds erkennbarer gemeinsamer Hintergrund des durch die Napoleon-Ära hindurchgelaufenen Frankreich Anlaß, beide Schriftsteller aneinander zu messen, so bereitet ein solcher Vergleich mit Flaubert außerordentliche Schwierigkeiten. Das Koordinatenkreuz der französischen Gesellschaft, das sich durch »Le Rouge et le Noir« und die »Scènes Parisiennes« hindurchzieht, ist hier wie dort das gleiche. Bei Flaubert haben wir es dagegen, etwa in der »Madame Bovary«, mit einem veränderten »Tonsatz«, mit einem ganz anderen und bis dahin unbekannten Französisch zu tun.

Mit Flaubert erreichen wir weltliterarisch gesehen den Höhepunkt dessen, was wir »romanhaft« nennen, nicht zuletzt durch gesteigerte exotistische Elemente, die aber – und das ist wiederum ein so vorher nicht anzutreffendes Phänomen – völlig beziehungslos zur eigenen Gegenwart zu stehen scheinen wie in der »Salammbô«. Der Ekel vor dem trübseligen Alltag zwingt ihn in das Phantasiereich der Antike, läßt ihn jahrelang auf dem Boden »Karthagos« mit seinen grausamen Kriegen und wild-besessenen Festen verweilen, indem er des eigenen Überlebens wegen Teilchen auf Teilchen der historischen Wahrheit aufbaut. Die Langeweile, die ihn zu dieser Flucht in die Vergangenheit treibt, ist die gleiche, die Emma Bovary unter der Voraussetzung ihres körperlichen Habitus, der Einsamkeit, der gegebenen Anlässe auf dem Boden ihres Provinzfleckens den Schritt in den Ehebruch tun läßt. Der Genuß, sich in Scheußlichkeiten hineinzuversetzen, sie dabei zu verselbständigen, eine unendliche Bereitschaft zum Auskosten der Qualen zu zeigen, entspringt einer besonderen Disposition Flauberts und wird durch die von ihm selbst bestätigte Schwächung seiner Nerven noch gefördert.

Aber dieses konstitutionell bedingte Interesse hat schon die Veródung eines anders gewordenen Zeitalters durchlaufen. Balzac sah den Schuldigen für die traurigen Pariser Sonntage nach dem Vorbild Londons in der Bourgeoisie. Das 18. Jahrhundert, bei allem, was man gegen es sagen konnte, ließ noch eine bewegte farbige Heiterkeit zu. Wenn sich später bei einem impressionistischen Großstadtkünstler wie Renoir eine flackernde Lichterfülle über die Boulevards legt, dann war das nur eine unter vielen Seiten im Gegensatz zur grauen Trauer in den Großgemälden Courbets, wo das Flaubert so vertraute Provinzelend lähmend um sich greift. Als empfindlichster Seismograph, den man sich denken kann, hat Flaubert den weiteren Abstieg des Schriftstellers, und noch dazu einer dem Dialog nicht zugekehrten Natur wie der seinen, herausgespürt. In seiner frühen Novelle »Novembre« ist der von Balzac prognostizierte Fall der schriftstellerischen Existenz das gnadenlos gegen sich selbst abgewickelte Thema. Dieses unabgeschlossene Frühwerk von 1842 geht an Pessimismus über all das hinaus, was Balzac in den »Paysans« an Unheil wittert. Der Schriftsteller ist auf die Gemeinschaft mit einer Prostituierten verwiesen. Was sie beide vereint, ist das Leiden, mit dem Unterschied, daß das Leiden des Schriftstellers in seiner Einsamkeit noch größer ist. Für einen Flaubert gibt es die Möglichkeiten des pastoralen Landlebens, dem sich Blondet in Balzacs »Paysans« widmet, nicht mehr. Der Organismus ist vom Leben abgeschnürt, das Schriftstellertum, das wie bei Flaubert oft nur drei, vier Sätze oder auch weniger am Tage zustande bringt, zu einer miserablen Form des Existierens geworden, »eine unheilverkündende menschliche Landschaft«[82] das bevorzugte Feld seiner Interessen.

Was später als landläufige Trennung von »Kunst« und »Leben« auftritt und etwa die Prosa Thomas Manns von ihren Anfängen an bestimmt, wird hier radikal vorweggenommen. Aber für Flaubert ist jede Flucht als schönes stilbewußtes Sterben, als ein »Tod in Venedig«, von vornherein ausgeschlossen. Für ihn gibt es kein Amerika, das ihn vor seinen Verfolgern schützt, kein Zürich, das ihn vor Amerika bewahrt. Das Künstlertum ist zur Falle geworden, die ihre Opfer nicht mehr losläßt. Mit Flaubert verbreitet sich innerhalb der bürgerlichen Klasse die Einsicht von der hereinbrechenden Barbarei als einer unabwendbaren Erscheinung und der Drang, sich dem Sardanapalischen zuzuwenden, dem wilden Orient, wo Gold und Marmor schillert, viel Blut, Eiter, Verwesung und giftige Dünste im Spiele sind.

Daran wirkt das von Flaubert eingestandene Bedürfnis mit, sich im Leichenschauhaus aufzuhalten. Das Existieren wird, je länger es andauert, zu einem ständig sich steigernden Schmerz. Wenn Sartre während seiner frühen Beschäftigung mit Flaubert dessen unliebsamen Charakter tadelte, so kann er ihn nach dem Studium der näheren Lebensumstände entschuldigen und hinzufügen, inzwischen sei ihm vieles verständlich geworden. Dieses gedrückte, auf ein zusehends schmaler werdendes Stück Boden gestellte, darauf einsinkende Opfer der bürgerlichen Verhältnisse wird als Künstler wie als Briefschreiber zum großen Gewährsmann der Bourgeoisie, der sich auskennt in ihren Veranstaltungen, ihrer Meisterschaft des lautlosen Abtötens, in dessen Träumen und Wünschen der Charakter dieser Klasse eigentümlich beschworen wird.

Wenn jetzt das *Häßliche* so überzeugend als Gegenstand für die Poesie entdeckt und erobert wird, dann immer unter dem Zwang der Umstände, die die ganze Trivialität des alltäglichen Lebens bescheren und den Empfindlich-Empfänglichen wie eine Schnecke hinter die Schale eines windungsreichen Gehäuses zurückzwingen. Der Hochmut in der Generation der Flaubert, Goncourt, Baudelaire mit der Verachtung der Masse, der gegenüber jeder

Versuch, sich zu erklären, überflüssig und selbst schon vulgär ist, ist immer auch Folge der ihnen vom Wandel in den Lebensverhältnissen bereiteten Bedrückungen. Denn es zeigt sich, daß der Künstler als Rebell nicht mehr ernstgenommen wird, weil er vom herrschenden Regime nicht mehr ernstgenommen zu werden braucht. Die Gerichtsprozesse gegen Flaubert und Zola bringen trotz des für die offiziellen Instanzen des Zweiten Kaiserreichs und der Republik ungünstigen Ausgangs das geschwächte Fundament zweier großer Schriftsteller gegenüber Voltaire oder auch Rousseau ans Tageslicht. Das Regime, das sich gegen seine Verächter nicht behaupten kann, rächt sich durch die Gleichgültigkeit, das schließliche Hinnehmen von allem und jedem in einem Trockenklima der allgemeinen Dürre. Dahinter steht die Eigenschaft, neben der ökonomischen Erwerbskraft auch die Ausweglosigkeit zu schaffen. Der Weg zu den künstlichen Romanparadiesen von Stendhals oberitalienischer Seelandschaft oder Balzacs arkadischen Parks ist abgeschnitten. Einziges Mittel des Schriftstellers zum Überleben gibt die unablässige Arbeit der Phantasie, der Zwang, sich selbst rücksichtslos Rechenschaft abzulegen, die Gegenstände zu beschreiben, wie sie sind. Der Künstler muß das Seziermesser des Chirurgen ansetzen, wie Charles Bovary es tut, wenn er bei seinem Patienten die Klumpfußoperation ausführt. Das ist die neue Wissenschaftlichkeit Flauberts, die seine Moral als Künstler begründet. Das »Ich« zurücktreten, es in die Gestalten und Erscheinungen eingehen lassen, wird zum Gebot: »Madame Bovary – das bin ich selbst.« Noch mehr: ich bin auch die »Pferde, die Blätter, die Winde, die Worte, die gewechselt wurden und die rote Sonne«.[83] Und das von der Provinz aus, die dem Gehirn des Schriftstellers Schaden zufügt und mit ihrer Trostlosigkeit dem zwangsläufigen Abstieg der Emma Bovary den Weg bereitet sowie das Klima erzeugt, in dem er erfolgt.

Das Hoffnungslose der inneren und äußeren Zustände – und darin liegt eine Pointe Flauberts – wird zur Triebfeder für seine schriftstellerische Artistik. Es gibt vor Flaubert keine solche mit dem Wort »Naturalismus« nur unzulänglich bezeichnete Beschreibungskunst, die einen stilistischen Rigoristen gleichen künstlerischen Ranges gegenüber einer platten Wirklichkeit am Werk zeigen würde. Diese Arbeitsdisziplin, die nicht mehr mit genialischen Wonnen rechnen will, obwohl sie sich einstellen, die gegen Zufall und Einfall immer neue Filter von Kontrollen anwendet, hat selbst Züge eines zähen bürgerlichen Beharrungswillens. Man weiß, wie Flaubert die Arbeit an der »Madame Bovary« zuletzt als unbeschreibliche Qual empfunden hat, wie er sich seinen Auftrag, das Werk gegen sich selbst zu schreiben, sauer werden läßt. Natürlich ist ein solches Schreiben nur auf der erhöhten ökonomischen Grundlage einer Bourgeoisie möglich, die sich mitten im Sommer ihrer »Goldenen Tage« befindet. Weder der Emigrant und später in Diplomatie, Politik und Salonleben verstrickte Chateaubriand noch der zu seinem Privatvergnügen schreibende Staatsbeamte Stendhal oder der seine Schulden durch die Schriftstellerei abtragende Balzac hätten sich diesen Zeitaufwand für ein so wenig umfangreiches Werk leisten können, das immerfort beschliffen wird. Erst unter diesen äußeren, durch die konsolidierte Kapitalrente der 40er Jahre mitgeschaffenen Bedingungen kann sich eine Natur wie die Flauberts in ihrer von der zerebralen Organisation[84] her verständlichen Eigenart entfalten.

Dabei werden sich Gunst und Ungunst der Verhältnisse für sein Schreiben beständig vermischen. Denn schon der handwerkliche Vorgang des Schreibens, wie wir ihn bei Flaubert antreffen, bringt ihn durch eine endlose Mühe bei der Arbeit in einen Gegensatz zum gelebten Leben und läßt das Leben schließlich in der Kunst aufgehen, die Leben abfordert. »Das Leben scheint mir nur erträglich, wenn man es verschwinden läßt.«[85] Das bedeutet Preisgabe der auf organisches Leben bauenden Werte. Der Schriftsteller verleugnet nicht nur sein eigenes Ich, indem er es zum »Stillstand« bringt, er kämpft nicht nur mit seinen Einfällen und Instinkten, sondern sogar gegen sie. Schildern kann man Wein, Liebe, Frauen und den Ruhm nur, wenn man weder Trinker, Geliebter, Ehemann noch Soldat ist, meint Flaubert und faßt in solchen Satz eine wichtige Regel seines künstlerischen Programms. Kunst wird Ausdruck für das nichtgelebte Leben. Aber das Vertrauen, daß diese Kunst verbindliche Maximen anzubieten habe, ist dahin. Alles ist Erfindung. Darum die Suche nach dem richtigen Wort, der Kampf um das passende Adjektiv, das Leben und Sterben für einen den Sachverhalt genau treffenden Satz: Lieber wie ein Hund krepieren als einen unreifen Satz um einen Augenblick zu früh zu Ende führen. Dieser Rückzug auf die syntaktische Einheit, auf das jeweilige »Schicksal« des Satzes, kehrt die von Flaubert erkannte Relativität der Dinge als ein Verschwimmen der Gegensätze hervor, macht sie aber im geschlossenen Romanwerk zugleich auf eine einmalige Weise produktiv.

Bei seiner wechselnden Perspektive läßt sich Flauberts Standort nicht leicht umschreiben. Er hat als Künstler den großen Vorteil, im Gegensatz zur öffentlichen Meinung zu stehen, insbesondere aber im Gegensatz zum Zweiten Kaiserreich und den aus ihm am meisten Nutzen ziehenden Schichten. Daß er, 1821 in Rouen geboren, aus der Provinz stammt, hat er zuweilen als Unglück empfunden, und man muß die Beschwörung von Paris in der »Éducation sentimentale« auch unter dem Gesichtspunkt der Auseinandersetzung zwischen Hauptstadt und Provinz sehen. In Emma Bovary, die das irrlichternde Paris nie betreten wird, lebt Flauberts eigene literarisch umgesetzte Zurückgebliebenheit des Provinzlers. Er selbst gehört noch zu der von der neusten Pariser Geistesmode nicht ganz erfaßten Generation in halb-ländlichen Verhältnissen, die an Vitor Hugo das Bizarre liebte, als es in Paris und bei Hugo selbst schon im Kurs gesunken war. Das ist ein Rückstand, der bleibt und immer erst im Schreiben aufgeholt wird, allerdings nicht im Sinne eines Modernismus, der spektakulär aufwartet, wie es beim Erscheinen der »Madame Bovary« den Eindruck haben könnte, vielmehr als Leiden an der noch nicht von den neuen ökonomischen Bedürfnissen niedergetretenen Altertümlichkeit. Natürlich weiß Flaubert sehr genau, daß der Haß gegen das Bürgerliche durch den Bürger selbst hervorgebracht ist und sein Schreiben nur innerhalb einer Klassenlage möglich ist, in der eine von Revolution, Empire, Romantik, Julikönigtum ausgebildete Ästhetik zustande kommt. Eine Auflösung der durch eine solche Konstellation hervorgebrachten Widersprüche ist unmöglich. Das schafft in seiner Generation das Gefühl, dem Chaos ausgeliefert zu sein, dem man nur provisorisch und zwar durch die Leistung der kontrollierenden, den Selbstbetrug durchschneidenden Disziplin des Künstlers entgehen kann.

In dieser allgemeinen Verwirrung zeigt der zum Nihilisten gewordene Künstler *eine* unantastbare Wahrheit auf: daß die politischen und philosophischen Anschauungen des Künstlers, so wichtig und richtig sie immer sein mögen, von geringerem Gewicht sind gegenüber der auf Können beruhenden Anwendung seiner Kunst. Dieses Können beweist Flaubert, bei seiner Einstellung zur Öffentlichkeit, weniger dem möglicherweise in Frage kommenden Publikum als sich selbst. Er ist als Schriftsteller im wahrsten Sinne ein Wortsteller und zwar – wie Sartre gezeigt hat – durch die biologisch bedingte Spätentwicklung des Sprechzentrums.[86] Die Fähigkeit zum Sprechen bildet sich bei ihm zur Besorgnis der Eltern mit großer Verzögerung aus. Es bleibt lange bei einem mühsamen Hervorbringen von Wort für Wort. Diese ursprüngliche Sprachnot teilt sich den Arbeitsvorgängen seines Schreibens mit und vermittelt ein punktuelles Nacheinander von Wörtern, ein Abwiegen und Abwägen von Gewicht und Sinn, Klang, Klangfarbe, rhythmischer Schwerkraft. Bei solchem Ausprobieren verschiedener Satzfiguren wird das Wort hierhin und dorthin gestellt und bald wie ein Fetisch gehandhabt. Flaubert glaubt daran, daß in der Genauigkeit des Wortgefüges ein *ewiges Prinzip* liegt. Dem Einzelwort ist ein für den Roman bis dahin unbekannter Wert gegeben. Das Selbstquälerische seines Naturells, das im Leiden die Freude am Schreiben noch einmal gesteigert empfindet, kann sich hier von Grund auf ausleben. Wenn er seine Emma Bovary in das Unglück ihrer Ehe hineinschickt, wenn er selbst ihre Träume aussinnt und sie dann zerrinnen läßt, wenn er ihr Unbefriedigtsein immer auch von den Organen einer normannischen Bäuerin her versteht und sie über den Ehebruch mit dem ganzen System der Heimlichkeiten, dem Kauftrieb, der sie in Schulden stürzt, der langsamen organischen Schwächung gewissermaßen vor sich hertreibt, dann wird diese organisierte Grausamkeit von der jahrelangen schmerzhaften Suche nach dem jeweils richtigen Wort begleitet und gegen sich selbst verdoppelt. Die Falle, die Flaubert über ihr zuschlagen läßt, ist sorgsam vorbereitet, der Mechanismus genau ausprobiert, weil mit Emma Bovary sich Flaubert selbst in ihr verfängt. Opfer, Zeuge und Berichterstatter fallen hier zusammen. Schon deshalb kann an der Zuverlässigkeit des Berichteten kein Zweifel aufkommen. Emma geht nicht an ihrem Ehebruch zugrunde, sondern – Flaubert ist auch hier ganz genau – weil sie ihre Schulden nicht bezahlen kann. Unter den von der Bourgeoisie geschaffenen Bedingungen spielt sich kein »Schicksal«, kein noch so von seelischem Tiefgang ausgezeichneter Fall ab ohne die Mitwirkung des alles andere sich unterwerfenden Geldes.

Das gilt ebenso für Frédéric Moreau in der »Éducation sentimentale«. Flaubert gibt uns exakte Auskünfte über die Einkünfte des Romanhelden, der von den Erträgen lebt, die seine Mutter von den Pächtern erhält. Bei seiner Abreise von Paris beginnt die Geschichte zu stocken. Sie wäre ans Ende gelangt, wenn nicht eine Erbschaft von genau siebenundzwanzigtausend Francs fester Jahresrente zum Motor würden, um sie wieder voranzutreiben. Sie setzt

Frédéric in den Stand, nach Paris zurückzukehren und die Beziehung zu Madame Arnoux wieder aufzunehmen. Das ändert nichts an der Pointe, daß die ausführlich beschriebene Beziehung von Anfang an auf ihr Scheitern angelegt ist: *Éducation sentimentale* als Ausdruck eines altmodisch gewordenen Stils im Haushalt der Gefühle!

Hier ist die gleiche Veralterung als Ursache des Vorbeilebens an der Zeit am Werke wie in der »Madame Bovary«. Was zur Hinterlassenschaft Emmas gehört, sind Forderungen an sie, nicht beglichene Rechnungen, hier wie Requisiten gehandhabt, um das Unzeitgemäße der mit den Sicherheitsvorkehrungen in veränderten Umständen nicht hinreichend vertrauten Frau darzutun. Gegen »klüger« getönte Ansprüche versagen die Instinkte des Raubtiers, dessen wilde Kraft gegen das Netz, das es umschlingt, nichts ausrichtet.

Die Forderung Flauberts an sich selbst, letzte Auskunft zu erteilen, wird am Ende des Buchs noch einmal auf das äußerste angespannt, wenn er Licht auf die bestehenden Klassenverhältnisse wirft. Nach dem Tode der Eltern wird die kleine Tochter Berthe auf das Land zu den Großeltern gegeben, gewissermaßen innerhalb der gesellschaftlichen Stoffwechselverhältnisse zurückverdaut mit dem nachfolgenden Übergang ins Industrieproletariat. Die Tante schickt sie als Arbeiterin in eine Baumwollspinnerei. Gnadenlos räumt Flaubert mit den letzten Illusionen auf, wenn er »das arme Kind« über die Barrieren des bürgerlichen Romans herausstößt und andeutet, wie die »Zeit« durch das Räderwerk der maschinisierten Industrie vorangetrieben wird: die gleiche Bewegung, die am Schicksal der Emma Bovary mitgewirkt hatte. Vergleichbar ist dieser Schluß nur mit dem der »Éducation sentimentale«, in den Züge derselben Ernüchterung und hier zusätzlich autobiographischer Art eingegeben sind.

Mit seinen technischen Überlegungen zum Roman übertrifft Flaubert alles Vorausliegende. »Alles hängt vom Plan ab«,[87] ist bei ihm Theorie und Praxis zugleich. Das »Schicksal« des Buches liegt in seiner Technik. Darum diese ungeheuren Aufwendungen an Kraft zur stilistischen Bemächtigung des Gegenstandes, dieser vollkommene Zweifel daran, daß dem Künstler etwas gratis gegeben wird! Wenn Flaubert nicht selbst von den im Kunstwerk aufeinander getürmten Pyramiden gesprochen hätte, würde man bei solchem Wort nicht ohne weiteres an die »Madame Bovary« denken. Hier sind alle in den Erzählfluß eingestreuten Zwischenspiele Stendhals und alle kommentierenden Ausführungen Balzacs zu Einzelwörtern zusammengeschrumpft. Die Wörter sind die Dinge. Ihr Gebrauch legt offen, bringt ans Tageslicht, enthüllt, kann aber ebenso verbergen, auf verschiedene Rollen schließen lassen. Es gibt keinen Fixpunkt mehr. Die Dinge und Gegenstände scheinen sich zu drehen. Den Standort, den wir beim Erzähler ausmachen wollen, bleibt er uns schuldig. Die Klassenformationen, die Balzac noch übersichtlich gruppiert hatte, sind bei Flaubert schon weit ineinandergeschoben, haben ihre festen Umrisse verloren. In Flaubert setzt sich das inzwischen erreichte Stadium der Bourgeoisieherrschaft durch, das eine ehemals kämpferisch auftretende Klasse bereits in den Stand versetzt, sich zu entideologisieren, sich zumindest den unverbindlichen

Verkehr mit ihren eigenen Interessen zu gestatten. Der hier zum »Gott« erhobene Erzähler, der zugleich hinter seinen Gestalten verschwindet, der aber auch mit ihnen wie bei Emma Bovary zusammenfallen kann, der den Voltairianer Homais neben den Abbé Bournisien stellt, kann über die Gewichte der einzelnen Gestalten unbegrenzt verfügen. An eine Tragödie in dieser von Indifferenz zersetzten Welt ist nicht mehr zu denken.

Zu den Meisterstücken der »Madame Bovary« gehört die Szene auf dem Landwirtschaftsfest, wo das Blöken der Tiere mit den Liebesseufzern und den Phrasen der Festredner zusammenfällt und die Begleitmusik für das Werben Rodolphes um Emma ist. Hier wird die Tiefendimension in der Romanprosa wirksam. Die Gestalten werden plastisch, sinnlich tastbar, der Leser bekommt den Eindruck, sich mitten unter ihnen zu bewegen. Die bei Balzac noch flächig gebotene Handlung kann in die Tiefe geleitet werden. Farben, Gerüche vereinigen sich mit Gesprächen, abgerissenen Worten, vorbeihuschenden Bildern zu einer Anarchie der Augenblicksszene.

Ein solches Schreiben geht langsamer vor sich als das Balzacs. Schreibt Balzac von 1830 bis 1850 die meisten seiner siebenundneunzig Erzählungen, so Flaubert zwischen 1850 und 1880 seine sechs großen Titel. Flaubert hat durch seine Veranlagung für das Technische sich die Techniken Balzacs und Gautiers genau erschlossen, er hat sie gewissermaßen verschluckt und zu neuen Techniken entwickelt, die mehr sind als die Summe der alten. Das Leben besteht aus der ständigen Wiederholung bestimmter Gesten. So bewegt sich die Beziehung zwischen Emma und Rodolphe von ihren Anfängen an nach einem hier parodierten und überall wiedererkennbaren Muster, das für viele Provinz-Bovarys nachahmenswert erscheinen kann. Flaubert hat eine Liste von Wörtern und Wendungen zusammengestellt, die ihm leer und für den Gebrauch sinnlos erscheinen: se dépêcher, c'est le moment, il est temps, place prise, se poser, hors la lois. Denken wir daran, daß Baudelaire, der die Bedeutung von »Madame Bovary« sofort erkannte, das Buch eine Zusammensetzung aus Trauer, Ekel, Seufzern und einigen fieberhaften Ohnmachtsanfällen nannte. Es ist der Ekel an der Phrase, der die Stimmung belastet, von der Atmosphäre her das Gefühl für das Ausweglose schafft, eben jener Phrase, in der unbeanstandet die größten Torheiten als festgegründete Erkenntnisse mitgeschleppt und weitergegeben werden. So kann Homais in der »Madame Bovary« sagen: »Ich bewundere das Christentum. Es hat zuerst die Sklaven befreit, in eine Welt der Moral hineingeführt...«[88] Das wirkt doppelt lächerlich, weil es hier aus dem Munde eines Voltairianers kommt. Aber sein klerikaler Gegenspieler unter den Dorfhonoratioren steht ihm an Hohlheit des Klischees in nichts nach. Er kann Charles Bovary beim Tode seiner untreuen Emma trösten: »Gott war sehr groß, sehr gut; man sollte sich ohne Murren in seinen Willen fügen, ihm sogar dankbar sein.«[89] Das gehört zu den Umständen, unter denen der zum Witwer gewordene Charles Bovary Anweisungen für das Begräbnis gibt. Doch was für Anweisungen! Die »pompe funèbre« zeigt zur Groteske gewordene Absonderlichkeiten, die zum Erstaunen über die »romanesken Ideen« des trauernden Hinterbliebenen anregen. Die Tote soll in ihrem Hochzeitskleid mit weißen

Schuhen und einer Krone begraben werden. Dabei müssen die Haare über den Schultern hängen. Drei ineinander aufgestellte Särge für die Tote und darüber ein großes Tuch aus grünem Velours! Weiter läßt sich die gewagte Zusammenstellung für die Totenfeier der uns aus anderen Anlässen sehr bekannten Emma Bovary kaum noch treiben.

Das Manuskript der »Madame Bovary« eine Partitur, wo Personen und Geschehnisse wie Tonfolgen abgespielt werden und der Autor ihnen gegenüber den gleichen Abstand hält! Darin und nicht in irgendeinem höheren künstlerischen Rang unterscheidet es sich vom Manuskript der zweiten »Éducation sentimentale«. Die »Éducation sentimentale« ist in der Form auseinandergezogener und durch das Eindringen der Großstadt als mithandelndem Schauplatz, wo anarchische Kräfte aufeinanderstoßen, zerrissener. »Madame Bovary« bleibt immer »kammermusikalisches« Sprechen mit gedämpften Tönen in begrenztem Raum. Emma Bovary als gehetztes Tier auf der vergeblichen Suche nach Gläubigern, die ihr das Geld geben, um ihre Schulden zu bezahlen, die Dialoge mit Rodolphe, Léon, dem Notar variieren das gleiche Thema, zeigen jeweils andere Gesten, Bewegungen, Tonlagen auf bis hin zur obszönen Einladung durch den Steuereinnehmer, der der Leser aus einer überraschenden Perspektive beiwohnt: er schaut vom Speicher mit aufgehängten Wäschestükken in das Zimmer, wo die Schuldnerin ihre Bitte vorträgt.

Auch die »Éducation sentimentale« ist voll von leisen Zwischenspielen. Doch alles läuft vor dem welthistorischen Hintergrund des Pariser Aufstands ab. Die Ereignisse dieser Tage bleiben bis zum Ende unvergessenes Geschehen. Was sie zurücklassen, ist lähmende Erinnerung an große Augenblicke der Vergangenheit. Die Stimmung der Düsternis liegt hier noch stärker in der Luft als in der »Madame Bovary«. Private Schicksale werden vor öffentlichen Ereignissen verhandelt. Am unglücklichen Ende der Provinzheldin haben ihr Charakter und ihre unglückliche Beziehung zum Geld mitgewirkt. Wäre Emma Bovary anders als sie ist, wäre auch ihr Ende anders gewesen. Es gehört gerade zur großen schriftstellerischen Kunstleistung Flauberts, daß ihm mit zwei künstlerisch gleichwertigen Romanen die Ausführung von zwei verschiedenen Romankonzeptionen gelingt. In der Provinzgeschichte: um eine Frauengestalt sich gruppierende Menschen, die in irgendeinem Verhältnis zur »Heldin« stehen, auch wenn das vordergründig nicht sichtbar ist oder Portraits für sich sind wie die Dorfhonoratioren! Im Pariser Zeitroman: eine Fülle von Einzelgestalten, die sehr wohl in den Massen der Großstadt untergehen können, jenen amorphen, unberechenbaren, Gewalt ausübenden und hinnehmenden, auflaufenden und sich in alle Winde zerstreuenden Zufallsgebilden aus Menschen, die wirklich und zugleich bodenlos sind wie die Gefühle zwischen Frédéric und der Madame Arnoux! Am Ende ein Zerrinnen ins Nichts! Frédéric und Deslauriers, verbunden »durch den Fatalismus ihrer Natur«,[90] stehen nach den Räuschen der Liebe und den enttäuschten Erwartungen mit leeren Händen da. Mit dem Verlust aller Hoffnungen wird hier der Übergang zum Zweiten Kaiserreich vollzogen, wie ihn Flaubert als zuverlässiger Historiograph der Gefühlswelt dieser Jahre festhält. In der Elegie des Schlußdialogs herrscht die Frage vor: was ist aus dem und dem geworden? Wie hat sich die schlanke Taille der »Marschallin« inzwischen in Korpulenz verwandelt? Der Zufall wird angeklagt, die Umstände und die Epoche, in der zu leben man verurteilt ist, werden verantwortlich gemacht. Damit ist die Klage von Stendhals Julien, in ein falsches Zeitalter hineingeboren zu sein, von einer neuen Krise zwischen den Epochen hier wieder angestimmt. Was hätte aus uns werden können, wenn die Zeit eine andere gewesen wäre! Man fühlt sich als Opfer einer verfehlten Entwicklung, die die davon Betroffenen durch ihr Zuviel an »Logik« oder »Gefühl« dazu ausersehen hat, ihre veralteten Ideale zu überleben.

Das Thema der enttäuschten Hoffnungen durch politischen Regimewechsel gehört zur Grundkonstellation des französischen Romans seit 1789. Was wäre aus Chateaubriands René geworden ohne die aufgezwungene Emigration, was aus Balzacs jungen Männern, die durch den Verlust des elterlichen Vermögens, den gesellschaftlichen Abstieg in irgendeiner Mansarde oder einer tristen Pension leben? Von der gleichen Frage war der Weg von Senancourts Obermann begleitet gewesen, waren das persönliche Schicksal und das ganze nachrevolutionäre schriftstellerische Werk der Staël abhängig. Balzac hat in den Lebensläufen seiner napoleonischen Offiziere dieses Thema weitertreiben lassen und darstellerisch am weitesten ausgeführt. Er hat es geradezu enzyklopädisch behandelt. An der Beresina setzt die Wende ein. Die Schicksale der aus Rußland Heimkehrenden, die sich in Frankreich auf die Stellensuche begeben, vermischen sich mit den aus der Napoleonischen Niederlage für ihre Karriere Nutzen ziehenden Fällen der altbourbonisch Gesinnten. Wieder bedeutet der Sturz der einen den Aufstieg der anderen. Literarisch unvergleichliches Zeugnis dafür waren die »Souvenirs d'Égotisme« Stendhals, der als Napoleonide und also Betroffener mit seiner ganzen psychologischen Intelligenz den Wandel nach allen Richtungen hin ausleuchtet. »Ich habe am 28. Juli 1830 begonnen, Paris zu schätzen«,[91] kann er, der sich in Frankreich und seiner Hauptstadt nie heimisch fühlte, sagen und die Freude über die Niederlage der altbourbonischen Partei bekunden, die ihn als Anhänger des Kaisers nach dessen Sturz um seine Aussichten im Staatsdienst gebracht hatte. Die fortwährenden Machtwechsel in Frankreich haben die Frage: was wäre aus ihnen geworden, wenn die Machthaber die gleichen geblieben wären? zu einem Topos erhoben, an den nicht ausdrücklich erinnert zu werden brauchte.

Flauberts Schlußszene der »Éducation sentimentale« spielt das Thema mit einer bis dahin unerreichten Polyphonie durch: entschwundene Jugend, der Augenblick, wo Eitelkeiten wie leer gewordene Hülsen zurückbleiben, wo selbst das Credo der politischen und erotischen Hoffnung von Grund auf zersetzt erscheint durch den Zweifel. Nichts ist geblieben als die Hoffnungslosigkeit und die Tatsache, an die impressionistisch erinnert wird, daß die fehlgeschlagene Revolution ehemalige »Revolutionäre« in den Senat und in hohe Ränge der Verwaltung befördert oder auf das Schloß der Vorfahren zurückgeführt hat. Das Leben beginnt, jeden Fixpunkt zu verlieren, mit Ausnahme eines einzigen: des Todes. Alle Schritte, die unternommen werden können, sind für ein Vorwärtskommen so nützlich wie die Studien von Bouvard und Pécuchet für den Fortschritt der Wissenschaften. »Bouvard et Pécuchet« bedeutet immer auch Stillstand der Epoche. Das Buch ist artistisch ein Weiterführen der »Éducation sentimentale« mit dem Umschlagen ins Groteske hin. Nach den enttäuschten Hoffnungen Frédérics und Deslauriers breitet sich das Alltagsgrau auf breiter gewordener Fläche aus. Es sind »Wörter«, die es an den Tag bringen. Mit »Wörtern« werden eigentümliche Sinngefüge zusammengebaut, andere durch sie zum Einsturz gebracht, kann Kommunikation hergestellt und aufgehoben werden. Durch »Wörter« kann alles mit allem verbunden werden: es »gibt mehrere Arten von Schönem: Schönes in den Wissenschaften, die Geometrie ist schön; Schönes in den Sitten, man kann nicht bestreiten, daß der Tod des Sokrates schön war; Schönes im Tierreich: die Schönheit des Hundes besteht in seinem Geruchssinn. Ein Schwein könnte nicht schön sein wegen seiner schmutzigen Gewohnheiten...«[92]

Von diesen in »Wörtern« gebrachten Erkenntnissen können keine höheren Erwartungen entwickelt werden. Sie gehören zu jenem aus syntaktischen Figuren geknüpften Teppich von Flauberts erzählender Prosa. Ihre Bewegungen bedeuten ein Treten auf der gleichen Stelle. So steht Frédéric am Ende da, wo er am Anfang gestanden hatte: dazwischen liegen nur Träume, Wünsche, Phantome. Alles in der »Schule der Empfindsamkeit« beruhte auf Täuschung. War die Februar-Revolution in Wirklichkeit eine »Revolution« auf den Barrikaden? In Chavignolles findet sie mit Bouvard und Pécuchet als freudig bewegten Zuschauern in der Form eines kirchlichen Aufzugs statt. Ein Silberkreuz taucht auf, dann erscheinen zwei Fackeln, von den Sängern gehalten, und schließlich der Priester, den vier Chorknaben begleiten, während ein fünfter das Gefäß mit dem Weihwasser trägt... In den Ansprachen wird der Stil der landwirtschaftlichen Festredner der »Madame Bovary« beschworen. Der Curé folgt in seinen Worten der allgeinen Stimmung: Jesus Christus der Republikaner, der Baum des Volkes ein Baum des Kreuzes! Die Volksbewegung ein unglaublicher Triumph der Phrase! Hier ist in einer grandios ausgemalten Szene festgehalten, wie das Klischee von der »Revolution« schlechthin Täuschung bedeutet, wie ihre jeweilige Wirklichkeit, wo die Vorgänge addiert werden, eine andere als die vorgegebene ist, wie ihr Scheitern sich durch eine solche tatsächliche Wirklichkeit fast zwangsläufig ergibt. Es bricht darin ein erzählerischer Grundtyp Flauberts durch, die Bourgeoisie durch ihre Notabeln, die Kleriker eingeschlossen, in die soziale Karikatur hinüberzuziehen. In »Bouvard et Pécuchet« ist dieses Mittel an zwei aus einer trivialen Alltagswelt herausgewachsenen Gestalten am weitesten ausgebildet. Schicht für Schicht wird von der Sprache abgetragen und damit die Einsicht eröffnet, daß das »Außergewöhnliche« der Balzacschen Geschichten dabei ist, seine Kraft zu verlieren. Wie die Industrie in einer Stadt wie Paris schon ihre schädlichen Ausdünstungen aufsteigen läßt, lähmt die Macht der Klischees die Köpfe. Hier werden sie in der Sprache festgehalten. Da ist von »unserer Marine« die Rede, oder es wird die »Vorsehung« gepriesen, »deren Wege manchmal wunderbar sind«.[93] Erwartungen steigen auf, solche, die Bouvard und Pécuchet auf ein Leben auf dem Lande setzen, oder solche, die Emma Bovary an einen Aufenthalt in der Ferne, an Reisen, Träume vom Orient, Indien, fremdländischen Eros denken lassen. Nichts hat vor der Allmacht der Langeweile Bestand, und selbst die Trauer wird am Ende noch in den beständigen Fluß der Dinge hineingezogen. Die Düsternis, in die Flaubert das Leben von Croisset getaucht sah, war sicher auch eine schon in ihm angelegte, durch angeborene und sich selbst zugefügte Schädigungen um sich greifende. Er spricht von seinen geschwächten Nerven als Folge seiner häufigen Besuche im Leichenschauhaus, wo er sich mit den Einsichten in die Anatomie, der Betrachtung des in verschiedenen Farben verfallenden Fleisches die sadistischen Ekstasen verschafft, denen er sich in »Salammbô« überläßt. Der Übergang von der »Madame Bovary« zur »Salammbô«, von Yonville nach Karthago, ist darum fließender als man sich auf den ersten Blick vorstellen könnte. Übermaß an Phantasie bei der Provinzheldin war zu einem tödlich wirkenden Gift geworden und hatte ihren Sturz herbeigeführt. Die Träume hatten, wo der Widerstand gegen sie immer geringer wurde, ihre ganze Zerstörungskraft bewiesen. Aber was mit ihr getötet wurde, war mehr als eine sehnsüchtig Unbefriedigte, es war die Natur der Instinkte, die die Zersplitterung durch die Macht des kleinlich Rechenhaften nicht mitmacht und da, wo sie sich ihm widersetzt, langsam bezwungen wird. Wie in einer *camera obscura* laufen die Bilder in der Phantasie Flauberts ab, wobei es für die schriftstellerischen Arbeitsvorgänge gleichgültig bleibt, ob er seine für die grausame Selbstzermalmung aufbereiteten Gegenstände in der Normandie oder an der in die »Antike« hineinversetzten Küste Nordafrikas findet. Er berichtet dabei immer nur von Landschaften, die er kennt, mit eigenen Augen gesehen hat. Hier wie dort ist es nach eigenem Zeugnis ein Fliehen aus der unmittelbaren ermüdenden Gegenwart und eine im Suchen nach Wörtern und im Formen von Bildern vor sich gehende Wunschbefriedigung durch die Sprache. Die »Salommbô« bezeugt dabei mit der Funktion eines Folterkammermuseums das sadistisch-masochistische Wunschregister Flauberts auf sehr persönliche Weise. Hier wird die Reise in den Orient mit allen Lastern und Perversitäten angetreten, von denen er den Schriftsteller in der Erzählung »Novembre« ebenso träumen läßt wie Emma Bovary. Vampirismus und Kannibalismus werden in der ihm aufgezwungenen Eingezogenheit für Flaubert selbst Formen der Entschädigung. In den Räumen dieser karthagischen Traumburgen läßt er auf sardanapalische Weise verkehren, werden Massaker und Torturen zu Spielarten unendlichen Genusses umgebildet. Im Prunk des Tempels aus Amethyst und Topas wie der unterirdischen Säle von Hamilkars Palast lauert die Gewalt. Auf dieser mit immer wieder erneuter Mühe zusammengebauten Welt liegt der Eindruck einer gigantischen Nutzlosigkeit. Daß die Kunst selbst in ihren Dienst gestellt ist, bedeutet hier artistisches Bekenntnis. Für »Ideen« ist der Platz gestrichen.

Sieht man von hier auf die Anfänge des historischen Romans bei Scott zurück, bemerkt man die Verselbständigung und ästhetizistische Verabsolutierung der historischen Gegenstände, die jetzt dem eigentlichen Zweck untergeordnet werden, die Moral des Artisten hochzuhalten. Die Relativität der Werte ist so vollkommen, daß die natürliche Folge ihre Auflösung bedeutet. Kultische Begehungen, hier als pomphafte Vorwände gesehen und auf ihre sinnliche Seite konzentriert, steigern noch einmal den Eindruck von einer in ihrer Pracht verdorrten Welt. Es gehört mit zu Flauberts ausdrücklichem Genuß, sich niederschreibende vor der camera obscura mit den von seiner Phantasie bewegten Bildern als Zeuge des Untergangs einer Kultur fühlen zu können. Er läßt hier ein Kapitel der Alten Welt zu Ende gehen, wie seine Emma Bovary in das von ihm selbst bereitete Verhängnis. Aber indem er an den Küsten des Mittelmeers ein Phantasiereich aufrichtet mit Marmor, blitzenden Waffen, schwülen Festen, Meuchelmord, Kandelabern, nacktem Fleisch, Balsamdüften, Gestank verwesender Leichname, arbeiten am Bild des außerhalb der Geschichte stehenden Karthago die hedonistischen Instinkte der Bourgeoisie mit, die, nachdem sie einerseits die feudale Klasse als solche beseitigt hat und andererseits durch ihre Industrie das Proletariat der Vorstädte schafft, um es dann mit blutigem Stiefel niederzutreten, als Erbe der alten Kultur zu fühlen sich anschickt. So hochgetrieben der Ästhetizismus Flauberts auch immer ist, so glaubenslos gegenüber allen Werten, ihren Verheißungen und Erwartungen er selbst als Schriftsteller sich darstellt: bringt er in der Sisyphusarbeit seiner Satzbildungen die Wahrheit des Künstlers ans Licht, daß zu diesem Erbe die Lust am Morden und Würgen in jedem Falle gehört. Der Weltnihilismus Flauberts läßt als einzige Ausnahme das Vertrauen auf die Arbeit des Künstlers zu. Nur das Kunstwerk überlebt die in Schutt und Asche versunkene Welt, und darum ist keine Mühe, kein Zeitaufwand, keine Selbstkasteiung des Körpers und des Geistes bei seinem Hervorbringen verloren. Das zum Erwachen gebrachte künstliche Leben auf der »Toteninsel« der »Antike« geht dabei nach aus der Gegenwart entnommenen Spielregeln vor sich. In ihm wird die Gegenwart ebenso wiedererkennbar, wie es die Straßenschlachten auf dem Boulevard des Capucines der »Éducation sentimentale« für die Augenzeugen von 1848 waren. Denn soweit wird sich kein Künstler auf der Fahrt durch die toten Kanäle einer phantastischen Kunstlandschaft aus der eigenen Zeit fortbewegen, daß er ohne die in ihr geltenden Signale auskäme.

    Daß das Kaiserreich Napoleons III. nicht das Karthago Hamilkars war, daß vielmehr der Ekel vor dem modernen Leben Flaubert nach diesen historisch gewordenen Stätten und den darauf vor sich gehenden Bestialitäten auspähen ließ, weil er – wie er bekennt – den Katastrophen der Massen mitleidlos zusehen kann, stand ausdrücklich fest. Gerade die Monumentalisierung des Verbrechens gehört zum Stil seiner orientalischen Prosa. Mit ihr kann er sich die ihm von dem siegreichen Bürgertum vermachte, durch seine Künstlerschaft noch einmal vervielfältigte Verachtung der Massen nachdrücklich gestatten. Nietzsches Warnung vor den »Herdeninstinkten«, die nicht unabhängig war von dem nach 1871 wachsenden deutsch-borussischen Selbstbewußtsein als Folge der gewonnenen Kriege und von den während der Gründerjahre aufschießenden Schichten besonders beifällig aufgenommen würde, kennt in Flauberts Briefen mit dem »Geh'zum Teufel, Herde!«[94] eine sehr eindrückliche Vorwegnahme. Dieses von Chateaubriand und Vigny überkommene, zunächst noch selbst romantisch getönte Überlegenheitsgefühl, mit dem Flaubert seinen trauernden Schriftsteller in »Novembre« in eine am René geschulte Einsamkeit hineinschickt und ihn daran sterben läßt, nimmt in der kälter werdenden Epoche nach 1851 selbst Züge eisigen Hochmuts an. Die Zerrissenheit Flauberts während der Arbeit am unfertig gebliebenen Novellenmanuskript weicht einer mit großen Zeiträumen rechnenden Strategie bei der Darstellung des Verfalls, in den er sich durch die Einsicht in die Erschlaffungen der eigenen Zeit unmittelbar hineingestellt sieht.

Man darf solche Urteile nicht leichtfertig abtun, wenn er hier die Prognosen Stendhals und die Ahnungen Balzacs bestätigt, oder wenn Zola zu gleicher Zeit nicht weniger scharf mit dem Zweiten Kaiserreich die ganze Epoche bekämpft. Aber eben eine solche Epoche war notwendig, um ein eklektisches Werk wie »Salammbô« zu schreiben. Hier ist jene erforderliche »Fülle der Zeit« erreicht, von der aus das Sammeln und Zusammentragen der Tatsachen möglich ist, die Überblick gestattet und zum Schalten und Walten mit dem Gegenstand die freie Hand ebenso wie die Resignation schafft. Der in »Novembre« sehr persönlich zu verstehende Wunsch: »Könnte ich beim Umschiffen des Kaps zugrunde gehen, sterben an der Cholera in Kalkutta oder an der Pest in Konstantinopel!«[95] enthielt mit dem Ekel an der Zeit auch etwas vom Willen zum Untergang. Das bleibt unvergessen und wird immer wiederkehren. Aber dieser Selbstvernichtungstrieb hatte – wir wissen es genau durch Flauberts Mitteilung an Turgenjew – die Traurigkeit der römischen Patrizier des 4. Jahrhunderts[96] in sich aufgenommen. Aus diesem Gedanken blicken die enttäuschten Erwartungen des durch die ungünstigen Zeitverhältnisse in seinem Pessimismus noch geförderten Flaubert unverfälscht hervor. Er bedeutet aber auch Identifizierung mit der patrizischen Fraktion der Klasse, auf die er selbst geringe Hoffnungen setzt, die aber, wie die Zukunft noch zeigen sollte, durch ihre Durchsetzungskraft, mit der sie ihre Interessen behauptet, eine andere als die erwartete Richtung einschlagen wird. Wenn er in »Salammbô« den Bankrott des Absoluten darstellt und damit das gleiche Thema wie in der »Madame Bovary« ins Historische hinüberzieht, wenn er sich einerseits selbst in einem ähnlichen Prozess zerrieben sieht und andererseits gebannt ist von der Vorstellung, Zeuge eines dem Zerfall des römischen Reiches ähnlichen Vorgangs in seiner eigenen Zeit zu sein, dann wird das Mißverhältnis von Erwartung und Wirklichkeit als ein dieses Schreiben mitauslösendes Motiv ans Licht gebracht.

In der »Éducation sentimentale« wird ein solches Mißverhältnis noch einmal zum Paradigma erhoben. Dieses Werk ist autobiographisch angelegt wie kein anderes Flauberts mit Ausnahme der »Tentation de St. Antoine«, es ist privat und zugleich gegen alle Absicht politisch. Gerade die unparteiliche Zeugenschaft als ein Beobachten der Gegenstände und Vorgänge gibt seinen in die Darstellung eingefügten Urteilen die sachlich kalte Distanz. Flaubert ist gewiß kein Freund der Arbeiter, aber er ist ebensowenig nur der »Arbeiterfresser«, den Sartre einmal an ihm hervorgehoben hat. Für Flaubert manifestiert sich die 1789 erkämpfte Egalität der an den Ereignissen von 1848 beteiligten Klassen durch die gleiche Bestialität, mit der sie sich begegnen. Mit ihren blutigen

Schandtaten bewegen sich Aristokratie, Bourgeoisie und Proletariat auf dem gleichen Niveau.

Ein solcher Standpunkt bestätigt den Epiker in der Rolle des über den Parteien stehenden »Gottes« und zieht alles auf den artistischen Akt des Beschreibens zusammen. Wenn Balzac zu seiner Zeit und von den Verhältnissen des noch in den Anfängen steckenden Industriekapitalismus die Arbeiterfrage für einen Schwindel weltfremder Journalisten halten konnte, so war an diesem Urteil der Einwand gegen die romantischen Revolutionserwartungen richtig, die dann in den Tagen der Februarrevolution grausam und Balzacs Meinung bestätigend zerstört werden sollten. Hier kommt ihm Flaubert nahe. Er glaubt nicht an den »schändlichen Arbeiter«, aber ebensowenig an den »albernen Bürger«, den »stupiden Bauern«, den »widerwärtigen Kleriker«.[97] Flaubert haßt den Arbeiter nur soweit, als er mit ihm die Herrschaft der Masse, die er fürchtet, weil er in ihr keine Chance für sich selbst erhofft, heraufkommen sieht. Aber man darf hier nicht voreilig Schlüsse ziehen: denn dieser »Unglaube« ist ein Instrument des Künstlers und schlägt in der Praxis des Erzählens um in die unvergleichliche Sicherheit beim Abschätzen der Ereignisse, ihrem Einordnen in den gesellschaftlichen Gesamtverlauf, ja läßt diesen gesellschaftlichen Gesamtverlauf, Ursachen, die an ihm mitwirken, Folgen, die aus ihm herauswachsen, in einer eigentümlichen Komplexität entstehen. Was eine Revolution ist, wie sich bei ihr zusammenhängende und zusammenhanglose Geschehnisse aneinanderreihen mit unerwartetem Ausgang, kann man in dieser von Flaubert erzählten Geschichte einer sentimentalischen Leidenschaft erfahren. Die Revolution kennt den mordenden, plündernden Vandalenhaufen, der die Tuilerien stürmt, die Spiegel zertrümmert, Lüster, Tische, Sessel zerstört. Solche Augenblicke stehen unter eigenen Gesetzen. Das zum Souverain gewordene Volk eine einzige grausame Masse! Aber die im dritten Teil des Buches erzählerisch verhandelte Konsequenz liegt nicht mehr auf der Linie der den Aufstand niederschlagenden »Partei«. Die kochende Masse stellt, und sei es auch nur für einen Augenblick, das gestörte Gleichgewicht der über alle Klassen gleichmäßig verteilten Mordlust wieder her.

Dieses Facit der »Éducation sentimentale« war in der »Madame Bovary« und in der »Salammbô« mit der offenen wie der versteckten Form des sardanapalischen Verkehrens bereits angelegt. An ihm wirkt auch das Ende der Revolution mit: ihr Versickern, der Umschlag in die Gegenrevolution über Zwischenetappen, wo Hoher Klerus, Staatsfunktionäre, Eigentümer sich in die durch die Aufständischen geschaffenen Bedingungen der »Republik« zu schicken scheinen, während diese Bedingungen durch die Aufständischen selbst wieder in Frage gestellt, ihre erkämpften Resultate durch Veränderung der ursprünglichen Ziele, Unklarheit über den einzuschlagenden Weg, persönlichen Eigennutz unterminiert werden. Wie aus dem Ruf nach der Republik plötzlich der nach der Eroberung des Rheins, und zwar aus dem Munde der gleichen Revolutionäre wird, wie es möglich sein konnte, daß der Wille zur republikanischen Demokratie die Voraussetzungen zur Diktatur schafft, gehört in das historisch-politische Bild hinein, das ein aller Politik sich enthaltender Romancier unbestechlich in der Verteilung von Licht und Schatten entwirft. Das strenge Urteil Flauberts über die Revolution ist in ihre Beschreibung eingegangen. Daß er sich ebensowenig wie Frédéric Moreau von seiner eigenen Interessenlage auf die Seite der Revolutionäre stellen konnte, daß er für die Entfaltung seiner Natur von ihrem Gelingen weniger zu erwarten hatte als von ihrem Scheitern, steht außerhalb jeder Frage. Die ganze Großartigkeit der Perspektivenführung liegt aber gerade darin, daß er diesen an sich verständlichen, aus seiner Lage sich ergebenden Standpunkt nicht zum Dreh- und Angelpunkt für sein Erzählen macht, sich vielmehr angesichts des Vielortigen der Geschehnisse als Erzähler aufspaltet, weil nur so die der Revolution innewohnende Dialektik erzählerisch gefaßt werden kann. Was bedeutet einem Frédéric schon der Aufstand der Arbeiter gegenüber seinem Abenteuer mit der leichtfertigen Rosanette? Er bedeutet ihm so wenig wie die Tatsache, »daß man einigen Bürgern die Knochen zerbricht«.[98] Die private, von aller Öffentlichkeit unbeeindruckte Seite macht ihn zu einem gnadenlosen Zuschauer menschlichen Leidens. Hier wird das blutige Geschehen schon von einem flackernden »Impressionismus« erfaßt. Die Revolution gehört zu den Sensationen der Großstadt wie das Pferderennen. Die Großstadt kann sie aus ihrem mächtigen Bauch ausspucken und sie wieder verschlingen. In dieser unendlichen Kette der Möglichkeiten, wie sie die Metropole bietet, ist freilich alles in beständigen Übergängen. Es ändern sich die Schauplätze und mit ihnen die Gefühle, die sich an den immer neuen Geschehnissen entzünden. So kann Frédéric auch wieder aus der reservierten Beobachtung der Strassenkämpfe heraustreten und begeisterter Zeuge der Volkserhebung sein, mitgerissen von der zeitweiligen Kraft des Aufstandes oder erfaßt von plötzlichem Mitleid für die Opfer.

Dieses »impressionistische« Sehen der auf den Boulevards in Bewegung befindlichen Massen hat schon auf Erscheinungen gesetzt, die die Parteinahme wechseln lassen. Wenn sich in der Malerei der »Impressionismus« als ursprünglicher Großstadtstil durchsetzen wird, wenn er als maßgeblicher Stil das Zweite Kaiserreich hindurchschimmern läßt, dann hat diese Auflösung des Festgefügten in ein Meer von Klecksen und Farbtupfen schon die Preisgabe einer mit festen Maßen rechnenden Verbindlichkeit hinter sich. Man schaut auf die Kaleschen, Trams, Gaslaternen, Zylinder in den Straßen oder auf die Festgesellschaften mit Juwelen, Dekolletés, Fracks wie durch ein mit einem Schwamm verwischten Glas. Die Loyalität der an der Partei der Ordnung orientierten Straßenszenen Renoirs weiß später schon etwas von der Richtungslosigkeit der Arbeiteraufstände so gut wie von der bei ihrem Niederschlagen gezeigten Perfidie. Ihr Verlauf, wie Flaubert ihn schildert, erinnert an das Rollen einer Billardkugel und führt zur Frage: gelangt sie nach der Vorberechnung beim Anstoß genau ans ausgemachte Ziel, oder wie weit gerät ihre Bahn unter den Einfluß nicht genau ausmachbarer Umstände wie Schwerkraft, physikalische Reibung, Luftwiderstand usw?

Für die »Éducation sentimentale« wird damit nur der äußere von der Öffentlichkeit in den »Helden« hineinführende Erfahrungshorizont umrissen. Das eigentliche Thema des Romans aber führt von aller Öffentlichkeit weg, so wie der vom Alltag und seiner Prosa beschädigte »Sentimentale« Aufenthalt sucht in dem »Elfenbeinturm« Sainte-Beuves. Es ist die Geschichte eines Mißlingens, des Fallens in eine eigentümliche Bodenlosigkeit. So mächtig die politischen Geschehnisse auch sind, gegen die zerrinnenden Hoffnungen eines Schritt für Schritt Scheiternden kommen sie thematisch nicht an. Die große Leidenschaft wird hier formal nach klassisch gewordenen Romankonventionen abgehandelt und erinnert an die »Leiden« Werthers, Adolphes, Juliens mit allen Keimen einer Krankheit zum Tode. Wenn sie jetzt unter dem Druck der Einseitigkeit liegt, wiegt das unter den verbürgerlichten Milieuverhältnissen dadurch schwerer, weil sie sich in einer durch Maschinisierung der Industrie schon weiter verödeten »Welt« entzündet. Sie ist von Anfang an so hoffnungslos wie die Werthers zu Lotte, aber der Aufwand Frédérics, das Umkreisen der Geliebten, das Suchen und Sich-Entfernen von ihr, die Reisen in die Provinz, die Wiederaufnahme der Beziehungen, die anderweitig mitlaufenden Abenteuer: alles das hat, bezogen auf das einzige, was gilt: die Liebe zu Madame Arnoux, einen mit System erzeugten Widersinn. Auf die Frage nach seiner Tätigkeit in Paris kann er der Mutter mit einem einfachen »Nichts« antworten. Dieses Wort enthält die ganze Wahrheit über den gar nicht auf einen Zweck gerichteten Verkehr mit einer Geliebten, das traumhaft sichere Danebengreifen bei aller Gewißheit darüber, seinem Idol zu begegnen.

Warum dies allen Normen entgegengesetzte »Fehlverhalten« eines jungen Mannes? Die Antwort wäre Aufforderung an die Interpretation, die sie überzeugend zu beantworten kaum in der Lage sein wird. Sie führt unmittelbar in die Natur Flauberts und in das rational Ungewisse eines in seinem »Helden« an sich selbst und an der Umwelt Leidenden. Sie hätte aber auch die eigentliche Pointe des Romans zum Gegenstand und damit die ganze Unvergleichlichkeit des Entwurfs. Im »Fehlverhalten« Frédérics kommt beim utopischen Zerschellen an der Wirklichkeit seine eigentliche Gesundheit angesichts des Alltags-Klischees zutage, so wie sich beim »Nervösen« Flaubert die gegen die Aufspaltung gerichteten Kräfte in der Arbeit des großen Künstlers grandios vereinen. In seinem Willen zur Absolutheit ist Frédéric Moreau ein Verwandter der Emma Bovary, und dies in einer Zeit, wo, wie in »Bouvard et Pécuchet«, die chemische Industrie schon die Luft vergiftet. Hier kündigt sich ein Klima im wahrsten Sinne des Wortes an, in dem alles Dringen auf das Unbedingte ohne Aussicht bleiben muß. Mag hier die »Psychologie« nach welchen Gesetzen auch immer, am Werk sein: an der äußeren Zwangsläufigkeit dieses inneren Geschehens ist aller »pathologischen« Ausgefallenheit zum Trotz nicht zu deuten. Diese von ihren äußeren Begebenheiten nur beschränkt zugängliche Geschichte lebt auch immer vom epischen Material, aus dem sie gebildet ist. Die politischen Clubs mit ihren Träumen, dem Sozialismus in der Form Saint-Simons, Proudhons, Louis Blancs, der Ruf nach der »Emanzipation der Frau« und ihren phantastisch vorausgestellten Seligkeitserwartungen, aber auch die klischierten Wendungen in Rede und Gebärde umgeben diese Leidenschaft Frédérics zu Marie Arnoux und zeigen die Atmosphäre an, gegen die sie sich behauptet. In der Kunstwarenindustrie des »Art industriel« ist der Weg von der Kunst zum

Verkaufs-Produkt bereits zurückgelegt. Kunstwarenindustrie und Prostitution als aus dieser Organisation sich ergebende oder von ihr ummodellierte Einrichtungen, denen zumindest gemeinsam ist, daß sie die »halbierten« Ekstasen kennen! Wenn hier Flaubert für Frédéric keine Ausweichmöglichkeiten sieht, dann auch darum, weil er selbst von der Prostitution fasziniert ist, sie in orientalischen Sklavinnen, berühmten Kurtisanen, der »Türkin«, Rosanette, sogar der Madame Dambreuse, schließlich auch in der Emma Bovary mit allen fließenden Übergängen zum bürgerlichen Festland überall da heraufbeschwört, wo sexuelle Lust und Bedürfnis nach dem Zaubermittel Geld eine eigentümliche Zusammengehörigkeit zeigen. Warum die Prostituierte für ihn mehr als literarischer Typus ist, wie ihn noch Balzac, Victor Hugo und Alexander Dumas kennen, warum sie unmittelbar sein Blut anspricht, läßt sich aus Flauberts erzählender und noch mehr der Briefprosa herauslesen. In jedem Falle auch darum, weil hier *eine* Vorgeblichkeit wegfällt: Die Dirne hat sich selber die Maske der Tugend vom Gesicht gerissen und wird für ihn so zum Bild der unverstellten Kreatur. Mitten in der arrondierten Öde der Stadt errichtet sie ihre orientalischen Quartiere. Das ist nicht mehr der Abscheu Balzacs vor dem Ring grauenhafter Tavernen, wo der Proletarier seinen Lohn vertrinkt und jene Krankheiten mit nach Hause nimmt, die seinem Leben mit dreißig, vierzig Jahren ein Ende bereiten. Bei Flaubert haben die Cafés mit ihrem dort anwesenden käuflichen Personal wie das Bordell ein verführerisches Flair. Das schlagendste Beispiel dafür ist die letzte Seite der »Éducation sentimentale«. Aber die Käuflichkeit breitet sich nach allen Seiten aus, kennt keine Unterschiede der Berufe. Der bürgerliche Roman, der im 19. Jahrhundert als Erzählform seinen Gipfel erreicht, macht jetzt bei Flaubert seine eigenen, von der Geldseite geschaffenen Voraussetzungen durchsichtig und kann Liebe und Geld als zwei für einen Augenblick zusammenfließende elektrische Ströme verstehen. Die mit Geld zu begleichende »fréquentation« gehört zu den von der Bourgeoisie angebotenen Erleichterungen, wie uns ein Frédéric Moreau ausdrücklich bezeugt. In ihr ist das kurzfristige, in Stunden aufteilbare »Glück« einzuhandeln, mit dem die herrschende Klasse, indem sie diese Erleichterungen zuläßt, zunächst an ihre eigene Sicherheit denkt.

Unmißverständlich geht der weitere Abbau der an die alte Heroik gebundenen Leidenschaft weiter. Ihre aus der Romantik herausführende Umdeutung ist längst vollzogen, aber auch die Differenz zum moralisch Unerlaubten, Skandalösen geringer geworden. Alexandre Dumas kann in der »Kameliendame« selbst die Partei der Kurtisane ergreifen, ohne freilich den geringsten Zweifel aufkommen zu lassen, daß sie bei allem, was für sie sprechen mag, der bürgerlichen Moral zum Opfer gebracht werden muß. Warum der Romancier sich selbst so an die »bürgerliche Moral« klammert? – Auch darum, weil sie Vorlagen schafft, die große Katastrophen auslösen hilft, für die traurigen Fälle verantwortlich gemacht werden kann und vom Romancier der eigenen Selbsterhaltung wegen in Kraft zu bleiben hat. Daß die Institution der Ehe gegen alle Herde krankhafter Leidenschaften, mögen sie thematisch noch so fesseln, bewahrt werden muß, gilt als unumstößliche Regel. Natürlich kann der Mann unter gewissen Umständen Dispens erhalten; eine Frau, die Ehebruch begeht, schließt sich schon selbst aus dem Kreis der moralisch Qualifizierten aus. Mit dieser Regel hat sich Flaubert auseinanderzusetzen, wenn er sie in der Gestalt der Madame Arnoux einhält, in der Gestalt der Madame Bovary so provozierend naturalistisch aufhebt. Mit der Emma Bovary nimmt er für die den Gesellschaftskörper zersetzenden Frau ein, indem er sie hinter der »Unschuld des Triebs« verbirgt, der gewissermaßen von sich aus seine Arbeit verrichtet.

Was von hier aus als »Bovarysmus« um sich greift, hat sich als Zeitkrankheit von dem ursprünglichen Krankheitserreger bereits unabhängig gemacht. Der »Bovarysmus« hat sogar das Moment der sexuellen Manie ausgeschieden und gilt als ein Vorbeisehen an den wirklichen Verhältnissen überhaupt. Er kann sich von dem eigentlichen Anlaß: den beleidigten Instinkten einer vom Provinzleben beschädigten Frau mit gesunden Organen lösen und für den Dauerwunsch stehen, überhaupt aus der jeweiligen Gegenwart herauszugelangen, sich träumend an anderen Orten, in anderer Gestalt, unter anderen Umständen zu bewegen. Als unverwechselbarer Eindruck bleibt die zum Leitmotiv gewordene Gebärde, mit der Emma Bovary ihren Kopf an das Fensterglas preßt, weil Erfüllung der Sehnsüchte für sie nur vom Draußen zu erwarten ist.

Aber der »Bovarysmus« und das ihm zugrunde liegende Ungenügen an der eigenen Gegenwart ist nur *eine* Spielart jener »Pathologie« in den von der Wirklichkeit enttäuschten Wunschvorstellungen Flauberts selber. Das Arsenal ihrer Anlässe ist unbegrenzt. Es quillt über von Schlangen und Kröten wie das Haupt der Medusa. Aber es entwickelt auch die Gegenkräfte, jene in die Kontemplation eingehenden Gifte, die – sehr bedeutsam als Antriebe für Flauberts Arbeitsvorgänge – zum Mittel für provisorische Rettungen werden. Die Flucht in das »geheime Zimmer«, wie Baudelaire die »Tentation de St. Antoine« nannte, ist Flucht in die sadistischen und masochistischen Träume, womit Flaubert dem Ungenügen begegnet. Die Entdeckung des Horrors als Erscheinung, die das »Ich« entgrenzt, es unentwegt befaßt und die noch ausstehende Zeit zum Tod bewältigen hilft, erfolgt hier ausdrücklich im Namen de Sades. Hier werden Paläste gebaut, die an Schönheit das Haus Neros noch übertreffen, Sklaven von makelloser Gestalt ersonnen, Kurtisanen vor den Wagen gespannt, hier kann der Fuß verachtungsvoll über Menschenleiber hinwegschreiten. So wie die »Tentation« das Register von de Sades Geschmacksvorstellungen beansprucht, ist die »Salommbô« in den üppig-satten Farben Delacroix' ausgeführt. Mit den Vorstellungen der Gewalt schafft sich die Phantasie ihre Droge, durch die sie in Bewegung gesetzt wird, bewegt sie sich aber nicht unabhängig von den durch die Bourgeoisie auf die Spitze getriebenen Formen der Menschenbewirtschaftung. In ihnen geht die neue besitzende Klasse über alles das hinaus, was ihr an Erfahrungen von der alten, in deren Sukzession sie eingetreten ist, vermacht worden war. Der Briefschreiber in Croisset und Gesprächspartner der Goncourts segelt in seiner Phantasie gewissermaßen durch die Lüfte und wird in seiner Einsamkeit zum Gewährsmann all der Süchte, mit denen eine ökonomisch weiterproduzierende Klasse ihre Erkennungsmerkmale verbreitet. Wenn er sie verabscheut, dann auch immer darum, weil er sie genau kennt. Und er kennt sie darum so genau, weil er von ihr selbst hervorgebracht und nur durch sein Schreiben als Existenzform sowie die Isolation, die sie schafft, aus ihr herausgelöst ist. Diesem Schreiben voraus geht die Tatsache, daß wie nie zuvor in der Geschichte eine mit Verfügungsgewalt über die Maschine ausgestattete Klassenfraktion die zu ihrem Bestande notwendigen Parias erzeugt, um das Blut widerstandslos aus ihnen herauszupumpen. Was sie an Ambitionen kennt, geht weit über das hinaus, was Ludwig XIV. oder Napoleon vorgeschwebt hatte, und kennt mit der Vorstellung eines absoluten Kaisertums eine Kombination beider.[99] Mit dem Strom seiner Träume in »Novembre« läßt Flaubert – autobiographisch außerordentlich interessant – Bilder und Symbole künstlicher Paradiese am Auge vorbeiziehen. Aber so sehr er sich in sie hineinversenkt, wo er sich als König der Inder auf einem weißen Elefanten jagen sieht, jonischen Tänzen beiwohnt, der Gedanke, zusammen mit Cleopatra auf seiner antiken Galeere zu fliehen, ihm Vergnügen bereitet, so genau weiß er, wie Balzac es wußte, daß die Bourgeoisie, auf deren Boden diese Wünsche aufsteigen, eine emanzipatorisch auftretende Klasse ist, die sich in diesem Stadium wohl politisch und sozial, aber noch nicht in ihrem ästhetischen Habitus emanzipiert hat. Denn nichts liegt ihm ferner, als mit dem Jakobinischen in Gautier in Zusammenhang gebracht zu werden. Dieses Mißtrauen in die »rote Weste« bedeutet positiv das Vertrauen in die ausdauernde, geregelte Arbeit als dem einzigen, das dem Künstler ansteht, womit er bei allem Skandalon, das ihm nicht erspart bleibt, sich den Anspruch auf bürgerliche Rechtschaffenheit erwerben kann.

Damit wird die ihm von seiner zerebralen Organisation vorgeschriebene Arbeitsweise des Wort-für-Wort-Schreibens mit allen ihren Selbstkontrollen nachdrücklich gerechtfertigt. Seine in der Tat bürgerliche Arbeitsdisziplin zwingt ihm eine Genauigkeit ab, die nichts ausläßt. Langsam zu schreiben, die Sätze in seinem Kopf auf das genau Treffende hin zu prüfen, wird ihm aufgenötigt, weil *ein* falsches Wort genügen würde, ihn aus der einmal eingeschlagenen Bahn herauszuwerfen. Er kann mit einem einzigen kurzen Satz eine ganze »Welt« erstellen. So in dem Anfang von »Bouvard et Pécuchet«: »Bei einer Hitze von 33 Grad befand sich der Boulevard Bourdon vollständig verlassen«. Nichts ist in diesen Angaben überflüssig, kein Wort ist zu wenig gesagt. Temperatur und Ausgestorbensein der Straße als ihre Folge sind notwendig für die sich anschließende Handlung, die Bekanntschaft der beiden Hauptgestalten. Flaubert wendet eine erzählerische Logik an, die sich aus der genauen Aufeinanderfolge der Begebenheiten wie aus der Anwesenheit der Dinge ergibt. Die Kraft der Dinge zwingt die Handlung voran, schränkt die Wortwahl von vornherein ein, verengt den Fluß des Erzählten und drängt ihn in ein von ihr gegrabenes Bett hinein. Der Erzähler Flaubert ist nicht »frei«, verfügt nicht nach eigenem Gutdünken über die Geschehnisse und kann sie nicht einfach in eine beliebige Version kleiden. Er ist – wenn man so will – ein alternativloser Erzähler, wenigstens was die artistische Konstruktion des Erzählten angeht. Von den Dingen, Gegenständen, Körpern geht im Wortgebrauch eine »magische« Kraft aus, nicht in einer übersinnlichen, sondern in einer sinnlich zwingenden Weise. Etwa die Szene im dritten Kapitel der »Madame Bovary«: Charles, gerade verwitwet, tritt in die Küche des Bauernhauses und bemerkt auf dem Tisch die Fliegen, die sich über die Reste des Apfelweins in den Gläsern hermachen; Emma näht, man sieht auf ihren nackten Schultern kleine Schweißtropfen. Aus belanglosen Umständen des Milieus wird der Körper entwickelt und durch eine fast beiläufige Bemerkung auf ihn aufmerksam gemacht. Einige Augenblicke später: Emma lädt den Gast zu einem Glas Curaçao ein, man stößt an, und Emma leert es mit nach hinten gebeugtem Kopf und aufgestülpten Lippen, »während die Zungenspitze zwischen ihren schönen Zähnen mit kleinen Schlägen den Boden des Glases leckt«. Diese Geste gehört zur »Heldin« wie der feine Schweiß auf ihren Schultern, ihre orientalischen Träume, ihr Kaufbedürfnis, der Mangel an Disziplin. Sie selbst ist eine genau addierte Summe von körperlichen Veranlagungen, Eigenschaften, Bewegungen, Gebärden, ihr »Schicksal« nicht ohne diese Summe denkbar! In solchem Aneinanderreihen banalster Vorstellungen sieht sich Emma in einer Postkutsche mit blauen Rollvorhängen, das Lied des Postillons hallt im Gebirge wider, Glocken der Ziegen klingen auf, dazu das Rauschen der Wasserfälle. Zum gleichen Schema gehört es, wenn Léon die Verführung Emmas im Fiaker damit gelingt, daß er sich auf die Pariser Mode beruft. Flaubert zerschlägt die Romantik all dieser Klischees, wenn er die Gespräche beim Ball auf dem Schloß sich um die Säulen von St. Peter, die Rosen von Genua, das Kolosseum im Mondschein drehen läßt. In den Auslassungen über Wetter, Klima, Luftfeuchtigkeit und ihre Folgen für das körperliche Befinden ist der auf die Torheit des Trivialen angelegte Entwurf zu »Bouvard et Pécuchet« schon vorgebildet. Die aus der »Welt« entnommenen Gegenstände, die den Formen des Verkehrens darin entlehnten Zeichen, wenden sich in der Darstellung gegen diese »Welt« und diese Formen des Verkehrens. Die Sprache hebt sie auf, stellt das Geltende, hier das von der herrschenden Klasse Sanktionierte, in Frage, versteht es, das Geltende gewaltlos ins Unrecht zu setzen und geht aus dieser Operation siegreich hervor. Als der Staatsanwalt gegen die »Unmoral« des Buches seine Gründe geltend macht, ist seine Partie verloren, bevor sie begonnen hat. Die von der bürgerlichen Vorsicht Flauberts kontrollierte Sprache bot schließlich für die Anklage wenig Greifbares. Man wirft ihm »Verherrlichung des Ehebruchs« vor.[100] In der Tat: niemals in ihrem Leben ist Emma Bovary schöner als in ihrer moralisch wenig ansprechenden Epoche. Der Ankläger zitiert: »Sie hatte diese unbestimmbare Schönheit, die aus der Freude, der Begeisterung, dem Erfolg stammt und nichts als die Harmonie des Temperaments mit den Umständen ist... Man hätte sagen können, daß ein geschickter Künstler auf das Verführerischste ihr Haar auf dem Nacken zusammengesteckt habe. Es wurde nachlässig zu einer schweren Masse aufgerollt und den Zufällen des Ehebruchs entsprechend alle Tage aufgeflochten«.[101]

Wo hätten Stendhal und Balzac die geringsten Bedenken gehabt, als Romanciers einem Ehebruch aus dem Weg zu gehen? Wie könnte der Roman als erzählende Prosa bei solchem Bedenken überhaupt bestehen? Aber – und die an sich völlig inkompetente Anklage trifft hier scharf – eine solche durch sprachliche Indirektheit erzeugte Laszivität wie bei Flaubert ist etwas Neues. Der Umgang mit den »Wörtern« als verstellbaren, zu Fetischen werdenden Requisiten ist ein anderer geworden und vor allem – wird gefährlich. Noch mehr: ihr ganz regulärer Gebrauch genügt, um sie gefährlich zu machen. Die sprachlichen Konventionen allein reichen aus, eine »neue Sprache« zu erzeugen und eine »alte« zu überholen, wie das geozentrische Weltbild des Mittelalters durch das heliozentrische des Kopernikus überholt wird. Flaubert als Künstler mit dem ausgebildetsten Künstlerbewußtsein, das sich überhaupt vorstellen läßt, ist immer Grammatiker, die Grammatik bei ihm lautloses Mittel, bestehende Klischees zu zerbrechen. Was die geltende Moral beleidigt, bringt nicht die Sprache ins Wanken, sondern wird durch die Sprache, hier durch die individuelle Organisation des Sprechzentrums mit der Eigenart seines Sprechens erzeugt. Dabei ist für Flaubert die Unpersönlichkeit des Künstlers eine unangreifbare Waffe der Kunst. Ob Léon von hinten Emma Bovary beim Kartenspiel zuschaut und »die Zähne ihres Kammes betrachtete, die in ihren Knoten bissen«,[102] ob Bouvard et Pécuchet das physikalische Gesetz nachprüfen, daß das Gewicht des Menschen jeden Tag abnimmt und das Wohlbefinden des Körpers anhält, wenn das Fehlende ersetzt und das Überschüssige entfernt wird: überall ist die Unparteilichkeit des Künstlers am Werk, der Gefühle, Wünsche, Leidenschaften, Torheiten in der Sprache zu Kristallen verdichtet. Das Auge des unpersönlichen Künstlers schaudert vor nichts zurück: nicht vor dem Bild des Gelehrten, der Tag für Tag seine Nahrung gegen seine Exkremente abwiegt, dem Zerfall verfaulender Leichname, dem abgeschlagenen Kopf Johannes des Täufers, der auf einer Schüssel gereicht wird. Der Film des Horrors erstreckt sich über Jahrtausende, von den wilden Tempelorgien der Zeit Hamilkars, wo Kinder als Opfer in den weitgeöffneten Schlund des Moloch geschleudert werden, bis zu dem Augenblick, wo der Landarzt Charles Bovary seinem unglücklichen Patienten die Sehnen durchschneidet.

Wenn in Flauberts bevorzugter Aneignung ausdrücklicher Gewalt und ihrer Privatisierung eine von Lukács bemerkte Niedergangserscheinung zum Ausdruck gelangt, dann ist diese Niedergangserscheinung selbst doch immer wieder – unabhängig von Flaubert – gekennzeichnet durch die aus der Menschenbewirtschaftung erzeugten Lebensformen der neuen herrschenden Klasse in diesem Stadium ihrer Herrschaft. Die Bourgeoisie zieht sich mit dem Übergang zum Zweiten Kaiserreich weiter in ein pompös ausstaffiertes Interieur zurück, muß sogar unter dem Druck der Monarchie den Druck auf das Proletariat vermindern, dem es auf den neu arrondierten Straßen *scheinbar* größere Freiheiten einräumt. Mit der alten Klassizität Davids ist es zu Ende, in den Innenräumen werden die Brokate schwerer und dunkler, die Farben bekommen jene Töne gesättigter Lüsternheit, die sich an den grünen Tapeten à l'américaine mit roter Bordüre als den schon von Balzac erkannten Merkmalen der Bourgeoisie entwickelt haben. Kandelaber, Lüster, Diwane werden in neoimperialen Abmessungen hergestellt und fügen sich der bei aufwendigeren Draperien kälter gewordenen Großräumigkeit. Im umstilisierten Genuß des Sardanapalischen gilt die katholische Frömmigkeit als besonders günstiges

Medium für sublimiert-gewaltsame Entladungen. Wir wissen durch die Goncourts, wie Flaubert als Fachmann der Atrozität im Katholizismus, der überall im Bunde mit »Natur überwindenden« Kräften steht, den Vollender de Sades sieht. Wenn er als Künstler vom Temperament her sich der Freude an einer entseelten und enthumanisierten Welt überläßt und in ihr die Gegenstände findet, die er sucht, dann bringt er ebenso die den »historisch« gewordenen Religionen innewohnenden Vernichtungskräfte zur Darstellung. Das ist jedoch nicht das eigentliche Ziel des Artisten, aber immer mitgeleistete Arbeit. Wenn Flaubert außer der Bildung richtiger Sätze überhaupt ein persönliches Ziel bewußt vor Augen hat, dann dies, die einzig mögliche Vollkommenheit in einer dazu ungünstigen Zeit zu schaffen: die Vollkommenheit des künstlerischen Werks, den »perfekten Roman«, wie er ihn mit der »Madame Bovary« schreibt. Dem bringt er mit dem gelebten Leben das höchste zum Opfer, über das er verfügt.

Auch in der »Kultivierung« des Unmenschlichen als einem von Sainte-Beuve bereits vermerkten und getadelten Charakterzug von Flauberts Schreiben gelangt die Dialektik der Geschichte zur Wirkung, indem hier die Bourgeoisie als die fortschrittlichste Klasse positiv die Bedingungen schafft, um mit der Religion im Bunde befindliche, auf sie gegründete Machtverhältnisse durchschaubar zu machen: so in »Salammbô«, wo das Schwelgen in Veranstaltungen der Grausamkeit um seiner selbst wegen geschieht. Als historischer Roman führt »Salammbô« aus der Nachfolge Scotts, in der das Buch geschrieben ist, tatsächlich heraus. Die Treibhausluft einer von allem Leben abgeschnürten Handlung hat die hier lebenden Gestalten auf eine künstlich veränderte Entwicklungsstufe der Geschichte gestellt, zu der es von der Gegenwart keinen Zugang gibt, wo diese Gestalten wie hinter Glas agieren. Die »Modernität« des »historischen Romans« liegt im »Psychologisieren«, hier jener animalisch wilden Naturen, die gegen den Plüsch des pompös ausstaffierten Salons stehen und die Züge des phantastisch Ersonnenen als ihre Geburtsmerkmale nicht abstreifen können. Eine Salommbô hat sich von den Interessen ihrer Vaterstadt gelöst, und ihre Beziehungslosigkeit zur sie umgebenden Welt ist im Grunde die gleiche, an der Flaubert lebenslang selber leidet. Sie bewegt sich in einer Phantasielandschaft, die von der realen Welt abgeschnitten ist.

Um den Anteil der »Moderne«, zu dem das Psychologisieren »antiker« Gestalten gehört, bei Flaubert nach dessen eigenem Verständnis ermessen zu können, ist es nützlich, sich der Kritik Sainte-Beuves an »Salammbô« zuzuwenden. Ihre Bedeutung ergibt sich schon aus dem Umstand, daß Flaubert sie einer ausführlichen Erwiderung für würdig erachtet. Sainte-Beuve hatte in der Sache mit seinen Einwänden den um die Weiterbildung des historischen Romans besorgten Flaubert an der empfindlichsten Stelle getroffen, so mit dem Vorwurf, der Barbarei einer »molochistischen Welt«, die keine ist, sowie der falschen Klassik von Chateaubriands »Martyrs« erlegen zu sein. Flaubert erkennt natürlich sofort die ganze Tragweite dieser Kritik im Hinblick auf seine eigenen Absichten, die das Problem der Geschichte wie des modernen Romans als zwei verschiedene, hier aber vom Romancier zu vereinigende und zu verarbeitende Komplexe berühren. Für die geschichtlichen Tatsachen (mit ihrem Horror-Material) hält er an der Autorität des Polybius fest. Aber Polybius ist Historiker und kein Verfasser von historischen Romanen, der – ob er es nun will oder nicht, ob er es nun weiß oder nicht – auf diese oder jene Weise sich mit den Verfahren der Widerspiegelung historischer Tatsachen auseinanderzusetzen hat. Als Romanschriftsteller aber kann Flaubert mit Recht jede Nähe zu Chateaubriand bestreiten: »Nun, das System von Chateaubriand scheint dem meinen diametral entgegengesetzt.« Warum? »Er geht von einem ganz und gar idealen Standpunkt aus; er träumt typische Märtyrer. Ich dagegen habe ein Spiegelbild entwerfen wollen, indem ich die Prozeduren des modernen Romans auf die Antike anwende, und ich habe dabei versucht, einfach zu sein.«[103]

Eine solche Erwiderung ist unmißverständlich. Flauberts ausführliche, mit genauen Details aufwartende Darstellungen der Schlachten und Orgien, der gierigen, mordbesessenen, schlangenhaften Gestalten, der Tempel, Paläste, Aquaedukte, Heere, Kriegsmaschinen, Flotten usw. in »Salammbô« sind »einfach«. Aber es ist eine Einfachheit, die ihre Konfusion hinter sich hat. Der Romancier hat hier schon auf dem Weg von Polybius bis zum Roman als Produkt einer neuzeitlichen Zvivilisation eine aussondernde Arbeit geleistet. Flaubert meint, daß die »Griechen« die »barbarische Welt« nicht verstanden haben. Hätten sie sie verstanden, wären sie keine »Griechen« gewesen. Das gilt mutatis mutandis auch für den modernen Romancier. Flaubert kann das hier nicht zuletzt im Blick auf die Erfahrungen des in Afrika kolonisierenden Frankreich sagen. Die Realität einer Salammbô als »Orientalin«, ihr Denken und Fühlen, bleibt mir verschlossen, so wie sie jedem andern verschlossen bleibt, weil es keine Möglichkeit gibt, mit ihr in Berührung zu kommen. Insofern kann Flaubert den von Sainte-Beuve gemachten Vergleich zwischen der Madame Bovary und der Salammbô zurückweisen. Die eine hat mit der andern nicht das geringste zu tun. »Madame Bovary wird von vielfachen Leidenschaften bewegt, Salammbô dagegen wird von der fixen Idee festgenagelt.« Der von zahlreichen Motivationen geleiteten Frau einer hochbürgerlichen Epoche steht die »maniaque«, eine »Art Heilige Therese« des wilden Orients mit überwältigender Einfachheit gegenüber. Hier wird die von Flaubert sich selbst gestellte Aufgabe und die Schwierigkeit, sie zu lösen, der in seinem Erzählen sich abspielende dialektische Verkehr von Kompliziertheit der Charaktere und Einfachheit der Charakterzeichnung, angerührt: »Nichts Komplizierteres als ein Barbar.«

Mit Recht kann Flaubert jede Nähe zu Chateaubriand und seinem idealisierenden Erzählen von sich weisen, das dem seinen nicht nur nicht entspricht, gegen das er sich vielmehr ausdrücklich wendet. Was Sainte-Beuve in seiner Kritik nicht treffen konnte, war das meisterhaft Bündige im künstlerischen Entwurf von »Salammbô«. Hier brauchte vom Autor nichts zurückgenommen oder verbessert zu werden. Die Sicherheit des Urteils traf dagegen die von Flaubert eingeschlagene Richtung des »historischen Romans« als Abwendung von Scott, als Verselbständigung der Brutalität aus Freude an den Exzessen, zu von Scott, als Verselbständigung der Brutalität aus Freude an den Exzessen, zu der Flaubert nicht zuletzt als Folge der von ihm ausführlich bekannten körperlichen und seelischen Selbstbeschädigungen gelangt. Wenn Flaubert am Beginn dieser hochbürgerlichen Periode zu denen gehört, die eine solche Entwicklung einleiten, so gilt er nicht als einer ihrer typischen Vertreter, weil er sich mit seinen großen künstlerischen Mitteln jeder Typik widersetzt, weil sein Künstlertum die Folgen als ein Zusammenfallen in die reine Form der Barbarei von vornherein ausschließt. Die fortschreitende Zersetzung als Verfall jeglichen Glaubens setzt sich bei Flaubert in eine Mosaikkunst der Sprache, als ein Aneinanderfügen kleinster Details um. Ein solches Zusammenstellen von Tatsachen und Einzelzügen läßt sich ins Unendliche weiterführen. Wie ein Schriftsteller dabei der Monotonie entgehen kann, zeigt Flaubert – aber auch hier wieder nicht in typischer, weil in artistisch nicht nachbildbarer Weise – durch die Schockwirkung des Horrors. Der Schauder muß immer wieder erneuert, durch Abwandlung des Eindrucks hochgetrieben und möglichst gesteigert werden. Als Erzähler kennt Flaubert schon eine »kinematographische« Bildführung, wenn er etwa den Leser die »Welt« durch die Augen des Sklaven Spendius sehen läßt, wenn er mit ihm (als einer »Kamera«) durch die Wüste, an Tempeln, Palmen, Lagerplätzen, Kriegern, Dromedaren usw. vorbeizieht; er läßt an dieser persönlichen Bildführung teilnehmen, indem er von den Gedanken und Gefühlen spricht, die ihn bewegen. Die Gedanken und Gefühle in dieser Wüstenregion sind natürlich immer auch vom Klima abhängig, von der Art der Ernährung, den politischen Zufälligkeiten. Um die Torturen der zum Hunger und Durst Verurteilten beschreiben zu können, studiert Flaubert Werke über Physiologie. Als Sainte-Beuve nach den Motiven fragt, warum die Karthager die Barbaren töten, kann ihm Flaubert eine an Präzision nicht zu übertreffende Antwort geben: weil sie sie hassen und weil sie stärker sind. Natürlich dringt überall seine Erfahrung von der jüngsten Geschichte Frankreichs in sein Erzählen ein. Woher er seine Vorstellung vom Senat in Karthago hat, kann er unmißverständlich erklären: er hat sie aus »allen ähnlichen Milieus der Revolutionszeiten, vom Konvent bis zum amerikanischen Parlament, wo man kürzlich noch mit Stock und Revolver gekämpft hat, wo die Leute sie (wie meine Dolche) in den Ärmeln der Mäntel mitgebracht haben, und meine Karthager waren noch gesitteter, da kein Publikum anwesend war«.[104]

Das karthagische Beispiel mit dem Auflösungsvorgang gentiler Organisation durch stadtwirtschaftlichen Erwerb verdichtet sich ihm zweifellos aus der an den französischen Verhältnissen gewonnenen Einsicht, daß großes Handelskapital an der Zerstörung des Ancien Regime mitgewirkt hatte, in den konsiliaren Herrschaftsformen der Republik zweifellos über größeren Bewegungsraum verfügt und, wie die Monarchie nach 1830, es mit einer Notabeln- und Abgeordnetenverfassung begünstigt. Die Karthager regieren wie Kaufleute, sie nehmen die Soldaten im wahrsten Sinne beim Wort, indem sie sie mit Sold gewinnen, zu Taten antreiben und notfalls von ihrer Partei trennen. Hier zeigt sich die Schwerfälligkeit der gentilen Heroik gegenüber einem im Umgang mit der baren Münze vertrauten Händlervolk, das sich seine Krieger einfach kauft, die eigenen Verbände mühelos um fremde erweitern kann und seigneurial angeleitete Formationen gewissermaßen ideologielos vernichtet. Auch von hier aus stellt sich wieder die von Sainte-Beuve angeschnittene, von Flaubert in seiner ganzen Tragweite erkannte Frage nach der Modernisierung der »Antike«, dem Umdeuten historischer Verhalte im Licht des um die Forschungen der »Neuzeit« bereicherten Künstlers. Als Romancier legt er sich das Gewand eines neuen Homer an, aber dieser Homer hat die Schule der Aufklärung hinter sich, bringt durch die »Wissenschaft« erkaltete Tatsachen. Wie ein Stratege setzt er Militärformationen nach einem genauen Schlachtplan ein, kennt er viel kompliziertere Rüstungen als die bei Troja anzutreffenden, beschreibt er die Monturen und Waffen mit einer selbst bei Homer unbekannten Ausführlichkeit. Flaubert erlegt sich als Romancier eine gesteigerte Auskunftspflicht auf. Er vermischt seine Geschäfte mit denen der Wissenschaft, treibt sie aber damit nur weiter im Sinne des Künstlers, der die entwickeltste neue Form des Epischen anzubieten hat. Mit der nordafrikanischen Küste als Schauplatz für seinen Roman hatte Flaubert sich für eine Landschaft entschieden, in der die äußeren Bedingungen unverändert sind. Meer, Wüste, Berge, Klima, Vegetation, Farben, auf deren Darstellung er so viel Sorgfalt verwendet, sind sich in der Zeit zwischen Hamilkar und Flauberts Reise nach Tunesien 1850/51 gleich geblieben, geben sozusagen »ewige« Sujets her. Es ist in diesem epischen Prosagedicht eine von Vergangenheit und Gegenwart unabhängige Schicht anzutreffen.

Die Kritik hat bekanntlich lange daran festgehalten, die Marmorkälte Flauberts in »Salammbô« als Folge seines »Archaismus« zu vermerken, was ebenso Ergebnis einer mit der Vergangenheit befaßten Visionskraft ist. Das muß natürlich als eine vom historisierenden Erzählen zwangsläufig abhängige Problematik gesehen werden, die unterhalb des hier gegebenen Ranges ebenso bei einem Zeitgenossen wie etwa Conrad Ferdinand Meyer vorhanden ist und sich aus der Stein für Stein erfolgenden Rekonstruktion einer vergangenen »Welt« ergibt. Dieses Auftürmen von Steinquadern ins Monumentale als epischer Aufbau des längst in Trümmer versunkenen Karthago bleibt natürlich ein Sonderfall. Das Suggestive, den Leser in dieser künstlich errichteten Stadt herumzuführen, ihn durch verbotene Säle, von Gewalt umlauerte unterirdische Verließe zu schicken, ihn an der Gestalt der Salammbô, der Farbe und dem Aroma ihrer Haut unmittelbar teilnehmen zu lassen, sie im Augenblick der körperlichen Nähe zu einer Zeitgenossin der Emma Bovary zu machen, kennt in der epischen Prosa nicht leicht ein Vorbild. Es wäre noch zu fragen, wo es in der Nachfolge erreicht worden wäre.

Es steht außer Zweifel, daß eine solche von Flaubert als spätzeitlich verstandene historisierende Epik nur auf dem Boden einer mit allen Mitteln der Zivilisation ausgestatteten und sogar noch den Widerstand gegen sich selbst hinnehmenden Klasse möglich ist, die ihren ungefährdeten Zivilisationsanspruch auch der Fähigkeit verdankt, sich wie karthagische Patrizier unentwegt Unterklassen zu schaffen. In dem über die Verhältnisse der Julimonarchie hinauswachsenden Anstieg städtischer Grundrenten und der fortschreitenden Industriekapitalisierung der 50er Jahre reifen die Bedingungen für den mit ausgeklügelter Prachtentfaltung im Bunde befindlichen Privatismus des »historischen Romans« bei Flaubert heran. Die »Geschichte« kann in diesem Stadium ohne große Schwierigkeiten die ihr abgeforderten Bestätigungsfunktionen übernehmen und die im Dienste der Gewalt stehenden Bezauberungen ästhetisch rechtfertigen. So meint Lukács: »Die Geschichte erscheint als eine große und pompöse Kulisse, die als Rahmen zu einem rein privaten, intimen, subjektiven Geschehnis dient«.[105] Und darüber hinaus: In den von steigenden Grundrenten geschaffenen Bedingungen erhält mit der wachsenden Bedeutung des Privaten, dem Kult eines dem Genuß hingegebenen Ich die *Zeit* eine neue Dimension. Das geht unmittelbar in die Arbeitsvorgänge ein. Der Rentier Flaubert kann sich in aller Ruhe dem Wort-für-Wort-Schreiben widmen, läßt sich durch keine andere als die innere Notwendigkeit das Tempo des Arbeitens bestimmen; er setzt alles auf zwei, drei, vier Würfe, legt in sie alle Kraft hinein, korrigiert sich in bis zu sechzehn verschiedenen Fassungen, weil nach seiner Idee nur eine einzige die richtige sein kann. Während seiner ersten Orientreise hatte Flaubert sich auf die Arbeit an der »Salammbô« vorbereitet und kehrt vor dem Abschluß des Werks noch einmal nach Tunis zurück, um die Ortsangaben zu überprüfen.

Denn die einzige ethische Forderung, die es für den Künstler im Sinne Flauberts gibt, zielt auf die Genauigkeit des Worts. Alle Auskünfte oder Tatbestände, ob sie die Unterschiede in den Schädelformen bei den Italikern, Galliern, Balearen usw. betreffen oder die Farbe von Emma Bovarys Pantoffel, müssen die Richtigkeit für sich haben. Sie müssen in der von Flaubert entworfenen »Welt« stimmen, sie dürfen nicht den historischen Tatsachen zuwiderlaufen, auf deren Erforschung Flaubert eine das gelebte Leben gewissermaßen zerstörende Energie verwandt hat, und sie müssen der inneren privaten und ohne Alternative auftretenden Wahrheit entsprechen. Hier bewegt sich Flaubert in einer dem Epos bis dahin unbekannten räumlichen »Tiefe«, die die Personen aus dem Flächigen der Beschreibung herauslöst und in ihrer ganzen Körperlichkeit episch zugänglich macht. Der Körperduft der Salammbô ist uns genau so gegenwärtig wie die Zitronen, die Emma Bovary für vierzehn Franken kauft, um ihre Fingernägel zu reinigen. So liegt sie bei geschlossenen Fensterläden mit einem Buch ausgestreckt auf dem Kanapee, beginnt Handarbeiten, italienische Lektionen, um sie bald wieder abzubrechen. Alles ist Erwartung und bereitet durch diese Zeitspanne der Bewegungslosigkeit die künftigen Ereignisse vor.

Wir wissen es schon im voraus: hier ist keine Festung mehr zu erstürmen, weil sie von vornherein zur Kapitulation entschlossen ist und nur die näheren Umstände dazu noch ausstehen. Als Rodolphe auf dem Landwirtschaftsfest seine Werbungen um Emma einleitet, kündigt sich durch erste Signale sein schneller Triumph an. Die Worte Rodolphes sind bei aller Beschwörung der Poesie, der Musik, der hohen Gefühle wie Enthusiasmus und Heroismus ebenso platt wie die Reden der Provinzpolitiker. Aber gerade das macht sie so erfolgreich. Da ist die Rede von Ackerböden, Preisen, Namen prämierten Viehs, Getreidearten und dazwischen Gefühle, Geständnisse, Versicherungen, Ausblicke in die Zukunft. In dieser Atmosphäre einer robust gegenwärtig gemachten Alltäglichkeit werden die letzten Widerstände Emmas ausgeräumt. Als Träumende erinnert Salammbô an eine in den »Orient« hineinversetzte Madame Bovary. Auch bei ihr gibt es den Drang ins Unbekannte, hier eher ins Sphinxhafte verlegt, das hinter dem Schleier der »Göttin« lauert. Hier ist die Schwelle, über die hinauszugehen in gefährliches Land hineinführt, so wie Emma Bovary, nachdem sie sich aus der Geste der Wartenden löst, in den Strudel der sexuellen Verwicklungen hineingerät. Aber nicht der Verstoß gegen die Moral läßt sie zugrunde gehen, sondern die Schulden bei Lheureux machen den Untergang komplett, versetzen ihr den letzten entscheidenden Stoß. Auch das Schicksal der Karthagerin findet ausdrücklich in Verhältnissen hochentwikkelter Geldwirtschaft statt, Verhältnissen einer vom liquiden Besitz her agierenden städtischen Oligarchie, deren bürgerliche Fähigkeit zum Erwerb, wie Flaubert ausdrücklich vermerkt, die Gefahr in sich hat, die politischen Instinkte zu schwächen, indem sie ihnen die Wachsamkeit nimmt. Diese Salammbô lebt in einer hochstilisierten Nippeswelt, in einem mit »Chinoiserien« ausgefüllten Jung-Mädchen-Reich. Dabei ist sie zutiefst mit der vernunftlosen Kreatur vertraut, weil sie selber eine ist, ebenso wie die Frau des Dorfarztes von Yonville. In einer wegen des exotischen Aufwandes heute vielleicht nicht leicht zugänglichen Szene hat Flaubert Salammbôs Schlangenbeschwörerkünste dargestellt: die Nähe des Reptils weckt in ihr die letzten Kräfte, zeigt sie zugleich in einer Geschmeidigkeit von außerordentlichen Graden, indem sie mit der Schlange, die sie umschlingt, zusammenwächst.

Man wird bei aller Bewunderung für diesen historisierenden Exotismus als unbarmherzige Absage an das Zeitgemäße, als Rückzug auf das »Geheimzimmer« der Geschichte, als kompromißlos vor sich gehende Rekonstruktion des »Archäologen« sagen müssen: hier ist für den »historischen Roman« die äußerste Grenze erreicht. Das Buch bleibt ebenso wie die »Madame Bovary«, aber aus anderen Gründen, ein umstürzendes Werk. Wie etwa der Streit zwischen Mâtho und Hannon ausgeht, interessiert uns weniger, als uns der Streit zwischen Achill und Hektor interessieren kann. Griechenland oder Rom hätten Sympathie für eine der dort kämpfenden Parteien wachrufen können, aber der Aufstand barbarischer Stämme gegen eine vom Strang der Tradition längst abgeschnittene Stadt wie Karthago spielt sich in einem ausgemachten Leerraum der Geschichte ab. Was bleibt, ist ein privatistisches Übergewicht des Dekorativen. Das Dekor wird zum Vorwand, die Phantasie voranzutreiben, ihr einen unaufhörlich fließenden Stoff an Grausamkeit zu geben.

Eine abgestorbene Kultur noch einmal zum Leben zu bringen ohne jedes andere Interesse als das des Künstlers, sich seine visionäre Gestaltungskraft zu beweisen, gehört zur radikalsten Doktrin dieses Artistentums. Die Verkettung der Absichten einer stadtbürgerlichen Oligarchie, die ihre eigenen Söldner dem Lager der Feinde zurechnet, mit den Launen einer schlangenhaften »Orientalin« ist hier in ihrer ganzen Ursächlichkeit gesehen und stellt den Ring her, wo eine Gewalttat sich an die andere reiht. Das gleiche Interesse an der blutigen Sexualität in »morgenländischer« Gestalt leitet Flaubert unter dem Einfluß Mallarmés in der »Hérodias«, geht aber zweifellos aus einer in der zweiten Jahrhunderthälfte gesteigerten Dichte dieser Themenbehandlung hervor, die bis zu Wildes Salome und Shaws Cleopatra reicht.

Das in der »Éducation sentimentale« erreichte Stadium der gesellschaftlich-ökonomischen Entwicklung zeigt eine über das Spätwerk Balzacs schon hinausgehende Verödung der Lebensverhältnisse. Flaubert hatte das sehr genau umschrieben, wenn er das Werk ursprünglich unter dem Titel »Die trockenen Früchte« erscheinen lassen wollte. Die Gestalten darin bewegten sich in Luftschichten der Leere. Flaubert erzählt die Geschichte einer Generation mit wiedererkennbaren Gesichtern. Gegenüber der »Madame Bovary« zeigt die »Éducation sentimentale« formale Lockerungen. Flaubert bemerkt selbst auf verschiedene Weise, daß die Arbeitsdisziplin während der Niederschrift nachläßt und das Auseinanderlaufen einiger Handlungsteile nicht verhindern kann. Indessen haben wir es, aufs Ganze betrachtet, mit einem völlig ebenbürtigen Wurf zu tun, mit Darstellungselementen, die sich stärker als früher auf den Vorgang der Zeitverschiebung konzentrieren und die Zeitverschiebung selbst als eine Verschiebung in den Klassenverhältnissen diagnostizieren, die während der Revolution von 1848 und ihrer Vorbereitung an Schnelligkeit zunimmt. So ist die Geschichte Frédérics die Geschichte regelmäßiger Geldeinkünfte, über die er durch seine Mutter verfügt. Wo diese Einkünfte – wie es vorübergehend der Fall ist – ausbleiben, muß die leidenschaftliche Beschäftigung mit der Madame Arnoux unterbrochen werden. Wird das Schicksal der Emma Bovary am Ende vom Mangel an Geld entschieden, so leitet die Verfügung darüber bei Frédéric Moreau günstige Anfänge seines weiteren Verlaufs ein. Hier stößt Flaubert auf eine Balzacsche Ader. Doch der Weg Frédérics und die Art, wie er ihn geht, entfernt ihn völlig von den aus der Provinz kommenden jungen Männern Balzacs.

Die Generation der unter der Restauration und Louis Philippe herangewachsenen Jugend sieht sich um 1848 von einer verdüsterten Atmosphäre umgeben und mißtraut, wo sie, wie Frédéric, sich für den Wandel empfindlich zeigt, den unmittelbaren Gefühlen. Das Leben ist schwieriger geworden und fordert Verarbeitung größerer Rücksichten. Flaubert zeigt in der »Éducation sentimentale«, daß die Jugend von der Revolution und gleichgültig, auf welcher Seite sie stand, in jedem Falle um ihre Aussichten gebracht wurde. Für Frédéric zählt nur der Aufenthalt in der Nähe der Geliebten, der Frau von dreißig Jahren. Die »Welt« hat für ihn nichts Festes, sondern etwas Flackerndes, das den Eindruck ständiger Bewegung verbreitet. Auch in der Revolution ist diese Bewegung gegenwärtig. So begegnen wir in Deslauriers dem Revolutionär, dessen Benachteiligung durch fehlenden Besitz das Motiv ist, sich den ihm von der Gesellschaft vorenthaltenen Platz durch Gewalt zu erobern. Aber das bedeutet schon ein Zersetzen revolutionärer Gehalte: die Revolution als Mittel, zu drei Sekretären zu kommen und wöchentlich ein großes politisches Diner zu veranstalten, als Umkehrung bestehender Herrschaftsverhältnisse, die Advokaten in die

Lage setzt, Generäle zu kommandieren, und barfüßige Arme, Könige verprügeln zu dürfen. In den politischen Zirkeln und republikanischen Clubs ziehen sich die Diskutierenden selbst den Boden unter den Füßen weg. Ein Robespierre, der ein wirklicher Revolutionär war, wird plötzlich zum Anwalt der kleinen Zahl. Während der Zeit des »Umsturzes« arbeitet die Dialektik der Geschichte mit immer kürzer werdenden Umschlägen ins Gegenteil, ist sein Scheitern auch Folge des theoretischen Rückfalls seiner Anhänger in Denkformen der Klasse, die sie stürzen wollten. Bei den Arbeiterführern selbst kommt der Zweifel an den von ihnen Geführten auf: »Die Arbeiter sind nicht mehr wert als die Bürger«.[106] Bei ihrem Zusammenbruch disqualifiziert die Revolution die Revolutionäre, läßt sie als verhinderte Bürger erscheinen, deren Versuche zur Veränderung keinen Augenblick über die Schwelle der schon in der Bourgeoisie angelegten Erwartungen hinausgehen. Flaubert sieht in der Revolution von 1848 ebensowenig wie Zola in den durch die Kommune angelegten Bränden von 1871 Fanale der neuen Zeit, sondern nur Zeichen der alten. Es fehlt beiden Aufständen das, was eine Revolution im Urteil der Geschichte zu einer tatsächlichen macht, wie es die von 1789 war: daß sie siegreich ist. Flaubert tut der Revolution, von der er für sich selbst das wenigste hätte erwarten können, als Schriftsteller die Gerechtigkeit an, daß er ihr in der Gestalt Dussadiers einen von Begeisterung für ihre Ideale erfüllten Anwalt der Schwachen und Geschlagenen zurechnet. Und weiter: er bringt die Folgen ihres Scheiterns für die Bourgeoisie zur unnachahmlichen Darstellung, wenn er aus dem gescheiterten Revolutionär Deslauriers einen Kandidaten der Konservativen werden läßt, die ihr Wahlklientel durch andere, ebenfalls in ihren früheren Erwartungen Getäuschte zu erweitern hoffen. Matador des neuen Systems ist Dambreuse, der Industrielle und Parlamentarier der Bourgeoisie, der Napoleon, den Einzug der Kosaken, Ludwigs XVIII., Julirevolution, Arbeiteraufstände hinter sich hat und von den Verhältnissen sowie dem eigenen Naturell dazu gebracht wurde, Anhänger der jeweiligen Macht zu sein.

Aber auch hier keine Entscheidung, sondern nur Darstellung! Wie bei einer Schachpartie der Wert einer Figur stets von der Fähigkeit gegnerischer Figuren abhängt, sie an ihren Zügen zu hindern, so wird auch bei Flaubert jede Gestalt dieses Romans nur im Spiel aller hier aufgezeigten Beziehungen gesehen. In der »Madame Bovary« wurden »Vorteile« des aufgeklärten Apothekers Homais gegenüber dem Abbé Bournisien durch gewisse Lächerlichkeiten wieder verloren. Flaubert läßt sich durch Vorlieben für bestimmte Ideen als Künstler nicht bestechen. Ein Plus kann in der epischen Summe leicht zum Minus werden und umgekehrt. Das Bindende in der ablaufenden erzählten Stoffmasse, was sie aus allem Vergleichbaren heraushebt, bleibt in dieser Ära des Wertabbaus der zur Religion erklärte »Stil«. In der Bildersprache und der symphonischen Komponiertheit der Bilder geht Flaubert über das in der Romanepik Vorgegebene hinaus. Heißt es in der »Madame Bovary« von der »Erinnerung« Emmas an Léon nach seiner Abreise: sie »knisterte stärker als in der Steppe Rußlands ein vom Reisenden im Schnee zurückgelassenes Feuer«,[107] so wird kein Leser in diesem Vergleich ein Kitsch-Moment entdecken können.

Zweifellos schwächt sich die Bildkraft Flauberts von der »Madame Bovary« zu »Bouvard et Pécuchet« hin langsam ab. Bilder können dabei vom Schriftsteller allein durch Wörter geschaffen werden. Wir kennen genau Flauberts Empfindlichkeit des Ohrs gegen die Kakophonie bestimmter Silbenzusammenstellungen. Er beklagt sich über die Verlegenheit, die die Syntax durch den Zwang bereitet, einen Satz durch Füllwörter und vom Gedanken losgelöst zu Ende führen, und tadelt insbesondere gegenüber Turgenjew die »daß-Konstruktion« im Französischen. Für ihn hat der Satz ein »Rassepferd« zu sein, das makellos in seinem Aussehen vorüberschnellt. Das Abhören des Satzes nach leeren, bloß mechanischen Stellen macht von den Arbeitsvorgängen eines solchen Schreibens her aus Flaubert das strikteste Gegenteil des vom Verkauf der Manuskripte oder seinen Tantiemen lebenden Berufsschriftstellers. Aber so wie Flaubert *gegen* sich selber schreibt, schreibend seine eigene Triebstruktur umbricht, so schreibt er auch gegen *alle* Richtungen an. Er schaut nicht auf die Mode, liefert keinen Roman auf Bestellung, bleibt unabhängig von Terminen, folgt nicht irgendwelchen Winken, sondern vertraut seiner durch Disziplin überwachten Eingebung und seiner Geduld. Die Arbeit an der Sprache ist ihm alles. Dabei bleibt immer die Absicht, nicht aufzufallen. Es war die Literaturkritik, die die Vokabel vom *Obzönen* in Umlauf setzte und das Gericht auf ihn aufmerksam machte. Denn von seiner Natur her ist Flaubert kein Mann des Protestes und noch viel weniger des Exils wie Victor Hugo und später Zola. Die Dritte Republik, die Zola nach England vertreibt, zeichnet Flaubert mit einer Pension von 6000 Franken aus. Das Gefühl, wegen seiner durch unermüdliche Arbeit hervorgebrachten Leistung bestätigt zu werden, befriedigt ihn mehr als die Zustimmung der Literaten.

Voraussetzung für ein solches Werk wie das seine war freilich der tiefe Einbruch der statistisch berechenbaren Mitte als verbindendes Maß, der Triumph des Alltags über die Poesie, der Verlust allen Glaubens und der Sieg des Mißtrauens über jede Art von Überzeugung. Flaubert, in einem materialistisch-atheistischen Milieu großgeworden, setzt schließlich gegen Materialismus und Atheismus den gleichen Zweifel wie gegen das Angebot der Metaphysik. Aber seine Erfahrungen haben tiefere Gründe. Sie sind geschärft an der falschen Egalität der bürgerlichen Demokratie in Frankreich mit den Düsternissen, die sie verbreitet, ihren niederreißenden, das Talent köpfenden, seinen Willen schwächenden Kräften. Flauberts Mittel sind jedoch nicht die der Kritik, sondern, wie er es in seinem Brief an Louise Colet vom 16. Dezember 1852 nennt, die »Apologie de la Canaillerie humaine«. Alle Vorstellungen von »Größe« und »großen Menschen« müssen in der hereinbrechenden Nacht eines auf das Mittelmaß eingerichteten Zeitalters preisgegeben werden. Glaubte Stendhal noch an die Rückkehr zu den Ideen der Aufklärung, sah Balzac die historische Entwicklung mit all ihren Zügen einer grausamen Unumkehrbarkeit vom Zwangsläufigen her gerechtfertigt, kann Zola noch auf die Kraft des Protestes setzen, so stellt sich Flaubert mit kaltem Hohn auf die neuen Tatsachen ein, daß die Großen den Dummköpfen und die Märtyrer dem Henker geopfert werden. Der Mittelmäßige ist die einzige Instanz des Legitimen. Ein solcher Gedanke kann zum Motto des »Dictionnaire des Idées Reçues« werden. Originalität verliert ihr Recht auf Bestand, weil sie nicht gebraucht wird. In »Bouvard et Pécuchet« haben »Seine Königliche Hoheit« der »Tor« die Herrschaft angetreten. Sich auf das Land zurückzuziehen, um der Stadt zu entgehen, mit Kohlanbau Verhältnisse einer neuen Pastorale zu schaffen, sie gewissermaßen der in entgegengesetzter Richtung verlaufenden maschinisierten Produktion abzutrotzen, wird hier zum Komik erzeugenden Selbstbetrug. Gerade das Grau in Grau dieses Spätwerks zeigt unter den sich verändernden Bedingungen der industriellen Erzeugungsformen die epische Regel Flauberts am Werk, Beschreibung materieller Tatsachen und Gefühle der Personen im Einklang zu halten, »Milieus und Seelen« zusammenfallen zu lassen.[108] Wir wissen es schon: Flaubert geht in den Gestalten seiner Phantasie auf. Er ist Emma Bovary, aber auch Marie Arnoux und Frédéric Moreau; er nimmt, da er Salammbô und Mâtho zugleich ist, auf beiden Seiten an derem Koitus teil, er steht in der Masse, die auf dem Boulevard des Capucines niedergeschossen wird, aber auch im Lager derer, die niederschießen. Schließlich ist er im Schweiß auf Emma Bovarys Schultern anwesend wie in den Fliegen, die sich auf dem Tisch von den Apfelweinresten verkösstigen. Seine Suggestionskraft schafft die Allgegenwart des Epikers, der in der von ihm geschaffenen Welt eingeschlossen bleibt. So spürte er, wie er Taine mitteilt, selbst den Arsengeschmack in seinem Munde, als er die Vergiftung der Emma Bovary beschrieb.

Als Stratege des Erzählens kennt Flaubert eine hochausgebildete Motivführung mit dem Mittel der Vorwegnahme – die in verschiedensten Gebärden der Erwartung auftretende Emma Bovary kehrt immer wieder – neben der Rückbildung des Romans zum epischen Gedicht in Prosa, wo der Ton des Satzes Übergänge zum Sprechgesang findet, wie er bei Stendhal und Balzac fehlt. Aber der Lyrismus dieser Sprache hat die ihm von der konsolidierten Bourgeoisie abgenötigten Konstruktionen eingearbeitet: die Unschuld der *poésie pure* angesichts der durch die aufsteigende Klasse angerichteten Verödungen ist dahin und kann nur noch künstlich mit dem Aufwand aller Kräfte »hergestellt« werden. Unzerstörbar für die romanhafte Wirklichkeit bleibt die Leidenschaft. Wäre sie aus dem Spiel, wäre der Romancier um seine Geschäfte gebracht. Flaubert hat in der »Éducation sentimentale« ihre Rolle aufgezeigt, wo er ihre Erfüllung im Scheitern sieht, wenn alle Mühe Frédérics um den Besitz der Madame Arnoux der Natur der Umstände wegen am Ziel vorbeiführen muß. Die »Madame Bovary« macht das moralische Ärgernis ungreifbar und unangreifbar, wo der Verfasser zu seiner Zeit in einer der »skandalösesten« Szenen der Weltliteratur Emma Bovary als Person gewordene Obszönität mit ihrem Liebhaber durch die Stadt fahren läßt und den Wagen – verhängt. Alle Einwände gegen die Unsittlichkeit des Buchs waren schon zunichte geworden durch den Dialog zwischen dem Voltairianer Homais und dem Abbé Bournisien über die Bibel:

»›Nun, Sie werden zugeben, daß dies kein Buch ist, das man in die Hände eines jungen Menschen legt...‹

›Aber es sind die Protestanten und nicht wir‹, rief der andere ungeduldig, ›die die Bibel empfehlen!‹‹[109]

Bei Flaubert spielen – wie schon erwähnt – die Formfragen des Erzählens eine Rolle wie nie zuvor in der Geschichte des Romans. Natürlich ist Flaubert zunächst Erzähler und erst in zweiter Hinsicht Theoretiker des Erzählens. Daß es sich nicht umgekehrt verhält, gibt seinen Überlegungen (in den Briefen) ihren besonderen Rang. Darin unterscheidet er sich freilich nicht von Stendhal und Balzac. Das umstürzend Neue seiner Prosa dagegen hat er selbst unübertrefflich in einem undatierten Brief an Louise Colet aus dem Jahre 1853 so charakterisiert: »Ich habe keine einzige Reflexion geschrieben; ich formulierte nur auf die kürzest mögliche Weise.« Das bedeutet Abschied von den ausführlich bedenkenden und erklärenden Partien, die bei Balzac oft zu Beginn des Romans stehen oder als Einlagen, wie es auch bei Stendhal geschieht, den Fluß des Erzählens unterbrechen, gewissermaßen mehr oder weniger abgeschlossene Resümees bedeuten. Natürlich stellt Flaubert Reflexionen an, aber er schreibt sie nicht aufs Papier, sondern läßt sie in den objektiv erzählten Vorgang eingehen.

Von hier aus mußte sich Kritik an Stendhal und Balzac einstellen. »Le Rouge et le Noir« ist für ihn ein schlecht geschriebenes Buch und von den Charakteren und Absichten her unverständlich. Balzac, den er höher stellt als Stendhal, fehlt seiner Meinung nach nichts als die Fähigkeit zu schreiben. Das ist in der privaten Korrespondenz aus dem Augenblick heraus hingeworfen, hat aber von Flauberts Standpunkt aus viele Überlegungen durchgemacht und zeigt, wie seinem Erzählverständnis der Zugang zu ganz anders gearteten erzählerischen Temperamenten in mancher Hinsicht versperrt ist. Daß hier neben Stendhal und Balzac auch Musset und Lamartine schlecht wegkommen, verwundert nicht. Flaubert sucht sich seine Vorbilder unter den großen älteren Erzählern, die die bürgerliche Entwicklung des Romans mit einleiten helfen, aber die Epoche der absolutistischen Verkünstelung oder genauer das, was Balzac als »Régence« feiert, nicht durchgemacht haben, ihm darum von den Maßen her wie die Baumeister von Pyramiden erscheinen, und findet sie bei Rabelais und Cervantes. Als Stilist allen voran steht ihm Montaigne.

Das sind für seine Prosa Anknüpfungspunkte, im Blick auf die das Heruntersteigen in das miserable Alltagsleben erträglich bleibt. Flaubert sieht von der Trivialisierung der Lebensvorgänge das Problem für die Sprache des Romans hervorgebracht. Es ist das Problem der »Madame Bovary«. Wie kann ich einen trivialen Dialog schreiben, der gut gemacht ist? Das ging in der Tat über Stendhal und Balzac hinaus. Es hat von der Einsicht Flauberts in die Wandlungsvorgänge der gesellschaftlichen Organisation her mit ihren Folgen für die künstlerische Form etwas Zwingendes, wenn er, der selbst als Künstler in diese Wandlungsvorgänge hineingestellt ist, sich ausdrücklich auf Goethe beruft, für den alles auf die »Konzeption« ankomme. Im Dialog zwischen Emma Bovary und Rodolphe auf dem Viehmarkt wird die »Konzeption« eines veränderten dialogischen Verkehrens durchsichtig. Eine solche Sprache, wo Klischees ein- und wieder ausgebaut werden, zeigt die Distanz dessen an, der sie sprechen läßt. Sie verrät noch in den banalsten Niederungen den Sitz, den Flaubert nach eigenem Geständnis einnimmt: in jenem Elfenbeinturm, so nahe wie möglich beim Himmel, wo es kalt ist. Hier sind Antriebe wirksam, die dem *l'art pour l'art* Vorschub leisten, hinter denen aber bei Flaubert ein auf die Spitze getriebener Auftrag steckt. Einzige in Betracht kommende Aufgabe, die »Forderung des Tages«, wie Flaubert unter Berufung auf Goethe meint, ist das Schreiben. Seine Funktion ist immer auch Desillusionierung. Die Vorstellung des Paradieses erscheint Flaubert viel infernalischer als die der Hölle, weil der Mensch für solche Phantasiegebilde des Wunsches nicht disponiert ist. Flaubert sieht sich durch die Misere, für die sein Auge geschult ist, gegenüber Balzac im Vorteil, die »alte Poesie der Korruption und Verkäuflichkeit« nachdrücklich auskosten zu können (Brief an Louise Colet von 1./2. Juli 1853). Romancier sein bedeutet, in den vom Zeitalter aufgeworfenen Schlamm einzudringen, ihn schreibend zu bewältigen, in den Ausdünstungen körperlicher Fäulnis zu leben, vom Schamlosen um seiner selbst willen angezogen zu sein, sich den Versuchungen von Chimären auszusetzen wie etwa der Prostitution. Die Prostitution reproduziert die geltenden Normen noch einmal aufs neue. Hier werden sie in der Bewegung des menschlichen Fleischs sinnfällig ins Bild gesetzt: »Wollust, Bitterkeit, Fehlen der menschlichen Beziehung, Raserei des Muskels und Goldgeklingel« finden sich dabei zusammen, wie er im gleichen Brief schreibt.

Als Romancier wie als Briefschreiber rechnet Flaubert mit *zwei* Perspektiven, die sich überschneiden können: der großen und der kleinen. Daß das Leben sich auf den Tod zubewegt mit dem Vorankündigungen wie dem von ihm genau registrierten Ausfall der Zähne, der Haare, den Falten in der Haut, den Ermüdungen des Körpers usw. gehört zur *großen* Perspektive, die sich von den in »Salammbô« beschriebenen Tagen Karthagos bis in die Einsamkeit von Croisset gleichbleibt. Es gehört zur *kleinen* Perspektive, daß ein solches Schicksal innerhalb der von den bürgerlichen Mittelklassen ausgeübten Herrschaft abläuft, also in anderen historischen Verhältnissen auch anders ablaufen könnte. Flauberts Schreiben ist geradezu eine Antwort auf die durch die Mittelklassen zugefügten Entstellungen, von denen er selbst gezeichnet ist. Wenn er beispielsweise den Brief vom 28. Dezember 1852 an Louis Bouilhet mit »Bourgeoisophobus« unterschreibt, kommt etwas von seiner Doppelnatur zum Vorschein: er ist »Bürgerschreck«, der, wie der Prozeß gegen ihn wegen der »Madame Bovary« zeigen wird, elementar gegen die bürgerliche Moral seiner Zeit verstößt, aber gleichzeitig fürchtet er den »Bürger«, weil er von der Geschichte her weiß, daß man sich vor ihm vorsehen muß. Darum auch diese Flucht in die Anarchie der Träume, die er privat von sich weist. Darum aber auch die Aufsage an alles Offizielle, an die Académie Française, an die Universitätsprofessoren, die Parlamentarier, von denen für die weitere Zukunft nicht viel zu erhoffen ist, mit denen allen er in der Einsamkeit seines Landhauses jedenfalls nicht verwechselt werden möchte.

Flauberts Briefwechsel mit Louise Colet, diese einzigartige Dokumentation einer schonungslosen Selbstenthüllung, zeigt, daß sich beide ihrer Privilegien sehr wohl bewußt sind. Das erlegt Vorsichtsmaßnahmen auf, zwingt zu besonderer Umsicht auf dem Gelände, das man erkundet. In diesen Briefen an die Colet wird eine Entscheidungsschlacht für das Schicksal des modernen Schriftstellers geschlagen, sofern er darauf aus ist, sich zwischen Herkömmlichem und noch Ausstehendem selbst einen Platz zu geben. Flaubert, der einen Schriftsteller wie Voltaire als Artgenossen sieht, muß entdecken, daß mit der Egalität von 1789 der Geist des Volkes in die Bücher, die Kunst und die Wissenschaften eingezogen ist. Aber er sieht diesem Eindringen von außen zu. Hier zeigt sich wieder der Zwang zu fortwährender Aufspaltung. Ist dieser Vorgang zu billigen, ist er zu verwerfen? Er ist – abgesehen davon, daß er sich nicht revidieren läßt – immer beides zugleich. Und weil es solche Ambivalenz gibt, gilt es, sie immer auch für die Sprache zu berücksichtigen, das Instrument, das Flaubert so unvergleichlich bespielt. Aber, wir wissen es schon: dieser Umgang mit der Sprache war für Flaubert von Kind an ein mühsamer, ein sogar tief problematischer. Er macht später die merkwürdige Feststellung, daß er seiner Natur nach gar nicht für den französischen Esprit angelegt ist: er kritisiert die *rage d'amusement*, die französische Besessenheit für das Amüsante, als eben das, was er für sich selbst nicht will. Darum ist es für ihn nach dem Eingeständnis an Louise Colet vom 25./26. Juni 1853 ein Leiden, französisch zu schreiben und zu denken. Im gleichen Brief hören wir es von ihm selbst; er tritt von außen an die Sprache heran: »Im Grunde bin ich Deutscher!« Es steckt ein hartes Bemühen dahinter, sich der Unebenheiten des Dialekts zu entledigen. Hier können wir von der widerwillig besorgten Arbeit des Sprechzentrums im Großhirn her dem Phänomen Flaubert wenigstens spurenweise beikommen, der von hereinbrechenden Visionen (er selbst spricht von »tableaux«) zeitweilig und unregelmäßig befallen wird und sie über die mühsam funktionierenden Sprachorgane hindurchleiten muß, um sie im Schreiben »umzusetzen«. Darum diese beständigen Aufschübe, das Stocken der Feder, das Abbrechen des sprachlich nicht immer gleich bewältigten Bilderflusses oder des syntaktischen Figuren, das Verzagen, das Neuansetzen, das Ausprobieren anderer Figuren, ihr Vergleich miteinander... Die Anlage zum Leiden, von der er immer wieder spricht, läßt ihn bei den Arbeitsvorgängen des Schreibens wie in einem Zimmer Zuflucht suchen, wo er vor Gefahren von draußen verriegelt ist.

Flauberts Schreiben ist ein Anschreiben gegen die Zeit, aber nach eigenem Bekunden auch ein Anschreiben gegen die historische Entwicklung der französischen Literatur. Er macht die Bemerkung, in Frankreich hätten die Jesuiten die Literatur verdorben, vom 16. Jahrhundert bis zu Victor Hugo röchen die Bücher nach dem Staub des Collège. Mag diese Bemerkung in solcher Vereinseitigung gewiß nicht zulässig sein, als Arbeitshypothese für sein eigenes Schreiben hat sie ihren Wert und sogar ihre Wahrheit. Der »Ehebruch« der Emma Bovary, deren Beschaffenheit des Fleisches und der Haut wir genau kennen, im verhangenen Wagen, hat bei Balzac nicht seinesgleichen. Er ist geradezu *gegen* die Anschauungen des Romans von 1830 dargestellt. Worauf Flaubert sich beruft, ist die Wirklichkeit, seine Darstellungsweise die einer neuen Wirklichkeitskunst. Gegenüber der Colet legt er Wert darauf, daß seine Madame

Bovary keine Erfindung der Poesie sei, sondern tatsächlich existiert: »Meine arme Bovary leidet und weint ohne Zweifel in zwanzig Dörfern Frankreichs zur gleichen Zeit, selbst in diesem Augenblick«.[110] Ihr Fall ist ein Modellfall für viele andere, der sie durch die Situation an sich, weiter die erotischen, gesellschaftlichen und ökonomischen Umstände wiedererkennbar und darum in der Folge über das Typenbildende ins Zahllose hinein wiederholbar macht. An anderer Stelle nennt Flaubert seine Emma Bovary ausdrücklich eine »perverse«, eine Frau mit »falscher Phantasie« und »falschen Gefühlen«.[111] Dieser Perversität hängt das Obszöne des baren Geldes an, wie es selbst Balzac als Experte der sexuellen Wirkungen, die vom Gelde ausgehen, nicht kannte. Es bedeutet keinen Widerspruch, wenn Flaubert in einer eigenen späteren Interpretation des Romans die der Phantasie entsprungene Idealseite seiner »Heldin« gegenüber der Wirklichkeit hervorhebt, weil der Romancier von Haus aus mit der Phantasie und der Wirklichkeit als den beiden festen Größen für sein Erzählen zu tun hat. Was die Wirklichkeit zu bieten hat, kann keine Phantasie sich ausmalen, was die Phantasie ersinnt, kann die Wirklichkeit hinter sich zurücklassen. Diese Maxime, die Balzac in verschiedenster Weise zur Sprache gebracht hat, wird bei Flaubert unter den Bedingungen eines weiter fortgeschrittenen Industrialismus ins Bildhafte umgesetzt. Beim Fortschreiben seiner Bestandsaufnahme der Zeit und des eigenen Ich kehrt dabei die pessimistische Seite zusehends mehr und mehr hervor. Die Zivilisation hat den Instinkten Schaden zugefügt, wie im Fall der Emma Bovary, die durch diese Schäden zugrunde geht. Für Flaubert ist ein solcher Gedanke ein Ertrag der Erfahrung. Er muß es schließlich wissen, weil er als ein von dieser Zivilisation Hervorgebrachter diese Schäden an sich beobachtet und seine Nerven und sein Gehirn für eine solche Erscheinung besonders eingerichtet sind. »Madame Bovary c'est moi!« gilt auch hier. Wer aber bin ich? Ein Tiger in einem Käfig, ein in ein Verließ geworfener Mensch ohne Schuhe und so den Ratten überlassen.

Hier, in der Rettungslosigkeit des Ich, liegen die schriftstellerischen Existenzgrundlagen Flauberts. Sie zwingen ihn, Vertrauen zu suchen beim einzigen, das Bestand hat: den in die richtige sprachliche Form gebrachten Tatsachen. Tatsache ist dabei alles: Gefühle, Empfindungen, Farben, Düfte, das genau treffende Wort, die einzig mögliche Wortstellung, das passende Adjektiv, vor oder hinter das Substantiv gestellt, die optisch richtig gesehene Menschenmenge, die sich nach dem Pferderennen wogend die Champs-Elysées hinabbewegt, die Bewegungen der »émeute« beim Straßenkampf. Es ist die Disziplin des Arbeitens, die ihn buchstäblich am Schreiben und damit am Leben hält. Diese Disziplin, die jeden festen weltanschaulichen Anspruch in sich aufhebt, indem sie ihn gegenüber dem Gebot der Richtigkeit bedeutungslos macht, gibt ihm das Recht, bei der Eröffnung des Gerichtsverfahrens wegen der »Madame Bovary« zu sagen: das Buch ist unglücklicherweise weder unmoralisch noch irreligiös. Er ist, wohlgemerkt als Künstler, weder für die bestehende Moral noch gegen sie, mag er als Privatier auch sonst seine eigenen Meinungen darüber haben. Der Prozeß bestätigt seine Lebensführung mit dem Schreiben als Schicksal: »Sätze sind Abenteuer«, wie er am 14. Januar 1857 an Madame Schlesinger schreibt. Wegen der bloßen artistischen Aneinanderreihung von Wörtern wird er der Justiz des Staats verdächtig. Es entspricht seinem Mißtrauen in die Administration als dem ausführenden Organ der Bourgeoisie, daß er sie, wie sich zeigen wird, mit Erfolg umgeht durch Intervention beim Kaiser und der Kaiserin, die sich dem Werk gegenüber weniger ablehnend und sogar geneigt zeigen. Am günstigen Ausgang des Prozesses hat das Signal von allerhöchster Stelle zweifellos seinen Anteil.

Flauberts Verhaltensweisen haben trotz der Bekundungen widersprüchlicher Ansichten etwas Unwandelbares. Als Künstler neigt er zum Festhalten am genauen Plan, steht er Grundpositionen von Anfang bis Ende durch. Gerade durch seine Starre bemerkt er den Wandel der eigenen Freunde wie der Umwelt. Es mochte auf Täuschung beruhen, wenn er sich selbst von der Veränderung ausgenommen sehen wollte, doch zweifellos gingen die Widersprüche von der von der Bourgeoisie vorangetriebenen widersprüchlichen Entwicklung aus, in die er hineingerät und die ihn immer wieder auf das heftigste bestürzt. Mit der Arbeit an der »Salammbô« setzt ein verstärkter Abbau aller noch vorhandenen Illusionen über die von der neuen herrschenden Klasse propagierten Werte ein, denen sie ihren Aufstieg verdankt. Die innerstaatliche Konfusion war immer auch Konfusion der politischen und ökonomischen Oligarchie, die sich jetzt von ihren alten Erfolgsrezepten verabschiedet. Flaubert mißtraut nicht nur der »roten Weste« Gautiers, er mißtraut dem Parlamentarismus an sich und dem der Thiersschen Spielart im besonderen, er mißtraut ebenso dem Neomonarchismus, obwohl hier der Ordnung, die er als Künstler jedem Glauben an eine anarchische Inspiration vorzieht, der notwendige Tribut gezollt wird. Er steht rechts von den im Zweiten Kaiserreich herrschenden, wenn auch schon zum Kompromiß gezwungenen Häuptern der großbürgerlichen Mitte, hält aber als Schriftsteller an einem Liberalismus fest, der alle vom Klerus ins Auge gefaßten Beschränkungen der religiösen Freiheiten verabscheut und ihn selbst zur Anwendung von Grausamkeiten für außerordentlich geeignet hält. In der in den Briefen hervorgekehrten negativen Seite der Bourgeoisie, die er, weil er ihr angehört, bekämpft, um sich selbst zu treffen, leistet er ein Stück Selbstoffenbarung. So werden die Briefe zum Tagebuch einer immer weiter geschriebenen Selbstanalyse. Wenn er später, insbesondere in den 70er Jahren, seine Angriffe gegen Demokratie, Republik, Masse, Arbeiter konzentriert, kommt die alte Gewaltbereitschaft der Klasse seiner Herkunft zum Ausdruck. Er ist mit dem Würgegriff vertraut, steht mit allen Maßnahmen auf gutem Fuß, Gefahren der Masse niederzuschlagen, sie zum Anlaß für rauschhafte Vergeltung zu nehmen. Der Flaubert des Karthago-Romans sieht in tiefe Abgründe hinein, er ist durch seine eigene Natur im Zusammenwirken mit einer um historische Genauigkeit besorgten Moral für solches Sehen vorbereitet, was Sainte-Beuve in seiner Kritik bei allen Einwänden gegen das Buch ja auch würdigt.

In der Sache war dies ein Problem des »historischen Romans«. Es war dies auch ein Problem des »Verismo«, dem es um wirklichkeitsgetreue Abbildung der historischen Objekte, der Architektur, der Kostüme, der Sitten, der Vegetation und überhaupt der Tatsachen geht. Für Flaubert heißt das autobiographisch: sich in den Ruinen von Karthago zu bewegen und weiter: die eigene Existenz durch die Literatur zu verdrängen. Was das bedeutet, sagt René Dumesnil: »Die Schwierigkeiten von ›Madame Bovary‹ ... reichen nicht an das heran, was nötig war, um die Rekonstruktion von Karthago künstlerisch gelingen zu lassen«.[112]

Konkret in seiner Zeit und gegenüber vergleichbaren zeitgenössischen Schriftstellern war damit zum Ausdruck gebracht: die »Wahrheit«, um die es etwa Victor Hugo in den »Misérables« zu tun war, ist nicht mehr ausreichend. Die neue »Wahrheit« muß mit ganz anderen Mitteln dargestellt werden, erfordert andere Einsichten und einen ganz anderen Künstler. Dem läßt sich mit Schlagworten wie »Realismus« und »Naturalismus«, denen es auch um eine »andere« Kunst gehen mochte, nicht hinreichend beikommen. Als Richtungen gehören sie einer Kunst an, die aus der inneren Staatskrise hervorgeht, in die der Staat sich während der sechziger Jahre immer tiefer hineinbewegt und die im Krieg gegen Preußen-Deutschland einen vorläufigen Abschluß findet. In ihr blüht die theoretische Reflexion, bei Flaubert in den Briefen, bei den Goncourts im »Journal«, bei Sainte-Beuve in den »Lundi-Gesprächen«, bei Taine in der Philosophie. Man mag heute das unfruchtbar resignative Element darin stärker vertreten finden, die Klagen über das Nichtmehrweiterkönnen, über Alter, Krankheiten, herandrängenden Tod, das langweilige Leben in der Provinz, der Badesaison usw., es gibt in ihnen immer auch Erleuchtungen psychologischer Art, die ihr Licht weit über die Zeitverhältnisse hinausstreuen. Nicht, was geglaubt, sondern was bezweifelt wird, hat den Vorrang. Es tut nichts zur Sache, daß Flaubert Religion, Philosophie, Sozialismus, Jesuitismus über *einen* Leisten schlägt und sie in das Reich nebulöser Träume verweist. Durch sie fühlt er sich gröblich beleidigt. Sie geben vor, etwas zu wissen, ohne es zu können. Als Künstler steht er ihnen verständnislos gegenüber. Denn mit der Kunst erbringt er den Beweis, daß sie solcher Orientierungen nicht bedarf, daß sie dasjenige ist, was gegenüber dem Wandelbaren des von der Theorie geleiteten Angebots *bleibt*.

Berater sind ihm die Nerven, die die vorwärtsdringende Bedrohung registrieren und an das Auge als das Organ weitergeben, das den Wandel als Wandel des Stils wahrnimmt. Das Kaiserreich als späte Antike, als Rückkehr zum »alten Orient«, wie er in seinem Brief vom 15. Juni 1867 an George Sand schreibt: alles »wird verrückt und maßlos«. Schuld daran sind für ihn die durch Rousseau verwirrten Köpfe: »Das Individuum ist so durch die Demokratie geleugnet, daß es herabsinken wird bis zu völliger Entkräftung«, und er fügt hinzu: »wie unter den großen theokratischen Despotien«.

Darin mochte, wie in vielem bei Flaubert, vom Standpunkt einer großangelegten Morphologie der »Weltgeschichte« manches Schiefe stecken. Doch hat die Abwendung von Rousseau als einem der philosophischen Väter der Revolution eine tiefe Konsequenz. An ihr ist die ganze Schwerkraft mitbeteiligt, die die ökonomisch-ästhetisch arrivierte Großbourgeoisie mit immer stärker werdendem Vertrauen auf Renten, Zinsen und Dividenden von den revolutionären

Idealen einer ursprünglichen revolutionären Klasse entfernt. Flaubert, der in der »Salammbô« den Klassizismus seiner karthagischen Traumbauten als Formmantel für diese Arriviertheit mit der Schicht des »wilden Orient« überzogen hatte, gehört zu jenem Teil der Bourgeoisie, der das Republikanertum für sich ablehnt. Er bleibt auch nach dem Sturz des Kaiserreichs Monarchist, hat daraus immer die ästhetische Überlegenheit gegenüber allen popularen Strömungen für sich abgleitet, verfolgt aber als Beobachter von außen alle byzantinischen Perversionen des Empire und ist nicht überrascht, als es zu Ende ist.

Flauberts Kampfentschlossenheit beim Vorrücken der Deutschen in Frankreich ist die eines waffenlosen Zivilisten, der Soldaten gegenüber eine drohende Haltung einnimmt. Im Verlauf des Kriegs vermischen sich bei ihm Haß auf den deutschen Eindringling mit Bewunderung für ihn. Es ist die Bewunderung Flauberts für physische Kraft. Dem Verfasser der »Salammbô« war dies ein Krieg um des Krieges willen. Archaische Wildheit sucht sich ihre Anlässe, um zu ihrem Recht zu kommen. Unheilsvisionen steigen in ihm auf, als er das Vordringen der deutschen Truppen auf französischem Boden mit seiner Arbeit an der »Versuchung des Hl. Antonius« begleitet. Dieser Krieg ist für ihn nur der Anfang, schon ein Krieg der Rassen, dem andere folgen wie der Krieg des Orients gegen Europa, der alten Welt gegen die neue. In der Störung des Gleichgewichts und der bisher als unerläßlich betrachteten Ruhe sind an die Instinkte Anforderungen gestellt, sich auf Unerwartetes einzustellen.

Das war indessen eine alte Maxime Flauberts, die jetzt Gelegenheit bekommt, erprobt zu werden, gewissermaßen als notwendige Bewährung des Künstlers in einer von festen Renten geschützten Innerlichkeit. Kunst machen, ohne zu wissen, was man morgen zu essen hat: dieses Wagnis scheint für einige Wochen Wirklichkeit zu werden. Es hätte dies ein Umschlagen des inneren Risikos von Flauberts Schreiben in ein äußeres bedeutet. Doch dazu kommt es nicht. Als Flauberts Landhaus in Croisset von den Preußen requiriert wird, hält er sich in Brüssel auf. Bei seiner Rückkehr stellt er fest, daß der verhaßte Feind das Quartier in dem Zustand zurückließ, wie er ihn angetroffen hatte. Selbst an die Manuskripte ist nicht gerührt worden. Flauberts Interesse verlagert sich in der Folge auf die Erforschung der Ursachen für die völlige Desorganisation Frankreichs, wie sie jetzt zu Tage tritt. Der tiefste Punkt in dessen ganzer Geschichte scheint erreicht. Paris erlebt in seiner Phantasie das Schicksal Babylons. Vorstellungen der Endzeit stellen sich ein. Der Brief vom 29. April 1871 an George Sand gehört zu Flauberts Abrechnung mit der demokratisch-republikanischen Vergangenheit Frankreichs, die auch vom Kaisertum nicht hatte ausgelöscht werden können. Die Demokratie als Verhängnis, als Lüge, als »Negation des Rechts«. In dieser Phase bedeutet die Herrschaft der Pariser Kommune nur ein Zwischenspiel. Aber ein sehr beziehungsreiches und vielsagendes! Denn sie führt Teile der aus der Stadt geflüchteten Bourgeoisie an die Seite der deutscher Besetzer. Sie ist Anlaß, den Feind in einem neuen Licht zu sehen. Es mehren sich die auch von Flaubert in seiner Korrespondenz angeführten Stimmen, die die »Preußen« entschuldigen. Das gehört zum Material des Tatsachenmenschen Flaubert. Es demonstriert die Schwenkung der

Bourgeoisie zu Anschauungen, die man vorher beim Feind bekämpft hatte, der freilich gegen alle Erwartungen und ohne alle Rücksichtnahme auf den Fortschrittsgeist sich als der stärkere erwies. Es ist ein bewegendes Schauspiel, zu sehen, wie Flaubert diese Umstände anführt, wie er sie aber immer auch als Symptome des großen moralischen Verfalls sieht und ihretwegen an seinen Landsleuten verzweifelt.

Die Herrschaft der Pariser Kommune treibt die Demokratiefeindschaft Flauberts auf die Höhe. Seine Anschauungen sind insofern von ganz besonderem Belang, weil sie über seinen persönlichen Fall hinaus die von der arrivierten Großbourgeoisie eingenommene Interessenslage wiedergeben, die in dem Augenblick, wo sie die alten, ehemals feudalen Reste weiter in sich aufnimmt, wie sie selbst in sie aufzugehen versucht, von der Demokratie der Republik abrückt, sich vor ihr bekreuzigt. Die Demokratie, das ist Thiers, der Meister der parlamentarischen Künste, der jetzt wieder auferstanden ist von den politisch Toten. Er bringt den Beweis, daß die Mittelmäßigkeit den Vorzug hat, die größeren Gegenspieler zu überleben, so wie er nicht nur den Legitimismus, sondern auch Louis Philippe und Napoleon III. überlebt. Mit ihm als dem Vertrauensmann der Geschäftswelt und des zinstragenden Eigentums war in einem Frankreich, das noch von der Erinnerung an die großen politischen Täter lebte, bei weiten Kreisen wenig Staat zu machen gewesen. Thiers galt jahrzehntelang als Gegenstand des Spottes, ein Chamäleon, das neben seiner Farbe auch die Form wechselt. Flaubert geht über Balzacs Kritik an Thiers noch weit hinaus, wenn er in Thiers die alten verborgen gehaltenen Instinkte des Revolutionärs wittert.

Die bürgerliche Demokratie, die er verkörpert, als Vorbereitung für ihren eigenen Sturz! Wenn Flaubert einem Thiers zutraut, mit der Revolution sympathisiert zu haben, weil er ein Buch über die Revolution geschrieben habe, dann war das falsch und richtig zugleich. Es rechnet jedenfalls dieser Verdacht mit dem ernsthaften Gedanken, daß auf die erste geglückte Revolution noch eine zweite zu folgen habe, daß diejenigen, die Revolutionen machen, auch mit Revolutionen zu rechnen haben, die gegen sie gemacht werden.

Dies Urteil über Thiers hatte angesichts der Entwicklung in Frankreich seit 1789 zunächst die theoretische Zwangsläufigkeit für sich. Es war bei Flaubert das Urteil eines Bürgers, der zutiefst erschrocken ist. Aber es war noch lange nicht das Urteil eines Reaktionärs. Denn mehr als alles andere fürchtet er die wiedererstarkte Reaktion, weil, was sie tun wird, in jedem Falle »antiliberal« sein muß. Damit ist der Furcht des bürgerlichen Künstlers Nahrung gegeben. Was not tut, sind indessen Erziehungsrezepte für die herrschende Klasse, wie sie sich in dem Brief an George Sand vom 4./5. Oktober 1871 finden. Man muß an den darwinistischen Geschichtsrealismus der »Salambô« denken. Es gibt Lehrsätze, die man nicht vergessen darf und die Flaubert hier in Erinnerung bringen will. Z. B.: man führt Krieg, weil man sich stärker fühlt als der andere. Oder: die Armen hassen die Reichen und die Reichen haben Angst vor den Armen. Daraus folgt für Flaubert das Gebot, in dem Augenblick, wo die allerletzten Überlebenden des Ancien Régime abgetreten waren oder die unmittelbare Erinnerung daran verschwand, an die Bildung einer neuen Aristokratie zu denken. Das bedeutet schlechthin die Wiederherstellung eines neuen Legitimismus. Hier wird Flaubert mehr, als es Sainte-Beuve je war, zum Ideologen der Klasse, die ihm sonst so tief verächtlich erscheint. »Klärt den Bürger zunächst auf, denn er weiß nichts, absolut nichts. Der ganze Traum der Demokratie ist es, den Proletarier auf das Niveau der bürgerlichen Dummheit zu bringen. Der Traum hat sich teilweise erfüllt. Er liest dieselben Zeitungen und hat dieselben Leidenschaften.«

In diesen Zeilen an George Sand treten die sich gegenseitig durchbrechenden Elemente seiner späten Weltanschauung zur Zeit der Arbeit an der letzten Fassung der »Versuchung des Hl. Antonius« hervor. Der Bürger ist aus dem Schlaf seiner Unwissenheit noch nicht erwacht, die ihn der Demokratie ausliefert, um sie zugleich zum Mittel des Proletariers zu machen, sich mit ihm zu einer einzigen grauen Masse vereinen zu können. Durch das Medium Thiers' reicht er seinem Feinde die Hand, gibt er ihm mit der »Freien Presse« das erforderliche Organ und gesteht ihm schon die gleichen Rechte zu. Das war gewiß nicht milde, sogar eine mit dem orientalisch-frühkatholischen Sadismus des »Hl. Antonius« gut versorgte, in dem von den Preußen aufgestörten Land verständliche, aber keineswegs an Grausamkeit unüberbietbare Sprache. Hier begegnen sich der »Bourgeoisophobus« und der »Arbeiterfresser« auf halbem Wege und bei der gleichzeitigen Erkenntnis, daß es die »höhere Bildung« war, die den »Preußen« den Sieg beschert hat.

Wenn es eines Beweises bedarf, daß das von Balzac vorausgesehene Ende der »solitude«, der alten bukolischen Einsamkeit, literarisch bereits angebrochen ist, daß da, wo sie hinfort noch gepflegt und verehrt wird, stilisierte Züge sie überwachsen, dann liefert ihn eben die »Versuchung des Hl. Antonius«. »Welche Einsamkeit! Welche Langeweile!« heißt es zu Beginn dieses eigentümlichen Szenariums. Und tatsächlich: die »Einsamkeit« des Eremiten hat schon die schrecklichen, bedrängenden, halluzinatorischen Gesichte in sich aufgenommen, sie ist zur furchtbaren Qual der »Langeweile« geworden, einem der Schlüsselwörter Baudelaires und des Parnaß. Für Baudelaire hat die »Langeweile« tausendfache schreckliche Gestalt. Das Gedicht »Une Mort héroique« nennt den »ennui« den »Tyrann der Welt«, die Widmungsverse an den Leser der »Fleurs du Mal« zählen ihn zu »unseren Lastern« von der »häßlichen«, »bösen«, »schmutzigen« Art:

»Er träumt von Schafotten und raucht seine (Hindu)-Pfeife.«

Die »Langeweile« als Herd aller Krankheiten der Zeit ist unüberwindbar. Wer Flauberts »Heiligen Antonius« mit der alten »Heiligenvita« vergleicht oder in den Szenen die Glut der Asketenverehrung mit ihren Peinlichkeiten herausspüren möchte, befindet sich auf der falschen Seite. Die »Versuchung des Hl. Antonius« ist mehr als die »Madame Bovary«, der der Prozeß gemacht wurde, skandalös. Und: sie ist es bis auf den heutigen Tag geblieben. Wir wissen, daß neben dem Marionettenspiel vom Heiligen Antonius Byrons »Kain« und Goethes »Faust II« an Flauberts Entwurf mitbeteiligt sind. Flaubert hat Goethe bekanntlich zu seinen Lehrmeistern gezählt. Im Sinnspiel von

Goethes letzter Dichtung war die religiös belebte Himmelswelt in ein Himmelsorchester mit zauberhaft tönenden Stimmen verwandelt worden, hatte aber die Religion ihre Rolle an die Kunst verloren. Wenn Flaubert bewußt an Goethe anknüpft, verhandelt er als Künstler europäische Traditionen, so dissonierend sie beim »Hl. Antonius« zu ihrer Zeit und auch später erscheinen mochten. Flauberts Erfahrungen sublimieren dabei nur die Erfahrungen der Bourgeoisie vor 1789, die sich als Klasse auch in den Fragen der Religion auf der Leidensseite befunden hatte, insofern die Mittel der Religionsverwaltung sich vorzugsweise in den Händen der Monarchie und des Adels befanden. Diese Erfahrungen hat der Kern der kämpferischen Fraktion der Bourgeoisie, haben aber auch große bürgerliche Schriftsteller wie Taine, Sainte-Beuve, Renan nie vergessen; sie werden später an der Konstitution des laizistischen Staats, mit der Frankreich seine ganze weltzivilisatorische Rolle bekräftigt, mitwirken. Religion als Vorwand zu der unendlichen Lustbefriedigung, sich dem duldenden Leidensgenuß wie dem Blutrausch bei der Vernichtung der religiösen Feinde widmen zu können: »Es ist, als ob ich eine Herde wilder Bestien in meiner Seele hätte«, kann der Heilige Antonius zur Einführung in seinen Charakter sagen.[113]

Hier spricht ein Kenner in den Fragen der Atrozität, der angesichts der Greueltaten den Baudelaireschen *houka* raucht. Der »Heilige«, aus dessen Gorgonenhaupt züngelnde Schlangen sich herauswinden, ist niemand anders als Flaubert – in einer neuen Rolle nach der Madame Bovary. Seine frühen Zuhörer, denen er den Text dieser eigentümlichen Dichtung zwischen Drama und Roman vorlas und die darin nur eine Aneinanderreihung schöngebauter Sätze sahen, verstanden nicht die perspektivenvertauschende Neuheit. Tötende Christen, denen dogmatische Fragen die Vorwände liefern, um sich orgiastisch zu befriedigen, Juden, die die Beleidigung des Einen Gottes damit beantworten, daß sie der reinen Mordlust frönen.

Hier werden im Dunkel gehaltene unerforschte Zonen aufgehellt. Beglaubigt ist solches Sehen dadurch, daß Flaubert sich in der Gestalt des »Heiligen« von der Wut, zu strafen und zu züchtigen, selbst nicht ausnimmt, wie umgekehrt alle erdenklichen Peinigungen an sich erduldet. Im Flagellanten, der sich mit der Selbstkasteiung ungeahnte Freuden bereitet, wird eine Seite der historisch gewordenen Religion exemplarisch gemacht, die zu ihrem »Wesen« gehört, ohne die sie nicht wäre, was sie ist: »Die Cherubin neigen sich herab, um das Blut der Bekenner zu empfangen.«[114]

Was hier in Bewegung gesetzt ist, ist die Breughelsche Hölle mit ihrer Tier- und Monsterwelt voll von zwickenden, stechenden, würgenden Fabelwesen. Es ist zugleich ein Triumph der Groteske. Phantasiegebilde wie der zweizahnige Basilisk, der geschnabelte Löwe mit weißen Flügeln, der gigantische rote Löwe mit Menschengesicht, Sphinx, Chimäre, junge und alte Frauen in den verschiedensten Formen der Verführung und des Verfalls; Symbolgestalten wie der Tod und die Wollust komplettieren das Personal, das Kirchenväter und auch Figuren der ägyptischen, babylonischen und hellenistischen Mythologie nicht vernachlässigt, sie alle in einem infernalischen Tanz vereinigt. Die Welt als Hölle und die Frommen als ihre Zeugen! Dem Selbstverständnis der monotheistischen jüdisch-christlichen Tradition war hier ein abtragender psychologischer Zweifel entgegengestellt.

Mit dem Verweis auf den »Materialismus« Flauberts ließen sich diese Szenenbilder des philosophischen Dramas nicht ohne weiteres abtun. Hier war das »Jenseits« aus seiner »Jenseitigkeit« herausgerissen und zu einer von den körperlichen Organen lust- und schmerzvoll erlebten Welt geworden. Der »Heilige« als die Summe von Reizen, die die Nerven, die Haut, die Muskeln und Sehnen empfangen und als Reflexe weitergeben! Das war »modern« gedacht und wies auf die Zukunft. Wenn dahinter ein naturwissenschaftliches Energiedenken stand, wie es Comte und Taine, jeder auf seine Weise, kannten, wenn der wie ein »Chirurg« arbeitende Flaubert stets kalter Physiologe bleibt, so vermeidet er es nachdrücklich, an seine wissenschaftlichen Maximen zu erinnern. Silbe für Silbe, Wort für Wort, Satz für Satz schreibt er seine vom Bild, vom Klang, von der suggestiven Sinnlichkeit geleitete »orientalische« Prosa und erstellt eine tastbare Welt voll von Gerüchen, Essenzen und Moderdunst, wo das Ägypten des Eremiten durch die Lichtfülle, die Konturen der weißen orientalischen Stadt und das Blau des Meeres in die Sphäre von Hamilkar Barkas' Karthago übergeht.

Die Ereignisse nach Sedan und die Folgen für Frankreich geben Flauberts Indifferenz gegenüber theoretischen Manifesten recht. In den 70er Jahren geht der eigentliche Aufstieg des »Naturalismus« vor sich. Zola kann jetzt mit rasch aufeinanderfolgenden Veröffentlichungen der Romane seines Zyklus' die im Kaiserreich ausgestreute Saat als Ernte einbringen. Ihr Erscheinen wird von Flaubert mit größter Aufmerksamkeit begleitet. Er ist der sachkundigste Kritiker, den Zola sich wünschen kann. Interessant bleibt, wie er urteilt, wie er in Zola sofort die große Erscheinung der erzählenden Literatur sieht, wie er »L'Assomoir«, »Une Page d'Amour«, »Le Ventre de Paris« liest, nach eigenem Bekunden sogar verschlingt und dem Verfasser gegenüber knapp und treffend analysiert. Seine Kritiken kennen neben der uneingestandenen Bewunderung kein formelhaftes Lob. Sie halten immer den Unterschied zur eigenen Arbeitsmethode im Auge. So kann er nach der Lektüre der »Conquête de Plassans« das Fehlen eines vorherrschenden Milieus, einer zentralen Szene und die zu zahlreichen Dialoge in den Nebenpartien beanstanden. Diese Mängel aber bedeuten nichts gegen die Beobachtungsgabe, die Fähigkeit, mit Details erbarmungslos aufzudecken und vor allem psychologisch richtig zu verfahren. Einige von Zola gebrauchte Redewendungen erregen seine nachdrückliche Bewunderung; die Provinzszenerie, die Gärten, die häuslichen Milieus erscheinen ihm »vollendet« dargestellt. Doch noch im Lob ist die Trennungslinie durch ein ganz anders organisiertes schriftstellerisches Temperament nicht verwischt. Der Brief an George Sand vom 11. Dezember 1875 wird Flauberts artistisches Programm nach den Kriegserschütterungen, die es bestätigt haben, in abschließender Lakonie festhalten. Was er für sich herauskehrt, ist der »Mangel an Überzeugungen«: »der Künstler darf nicht *mehr* in seinem Werk erscheinen als Gott in der Natur«. Das mußte die kämpferische Literatur, die sozialistische bei Victor Hugo, die republikanische bei Zola, an ihrer empfindlichsten Stelle treffen. Hier zieht sich der Bürger Flaubert in die Gärten der äußersten Privatheit zurück, setzt er die Resignation vor jeder Meinung in teilnahmsloses, aber genaues Beobachten der Vorgänge um. Vor diesem Beobachten hat kein Anspruch Bestand. Das Auge sieht die verhandelten Gegenstände bereits zermalmt, mehr als ein engagiertes Dagegenanschreiben es vermöchte: »Religion oder Katholizismus einerseits, Fortschritt, Brüderlichkeit, Demokratie andererseits geben keine Antwort auf die gesteigerten Forderungen des Augenblicks mehr. Das ganz neue Dogma von der Gleichheit... wird experimentell durch die Physiologie und die Geschichte bestritten.« Wir wissen, daß in der Mitte der 70er Jahre Flaubert stark unter dem Einfluß Ernst Haeckels steht und seine Lektüre im Freundeskreis empfiehlt. Insofern begegnet er hier darwinistischen, vom deutschen Biologen und Philosophen empirisch noch weiter spezifizierten Vorstellungen, wie sie der naturalistischen Schule insgesamt bekannt waren, ganz gleich, wie die Lehre von der »Erhaltung der Arten« im einzelnen aufgenommen und literarisch verarbeitet wurde.

Hier wird noch einmal ausgesprochen, was wir schon wissen: daß Flauberts Sehen »naturwissenschaftlich« ausfilterndes Sehen ist. Es hat nichts gemeinsam mit dem -Ismus der Schule, es hebt die »Tendenzen« der naturalistischen Bewegung, die sich bei ihm finden, durch den Zweifel an jeder Meinung auch wieder auf. So wird sein Schreiben ein Umgang mit feinsten Dosierungen. Es leitet ihn die Skepsis bei dem Gedanken, daß sich eine Idee beim Fortschreiten der historisch-gesellschaftlichen Entwicklung abrupt durchsetzen, ja überhaupt behaupten kann. Darum die Einschränkungen, die Rückzüge, das Hineinschlüpfen des Erzählers in die Tarnkappe, die ihn unsichtbar im erzählten Geschehen anwesend sein läßt, das »Ich« völlig auslöscht! Das sind Maßnahmen allergrößter Umsicht, die die wichtigsten Lehrstücke der naturalistischen Schule wie Selektions- und Vererbungslehre nie außer acht läßt, aber diskret mit ihnen verfährt. Auch eine Emma Bovary ist von der Erbmasse ihrer bäuerlichen Vorfahren abhängig, doch bleibt das auf Andeutungen beschränkt, ohne das »wissenschaftliche« Abhandeln, mit dem Zola seine Nana bedenkt.

Wir wissen heute, daß Flaubert das Romanhafte des Romans als schwül-Exotisches auf eine Höhe geführt hat, an die Stendhal und Balzac Zeit ihres Lebens nie haben denken können. Das war indessen noch kein Beweis für höheren Rang. Es war wohl Beweis für ein neues Schreiben, das die Stigmen der Ausnahmenatur erahnen ließ. Ein Künstlerbewußtsein ist hier an der Arbeit, das keine Unbedachtsamkeit im Umgang mit der Form mehr hinnimmt, das Werk und Form gleichsetzt. Für die Richtung, die sich von Flaubert aus in einer auf das Artistische an sich bezogenen Hinsicht einschlagen ließ, steht Maupassant. Ihm, dem Schüler und jüngeren Verwandten, hat er Einübungen ins Erzählen und Einführungen in den auf kontrollierte Arbeitsvorgänge hin angelegten Haushalt eines Künstlers seiner Façon zuteil werden lassen, wie sie anderswo schwer möglich gewesen wären. In Maupassants nachgelassener »Studie über Gustave Flaubert« liegt die Bilanz vor. Einen solchen Willen zur Perfektion hat es vor Flaubert – und das heißt hier: bei Balzac – nicht gegeben.

Flaubert ein vom Gedanken an die Perfektion Gepeinigter, der sich selber keine Gnade gewährt! In ihm ist nach Maupassant die Aufspaltung in »Künstler« und »Dichter« aufgehoben – Musset gilt ihm als ein großer »Dichter«, aber nicht als »Künstler«. Kunst heißt hier im Sinne Flauberts das sprachlich Wohlgelungene, der vollendete, nicht zu beschreibende Umgang mit dem Wort: das Wort als »Spiegel der Tatsachen, aber ein Spiegel, der sie reproduziert, indem er ihnen diesen nicht auszudrückenden Reflex gibt, dies ›je ne sais quoi‹, fast göttliche, das die Kunst ist«.[115]

Eine solche Kunst geht über alle möglichen Absichten hinaus, ein solcher Künstler ist durch nichts mehr irritiert als durch von außen herangebrachte Doktrinen der Moral oder des ästhetischen Wohlverhaltens. Flaubert gehört zu den Artisten, die gegen mehr oder weniger kluge Ratschläge als einziges Gegenmittel ihre Werke setzen. Die Rückschau auf das bürgerlich gewordene Frankreich in der zweiten Jahrhunderthälfte macht es deutlich: an der Flaubert-Prosa hatten sich von der Bourgeoisie schon lösende, politisch teilnahmslose, dafür von Leiden und Genuß um ihrer selbst willen angerührte Instinkte mitgewirkt, wie sie auch der »Parnaß« und Baudelaire auf formal und inhaltlich ganz andere und voreinander wieder sehr zu unterscheidende Weise kultivieren. Viele Verbindungen zu Stendhal und Balzac waren, wie Flaubert wußte und mit Nachdruck hervorgekehrt hatte, von seinem eigenen Erzählen abgebrochen worden. An ihm gemessen wurde auch die zwischen Kunst und Politik vermittelnde Dichtung Victor Hugos zum gigantisch lauten Ausstoß eines literarischen Präzeptors, der überkommene Klischees bot, die Flaubert als solche lautlos außer Kraft setzte. Ein vom öffentlich-politischen Frankreich abgetrenntes, auf Distanz gehendes, artistisch verantwortungsbewußtes, sich höchste Vollkommenheit in den Formen abringendes Künstlertum war in Flaubert absolut geworden. Es hatte, indem es sich verwirklichte, das bürgerliche Bewußtsein in seinen Anlagen und Kräften ausgeschöpft, es weltliterarisch werden lassen und der Welt zugleich den Eindruck abgrundtiefer Perfidie als historische Erbschaft der Klasse nicht unterschlagen.

Zola

Die Demokratie en marche

Als Emile Zola im Jahre 1865 mit der noch im Banne romantischer Anschauungen stehenden »Confession de Claude« den ersten Roman schreibt, der größere Beachtung findet, erscheint die »Germinie Lacerteux«, ein Werk, in dem die beiden Brüder Goncourt die Geschichte ihres eigenen Kindermädchns erzählen. Es ist die Geschichte eines heimlichen Leidens, das erst nach dem Tode, und zwar durch aufgefundene Papiere und Aufzeichnungen, sich in seiner ganzen Schwere enthüllt. Die Erzählung steht am Anfang des dokumentarischen Romans, noch unentwickelt in der Methode des Zusammentragens und im Erzählen kompositionell vorgenommenen Auswertens, aber ihr doch bereits auf der Spur. Zwei Jahre später wird Zola mit der »Thérèse Raquin« sich schon der aus der Alltagswelt illusionslos angebotenen Wirklichkeit annähern, wie sie ihm bei den Goncourts begegnet war. Der Weg, so zeigt es sich, war der einzig mögliche. Wieder ein Jahr später entwirft Zola den Plan zu seinen »Rougon-Macquart«. Das wird kein Weitergehen auf leicht ausgetretenem Boden mehr sein, hier greift er die bei den Goncourts bloß embryonal ausgebildete Methode der Dokumentation auf und unterzieht sie einer bis dahin nicht erreichten meisterhaften Anwendung auf dem Gebiete der erzählenden Prosa.

Zolas Entscheidung für den Roman als der von ihm bevorzugten Form der Literatur war auch aus der Einsicht heraus erfolgt, daß sie das »genre de l'époque« sei. Der Roman kommt der Zeit entgegen, insbesondere den Verbreitungsformen von Presse und Buchhandel und damit auch am ehesten den Absichten der auf das Geld angewiesenen Autoren, wie dies schon bei Balzac der Fall war. Von dieser Seite bieten sich ihm Vorlagen für die Bearbeitung an, mit deren Breitenwirkung gerechnet werden darf: Großstadtszenen, in denen sich die Masse selbst als Ganzes oder in ihren Teilen wiedererkennen kann. Das ergibt sich von vornherein durch das für den Autor verpflichtende Gebot der Zeitnähe, nur daß der Geschmack des Zeitalters weniger anspruchsvoll geworden ist. Noch ist der Erfolg von Sues »Mystères de Paris«, von denen selbst Balzac während der Arbeit an der »Comédie Humaine« beeinflußt worden war, ungeschmälert. Was ihn bei allem sensationellen Breittreten von effektvollen Umständen rechtfertigte, war die Tatsache von Verbrechen, die im »Bauch« der Großstadt ausgeführt werden und ungesühnt bleiben. Das Verbrechen hat, wie Balzac wußte, eine intime Seite: im vertrauten Kreise der Familie, in der Ehe, vom Mantel der Verwandtschaft zugedeckt, können perfekte Formen zu seiner Ausführung entwickelt werden. Seine Aufdeckung, wo sie erfolgt, zeigt allenfalls den Zufall oder die unfertige Ausführung an. Hier wird der Romancier zuständig, dessen Einsichten tiefer als die des Untersuchungsrichters sind. Welche lebenverkürzenden Schocks das Eintreffen einer Rechnung, die Nachricht vom Bankrott, die Entdeckung eines Ehebruchs, geschürte Eifersucht, Ausplünderung der Eltern durch die Kinder usw. oder das Zusammenwirken verschiedener Erschütterungen verursachen können, hatte Balzac in seinem Zyklus an eindringlichen Beispielen demonstriert. Darüber hinaus die Spaltung der Familie in verschiedene Parteien, in denen immer neu sich aufspaltende Fraktionen ihren Streit wie Erbschaften vermachen! Balzac hatte u. a. auch einen der spektakulärsten Fälle aus der Geschichte der Kriminalistik in seinen Großroman aufgenommen, die Geschichte Vidocqs, der vom Sträfling zum Polizeikommissar aufgestiegen war und die Instrumente aufzeigt, mit denen ein herrschendes System nicht nur die Grenzen zwischen Gesetz und Verbrechen verwischt, sondern zur eigenen Erhaltung das Verbrechen aktiviert. Hier fließt unmittelbar ein Strom aus der Balzacschen Ader in das Zolasche Werk ein, wird der Umkreis seiner Interessen offenkundig, die bereits in den Anfängen der »Rougon-Macquart« hervortreten.

Die Entwicklung vom Verfasser der »Confession de Claude« über die »Thérèse Raquin« zu den »Rougon-Macquart« als Übergang vom Romantiker zum »Physiologen« geht auf einer breiten Front vor sich, die vom »Soziologen« Balzac zum »Chirurgen« Flaubert reicht, die »wissenschaftliche« Beschreibungskunst der Goncourts beansprucht, das trostlos Graue in Courbets Provinzmalerei wie die flackernde Peinture Manets, dem Zola einen Artikel widmet, einbezieht. Die Vorherrschaft der äußeren Umstände gegenüber den Gefühlen hatte für Stendhal ebenso wie für Balzac gegolten und war von Victor Hugo nie bestritten worden. Was sich inzwischen abgespielt hatte: das Vordringen der darwinistischen Naturlehre, macht das Aufgreifen der von ihr aufgeworfenen Fragstellung und ihre Behandlung für den Roman unausweichlich. Der »Psychologie« hat die »Physiologie« vorauszugehen. Die Seele kennt als ihre Voraussetzung den Körper und sein Zustandekommen durch Zeugung und Befruchtung, kennt als ihr Ende den Tod, das Aufhören der körperlichen Funktionsvorgänge. Die Darwinsche Theorie der Vererbung, Zola mehr in der Bearbeitung von Claude Bernard und später Haeckels bekannt, läßt das Auge auf Bau und Tätigkeit der körperlichen Organe, die Beschaffenheit des Bluts, die Tätigkeit der Muskeln gerichtet sein, aber sie zieht auch den Zufall in die Rechnung ein, der beim Zusammentreffen von Samen- und Eizelle im Spiel ist. Darum hat vor der Darstellung und Aufgliederung der empfindenden Seite das Erforschen der biologisch-organischen Baustoffe zu erfolgen, ein Akt, der sich mit der »sécrétion« des Anatom befaßt.

Das ist als Ganzes neu nur in der Zuspitzung, im theoretisch-doktrinären Verfolgen der Methode, eben dem, was Zola den Namen »naturaliste« in der pejorativen Bedeutung einbringt. Freilich wirkt Zola auf seine Weise – ebenso wie vor ihm und neben ihm Flaubert – am Durchsichtigmachen der Zeit und der maschinisierten Produktion im Fortschreiten mit; er überträgt die Instrumente dieser Produktion unmittelbar auf die Literatur, wenn er den »Roman« selbst als »große Maschine« neben der »kleinen«, dem Zeitungsartikel, sieht. Aus der Partitur eines sprachlichen Kunstwerks wie der »Madame Bovary« wird jetzt ein Räderwerk, das »ungeheure Bewegung« schafft, sie über Treibriemen in Kraft umsetzt und der Erzeugung von Kraft alle anderen Tätigkeiten unterordnet. Auf dem Weg zu den »Rougon-Macquart« liegt für ihren Autor die Begegnung mit der positivistischen Methode Taines, der Zola eine Theorie des Romans abgewinnt, trifft er auf die Wirkungen von Claude Bernards experimenteller Physiologie. Taine hatte als Mann der Literatur, der Geschichte, der Philosophie die Konsequenzen aus dem »naturwissenschaftlich« werdenden Zeitalter gezogen und bei allem, was dagegen gesagt wurde, zur Selbstgenügsamkeit des Geistes das Rechnen mit exakten Größen, mit physikalischen Werten und chemikalischen Ingredienzien hinzugefügt.

Balzac als »naturaliste« konnte sich bei der Beschreibung der französischen Gesellschaft und der Genauigkeit, mit der er arbeitet, noch auf seine Intuition verlassen, die von sich aus das Resümee von Tabellen zieht, sie nicht verschmäht, aber auch ohne sie auskommen kann, weil seine Einsichten die Richtigkeit der Tatsachen blitzhaft erfaßt haben. Für ein solches Schreiben werden im darwinistischen Zeitalter der 60er Jahre die Verhältnisse ungünstiger. Das muß vorausgesetzt werden, um die historische Zwangsläufigkeit hin zum »experimentellen Roman« Zolas mit der Herrschaft der grauen statistischen Mitte zu verstehen. Die Wendung ist alternativlos. Es ist die Wendung von den »Charakteren« zu den »Temperamenten«, das heißt zum Interesse für das »Blut«, die »Nerven«, das »Fleisch« mit seinen Fatalitäten, wie es Zola im Vorwort zur zweiten Auflage seiner »Thérèse Raquin« erklärt. Der Mord, den Thérèse und Laurent begehen, hat die »naturwissenschaftliche« Logik von Taines Methode für sich: die beiden, die Thérèses Mann umbringen, »sind menschliche Tiere... Die Liebe der beiden Helden ist die Befriedigung eines Bedürfnisses; der Mord, den sie begehen, ist eine Konsequenz ihres Ehebruchs, die sie bejahen wie die Wölfe das Reißen der Hammel«.

Ein solcher Rückzug auf die bloße biologische Ursächlichkeit von Muskelreaktionen zur Erhaltung der Art im »Kampf ums Leben« ging in der kahlen Radikalität des literarischen Programms weit über das hinaus, was Balzac, dem diese »darwinistischen« Denkvorstellungen an sich schon geläufig waren, seiner epischen Darstellung zubilligte. Hier ist aber auch jene Beschwörung der Kraft im Spiele, die von der Maschine ausgeht, sich gegenüber der Maschinenlosigkeit der »reinen menschlichen Zustände« vervielfacht zur Geltung bringt und sie schon der »geschichtlich« werdenden Idylle zurechnet. Der Gedanke an das physiologisch Notwendige trifft hier auf die Industrietendenzen des Zeitalters. Was dem physiologisch Notwendigen zu Grunde liegt, ist die Fatalität. Daß die Muskeln so und so greifen, das Blut so und so zusammengesetzt ist, das Gehirn so und so gebaut ist, schließt die Organe und damit das »Schicksal« aus dem Herrschaftsbereich des Willens aus. Wenn in der erzählten Wirklichkeit der Zolaschen Romanmaschine »Temperamente« aufeinandertreffen, dann bedeutet das die Begegnung verschiedener Strukturen des Nervensystems, unterschiedlicher Anlagen durch die jeweilige Blutbeschaffenheit.

Für den mechanistischen Biologismus der Methode ließen sich ohne Zweifel Rechtfertigungen vorbringen. Nicht die Arbeitsweise des »Physiologen« ist erstaunlich, sondern die doktrinäre Entschiedenheit. Zola wäre allerdings nicht der große Romancier gewesen, der er ist, wenn er den »Roman« durch »naturwissenschaftlich« erklärbare Zwangsläufigkeit allein hätte schaffen wollen. Wie kommt durch die Begegnung zweier Temperamente ein drittes zustande? Die Erklärungen durch die Gesetze der Heredität bedürfen der Hilfe. Von der Addition der Erbfaktoren kann keine Rede sein, Anziehung, Auswahl, Zufall sind mit im Spiel, Faktoren der Umwelt mischen sich ein, Erregungen, heftige Gefühle, Furcht, Gewissensbisse können nach der Befruchtung die Anlagen im Mutterleib beeinträchtigen. Das gehörte jedenfalls zum »naturwissenschaftlichen« Fazit der »Thérèse Raquin«, gibt dem gelebten Leben Einwirkungsmöglichkeiten auf die Erbmasse, die dem Romancier ein Spielfeld für sein Erzählen bieten. Der Zola der »Thérèse Raquin« und der »Madelaine Férat« hat die Vorstellung von der »imprägnierten« Frau. Die Frau ist »imprägniert« von dem Mann, dessen Samen sie nach der Befruchtung in sich trägt, oder sie ist es von dem *ersten* Geliebten, der alles, was nach ihm kommt, aussticht. Hier mengt sich Unwägbares der phantastischsten Art in die Vorstellungen von der selektiv auftretenden, nach strengen Gesetzen verfahrenden Natur. Doch die Beobachtung ist nicht die Beobachtung eines Naturwissenschaftlers, sondern eines Literaten, der »naturwissenschaftlich« verfährt, eines Romanciers, dem das Erzählen von Geschichten am Herzen liegt. Die von ihm ans Licht gebrachte naturalistische Wahrheit hat immer etwas von einem Pathos an sich, das über die Tatsachenkunst hinausgeht und sie so an neue Illusionen ausliefert.

Was Zola kurz nach den Goncourts entdeckt, ist das von ausweglos er Düsternis gekennzeichnete Milieu. In das Zolasche Mietshaus mit den engen Wohnungen, den lichtlosen Gängen, dem Klatsch, den Bosheiten der Parteien, den »vom Blut her« verdorbenen Naturen wird die Luft des Fatalismus eingeatmet. Hier bilden sich Auswurfzellen, die, wie später in »L'Assommoir«, vom organisch arbeitenden gesellschaftlichen Körper abfallen und die leprőse Unterwelt ausmachen. Wir kennen die Einwände Sainte-Beuves, der bei allem Lob für die »Thérèse Raquin« das Wort »brutal« darin über alle Notwendigkeit hinaus angeführt fand: weil ohnehin kein Leser noch zusätzlich daran erinnert werden muß, daß es den im Roman vorherrschenden Ton anschlägt. Hier taucht der darin eingeschlossene und später immer wieder in verschiedener Form gemachte Vorwurf des forcierten Stils auf. Wünsche und Begehren dringen über eine niedrige, hervorgekehrt vulgäre Sphäre nicht hinaus, für konventionelle Ideale der Kunst oder Moral, für Ideale überhaupt, ist hier kein Platz.

Schon der Zola, der noch keinen fertigen Entwurf für die »Rougon-Macquart« hatte, sondern mit Themen für das Feuilleton aufwartet, konnte aus der praktischen Erfahrung des Schreibens die Einsicht gewinnen, daß sich auch eine naturalistische Kunst mit der »wissenschaftlichen« Hypothese allein nicht bestreiten läßt, daß die fabulierende Seite sich von der Theorie unabhängig macht. Damit wird der Weg zum großen Familienroman eingeschlagen, der, so ideologisch seine Grundlagen sind, doch eine erdrückende, aus Dokumentation und Phantasie bezogene Erzählmasse bewegen wird. Zola läßt den genealogischen Stamm der Doppelfamilie mit fortschreitender Erzählung der Geschichte in die verschiedenen Milieus der französischen Gesellschaft hineinwachsen. Gegenüber allen anderen – zeitgeschichtlichen, politischen, wissenschaftlichen, ökonomisch-gesellschaftlichen, naturgeschichtlichen – Elementen liegt bei den erzählenden Vorgängen seine größte Stärke. Daran ist festzuhalten, wenn es sinnvoll sein soll, die »Rougon-Macquart« als das zu sehen, was sie sind: ein Romanzyklus, und nicht als das, was sie nicht sind: eine französische Gesellschaftsgeschichte aus der Feder eines kompetenten Vererbungstheoretikers. Von Anfang an besorgen das Erzählen und die künstlerischen Absichten ein Hinüberziehen der Wirklichkeit in die Fiktion. Die »Gesellschaftsgeschichte« wird bei Zola durch sein kämpferisches Engagement gegen das Zweite Kaiserreich und seiner eigenen künstlerischen Interessen wegen zur »Krankengeschichte«. Er hat die Auswahl seiner Personen so vorgenommen, »daß fast alle Familienmitglieder der ›Rougon-Macquart‹ als ›ausgesuchte Fälle‹ für Nervenkliniken«[116] in Betracht kommen. Beide Familienzweige sind bäuerlicher Herkunft. Von der Erbmasse begünstigt, steigen die Rougon früher über Kleinerwerb ins Großbürgertum auf, während die Macquart in der dritten Generation Kleinhändler und Arbeiter, aber auch Alkoholiker und heruntergekommene Subjekte stellen. Mit der Verbindung der beiden Zweige, aus der die neue Großfamilie hervorgeht, kann Zola die Vererbungsgesetze, wie er sie versteht, am Werk zeigen. Der am meisten von der Erbmasse vernachlässigte Abkömmling der begünstigten Familie der Rougon geht die Ehe mit dem von der Erbmasse am meisten begünstigten Abkömmling aus der vernachlässigten Familie der Macquart ein. Die Folge ist, daß jetzt die Misere den gesunden Zweig befällt. Von nun an greift das beschädigte Protoplasma in der Gesamtfamilie um sich. Niemand ist mehr davor sicher. Es gibt fortan die Möglichkeiten, Industrieller, Deputierter, Priester, Beamter bzw. den Honoratioren der Bourgeoisie zugerechnet zu werden oder den Dieben, Totschlägern, Prostituierten... Man kann daraus sehen, daß Zola auch noch in der kritischen Spitze gegen sie die von der Bourgeoisie für gültig erklärten moralischen Wertmaßstäbe übernimmt, aber man kann auch daraus lesen, daß unter den von der neuen herrschenden Klasse geschaffenen, vom Mantel des Kaisertums eingefaßten Verhältnissen die einen wie die anderen zu einer einzigen Familie gehören, in ihr ihren gemeinsamen Ursprung haben.

Die hier beim Namen genannte Familie ist in der Tat bemerkenswert. Ihr Stammbaum zeigt mit der ansteigenden Zahl von Ehen ein rapides Wachstum der erkrankten Teile, eine Abnahme der gesunden. Alkoholismus, Schwachsinn, Rückenmarksschwindsucht, neurotische Fälle werden vermerkt, es häufen sich die Totgeburten. Dieses Anschwellen der biologischen Deformierungen vollzieht sich bei Zola in einem unglaublichen Tempo. Warum? Der Schriftsteller steht unter dem Zugzwang, den Niedergang der Familie »unter dem zweiten Kaiserreich« vor sich gehen zu lassen. Seine deterministische Tendenz gehört zum Waffenarsenal im Kampf gegen die bonapartistische Monarchie. Der Niedergang hat zwar seine Vorgeschichte, aber er könnte strenggenommen mit dem Ende des Kaiserreichs abgeschlossen sein. Auch hier sind die »Rougon-Macquart« ein Roman der »thèse«, die sich ihre Wahrheit anderswo, nicht bei der Wirklichkeit, sondern bei gegen die Wahrscheinlichkeit sprechenden Ideen suchen muß. »Nichts ist weniger wissenschaftlich als der wissenschaftliche Roman«, so schloß seinerzeit Henri Martineau sein Buch über Zola.[117] Als romaneske Wahrheit ist die »Wahrheit« in der Schilderung der Familiengeschichte freilich perfekt, sie kennt sogar noch in der Unwahrscheinlichkeit der Fälle eine strenge Kausalität. Wo die Degenerationen in so überstürzender Eile erfolgen, kann sich der Ruin vor unseren Augen abspielen.

Der Niedergang ist bei Zola immer auch ein Niedergang innerhalb des Milieus. Wie Balzac seiner »Comédie Humaine« den Plan einer katalogisierten Gesellschaft vorangestellt hatte, so teilt Zola das französische Leben in genau voneinander zu unterscheidende Rubriken ein: Politik, Finanzwelt, Vergnügungsleben, Bürgertum, Arbeitermilieu, Landwirtschaft, Militär, Handel, Kirche, Wissenschaft. Die von Balzac bevorzugte, sich selbst genügende, auf ihrem Rückzug der Isolation den Vorzug gebende Welt des Adels fehlt. Sie kann fehlen, weil da, wo der Adel gesellschaftlich-ästhetisch ernstzunehmend weiter auftritt, er praktisch als Teil der Bourgeoisie sich schon deren Verkehrsformen angelegen sein läßt. Spätestens seit 1830 hat er nach dem Interim der Restauration, so schwer es vielen seiner Angehörigen auch fiel, auf breiter Linie sich mit der Bourgeoisie ins Benehmen setzen müssen. Adliges Existieren in den altbourbonischen Formen des Zeremoniells mit Schloßwirtschaft, Dienern in Livree, Park, Gärtnerei, Remise usw. läßt sich ohne Zugang zu verrentetem Kapital aus den Erträgen von Bodenzinsen, Dividenden, Renditen, Staatspapieren, Obligationen, Gewinnen aus maschinisierter Produktion in überzeugender Weise hinfort immer weniger führen. Das bedeutet: um sich gegen die Bourgeoisie, den alten Gegner, zur Geltung zu bringen, muß der Adel sich in zunehmendem Maße ihrer Mittel, d. h. ihrer wirtschaftlichen Organisation bedienen. Wenn Zola im Milieuschema der »Rougon-Macquart« keine geschlossene aristokratische Welt mehr anzubieten hatte, waren aus dieser Entwicklung die Konsequenzen gezogen. »La Curée« und »L'Argent« werden später das fließende Ineinanderübergehen von Resten der alten mit den neuen Vermögensmassen bei deren schließlichem Triumph zur Darstellung bringen. Das alte feudale Eigentum war längst tot. Es gehörte nur noch den Erzählungen aus der vorrevolutionären Zeit, den Illusionen und Wünschen an. Gegenüber dem Fächer seigneurialer Titel auf Einkünfte, Privilegien, Taxen der Administration, Bodenrevenuen zeigt sich jetzt die Kapitalrente des Bourgeois aus Großgewinnen der Manufaktur, der Grundstücksspekulation, des Häuserbaus mit steigenden Mieten in vollem Lichte. Die Aristokratie, will sie ihr altes Selbstgefühl durch abgeschwächte Präsentation ihres Besitzes nicht schmälern, muß sich in die Vorgänge des rasch zirkulierenden Geldes einschalten. Sie rückt dadurch näher an die neuen, in ihrer Ausbildung befindlichen Dynastien des wirtschaftlichen Bügertums heran, verliert aber durch das weitere Zusammenwachsen ihrer altbourbonischen und napoleonischen Fraktionen mit während der Restauration und der Orléans-Monarchie gebildetem Rothschild-Adel etwas von ihrer größten Stärke: ihre mondän-schnöde Eindeutigkeit. Im Zweiten Empire kommt es im monarchischen Frankreich zur letzten Nobilitätserzeugung, und zwar insbesondere aus Familien der finanziellen und industriellen Bourgeoisie, die freilich vom Standpunkt der eingerichteten Dynastien die Grenzen zur »fausse noblesse« erreicht oder schon beträchtlich darüber hinausgeht. Das fällt spurenweise in den Rahmen der »Rougon-Macquart«. Wenn Zola die Aristokratie wie von außen darstellt, dann liegt das einerseits an seiner richtigen Einschätzung ihres stark usurpierenden Erscheinungsbildes, aber ebenso in der Tatsache begründet, daß er selbst von seinen Anfängen her keinen Zugang zu ihr hatte und auch als der erfolgreiche Autor durch seine Ablehnung der Monarchie das Gefühl einer kämpferisch eingestellten Fremdheit stets beibehält.

Das fügt sich zu den naturalistischen Schultendenzen wie der *en marche* befindlichen Bewegung, die in den »Rougon-Macquart« den Druck »von unten« erzeugt und ihn von hier aus über die mittleren Schichten »nach oben« weitergibt. Als dokumentarischer Roman hat das Werk in den von dieser Bewegung unmittelbar gekennzeichneten Teilen einige seiner stärksten Partien und gerade mit ihnen seine größte Verbreitung gefunden. Erster überwältigender Erfolg war der von »L'Assommoir«, die Erzählung aus der Welt der Pariser Hinterhöfe. Die Menschen, die hier in typischer Weise auftreten, sind aus dem Boden ihrer Umwelt gewachsen, können nur so und nicht anders sein. Es fehlt nie der Zug, ihre Eigenschaften zu forcieren, sie milieuhaft zusammenzuziehen. Erzähltechnisch verarbeitet Zola bei der Niederschrift seine umfangreichen Notizen über die äußeren Umstände mit der berichteten Geschichte: wobei verschiedene Grade der Gewichtsverteilung möglich sind. Es gibt das Übergewicht des dokumentarisch gesammelten Materials gegenüber der »Fabel« und auch den umgekehrten Fall. »L'Assommoir« und »Germinal« gehören zu den großartigsten Beispielen der Ausgewogenheit dieser beiden konstitutiven Komponenten für Zolas Erzählen »nach der Natur«. Unter Dokumentation versteht Zola aufgezeichnete Beobachtungen, etwa der Sitten in einem Mietshaus, wie er sie selber als Bewohner kennt; zur Dokumentation gehören die mit Namen angeführten Pflanzen in einem Pfarrgarten des Südens (La Faute de L'Abbé Mouret), Notizen über den Warentransport und -umschlag in den »Hallen« zu verschiedenen Tageszeiten oder Formen der »Hohen Galanterie«, in die sich seine Nana hineinbewegt und in der sie es zur anerkannten Meisterschaft bringt. Die im Detail zur Genauigkeit verpflichtete Kunst befaßt sich mit lähmenden, abstumpfenden, abtötenden Wirkungen der Umwelt auf die eben dieser Umwelt Ausgesetzten, deren Körper vorzeitig verbraucht, deren Gehirn verdummt, deren »vertierter« Zustand unmißverständlich ist. Hier herrscht die typisierende Beschreibung vor. Arbeiter beispielsweise werden gern nach feststehenden Mustern genormt: Bijard, der »schwarze Arbeiter« in seiner furchtbaren Wildheit, wenn die Wirkungen des Alkohols einsetzen, Bru, der »alte Arbeiter«, den die Arbeit ruiniert hat und ins Elend absinken läßt.

Zola hat in seine Darstellung bestimmte Gesichtspunkte der Kritik am Kapitalismus hineingenommen, er hat sie von der beschreibenden Seite her weiter ausgeführt als jeder andere zeitgenössische Romancier auf einigermaßen vergleichbarem Niveau. Aber er läßt diese Kritik in ihrer schreienden Bildhaftigkeit wieder aufrechnen durch die Wertmaßstäbe der bürgerlichen Moral, an denen er das Proletariat mißt. Das gilt gerade für »Germinal«, dessen Entwurf in die Zeit großer sozialreformerischer Erwartungen der mittleren 80er Jahre fällt, wie sie seinem republikanischen Elan entgegenkommen. Hier stellt er mit Etienne Lantier den auf »Bildung« bedachten Arbeiter in die Fabrikszenerie, entwirft er schemenhaft mit dem Abbé Ranvier den frühen Typus eines christlichen Sozialisten. Es bahnt sich jetzt schon die nach dem Abschluß der »Rougon-Macquart« vollzogene Ablösung des »Naturalismus« durch den »Sozialismus« der »Trois Villes« und der »Quatre Evangiles« an, aber es ist ein in seiner Empörung ehrlicher, in seiner Überzeugungstreue glaubwürdiger utopischer »Sozialismus«. Es spricht daraus die Protesthaltung eines bürgerlichen Schriftstellers der Republik, dessen große Talente durch bürgerliches Verlagswesen und »Freie Presse« gefördert werden, durch sie erst die Mittel zur Entfaltung und Verbreitung erhalten – ein Schriftsteller, der nichts weniger wünschen kann als die Explosion der bestehenden Welt, von der er Souvarine in »Germinal« träumen läßt. Das rhetorische Pathos der Gläubigen und Entrüsteten, das später vor allem aus seiner Behandlung des Dreyfus-Falles herausklingt, bringt die ihm als Schriftsteller aufgenötigte Ambivalenz in seinem Verhältnis zur Bourgeoisie nur verschwommen zum Vorschein.

Diese Haltung hängt eng mit seiner eigenen gesellschaftlichen Ausgangslage als Romancier zusammen. Zola hat durch seine Herkunft ein Auge dafür mitbekommen, die Dinge »von außen« zu sehen. 1840 in Paris geboren, war er väterlicherseits italienischer Abstammung, verbrachte einige Jugendjahre in der Provence und wird erst 1862 naturalisierter Franzose. Der alte Haß Balzacs gegen die Bourgeoisie wird von Zola neu kanalisiert. Nach ihrem Übergang zur politisch tonangebenden Klasse, von dem Balzac nur die Anfänge hatte zeigen können, drängt sie – durch die Robustheit ihres Auftretens, die Zügellosigkeit ihres Gewinnstrebens, die Rücksichtslosigkeit ihrer wirtschaftlichen Unternehmungen – unentwegt Köpfe mit den lautersten Gesinnungen aus dem von ihr organisierten Gefüge heraus. Die Loslösung von der eigenen Klasse geht in den verschiedensten Formen, unter den eigenartigsten Umständen vor sich. Sie kennt das Klima der alles um sich herum zerstörenden Anarchie in der Ästhetik Baudelaires: der Dichter, der sich von den Faubourgs angezogen fühlt, den Spitälern, Bordellen, dem Schmutz der Hinterhöfe. Von hier klingen Verse von unendlicher Schönheit auf, die das Verderben beschwören, das Elend loben, dem man durch Alkohol, Haschischräusche, Ekstasen, ausgesuchte sexuelle Veranstaltungen zu entgehen trachtet: um es nachher um so sicherer wiederzufinden. Aber so sehr sich Baudelaire oder Verlaine, Rimbaud oder Mallarmé aus der bürgerlichen Ordnung herauslösen, so sehr leben sie von den hier erzeugten Giften, Fiebern, Ausdünstungen, Krankheitsherden, in die sie sich zielstrebig hineinbegeben, weil sie sie zur Erhaltung ihrer Träume nötig haben. Noch in der Misere, die sie wollen und genießen, bleiben sie ästhetisch und auch ökonomisch von der Klasse abhängig, die sie verachten.

Von seiner eigenen Position auf der Seite der kleinen Leute steht Zola später solchem Schwelgen in selbst erprobten Delirien mit Abstand gegenüber, aber er verwirft mit den auf den »Parnaß« Eingeschworenen die Rechengesinnung als vorherrschenden Zug. Die neu aufschießenden und in die Bourgeoisie hineinwachsenden Schichten gefallen sich in der Imitation bestehender Verhaltensmuster. Hier ließ sich bei der Darstellung des großangelegten Zeitbildes der Kaiser-Ära aus dem vollen schöpfen. Was bedeutete z. B. eine Ehe à la Balzac: sie bedeutete für den jungen Mann die Jagd auf die Mitgift, für das junge Mädchen, das sich dazu alle erdenklichen Mittel angelegen sein läßt, das Recht, sich Madame zu nennen. Die Ehe hat ihr eigentliches Sakrament im Vermögen, das als Rentenvermögen möglichst vergrößert, auf jeden Fall erhalten und weitervererbt werden muß. Diesem Zweck ist alles untergeordnet. Auch die sexuelle Seite, über die sich anders reden und schweigen läßt und der romanesk, d.h. auf intrigante, »verbotene«, der Öffentlichkeit gegenüber zu verbergende Weise Tribut gezollt werden kann! Die Summe, die bei Balzac Modeste Mignon aufzubringen bereit ist, um ihren »Dichter« in Paris zu bekommen, beträgt etwa sechs Millionen Goldfranken, die ihr Vater mit dem Reedereigeschäft in Le Havre sowie dem Opium- und Sklavenhandel verdient hat. Um die Frau des »Marschalls« zu werden, bietet Cousine Bette ihre ganzen Ersparnisse an. Wenn Zola mit »La Fortune des Rougon« das »Schicksal« vom Familienvermögen (wie es zustande kommt, vermehrt wird usw.) ausgehen läßt, führt er diese Balzacsche Grundeinsicht vom Charakter der Bourgeoisie als einer akkumulierenden Klasse weiter und wendet sie auf die industrie- und finanzwirtschaftlich entwickelteren Verhältnisse des Zweiten Kaiserreichs an. Von 1810 bis 1850 war sie in den Genuß großer Konjunkturgewinne gekommen, hatte sie von der wilden Expansion erzeugte Schichten in sich aufgenommen und die Wohltat einer unveränderten Stabilität des Geldes erlebt. Ein ersparter Franken hatte in den vier Jahrzehnten bis zum Machtantritt Louis Bonapartes den fünffachen Wert bekommen. Damit werden die Ökonomie von Zolas »Zweitem Kaiserreich« und die in ihr sich ausbildenden Charaktere insbesondere gegenüber dem Personal von Balzacs Romanen getönt. »Ich werde von einem methodischeren Gesichtspunkt für das Zweite Kaiserreich das tun, was Balzac für die Regierungszeit Louis Philippes getan hat«, kann Zola in einem seine Absichten für den Großroman skizzierenden Brouillon bemerken.[118] Aus der »Lichterstadt« Victor Hugos wird bei Zola nach dem Urteil Emile Verhaerens die »Höllenstadt«, die sich mit dem Umbau nach den Plänen Haussmanns befaßt.

Was nach der Proklamation Louis Bonapartes zum Kaiser den Wandel in diesem Lande am stärksten vorangetrieben, das Klima verändert hat und den Übergang von Balzac zu Zola markiert, ist die Neuorganisierung des Kreditwesens 1853/54, die notwendig war, um die Baupläne Haussmanns und die weitere Maschinisierung der Industrie durchzusetzen. Es tritt jetzt der oft verdunkelte eigentliche Zweck der Bank, Kredit zu schaffen, unverfälscht hervor. In die Bestandsaufnahme der Zeit gehört die Tatsache, daß Stabilität des Geldes und industrielles Wachstum viele Privatvermögen in wenigen Jahren rapide anwachsen lassen, manche verdoppelt, verdreifacht, hier und da, wie wir durch Zola erfahren, verzehnfacht haben. Die Anleihen, die gewährt und investiert werden, treten unter ganz anderen Größenverhältnissen in die Zirkulation ein als während der orleanistischen Monarchie.

Ihrer Anlage nach war Haussmanns Stadtregulierung ein Projekt, das im Dienste der neuen Monarchie die gesteigerten Verkehrs- und Wohnbedürfnisse befriedigen soll, mit allen Anzeichen der cäsaristischen Großrepräsentation ausgestattet ist, die Aktivität des wirtschaftenden Bürgertums beflügelt, strategisch gegen periodisch auftretende Straßenaufstände bessere Positionen für die niederschlagende Seite schafft und Quartiere des unhygienischen »Dschungels« dem Abbruch überantwortet. Auf Widerspruch stießen der Plan und seine Ausführung bei den verschiedensten Lagern. Vom Lande wenden sich agrarische Kreise gegen die auf die Metropole konzentrierten Segnungen des Geldmarktes. Die Aristokratie, wo sie nicht an ihnen teilhat, sieht durch die zusammenraffenden Schichten die ihr teilweise aufgezwungenen Anschauungen von der noblen Geldlosigkeit bedroht, sich selbst weiter zurückgedrängt. Aus den zum Abriß bestimmten Quartieren werden Widerstände organisiert. Dazu die herausgeforderte Konkurrenz, der Kampf um das Bauland, die Anleihen, die Zinsen, die Finanzmanöver der großen Baugesellschaften, die schließlich überlegene Macht des »Stärksten«! Über allem steht die Majestät des Kredits.

Die Arbeiter, deren Wohnunterkünfte bei der Verlängerung der Rue de Rivoli verschwinden, werden umquartiert. Mit steigenden Mieten vertreibt sie der Hausbesitz an die Peripherie, insbesondere in den Nordosten. Die entstehenden Quartiere um die Baustelle der Opéra können gewaltlos ›arbeiterrein‹ gehalten werden. Hier domizilieren die kleine und mittlere Geschäftswelt, Warenhäuser, Immobilien- und Kredithandel und die »Privateigentümer«, die zu ihren Hauptkunden zählen, insbesondere aber die neuen Schichten der von den Konjunkturen bevorzugten Erwerbszweige. Mit der Umsiedlung der Arbeiter in die Banlieue wird ein Gürtel um das Zentrum gelegt, das dem Balzacschen Paris noch unbekannt war. Man quartiert nicht 117 553 Familien oder 350 000 Personen in einem Zeitraum von 17 Jahren ohne eine allgemeine Erschütterung aller Lebensverhältnisse um, kann Haussmann auf die ihm gemachten Vorwürfe später erklären.[119] Die Stadtplanung setzt Parzellierung, die Parzellierung setzt Enteignung voraus.

Hier werden sogleich die alten Erfahrungen der Bourgeoisie mit ihren eigenen Enteignungstechniken wieder geweckt. Sie hatte – woran sie später nicht mehr gern erinnert werden mochte – bei der Enteignung des feudalen Eigentums ihre großen Fähigkeiten bewiesen und wird sie künftig im Rhythmus von Krisen und Konjunkturen, durch Usancen des Konkurses, durch Haussen und Baissen, den Umgang mit dem Instrument des Zinses usw. als den Mitteln zu beständigen Umverteilungen sublimieren.

Die Bewegungen auf dem Baumarkt lassen den »financier« mit der Enteignung als administrativem Mittel rechnen und ihn auf die Summen optieren, die dafür gezahlt werden. Was erfolgt, ist das in Zolas »La Curée« dargestellte Zusammenfließen riesiger Geldsummen in einige wenige Hände bei gleichzeitiger Verschuldung des Staats und der Stadt – ein Umstand, den später eine Artikelserie unter dem Titel »Les Comptes fantastiques d'Haussmann« auf skandalumwitterte Weise noch einmal bekräftigt. Zola steht auf der Seite der Gegner Haussmanns, der schließlich, nachdem auch der Kaiser ihm das Vertrauen entzieht, aus seinem Amt ausscheidet. Aber noch beim Abtreten macht er die Krise des Kaisertums selber sichtbar, das jetzt in seine Endphase eintritt. Seine Stunden sind gezählt, als Zola während der Arbeit an der »Curée« das »enrichissement« der neuen Bourgeoisie als den eigentlichen konstitutiven Akt der ganzen Epoche festhält. Wieder kann er sich als Nachfolger Balzacs fühlen, der mit diesem Roman über die Jagd nach Stellen und Großvermögen die »Comédie Humaine« der 60er Jahre weiterschreibt. In einem Artikel des »Rappel« vom 13. Mai 1870 lobt er Balzacs divinatorischen Blick für die ökonomischen Tatsachen der Zukunft: »...Diese großen Vermögen, die Balzac so großzügig handhabte, sind unter unsern Augen skandalhaft um das Zehnfache gewachsen. Man warf ihm vor, zu viele Millionen aufzuhäufen, man fand, daß seine Persönlichkeiten zuviel Geld verdienten. Diese Herrn gehörten in unser Zeitalter. Sie würden selbst heute ziemlich kleine Herren sein mit ihren armen gestohlenen Millionen. Man steckt jetzt die Millionen dutzendweise ein. Man muß gut leben, und leben heißt immer, sich in alle Befriedigungen stürzen. In unseren Tagen begegnet man Nucingen an jeder Straßenecke; der Wucherer ist Legion geworden; er hat vom Kaiserreich gelebt und unterstützt das Kaiserreich. Als Balzac in seinen Träumen vom Riesenvermögen seine Hände fieberhaft ins Gold tauchte, hat er da nicht das Vorherwissen von den finanziellen Abenteuern unserer Epoche gehabt?«

Von der Arbeit an der »Curée« an beginnen sich die Ereignisse zu überstürzen, tritt Zola langsam aus dem Dunkel in das Licht des Erfolges. Voraussetzung dafür war das Ende des Zweiten Empire, für das er sich als Publizist geschlagen hatte, dessen eigentlichen Charakter er im outrierten Luxus seiner eigentlichen Nutznießer, in der falschen Pracht kurzfristig zu Vermögen gekommener neuer Nucingens wiederfand. Wenn in diese Zeit seine Lektüre der gerade erschienenen »Éducation sentimentale« fällt, dann entspringen die begeisterten Worte, die er in der »Tribune« vom 28. November 1869 dafür findet, dem Eindruck, in Flauberts Roman über das Artistische hinaus auf die brüchigen Grundlagen der eigenen Zeit zu stoßen. Einige Seiten der »Curée« lassen Spuren der Beschäftigung mit Flaubert hervortreten.

Von der Veröffentlichung der »Curée« Ende 1871 an beginnt das Romanwerk Zolas trotz des großen Erfolges seine ursprünglich beabsichtigte tagespolitische Aktualität einzubüßen. Die Zeit entfernt sich vom Kaiserreich als dem Stein des Anstoßes. Nicht die großen finanziellen Manöver haben dem Staat den entscheidenden Stoß versetzt, sondern die Kanonen der Preußen und ihre überlegene Strategie. Dieses unvorhergesehene, für die Konzeption des Zyklus neuartige Ereignis wird weitreichende Folgen haben. Es zwingt zum Umdenken. Zola kann sich durch das Ergebnis bestätigt sehen, nicht aber durch die Umstände, die es zustande bringen. Die darwinistisch gesehenen Vorgänge des gesellschaftlichen Stoffwechsels werden sich von nun an nicht mehr nur innerhalb der Staatsgrenzen abspielen dürfen, sondern müssen in größere europäische Zusammenhänge hineingestellt werden. Mit »La Débacle« wird Zola ihnen einen eigenen Roman widmen.

Die politischen Wirren von 1871 mit der Herrschaft der Kommune im eingeschlossenen Paris und der Flucht der Regierenden nach Versailles, wo die Reaktion die schwach gewordene Staatsgewalt in Händen hält und Verbindung mit den deutschen Besetzern aufnimmt, bedeuten das Ende des bonapartistischen Regimes. Am 1. März beschließt die Nationalversammlung die Annahme der deutschen Friedensbedingungen und setzt gleichzeitig fast ohne Gegenstimmen die napoleonische Dynastie ab. Der Erhaltung der Monarchie erwachsen Schwierigkeiten schon dadurch, daß drei Prätendenten sich gegenseitig ihre Ansprüche streitig machen. Im Spiel der wechselnden Koalitionen kommen die Aussichten der Monarchisten und der Republikaner fortwährend ins Schwanken. Der Uneinigkeit auf der Seite der Monarchisten steht das Geschick Thiers gegenüber, durch Anleihen von zweieinhalb Milliarden Francs für Zahlungen an den Sieger dessen Truppen zur vorzeitigen Räumung französischen Territoriums zu veranlassen. Eine Mehrheit der monarchistischen Rechten, die Thiers entbehren zu können glaubt, bringt ihn zu Fall, kommt aber selbst nicht zum Ziel, als der von ihr vorgeschlagene Kronprätendent Graf Chambord die Trikolore zurückweist. So wird am 25. Februar 1875 die Verfassung der Republik mit Mac Mahon als Präsidenten angenommen.

Als sich der Pulverdampf des Krieges und der Pariser Aufstände verzogen hat, zeigt sich: die bonapartistische Monarchie, durch die Macht der Napoleon-Legende, Usurpation und Plebiszit zur Herrschaft gelangt, durch Polizeigewalt im Innern gestützt, vom Gegensatz zwischen Bourgeoisie und Proletariat, Stadt und Land, den sie sich zunutze macht, am Leben gehalten, ist durch einen äußeren Feind zum Abtreten gezwungen worden. Unversehrt geblieben ist die Kapitalrente, das Lebenselixier des Bürgers. Wie ein Ariadnefaden hatte sich ihre Geltung durch die napoleonischen Kriege mit ihrem Bedarf für die Armee, die Rückerstattung an heimgekehrte Emigranten, Staatsobligationen, Eisenbahnaktien der Bürgermonarchie, Gewinne der lothringischen Bergwerke, von Schneider-Le Creusot als Rüstungszentrum des Zweiten Kaiserreichs hindurchgezogen. In der Deputiertenkammer bleibt sie bei der Mehrheit durch Monarchisten, Bonapartisten, Republikaner, Liberale unangefochten.

Im Blick auf die Herrschaft der Rente war hier nur wieder einmal der Mantel gewechselt worden. Zola, der seine »Rougon-Macquart« kontinuierlich weiterschreibt, wird sich bald der bruchlosen Übergänge vom Empire zur Dritten Republik versichern können. Er hält in seiner Technik daran fest, das Thema jeweils von den zu Grunde liegenden Produktions- und Erwerbsvorgängen her zu entwickeln. Hier gilt die Regel: das Milieu erzeugt nicht nur die aus ihm hervorwachsenden Menschen, sondern wird selbst erzeugt vom jeweiligen Anteil an kontinuierlich fließenden Revenuen oder deren Fehlen. Verkauf von Gebrauchsgütern des Alltags, Warenhaus, großindustrielle Erzeugung, Handel mit Grund und Boden, Geldverleih bilden fertige Themenkreise für abgeschlossene Romane. Durchzogen sind sie alle von festen Verhaltensmustern der

Sexualität, die eingesehen werden können im Übergang von »Nana« zu »Pot-Bouille«. Dieses Balzacsche Generalisieren erfolgt unter Vernachlässigung der Ausnahme mit dem Blick auf die statistische Tabelle. Was Zola in der Republik Mac Mahons und später Gambettas und Boulangers zu Papier bringt, ist dem Untertitel des Zyklus nach bereits »Geschichte« geworden, brennt aber bei den unverändert gebliebenen Besitzverhältnissen den Lesern in der erdrückenden Mehrzahl auf den Nägeln.

Von hier aus erhält auch das Bild der pauschal gesehenen, mit ihren Gewinnen beschäftigten großen Bourgeoisie festere Umrisse. Ausgemachte politische Meinungen, abgesehen von denen, die unmittelbar mit der Sicherheit für das Vermögen und seiner Vergrößerung zu tun haben, bilden sich in Familien, zu denen die Grégoires in »Germinal« gehören, nicht aus. Industrielle Großgewinne helfen dort Mauern gegen die davon Ausgeschlossenen zu errichten und Traumreiche, in denen die Beziehung zu den »wirklichen Verhältnissen« abgerissen ist. Als feingesponnene Gewebe lassen »junge Mädchen«, wie die »beiden Freundinnen« Adeline d'Espanet und Suzanne Haffner, ihre aus Phantasie gebauten Schlösser erstehen, aus denen sie sich wie Renée Saccard in jene Zonen des »verbotenen Eros« hinein begeben. In Konvikten steigen Erwartungen auf, die sich später in Täuschungen verwandeln: Wünsche, denen die »Forderung des Tages« keine Widerstände entgegenzusetzen hat. Proust wird später die Thematik psychologisch verfeinert, aber ohne den Blick für die Tatsache der zerstörerisch am Werk befindlichen Erziehung behandeln.

Thematisch nehmen Zolas Romane der 70er und 80er Jahre Züge des »Bovarysmus« auf und behandeln ihn unter den Bedingungen gesteigerter Grundrenten und eines größeren Waren- und Zerstreuungsangebots der Großstadt. Die neuen Bovarys der Großstadt widmen sich wie ihr Vorbild aus Yonville, während der Ehemann seinen Geschäften nachgeht, ihren Tagträumen, gelangen dabei in Vorstellungen hinein, die sie mit der Wirklichkeit des Alltags zu vereinen suchen. Man nimmt sich einen Liebhaber, weil man sich langweilt, und kann die Rechtfertigung beanspruchen, die Zola in seinem »Manon«-Artikel in der »Tribune« vom 27. September 1868 gegeben hatte: »Sie würden weniger böse sein, wenn sie keine Zeit hätten, Boshaftigkeiten zu erfinden.« Das waren romaneske Situationen, die aber bei aller Phantastik Verhaltensmuster der Bourgeoisie in ihrer Anwendung durchscheinen ließen. In »Pot-Bouille« hat Zola Fälle katalogisiert, in denen von den Wohn- und Einkommensverhältnissen ihrer Familie »imprägnierte« junge Mädchen ihre Vorurteile, Ambitionen, modische Sentimentalitäten von Walter Scott-Heroinen in die Ehe einbringen und hier, als Madame, sich *zwangsläufig* dem ersten besten als Geliebte in die Arme werfen. Die Emma Bovary, die noch für Flaubert in zwanzig Dörfern ihre Ebenbilder hatte, bekommt mit Gestalten wie Valérie Vabre, Berthe Josserand, Marie Pichon ihre gleichgestimmten Nachfolgerinnen im Mietshaus der Großstadt.

Neue Milieus ergeben die bei der Stadtrenovierung schnell errichteten Bauten mit vorfabrizierten Stuckgarnituren auf den Fassaden, die in Marmor und Bronze gehaltenen Treppenhäuser, die etwas zweifelhafte Pracht in den Salons, der Blick in Höfe, die von keinem Lichtstrahl erreicht werden. Den Triumph der Bourgeoisie als Triumph des Mietzins über die feudale Bondenrente machen die Risse im Mauerwerk vor aller Augen sichtbar. Kenner der Szenerie beklagen die mit Beginn des Zweiten Empire nachlassende Bauqualität in den neuen Quartieren. Bemerkt wird das Klettern der Preise für Bausteine und Bauhölzer, die zunehmende Verwendung von Fensterkreuzen und Jalousien als Sonnenschutz und der aus alldem sich ergebende Anstieg der Mieten für die neuen Komfortwohnungen im Vergleich zu den für die solider ausgeführten in alten Quartieren.[120] In seinem »Tableau de Paris« führt Edmond Texier die Gründe für diese Manieren an: »Man muß auf Rabatt bauen, für zwanzig, höchstens dreißig Jahre, und das ist noch zu lang: die Garantie beschränkt sich gern auf fünf Jahre.« Die Verelendung hat in einem für »Pot-Bouille« zuständigen Milieu eine ihm gemäße Tonleiter. Es steht in der baulichen Beschaffenheit des Mietshauses mit seinen Parteien für das Brüchig-Provisorische als dem Charakter der ganzen Ära. Die neoimperiale Residenz, im Schnellverfahren und mit zweifelhaften Materialien erstellt als Schauplatz für jene Zerrüttungen der Ehe, in die das »junge Mädchen« durch Maßnahmen ihrer Erziehung, schwache Nerven und Blutarmut hineingerät; wo die Kranke in den Übergängen zwischen »Engel« und »Teufel« schillert oder die für eine »reiche Heirat« Erzogene ihre Erwartungen enttäuscht sieht und sie auf andere Weise zu erfüllen sucht! Belastendes Sehen macht Zola zum Ärgernis, der sich als Schriftsteller selbst dem Bund der vom wirtschaftlichen Fortschritt zum Leiden Verurteilten zugehörig fühlt, wie die Arbeiter des Bergwerksromans oder die Leute des Kleinerwerbs, die das wirtschaftlich Notwendige einzusehen nicht in der Lage sind und vom Fortschritt überholt werden. Eine Szene von »Pot-Bouille« zeigt seine autobiographische Position an: Jedesmal, wenn der »Schriftsteller« an der Concièrgen-Loge des Mietshauses vorbeigeht, spürt er, wie Mißtrauen und Verachtung der Hausbewohner in der Luft liegen, wie man in ihm, der Bücher schreibt und ihre Verkehrsformen naturalistisch schildert, den Verräter der eigenen Klasse sieht.

Hinter allem steht die Allmacht der Ökonomie als die vorwärtstreibende Kraft. Die von der robusten Kraft des liquiden Geldes ausgehenden Wirkungen, die die handwerklichen Anfertigungsformen erfassen und auf organische Lebensvorgänge übergreifen, scheinen mit einer Balzacschen Feder beschrieben zu sein. Zola verfolgt sie auf ihre Ursprünge zurück. Erklärtes Operationszentrum der Ökonomie ist die Börse mit einem für den Außenstehenden unverständlichen Ritual. Über sie wechseln die durch Industriegewinne, Grundstücksverkäufe, Mieteinkünfte, koloniales Wirtschaften erworbenen Papiere ihre Besitzer. Als »naturaliste« kennt Zola thematisch das auf den Austausch von Aktienpaketen zusammengepreßte gelebte Leben, das der deutschen Schule gleichen Namens, die sich vom agrarischen Umland nie ganz lösen kann, immer fremd bleibt. In »L'Argent« wird die Behandlung der Finanztransaktionen auf die Spitze getrieben. Liegt der eigentliche Zweck der Bank darin, Kredit zu schaffen, so ist die Gründung der Banque Universelle in »L'Argent« nur ein Vorwand, den Kredit zur Anlage bei der Börse zu verwenden. Angesichts dessen kann der Schauplatz selbst in unmittelbarer Bewegung gezeigt werden als Parkett und Kulisse, wo Haussen und Baissen sich nach einem verborgen gehaltenen Fahrplan ablösen, Börsianer mit aufgeregten Stimmen Angebot und Nachfrage regeln. Zola hat sich mit dem Börsenwesen durch Studium der einschlägigen Literatur, Gespräche mit Börsenleuten und Presseberichten über spektakuläre Transaktionen genauestens vertraut gemacht. Die Darstellung der großen Finanzoperationen und -operateure wird Zola später in die Lage bringen, sich gegen den Vorwurf wehren zu müssen, er bekämpfe die Einrichtung der Börse. Aber Zola weiß genau: ohne die Börse gäbe es nicht die Riesenbeträge, die für die großen wirtschaftlichen Unternehmungen notwendig sind. Seinem künstlerischen Programm entsprechend ist er natürlich mehr an den menschlichen Destruktionen interessiert, die am Börsenmechanismus mitwirken, am Handel mit Effekten-Falsifikaten, an der Auszahlung fiktiver Dividenden, am intriganten Börsencoup als am Funktionieren der »Börse an sich«. Er braucht sie, um in die »Menschliche Komödie« der Kaiserzeit den Teufelstanz der von Gewinnlust Fiebrigen als große Einlage einzuschieben, um Stationen zu zeigen, von wo die Summen ausgehen, die sich bei ihrem Hindurchfließen ins Riesenhafte vergrößern, bevor sie andere Aktivitäten vorantreiben, andere Begierden auslösen und befriedigen oder vom Kreditzins verschlungen werden. An der Börse wird durch das Zusammenwirken von Krisen und Konjunkturen, politischer Ruhe und Unruhe, Appetit auf Gewinn, Stimmungen und Zufall über »Schicksale« verhandelt. Durch ihren uneinsichtigen Ratschluß fallen täglich Entscheidungen über materielles Existieren oder Ruin.

Zola hat die »Rougon-Macquart« als die »Comédie Humaine« einer mit dem Ende des Bürgerkönigtums weiter im Umbau befindlichen Gesellschaft verstanden und angelegt. Das einleitende Buch »La Fortune des Rougon« schildert die soziale und politische Vorgeschichte der Ereignisse, die zum Staatsstreich 1852 führen, und zwar – und hier liegt eine bedeutende Stärke seiner Darstellung – im Blick auf die Bedürfnisse breiter Teile des Volks, des Wandels ihrer Anschauungen und ihrer Interessen. Bis 1830, so kann Zola bemerken, ist das Volk vorwiegend katholisch und royalistisch gesinnt. Dann wenden sich Arbeiter und Teile der Bourgeoisie der demokratischen Bewegung zu mit der Folge, daß das alte Bündnis von Klerus und Adel wieder enger wird, der Klerus hinter dem Adel steht, ihn aus dieser Verschanzung heraus dirigiert und seine politischen Operationen leitet. Der Klerus ist dazu imstande, weil er die Energie hat, und er hat die Energie, weil ihm die Leidenschaften fehlen. Wir sehen: die energistische Konzeption Balzacs ist hier wieder aufgenommen. Macht und Machtwille können aus organischen Schrumpfungen hervorgehen, die alles auf verkürzte Lebensvorgänge zusammenziehen, aber die geballte Anwendung der Kraft steigern. So wird eine Provinzstadt wie Plassans von Priestern beherrscht. Das Volk, zu einer Anhäufung bloßer biologischer Masse geworden, hat bis 1830 nicht gezählt. Aber auch danach tut man unter kirchlicher Anleitung, als ob es nicht existiert. Hier werden von der Klerisei unterirdische Minen gelegt. Alles geht lautlos vor sich und wird von der besonderen Feinheit des Taktierens begleitet. Statt mit Kanonen werden in Plassans die Menschen durch geheime Ränke getötet.

In den Provinzszenen am Anfang der »Rougon-Macquart« bereitet Zola den Aufstieg der beiden Zweige einer Familie vor, der mit dem auf einer anderen Ebene vor sich gehenden Umschwenken von Teilen der bourbonischen Legitimisten und Teilen der orleanistischen Bourgeoisie ins Lager von Louis Bonaparte zusammenfällt. Nur durch diesen Pakt wird der Staatsstreich möglich nach der Einsicht, daß ein Napoleon notwendig ist, um das Eigentum zu schützen. Für Zolas Familiengeschichte gilt: es sind die Wirren der Zeit, die eine neue Dynastie aufbauen helfen. Der Dynastie kommt das vergossene Blut zugute, sie errichtet aus den Trümmern, die die Massaker des Bürgerkrieges hinterlassen haben, ihre neuen Paläste.

Mit Louis Bonaparte lernt die Weltgeschichte zum ersten Mal das Phänomen der plebiszitären Diktatur kennen. Die Wurzeln liegen freilich tiefer und reichen in verschiedenste Erdschichten hinein. Dieser Regent, der im Verlauf seiner Regierung auf die absolute Autorität drängt, hatte als Napoleonide die Revolution bejaht, weil er wußte, daß ohne sie das Erste Kaiserreich nicht zustandegekommen wäre, er hatte als Emigrant in England die Vorzüge des Liberalstaats genossen, und er hatte mehr als die Männer des Parlaments Einsicht in die »Psychologie der Massen«. Als Mann von 1848 war er vom Exil aus an den Komplotten gegen Louis-Philippe beteiligt gewesen, er träumte – und das war noch nicht einmal wirklichkeitsfremd – große Entwürfe einer Zukunft, die über das Frankreich des »enrichissez-vous« weit hinausgingen. Als Neffe Napoleons und voller Bewunderung für die politischen Einrichtungen Englands war er zur Einsicht gelangt, daß sie sich in Frankreich mit seiner noch im Mittelalter steckengebliebenen »Provinz« nicht verwirklichen lassen. Darum hat er die Freiheit, die er für die Zukunft vor Augen stellt, zunächst einmal konfisziert. Gegenüber der Bourgeoisie bleibt er aber immer noch ein Mann der Reformen, der selbst im Niederreißen der Freiheit weiß, daß alle Gesellschaften sich auf die Freiheit des Individuums hinbewegen. Aber die Freiheit bleibt für ihn ein Ideal, für das die Stunde noch nicht reif ist. Er kann im März 1852 die Freiheit der Presse beschneiden mit dem Argument ihres Mißbrauchs und die Freiheit des Individuums mit dem des Schadens für alle. Noch nicht einmal geringe Sachkunde konnte man ihm vorwerfen. Denn als einziger Journalist, der sich mit Kartätschen in die Macht hineingeschossen und mit der Feder auf den Thron hinaufgeschrieben hatte, kannte er sich in den Garküchen der Redaktionen aus. Das Parlament als Stätte der durch Diskussion sich belebenden Freiheiten bleibt ihm suspekt durch deren Entstellung in der Praxis. Daß er die schwache Stelle des Parlaments kennt und sie für sich nutzt, macht ihn zum Sieger der Stunde und zum Lehrmeister der modernen Diktatoren. Das Mittel, um parlamentarische Mehrheiten zu stürzen, das Parlament der öffentlichen Verachtung preiszugeben, es gegebenenfalls auseinanderzutreiben, nach ihm immer wieder mit Erfolg geübt, ist das von Louis Bonaparte eingeführte Plebiszit. In seinem »Brief an einen Lord«, verfaßt im späteren englischen Exil am 28. Mai 1872, hat er die Gründe für sein Mißtrauen in das parlamentarische System noch einmal zusammengestellt. Die Parlamente (Assemblées) geben ein falsches Bild von der öffentlichen Meinung, ja sie verraten sie. Hier ist er um Beispiele aus der Geschichte Frankreichs nicht verlegen: Die Volksversammlung von 1789 führte gegen den Willen der Mehrheit zum Sturz der Monarchie, die Kammer von 1816 spiegelte nur den Willen einer dünnen Schicht wieder, die beiden Kammern unter Louis Philippe fungierten ausdrücklich, um die notwendigen Reformen zu verhindern. Die Gründe gegen das Parlament sind wie in einem Arsenal zusammengestellt mit dem *einen* Grund an der Spitze: die durch das Parlament zustande gekommene »Mehrheit« ist in der Tat eine »Minderheit«, deren wirkliche Zahl eine Volksabstimmung vor aller Augen offen darlegt. Das war unter den Verhältnissen eines zensitären Wahlrechts eine unbestreitbare Wahrheit, die, wo sie in der Hand eines zielbewußten Mannes zum politischen Instrument wird, die vom System am meisten bevorzugten Klassen empfindlich treffen mußte.

Es waren weniger seine Ideen, die vom größten Teil des Volkes geteilt wurden, als die Umstände bei seinem Machtantritt, die Louis Napoleon, insbesondere in Kreisen der Literatur, der Kunst, der Wissenschaft, eine bleibende Verachtung bescherte. Am 2. Dezember 1851 werden harmlose Fußgänger in Paris von bonapartistischen Truppen erschossen, einige, die sich durch Zufall bei den Barrikaden aufhalten, auf Befehl des Generals St. Arnoud mit sofortigem Tode bestraft. Am Abend zuvor wälzt sich eine betrunkene Soldateska über die Boulevards. Als die Soldaten ins Abgeordnetenhaus eindringen, versagt der Glanz der Debatte unter den Fäusten, mit denen Deputierte von den Schergen aus dem Saal abgeführt werden. Louis Napoleon hatte seine Vorstellungen vom Parlamentarismus mit einem machiavellistischen Handstreich in die Tat umgesetzt und zwar auf eine Weise, von der Treitschke sagt: »Selbst die Reaktion in Rom und Neapel hatte so gründlich nicht aufgeräumt unter den Gegnern.«[121]

Die Katastrophe wäre nicht so vernichtend gewesen, wenn sie nicht von der Mehrheit des Volkes gebilligt worden wäre. Das bäuerliche Frankreich hatte sich längst vor dem Putsch zum Bonapartismus bekannt, indem es seine Söhne willig in dessen Armee marschieren ließ. Die Verwaltung, im Umgang mit dem Code Civil täglich an seinen Anreger erinnert und zur Fügsamkeit erzogen, kann ohne große Mühe zur Stütze der neuen »démocratie césarienne«[122] umgebaut werden. Von den legitimistischen Mächten wird Beifall in aller Fülle gespendet, das Segenswort des Papstes, dessen Überschwenglichkeit angesichts der besiegten Feinde des Eigentums offenbar keine Grenzen kennt, fehlt nicht. Was besagt es schon, wenn sich von den großen Namen des geistigen Frankreich kaum einer auf der bonapartistischen Seite befindet! Während Industrie und Handel jetzt in eine Periode neuer Prosperität eintreten, befällt die Köpfe der Literatur eine Erstarrung, aus der sie sich aus eigner Kraft nicht werden lösen können. Die Verflachung des Lebens, von Stendhal in der »Chartreuse«, von Balzac in den »Paysans« vorausgesagt, ist von nun an nicht mehr aufzuhalten und wird geradezu zum Kennzeichen für Geschmack und Stil des mit dem Empire offiziell in Verbindung Stehenden.

An den Folgen wird es sichtbar, daß die Herrschaft Napoleons III. sich vorwiegend auf Finanzkapital und großindustrielle Bourgeoisie stützt. Mit dem caesaristischen Staat hatte das bürgerkönigliche Frankreich seine eigenen Grenzen überschnitten. Der mit dem »laisser faire« angehäufte, durch ein immer noch unfertiges Kreditwesen nicht zu regulierende Reichtum tritt über die Ufer eines Systems, das von der kleinen und mittleren Manufaktur bestimmt war, und sucht nach neuen und größeren Anlageformen monopolistischer Art. Von nun an wird der Ausbau der Eisenbahnen und der Wasserwege energischer vorangetrieben, der Güterverkehr verbessert, das Bankwesen weiterentwickelt. Wer nach der von Stendhal in »Le Rouge et le Noir« vertretenen Meinung während des ersten Kaiserreichs Soldat, in der Restauration Priester geworden wäre, wird jetzt von der Administration, aber auch der Industrie und dem Bauwesen angezogen. In Paris ist man auf dem Wege, die Stadt mit einem grauen Netz von Eisenkonstruktionen zu versehen. Der Stein erweist sich als zu schwerfällig für die neuen gigantischen Projekte. In den von 1854 an errichteten »Hallen« wird nach dem Vorbild des Ostbahnhofs das Eisen verwandt und mit dem Glas als durchsichtigem Baumaterial kombiniert.

Der Industriekapitalismus tritt jetzt in eine neue Phase ein. Dem Abriß von Teilen des mittelalterlichen Pariser Stadtkerns lag neben ausdrücklichen wie verschwiegenen Absichten der Behörde die vitale Notwendigkeit zu Grunde, die städtebaulichen Formen den veränderten Gegebenheiten anzupassen. Zola hat in der »Curée« eine große Darstellung vom Abriß des alten Paris mit der strategischen Neuplanung nach den Plänen Haussmanns und den Absichten Napoleons III. gegeben. Zolas »wissenschaftliche« Arbeitsweise, wie er sie als Künstler versteht, hält in seinem realistischen Erzählen an der von ihm ins Auge gerückten Tatsache fest, daß die von steigenden Industriegewinnen erzeugte Bourgeoisie nach dem Staatsstreich bei wachsender Abstumpfung ihres Geschmacks sich nach veränderten Maßstäben bewegt. In seine Darstellung eines Saccard, Eugène Rougon, Gundermann ist der ästhetische Vorbehalt gegenüber dieser durch Neuhäutung gestärkten Schicht eingearbeitet. Der Rausch in den Steinbalustraden, wo Urnen mit Buketts aus Porzellan, Körben mit Trauben, Rosen, Blättern aus Marmor und Stein, nackte Frauen mit spitzen Brüsten als Karyatiden ganze Häuserfronten verschwinden lassen, hat das Pathos der Haussmannepoche in sich aufgenommen. So kann Zola den Stil Napoleons einen »opulenten Bastard von allen Stilen«[123] nennen. Als Romancier des Zweiten Kaiserreichs ist er sich des stilistischen Verhängnisses der angeklatschten Stukkaturen sehr genau bewußt. Er spürt auch noch da, wo er aus den traurigen Parks mit ihren künstlichen Wasserfällen, den Faunen, Nymphen, Satyrn die Melancholie eines herbstlichen Spätnachmittags aufsteigen läßt, ihre Halbechtheit, die dem Prunk des ostentativen Interieurs mit seinen Gobelins, Kristallen, Bordüren, aber auch dem Menschenschmuck kostümierter Domestiken angemessen ist, so angemessen wie der hier geübte Stil der Leidenschaften.

Stütze des Empire ist die große Kurtisane. Flaubert stimmt hier später mit ein und überbietet seine Absage an die Künstlichkeit der Epoche, nachdem ihr durch Sedan und seine Folgen ein Ende bereitet worden war, noch als Briefschreiber durch den Satz: »Alles war falsch: falscher Realismus, falsche Armee, falscher Kredit, und selbst falsche Huren.«[124] Das war das schärfste Urteil, vielleicht das einzige, das sich mit Marx' Kritik in Vergleich setzen läßt und darüber hinaus noch Originalität verrät. Als unbestreitbares Idol gilt Zolas Nana, in der gegenüber den Kurtisanen Balzacs und ebenso gegenüber der Marguerite Gauthier Alexandre Dumas' die »maîtresse en titre« einen weiteren Abbau ihres Standes zwischen den Klassen hinnehmen muß. Die Ehe kann jetzt Schachzug einer Spekulation auf dem Boden industriell zustande gekommener Großvermögen werden. Darin lag ein Unterschied zum Ancien Régime. Darum kann Zola von der »Curée« sagen, daß dieser Roman vor 1789 unmöglich gewesen wäre. Gegenüber Racines »Phèdre« kommt in diesem Werk eine »familiarité« zwischen Vater und Sohn zustande, die dem Stil des neuen Zeitalters und seiner Entfesselung der Genußkräfte entspricht.

Zweifellos gerät Zola in den Widerspruch jedes moralistischen Romanciers, der die Darstellung eines Zeitalters unternimmt, das er seiner Lebensformen und politischen wie wirtschaftlichen Institutionen wegen nicht bejaht, aber als Künstler zum Leben bringen muß. Es gehörte zu seinem Konzept als Republikaner, auf das Ende des Zweiten Kaiserreichs zu setzen, das jedoch früher als allgemein erwartet da ist. Die zu seiner Charakterisierung verwandten Namen wie Positivist, Determinist, Materialist, Naturalist geben, so zutreffend sie die Richtung im einzelnen weisen, nur unzulänglich wieder, was Zola als Künstler will und ausführt. Sie alle kennzeichnen die Schwierigkeiten, mit dem Widerspruch fertig zu werden, in den er im Stadium ökonomischer Hochentwicklung, wo die Bourgeoisie die uneingeschränkte Verfügungsgewalt über die Zivilisation ausübt, zwangsläufig hineingerät. Das minutiöse Beschreiben kleinster Vorgänge, das Verweilen beim Räderwerk der Maschinen, der Farben des Satins, der Flecken auf den Händen soupierender Minister, die ganze Mikroskopie der Berichterstattung sind hier Mittel, einen Ausweg zu finden. Der biologisch interessierte Deszendenztheoretiker, der auf die Vererbung wie auf das Gesetz der Schwerkraft vertraut, ist hier einfach ein jüngerer Zeitgenosse Darwins.

Hier wird an die Grundlagen von Zolas Kunst herangeführt. Er hat als Materialist vor dem zweiten Schritt den ersten nicht vergessen. So zeigt er als Künstler nicht nur einen vorüberfahrenden Eisenbahnzug, sondern die Räder der Lokomotive in Bewegung, die von ihnen geleistete Arbeit. Die Prosa des industriellen Alltags ist in einer bis dahin nicht gekannten Weise für den Roman entdeckt. Im Vergleich zu Balzac sieht sich Zola einer weiter fortgeschrittenen Banalisierung des Lebens als Folge einer zweckhaft betriebenen Rechenhaftigkeit auf der Seite der jetzt tonangebenden Schichten gegenüber. War das soziale Hauptthema der »Comédie Humaine« der langsame Zerreibungsprozeß des bourbonischen Adels durch die Revolution und mehr noch durch das Geld der finanziell und später industriell erwerbenden Mittelklasse, so beschreibt Zola die exemplarische Neuerzeugung der Bourgeoisie aus den rentenlosen Schichten der Hauptstadt wie der Provinz sowie den Übergang in eine neue »Feudalität« bei den von rasch verdienten Großvermögen zehrenden Familien mit der Neigung, in den Rang neuer Dynastien aufzusteigen.

Im Zweiten Kaiserreich treten die letzten derer ab, die noch selbst in den Genuß der Privilegien vor 1789 gekommen waren und dieses Jugenderlebnisses wegen den Anschluß an die Verkehrsformen von 1830 nicht mehr finden konnten, die erfahren mußten, daß dem »Geblüt« in der Höhe der Revenuen eine Konkurrenz entstanden war. Durch das Abtreten dieser von der Geschichte aufs Altenteil gesetzten Klassen und durch das Überschwenken eines Teiles ihrer Nachkommen ins Lager einer sich geblütslos verstehenden Bourgeoisie, das ihnen durch Heiraten oder Anwendung geldwirtschaftlicher Techniken oder industrielle Produktionen aufgezwungen wird, schwächt sich der alte Antagonismus der beiden Klassen vom Standpunkt der ökonomisch am höchsten ausgebildeten Faktion der oberen Mittelklasse langsam ab. Aber auch vom Standpunkt der entfeudalisierten Seigneurs, deren Erben in eine veränderte wirtschaftliche Situation hineingeraten. Familien mit ihren vom höfischen Zeremoniell geregelten Formen treten Schlag auf Schlag hinter einem robusten Arrivismus zurück als Folge des Vertrauens in das *agio*.

Die Jagd auf die Millionen ist vom Titel her das Thema von Zolas erster Fortsetzung des Familienromans mit jener erhitzten Aktivität der Städteplanung nach der Devise: die Kinder werden es bezahlen. Hier wird die »Poesie der Baurechnungen« nach dem Vorbild der »comptes fantastiques« des Baron Haussmann für den Roman zubereitet. Von hier aus wendet sich der Milieupraktiker in seinem Roman »Der Bauch von Paris« den Verdauungsvorgängen der Metropole zu. Ein Sonnenaufgang über den »Hallen«, wo das Gemüse aufblättert, das Fleisch in greller Röte aufleuchtet und mit den Früchten und Fruchtresten eine einzige Tonleiter ungeahnter Farben bildet: das sind die Vorlagen, die von den Produktivkräften der ihr Gesicht ändernden Großstadt hervorgebracht werden, bei Balzac noch außerhalb des Interessenhorizonts lagen, von Flaubert nicht in dieser rohen Breite des Details dargestellt werden. In der auf das Gelddenken zusammengezogenen Kommunikation kann die Bourgeoisie ihre Macht mit einem Minimum an Gewalt durchsetzen. Häuser, Mobiliar, Titel für feste Renten, Grundstücke: das sind die Requisiten, mit denen die Akteure in diesem Welttheater der Großstadt umgehen, das sind die Waffen ohne Feuerkraft, die langsam in die Organe einschlagen und sie in ihrer Anwendung schwächen. Gemessen an Aristide Saccard ist ein Rastignac bei Balzac ein noch im Stile der Karlistischen Monarchie auftretender Salonheld mit beschränkter ökonomischer Handlungsfreiheit. Was sich bei der Haussmannschen Stadtsanierung als Praxis ausbildet, geht über alle theoretische Planung hinaus und läßt mit der Enteignungstechnik der Stadt bisher geltende Regeln veralten. Zolas Roman enthält bedeutende Darstellungselemente der Expropriation gegen Entschädigung, die nach bestimmten Prozeduren erfolgt und das Glück des einen wie das Elend des andern nach sich zieht.

Hier zeigt sich die Bourgeoisie nach zweimaliger Gewaltanwendung von einer anderen Seite, indem sie sich auf die Unterhandlung einläßt, sich auf die Unterhandlung einlassen kann, weil sie sich auf den Höhepunkt ihres Selbstbewußtseins schon zubewegt, aber auch auf der Hut vor Anwürfen gegen das Eigentum sein muß. Denn was ihr in jedem Falle bleibt, ist die Furcht, daß ihr die Errungenschaften des Fortschritts aus den Händen gleiten könnten, kurz »die bürgerliche Revolution in eine ›révolution populaire‹ ausarten zu sehen«.[125]

Die Ausführung der Haussmannschen Stadtbaupläne hat mit der Zerschneidung alter Quartiere und ihrer Versorgungszusammenhänge das Gesicht auch der Bourgeoisie verändert, von der Stadtplanung begünstigte Schichten in sie eingehen lassen, andere rücksichtslos aus ihnen herausgetrieben. Hier zeigt es sich: Urbanistik ist das in Friedenszeiten klassische Mittel, den Austausch in der Stadt ansässiger oder auf Arbeitsvorgänge in ihr angewiesener Schichten zu begünstigen, wie sonst nur Kriege es können, und führt die Geschichte der Rougon-Macquart in ein neues Stadium.

Zola hat das Räderwerk der Enteignungsmaschine als einen verhältnismäßig einfachen Mechanismus vorgestellt und vermeidet auch jeden Anschein, den Vorgang und die daran Beteiligten zu parodieren, wie es etwa Balzac in den »Petit Bourgeois« tut, wo er die Rentiers der Bürgermonarchie zu Masken im Stil Daumierscher Karikaturen werden läßt. Die Enteignung privater Grundeigentümer durch die Bourgeoisie als Enteignung einer Faktion durch eine andere der gleichen Klasse zum Zwecke der Sanierung, der strafferen Arrondierung des Eigentums und seiner effektiveren Verrentung schafft neue, nicht umkehrbare Tatsachen. Zola, dem es um die Darstellung einer Familiengeschichte geht, muß dieses ökonomische Faktum als grundlegendes allen anderen Fakten vorangehen lassen. Darum nimmt »La Curée«, wo der Wechsel von der Provinz zur Stadt inzwischen stattgefunden hat und ein Saccard schon einer der Größen der Bauspekulation geworden ist, eine Schlüsselstellung im Ganzen ein. Hier geht der Roman in die Darstellung ökonomischer Operationen über mit anhängenden sexualistischen Folgen. Der Inzest zwischen Renée und Maxime findet nach dem Motto statt: »Das Böse wurde ein Luxus, eine ins Haar gesteckte Blume, ein auf der Stirn aufgelegter Diamant.«[126] Streicht man die sozial-ökonomischen Bedingungen ab, könnten die Geschehnisse zwischen Stiefmutter und -sohn nicht nur nicht in der beschriebenen Weise stattfinden, sie könnten überhaupt nicht stattfinden. Hier hat der gesellschaftliche Entwicklungsverlauf als solcher bereits eine solche Macht angenommen, daß die Bedingungen nicht nur begleitende Umstände sind, sondern schon auslösenden, an den Ursachen mitwirkenden Charakter haben. Die giftigen Ausdünstungen in den Gewächshäusern als aus dem Baugewinnen erstellte orientalische Vergnügungszonen sind unerläßliches Klima für das Verbotene der Inzest-Beziehung selbst.

Der zyklische Erzähler Zola geht gegenüber Balzac gestraffter und planmäßiger vor. Im Entwurf zu den »Rougon-Macquart« ist ein Familienstammbaum von zweiunddreißig Personen vorgesehen, um den sich am Ende etwa tausend Personen aller Gesellschaftsklassen gruppieren. Bei solcher Anlage kann sich Zola in großen Zügen an den ursprünglichen Entwurf mit seinem geneologischen Gerüst halten, während Balzac vom Ende der Gesamtkonzeption her deren im Zyklus hergestellte Einheit bei locker zusammengefügten selbständigen Einzelteilen hervorhebt, wie er es in der Vorrede vom Juli 1842 zur »Comédie Humaine« tut. Als »Naturalist«, und zwar als mächtigster Anreger einer in diesem Namen auftretenden Bewegung, ist Zola von einem Bewußtsein für wissenschaftliche Richtigkeit des Erzählten erfaßt. Wenn Balzac als »Doktor der Sozialwissenschaften« den Anspruch auf genaue Darstellung gesellschaftlicher Tatbestände erhoben hatte, verschiebt sich bei Zola dieser Anspruch auf die Naturwissenschaften, die als experimentelle Disziplin sich an das positivistisch Ausmachbare halten und die Evolution der Naturgeschichte im Auge haben. Wo bei Zola von »Glaube« die Rede ist, ist der Gegenstand die Wissenschaft. Hier kennt wie in Renans Buch »L'Avenir de la Science« der Optimismus keine Grenzen. Der Wissenschaft wird gerade im Blick auf die Religion mit ihren organisches Leben treffenden Wirkungen und ihren scholastischen Perversitäten die Kraft zur Befreiung zugeschrieben.

Das hatte seine Gründe. Es fehlen den mit dem Ende des Bürgerkönigtums auf den Zenit ihres Schaffens sich hinbewegenden Künstlern die großen Gegenstände. Wo hätten sie sie auch finden können? Bei den Bankiers mit ihrer Freude am Zins, mit ihrem Vertrauen in die Investitionen, den Parlamentariern, die sich mit Guizot desavouiert hatten und sich 1852 widerstandslos vertreiben lassen, bei den Professoren, die von ihren Schülern selbst als der Belehrung bedürftig angesehen werden? Oder vielleicht bei den Offizieren, die ihre Soldaten in die Niederlage von 1871 hineintreiben? Hier war so wenig Anleitung zu erhoffen wie beim Klerus, der zumindest in seinen höheren Rängen als in die Soutane verkleidete Bourgeoisie auftritt und am Ende von derem laizistischen Flügel aus dem Staat herausgedrängt wird. Oder war auf die Arbeiterführer zu setzen, deren Fehleinschätzung der Kräfteverhältnisse wie ihr von Marx verhöhnter Glaube an die Phrase die Katastrophe erst vollkommen gemacht hatte? War bei Temperamenten wie den Goncourts oder einem Baudelaire vielleicht etwas von Louis Bonaparte zu erwarten? Ihr Gefühl sagt den Künstlern, daß sie ihre Gegenstände und ihren Stil am ehesten in sich selber finden können. Darum ihr hochmütiges Sichverschließen vor der Außenwelt, dieser Rückzug in ein vor der Außenwelt abgeschirmtes Leben, dieser konzentrierte Wille, alles auf das Werk und sein ästhetisches Gefüge zu verwenden! *L'art pour l'art* ist Antwort auf die Tatsache, daß die Kunst in ihren empfindlichsten Seismographen aus der anerkannten Öffentlichkeit herausgestoßen worden ist wegen ihrer Unfähigkeit, sich in die veränderten Bedürfnisse zu schicken. Was bleibt, sind die in hochgetriebenstem Genuß erlebte Privatheit mit allem Auskosten der Verbotszonen und das auf das Ausfeilen des Werks beanspruchte Gewissen. Zolas Arbeitsethik kennt den artistischen Selbstzweck des genauen Details als Rechtfertigung. Hier wird freilich ein Pathos bemerkbar, das Flaubert fremd bleibt. Sein kleines Prosawerk gleicht eher einer Muschel, die ihren Inhalt nur widerwillig erschließt und bei seinem Hervorkehren sich mit den das Faulige des Zeitalters vorantreibenden Gärstoffen versehen zeigt. Flaubert weiß wie Zola, auf welch schwachen Sockeln das Kaiserreich steht. Als er 1871 angesichts seines Endes und des Zwischenspiels der Kommune vor den Pariser

Ruinen steht, überkommt ihn die Erinnerung an den von ihm dargestellten Bürgerkrieg. Hätte man die »Éducation sentimentale« besser verstanden, wäre dem Staat diese bittere Lehre erspart geblieben, kann er mit der Selbstüberschätzung des Literaten, aber in der Sache nicht unzutreffend bemerken.
Bei Flaubert und Zola hat der Industriekapitalismus bereits die erste hochmaschinelle Phase erreicht, gelangt diese Phase bei Flaubert in verhaltener, bei Zola in nachdrücklicher Weise zur Darstellung. Dambreuse in der »Éducation sentimentale« ist ein mit anonymem Kapital wirtschaftender Industrieller, in der Art und Weise seines Erwerbens also grundsätzlich von den Balzacschen »financiers« unterschieden. Bei Zola zeigt die Maschinisierung der Industrie schon weiter ausgebildete Züge, vor allem aber ist sein Interesse größer, die davon ausgehenden Arbeitsvorgänge darzustellen. Sein »Germinal« gehörte nicht nur zu den Höhepunkten des Zyklus, wenn man darin nicht überhaupt seine größte Leistung sehen will, das Werk enthält auf jeden Fall die künstlerische Wiedergabe der materiell entwickeltsten Formen der über die Maschine besorgten Menschenbewirtschaftung. Das war es, was vom »Naturalisten« Zola am nachhaltigsten in Erinnerung geblieben war, als bei seiner Beerdigung am 5. Februar 1902 auf dem Weg zum Montmartre-Friedhof die Masse in den Ruf »Germinal! Germinal!« ausbrach. Die Erzeugung des Proletariats von einer durch ihr Kapital mit Verfügungsgewalt über die Maschine ausgestatteten Klasse war hier in ihren Einzelmaßnahmen wie ihren Unterlassungen auf eine für die »Naturalismus« maßgebende Weise dargestellt. Gerhart Hauptmanns »Weber«, die noch davon abhängig sind, geben mit ihren Verhältnissen der schlesischen Heimweberei gegenüber den ganz anderen Proportionen in den materiellen Arbeitsvorgängen bei Zola nur eine relativ harmlose Episode wieder. Und dies um so mehr, als Hauptmann mit den Weberaufständen längst historisch gewordene Ereignisse auf das Theater bringt, ihre schneidende Eindrücklichkeit damit herabmindert, während Zola auf die zeitgenössischen Verhältnisse in den Kohlengruben des flandrischen Nordens die Aufmerksamkeit lenkt. Damit ist noch nicht die künstlerische Seite betroffen. Hier mochte Gerhart Hauptmann dem Franzosen auf seine Weise in nichts nachstehen. Aber die Schule machenden Impulse gingen vom Verfasser des »Germinal« aus, nicht zuletzt darum, weil er auf solcher künstlerischen Höhe die am weitesten durchmaschinisierten Produktionsformen zum Gegenstand seines Erzählens macht, weil ein Tolstoi als Romancier kaum über vorindustrielle Verhältnisse Rußlands hinauskommt, »fest im Dorf« verwurzelt ist, ein Ibsen als Dramatiker von der bürgerlichen Gesellschaft auf dem Theater gewissermaßen wie der Eisberg mit seiner Spitze die Unterwasserverhältnisse nur erahnen läßt.
Der Pariser Schauplatz setzt Zola in den Stand, an den von den produktions- und erwerbstechnischen Entwicklungsvorgängen geschaffenen Folgen von begünstigter Stelle aus teilzunehmen und ihnen die Themen abzugewinnen. Um die Mitte des Jahrhunderts beginnen die Warenhäuser die große Mode zu werden. Mit dem »Warenhaus« geht Zola thematisch über den von der Boutique bestimmten Commerz hinaus. Die Bazare im Stil von »Printemps« gehören wie die Bahnhöfe, Eisenkonstruktionen, Weltausstellungen zu den mit Auf-

wand ausgestatteten Anziehungspunkten des Regimes. Der Bazar zugleich als »Bienenhaus«, das eine bis dahin nicht gekannte Ansammlung von Kunden und noch mehr von Kundinnen kennt! Denn im Warenhaus – so sagt uns der Titel eines dieser Einrichtung gewidmeten Romans Zolas – geht es um das »Glück der Damen«. Nachdem die Bourgeoisie zweimal legitime Könige gestürzt hatte, schafft sie sich neue Könige durch den »Kunden«, dem sie alle erdenklichen Auszeichnungen zuteil werden läßt, schafft sie im Personal des Warenhauses jenes für seine Befriedigung unerläßliche Heer von Domestiken, ohne die die Herrschaft nicht glaubhaft wäre. Den Großhandel nach dem Muster eines César Birotteau hatte schon Balzac für tot erklärt. In der neuen Organisation des Handels, wo die Frau die Ware als Material, Dessin, Qualität unmittelbar abschätzen, sich Stoffe und Garnituren unverbindlich durch die Hände gleiten lassen kann, ist ihr durch das Warenhaus eine Stätte ihrer Allmacht geschaffen worden. Der »Commis«, der Angestellte, wird jetzt von dieser neuen Organisation des Warenverkaufs in bisher unbekannter Zahl benötigt und von Zola als neuer Mitspieler in den romanesken Verkehr hineingenommen. Die in der Kleinmanufaktur und im Balzacschen Commerz Beschäftigten erhalten zusätzlich Gesellschaft durch das Heer der Verkäuferinnen des Großbazars. Diese ökonomischen Umschichtungsvorgänge als veränderte »Schicksale« erzeugende Vorgänge mit ihren Einschlägen in die privateste Privatheit hat Zola insbesondere in seinen Entwürfen zu »Pot-Bouille« und »Au Bonheur des Dames« dargestellt.

Mit der industriellen und erwerbstechnischen Entwicklung wird auch das Bank- und Kreditwesen aus der Stagnation herausgerissen, die es während der restaurierten bourbonischen Monarchie charakterisiert und die noch im monarchischen Bürgerstaat Louis Philippes die Ausrüstung mit Maschinen zunächst verzögert. In Frankreich beginnt um 1840 die große wirtschaftliche Revolution, die unter dem Zweiten Kaiserreich voll zum Zuge kommt.[127] Eisenbahnen, öffentliche Arbeiten und Transportwesen machen große Kapitalien und ihre schnelle Zirkulation über gut funktionierende Bankinstitute erforderlich. Dem »Geld«, immer wiederkehrendes Thema bei Balzac, widmet Zola nach dem Vorspiel in der »Curée« einen eigenen handlungsmäßig in sich geschlossenen Roman. Hinter dem Stoff steht die Geschichte der »Union Générale«, von Zola »Banque Universelle« genannt, ein vornehmlich für ein katholisches Klientel gedachtes Institut, ausdrücklich gegen die Vorherrschaft des republikanisch-protestantischen und jüdischen Großbankenkapitals eingerichtet, das ihm im Januar 1882 den Bankrott beschert. Die Folgen wecken heftige Emotionen gegen Protestanten und Juden und kommen im »Dreyfusskandal« ganz offen zum Ausbruch. Immerhin war am Zusammenbruch des Unternehmens das Haus Rothschild durch die Überlegenheit seiner Usancen beteiligt, das Zola in der Gestalt Gundermanns gegenwärtig macht und sich in allen trockenen Kniffen am Werk zeigt, mit der Konkurrenz auch deren Gläubiger zu ruinieren. Den »Roman des Geldes«, das Zola als eisiges, schwieriges, aber unerläßliches Zeitthema betrachtet, faßt er grundsätzlich als ein nicht gegen das Geld gerichtetes episches Werk auf, sondern als »Apologie des Geldes«, wie er in »Gil

Blas« vom 8. April 1890 erklärt. Gerade mit dieser positiven Einschätzung des Geldes als des entwickeltsten Tauschmittels gibt er eine Absage an alle träumerisch rückwärtsgewandte Befangenheit im frommen Glauben, es könne zu einer Rückkehr zu geldlosen oder halb-geldlosen Zuständen kommen. Was Zola hier heraufbeschwört, ist die durch Weltausstellung, Suez, Panama, Parlament und Börse veränderte Szenerie mit allen Elementen des Gegensatzes zwischen »liberalem Empire und autoritärem Empire«.[128] Es stört dabei die künstlerische Absicht so wenig wie deren Ausführung, wenn er das Kaiserreich mit einem Börsenkrach der neuen Republik belastet, eben dem Zusammenbruch der »Union Générale« von 1882, und diese rückdatierten Vorgänge in seinen epischen Gesamtplan aufnimmt. Im Resultat ließen sich die geschichtlich gewordenen Ereignisse für den Leser sehr wohl als gegenwärtige und jeden Tag wiederholbare wiedererkennen und konnten ihn darüber aufklären, daß die Veränderung des politischen Regimes keine Veränderung in den Verfahren der Revenuebildung bedeutet.

Damit wird die neue Perspektive Zolas zur Republik an außerordentlich auffallender Stelle sichtbar. Nicht das Kaiserreich, das er bekämpft hatte, sondern die Republik, in deren Namen er es bekämpft hatte, wird ihm später den Prozeß machen und ihm Defaitismus, Verunglimpfung der Nation, des Militärs, der Verwaltungsinstitutionen vorwerfen. Aber gerade die realistische Einsicht in die wirklichen Verhältnisse, etwa die Abschätzung der Geldseite für den Ausbau der von der Bourgeoisie geschaffenen Zivilisation, läßt Zola aus den ihm vom Gang der Geschichte bereiteten Schwierigkeiten als Künstler hinausgelangen. Die Darstellung des durch die intensivierte Geldwirtschaft weitergetriebenen Verfalls der alten Oberklasse entwickelt er hier an der richtigen Tatsache, ohne die der Umwandlungsprozeß in Frankreich von den fünfziger Jahren an unverständlich sein müßte, daß die geldtechnisch am zweckmäßigsten akkumulierenden Teile der Bourgeoisie diesen Verfall durch ihre Akkumulationsverfahren beschleunigen. Zola hat in seinem »Entwurf« zu »L'Argent« ausdrücklich auf die Notwendigkeit hingewiesen, den in seiner Serie bis dahin vernachlässigten Adel zu berücksichtigen, der das Schicksal erlebt, durch die »Shylocks der Börse« weiter zurückgedrängt zu werden, und mit der fortschreitenden Verelendung alter Dynastien den Aufstieg der aus dem Kauf von Eisenbahnaktien erfolgreich hervorgehenden Freunde des Kommerz als weitere Verschiebung in den Klassenverhältnissen aufzuzeigen. Die auf Erwerb um jeden Preis gerichtete Aktivität, die alle Widerstände beseitigt, neue Verkehrswege anlegt, Fabriken aus dem Boden stampft, mit dem Geld Hygiene und selbst Intelligenz schafft, ist grenzenlos. Und zwar im Gebrauch unbedenklichster wie bedenklichster Mittel! Sie begründet über Nacht riesige Vermögen, und weckt damit die Gier der Hyänen, um sich über die Opfer des Bankrotts herzumachen. Sie hat jene Fachleute ausgebildet, die ihre Beute erst füttern, bevor sie sie verschlingen.

Zola, insbesondere wegen seines »Germinal« mit dem »Sozialismus« gern in Zusammenhang gebracht, hat ihn in »L'Argent« als weltfremdes Theoretikertum beschrieben. Auch dies gehört zum Positivisten Zola, stellt ihn aber von seiner Perspektive als bürgerlicher Schriftsteller, der Entstellungen der Bourgeoisie auf das heftigste bekämpft, ohne eine Alternative zur Zivilisation dieser Klasse zu sehen, gerade darum in die Nähe zu Marx, der im »18. Brumaire« die aussichtslosen und durch das Fehlverhalten der Arbeiterführer von Anfang an zum Scheitern verurteilten Versuche des Proletariats zur Veränderung seiner Lage ohne Schonung als solche erkennt und mit grausamem Hohn bedenkt. Der »Sozialismus« ist unter den Verhältnissen einer intakten Plutokratie ein Traumgebilde, das um so mehr an Glaubwürdigkeit verliert, je mehr es auf dem Vertrauen in seine baldige Verwirklichung beruht. »Sozialismus« ist für ihn schließlich ein phantastisches Auf-der-Stelle-Treten. Wie recht er mit seiner Einschätzung der Verhältnisse in Frankreich hatte, zeigt sich darin, daß in den Jahrzehnten nach seinem Tod der französische »Sozialismus« in der Bereinigung der »wirklichen Verhältnisse« keinen Schritt weitergekommen ist. Statt den revolutionären Schritt zum »Sozialismus« ging die Wirklichkeit den in den »Rougon-Macquart« beschriebenen Weg fortwährender Bourgeoisiebildung, der beständigen Neuerzeugung einer an der Kapitalrendite orientierten Klasse als von der »Naturgeschichte« vorgeschriebenen Weg. Aber je mehr Zola den Scheincharakter des »Sozialismus« als Schreibtischproblem, die Mehrdeutigkeit des Wortes und der Sache, die zu seiner Verhinderung führt, erzählend aufdeckt und mitwirkt, Illusionen ebenso wie das persönliche Interesse von Arbeiterführern als der Weisheit letzten Schluß zu beschwören, desto mehr tritt die Unberechenbarkeit der geschichtlichen Entwicklung als ihr eigentliches Fazit über den Rand des »positivistischen« Romans ins Gesichtsfeld. Der von Zola beschriebene Umstand, daß das von den Königen der Börse, den Grundstücksspekulationen, den Industriegewinnen zustande gekommene Vermögen, das aus dem von der »Arbeit« in Bewegung gesetzten Kreislauf herausgepumpt wird und mit der Allmacht des Zinses die »Arbeit« hoffnungslos degradiert, kann nicht zu dem Glauben verführen, die Einsicht in solchen Umstand reiche aus, diese Formen des Erwerbes möglichst rasch zu verabschieden. Das gilt in jedem Fall für die »Rougon-Macquart«. Erst die kämpferische Agitationsprosa der »Vier Evangelien« und der Stadtromane verändert Zolas Verhältnis zum »Sozialismus«, ohne daß es bündig geregelt wäre.

Schon in der »Curée«, ganz besonders in »Germinal« und noch einmal in »La Débâcle« zeigt sich die geschwächte Position eines im Namen der Moral auftretenden Schriftstellers innerhalb der von der Bourgeoisie geschaffenen Verhältnisse. Er mag gegen Grundstücksspekulation und Prostitution, Ausbeutung und Krieg anschreiben und die Verhältnisse aufzeigen, wie sie sind, er schreibt in jedem Falle gegen eine Misere, ohne die er als Schriftsteller nicht bestehen könnte. Je himmelschreiender die Anlässe, desto besser für ihn! In dieses Verhängnis hat die gesellschaftliche Organisation den Tantiemenschriftsteller hineingestoßen. Die mit der Verfügungsgewalt über die Maschine im Bunde stehende Interessenlage zieht den Tantiemenschriftsteller, er mag sich gegen sie auslassen, wie er will, insofern auf ihre Seite, als er ihre schließliche Vernichtung nur so weit wünschen kann, wie er seine eigene wünscht. Das heißt, daß er als Romancier den letzten Schritt, ihre völlige Verabschiedung zu wollen, nicht tun kann. Zola kann seinen Familienroman als Darstellung des Zweiten Kaiserreichs mit dem ausdrücklichen Wunsch schreiben, Zeuge seines Zusammenbruchs zu werden, der dann früher als erwartet eintritt. Aber er kann nicht die Urheber der Verhältnisse, die sich unter dem kaiserlichen Regime verfestigen, denen er seine thematischen Gegenstände verdankt, aus der Geschichte völlig herausgedrängt sehen wollen. Die auf dem Höhepunkt ihrer Macht angelangte Bourgeoisie kann sich leisten, die Kritik an ihrem finanziellen und industriellen Flügel hinzunehmen, sie hat mit der »Freien Presse« die dazu bereitstehenden Instrumente eigens verfeinern helfen. So wird der Gegner Napoleons III., der später mit seinem Auftreten als Journalist im »Dreyfusskandal« eine »Staatskrise« auslöst und vorwärtstreibt, im Einklang mit jener Klasse stehen, deren Motive an allem beteiligt waren, was er als Verfasser der »Rougon-Macquart« zu sagen hatte.

Spätestens von diesem Resümee her wird deutlich, um wie vieles ungünstiger die Bedingungen für den Romancier im Verlaufe des sich bürgerlich demokratisierenden 19. Jahrhunderts geworden sind, eine Tatsache, die der in der Provinz sich Satz für Satz abringende Flaubert täglich auf noch viel niederdrückendere, am Ende tödlich treffende Weise erfährt. Die Bourgeoisie, die bis 1789 und dann noch einmal bis 1830 auf der Seite der Leidenden gestanden hatte, schafft jetzt – Balzac hat es am Schicksal seines Raphaël de Valentin unvergleichlich dargestellt – selber Leiden. Sie schafft mit ihrer durch die Bilanz kontrollierten Machtanwendung Widersprüche, die sie immer weiter zuspitzt mit der Unmöglichkeit, aus ihnen herauszugelangen. Flauberts »Unmoral« bringt ihn vor die Schranken des Gerichts, und sein Artistentum reiht ihn später, er mag sich sträuben, so viel er will, in das traditionelle Erbe einer Klasse ein, der er seine nachdrückliche Verachtung bezeugt hatte. Hier bekräftigt sich der von Friedrich Engels in seinem Brief vom April 1888 an Miss Harkness erwähnte Vorzug Balzacs gegenüber Zola als Vorzug einer moralischen Schwebe gegenüber moralischen Fanfarenklängen für den sein Zeitalter darstellenden Romancier.

Die Voraussage Stendhals von der Vermittelmäßigung der Schriftsteller im weiteren Verlauf des Jahrhunderts sollte sich bestätigen. Das gilt auch für Zola, den selbst seine Begnadung als Romancier nicht davor bewahrt, in den Sog des Mediokren hineinzugeraten. Denn ein so der Zeit verhafteter Schriftsteller wie er kann wohl gegen ein Regime anschreiben, aber nicht gegen die Zeit, die in aller ihrer Verflachung darzustellen er sich gerade zum Ziel gesetzt hatte. Mit solchen Schwierigkeiten, die sich aus dem Umbau der Gesellschaft in der zweiten Hälfte des Jahrhunderts ergaben, waren Stendhal und Balzac nicht befaßt gewesen, schon darum nicht, weil ihr moralischer Anspruch innerhalb ihres Erzählens weniger ausgebildet war als der des Protestschriftstellers Zola. Die im Zweiten Kaiserreich auf ihre bloße Privatheit zurückgepreßte lyrische Opposition Baudelaires ist zu einem gewichtigen Teil im formalen So-Sein des Gedichts, in der Freude an Großstadtgiften, der bizarren Nachtseite, den faul-modrigen Ausdünstungen der organischen Natur Ergebnis eines abgeschnürten Lebens, Flauberts Briefe werden Dokumente für seinen körperlichen

Verfall als einen das Schreiben begleitenden Vorgang. Aber im Ablehnen des öffentlich Ausgezeichneten ist jetzt künstlerisches Überleben am ehesten möglich. Darüber hinaus macht der Künstler von der Jahrhundertmitte an mit der wachsenden Kraft der Maschine Bekanntschaft, kann er von ihr, die der Befriedigung privater Wünsche entgegenkommen mag, leicht unter seinen Wert herabgedrückt, in Widersprüche verwickelt werden, die das weitere Auseinanderfallen von Anspruch und Erfüllung vorantreiben.

In den »Rougon-Macquart« als Roman dieser Epoche sind durch den Familienstammbaum mit seinen zweiunddreißig Gliedern alle sozialen Milieus über ihre Verbindungsglieder zusammengeführt. An dem von der Familie ausgehenden Hauptstrang hängen über Nebenstränge: agrarische Provinz, Beamtentum, Geschäftswelt, Intelligenz, finanzielle und industrielle Rotüre, royalistische Klienteln, napoleonischer Neuadel, Arbeiter, Boutiquiers, zwischen Provinz und Hauptstadt pendelnde relativ klassenlose Individuen usw. zusammen. Jede theoretisch mögliche Ruhelage in ihrer Beziehung zueinander ist aufgehoben und durch Revolution, Staatsstreich, wirtschaftliche Operationen in Bewegung umgesetzt, die gesellschaftliche Umschichtung über wirtschaftlichen Auf- und Abstieg, Berufswechsel, Ehe, Übergang in die Prostitution ist in vollem Gange. Weit auseinanderliegende Milieus werden durch den verbindenen Familienstamm eng aneinander geführt. So erfolgt in »Germinal« die Ankündigung an die Belegschaft eines Förderkorbes durch ein Sprachrohr, »um die Ankunft der betreffenden Fracht Menschenfleisch zu melden«;[129] in der »Curée« heißt es: »Larsonneau hatte die Mutter des Herzogs getötet, indem er ihr einen vom Sohn unterzeichneten Wechsel auf 150000 Francs präsentierte, und der Herzog verzehrte seine zweite halbe Million mit Blanche Muller auf, nachdem er die erste in den Händen von Laure d'Aurigny gelassen hatte.«[130] So verschieden die hier beschriebenen Verkehrsformen sind: der weitere Umkreis der Familie hält sie zusammen.

Mit der unangefochtenen Poesie in den rauschhaften Leidenschaften von Balzacs großen Liebenden ist bei Zola gebrochen. So etwa durch die Prosa ausführlich beschriebener Menstruationsvorgänge, Erfahrungen mit um sich greifenden Geschlechtskrankheiten, Tuberkulose, Typhus! Die animalische Sphäre meldet sich unbarmherzig-roh. Hier ist Zola der Vater aller späteren Entzauberer, die im menschlichen Körper dessen arbeitende Organe und seine Sekrete sehen, ein dem Risiko ausgesetztes, nur für einen kurzen Zeitraum und auch dann nur aus bloßem Zufall funktionierendes Ensemble von Körperteilen.

Wir wissen, daß für Zola ein solches Sehen zur Wendung gegen die Romantik seiner allerfrühesten Anfänge gehörte. Vor der vegetativen Natur sind alle gleich, unter ihre Gesetze ist auch der »Priester« gestellt, der durch die Forderung seines Berufs in die Rolle des »Eunuchen« gedrängt wird, aber gerade im Übertreten der zölibatären Berufsregeln den Triumph der Natur bezeugt. Zolas Serge Mouret hat nichts mehr mit Balzacs Curés zu tun. Er ist das Ergebnis ungünstiger Selektion: der Vater kommt in einem Brand um, den er als Geistesgestörter selbst angelegt hat, die Mutter stirbt im gleichen Jahr an einer Nervenkrise. Die zerebrale Organisation der beiden Elternteile zeigt

Ähnlichkeit durch Verwandtschaft der beiden Familienzweige auf, die nach den Regeln von Dr. Lucas' »Traité philosophique et physiologique d l'héridité« (Paris 1847–50) zwei Generationen zurückliegende unbemerkte Erbschäden im Sohn wieder latent macht.

Bei Zola ist der Radius der Familie weiter gefaßt als in Ibsens »Gespenster« oder Hauptmanns »Friedensfest«. Die im strengen Sinn zum Stammbaum gehörenden Familienmitglieder schlagen ihre Kreise, geraten selbst in fremde hinein, berühren oder durchschneiden sie. Ob Nana ihre Liebhaber auf der Straße findet oder sie in ihrem Palais empfängt, eine im Industriequartier kasernierte Frau das einzige Bett einer kleinen Kammer mit zwei Männern teilt, die der Schichtwechsel abwechselnd Tag und Nacht in die Zeche ruft, ob Renée und Maxime in der eigentlichen Luftleere ihrer Beziehung ein »fleischfarbenes Mobiliar« bevorzugen: alle Begehrungen gruppieren sich um die familiäre Achse der Rougon-Macquart und sind von den jeweiligen ökonomischen Bedingungen getönt, unter denen sie zustande kommen. Es ist übrigens interessant, daß Renée nicht wie Phädra am Inzest zu Grunde geht, sondern wie Emma Bovary an ihren Schulden. Der letzte Satz des Buches schließt mit der genauen Angabe über ihre Höhe: die Rechnung ihres Schneiders belief sich auf 257000 Franken.

Zolas Meisterschaft und das zeitgenössische Skandalon seiner Kunst entzünden sich an der Wiedergabe extremster Arbeits- und Genußformen. Wie Maulwürfe graben sich die Bergleute auf dem Rücken liegend den Weg durch die engen Stollen, von dem einzigen Motiv angetrieben, sich durch ihre Arbeit am Leben zu halten. Arbeit hier als Trieb vermischt mit Ausbrüchen von Sexualität unter lebensbedrohenden Umständen! Solche Wirklichkeitsdarstellungen vertragen nicht die impressionistische Peinture, wie wir ihr bei Flaubert begegnen, wo die Straßenszenen in Farben zwischen Delacroix und Renoir getönt sind und die Provinz den dunklen Himmel Courbets kennt. Bei Zola ist die Szenerie, ohne selbst grausamer zu sein, grell wie das Gemüse auf dem Markt oder lichtlos wie die Stollen des Bergwerks von Valenciennes. Aber das Grelle wie das Lichtlose können für den grauen statistischen Mittelwert des Alltags stehen. Die Wirklichkeit, so wie sie hier dargestellt wird, beruht auf der von Zola beim Namen genannten und auch Balzac bekannten Tatsache, daß die Zinsen »alles« sind, daß sie Vermögen stiften, es ins Ungeheure anwachsen lassen und es ebenso zerfressen. Sie sind es, die den Arbeiter in die Grube treiben, aus ihr fast eine kultisch verehrte Gottheit machen, die zugleich die Wohltäterin der Familie Grégoire ist. Ihre Geschichte ist ebenso wie die der Rougon die Geschichte des Vermögens, hier des mit steigenden Börsenkursen zustande gekommenen, das den eigenen Capricen unbehindert freien Lauf läßt, wie es fremdem Elend Dauer verschafft.

Mit seiner von der maschinellen Produktion her geschaffenen Thematik des Bergarbeiterproletariats ist ein in der »Comédie Humaine« unbekannter Gegenstand in den Familienroman eingeführt worden. Balzac, der unter seinen über dreitausend Personen die Arbeiter namenlos läßt, ist hier von Zola bewußt konterkariert worden. Die Fabrik, das Bergwerk als die maschinell entwickeltesten Stätten der industriellen Organisation der Menschenbewirtschaftung werden zu Schauplätzen für den mit minutiöser Genauigkeit abbildenden Realisten: »Der gefräßige Schacht hatte seine tägliche Menschenration verschlungen, an die siebenhundert Arbeiter, die jetzt von allen Seiten die Erde durchlöchernd, in ihr kribbelnd wie Holzwürmer in einem alten Stück Holz, in diesem gewaltigen Ameisenbau tätig sich regten«.[131] Das auf weltliterarisch gesehen höchster Ebene zum ersten Mal angeschlagene Thema der Untertagearbeit als ausgebildetste Form der Menschenbewirtschaftung läuft als Thema Gefahr, die Grenzen des Romans zu gefährden. Daß sie dabei nicht überschritten werden, ist der Meisterschaft Zolas zuzuschreiben, neutralisiert aber auch den anklagenden Stoff wieder durch romaneske Einlagen und macht den Vorgang des Aufdeckens rückläufig. Das Elend des zum »Arbeitstier« herabgedrückten Menschen ist zur literarischen Sensation geworden.

Von dieser Gefahr ist bei seiner Nana nicht die Rede. Mit ihr, die Zola in »L'Assommoir« eingeführt hatte, schafft er nachträglich eines der großen »Idole« des Zweiten Kaiserreichs, jene Kurtisane, die im Gegensatz zu Balzacs Hetären bereits von den hochindustriell zustande gekommenen Gewinnen ihrer Liebhaber ausgehalten wird, sich im schreienden Luxus von Lüstern, Konsolen, vergoldeten Stühlen bewegt, den Übergang aus dem Proletariat in das neue Quartier des Boulevard Haussmann und weiter in ein eigenes *hôtel* im Renaissancestil vollzieht, mit eigener Dienerschaft ausgestattet ist, achtspännig im Bois de Boulogne auffährt und Verführung, Verschwendung und Unheil einer Ära in sich verkörpert. Hier werden die ganzen Formen der neoimperialen Galanterie in Bewegung gesetzt. Zu dem Stuck an den bei der strategischen Verschönerung errichteten Fassaden, den Operetten Offenbachs kommt jetzt noch die im »Sozialstaat« Napoleons demokratisierte Helena des *Variété* mit allen fließenden Übergängen zur Prostitution.

Zolas Nana hat alle literarischen Vorgängerinnen im Frankreich des 18. und 19. Jahrhunderts, eine Manon Lescaut, eine Fanine, eine Marguerite Gauthier an Idolwirkung übertroffen. Der Boden, auf dem sich eine solches Unheil verbreitende Kreatur bewegt, ist brüchig geworden. Gerade hier rührt der Anatom eines Zeitalters an eine der schwächsten Stellen des gesellschaftlichen Körpers. In einer solchen Gestalt, die wie der Priester, Künstler, Mörder außerhalb der regulierten Gesellschaft von Volk, Händler, Bürger, Beamten, Militär auftritt, kristallisiert sich das Verderben in seiner höchsten Zeitgemäßheit. Wie ein Symbol für die von der Bourgeoisie ausgebildete Käuflichkeit von allem und jedem läßt Zola seine Nana aus den billigen Dekorationen des Operetten-Variété herauswachsen. Das Theater als Welt des Scheins mit seinen Couplets und Maskeraden beschwört hier den Olymp herauf, wo Götter und Göttinnen sich streiten, sich betrügen und versöhnen. Eine Götterversammlung in ihrer zum Spiel unerläßlichen Frivolität besorgt mit der Nachahmung des Pariser Alltags zugleich seine Rechtfertigung. Hier wird nicht nach dem Talent der »Künstlerin« gefragt, sondern auf die obszöne Geste gesetzt.

In seiner Nana hat Zola die Zersetzungskräfte seines Zeitalters auf ein einziges Stück Fleisch zusammengezogen: »Sie löst alles auf, was sie berührt, sie ist das Ferment, die Nacktheit, der Hintern, der die Verwesung unserer Gesellschaft vorantreibt«.[132] In ihr wird Zola die für Flaubert kennzeichnendste Einrichtung des Zweiten Kaiserreichs mit seinem Hang zur Lüge in allen Lebensbeziehungen treffen: die Prostitution. Hier geht die auf städtischem Boden arrondiert auftretende Klasse unter den Verhältnissen der neuen Industrie über alle Vorbilder hinaus. Hier entwickelt sie aus der Schwerkraft der Dinge, der Zwangsläufigkeit der Ökonomie und im Zusammenwirken mit den körperlichen Anlagen, dem »Temperament«, die spitzfindigsten Maßnahmen, um sich selbst zu erhalten. Es zählt noch zu den trivialsten Einsichten, daß der durch Spekulation beschleunigte Umlauf des baren Geldes den günstigsten Boden für die Prostitution abgibt und die Haussen der Börse das Fieber für auf der Stelle zu begleichende Ansprüche hochtreiben. Das gehörte zu den Themen von Zolas »Curée«. Mit den »Künstlerinnen« und den »Grisetten« der Ateliers, den Einsamen und Verlorenen der Großstadt war die »demi-monde« zu erneuerter Literaturfähigkeit in einem für sich einnehmenden Sinn geworden, nicht zuletzt durch die Autorität Dumas', Victor Hugos und Mussets. Der künstlerischen Gestaltung geht das soziale Phänomen voraus. Zola überbietet zumindest durch die Energie seines naturalistischen Programms alle Vorlagen, zieht sie in Verhältnisse hinein, wo das Betrogenwerden nicht nur Lust, sondern unter Umständen die einzige Möglichkeit ist, leben zu können. Das entsprach der Offenbachschen Operetten-Moral, die allabendlich einem im Sinn des Kaisertums loyalen Publikum vorgetragen wurde und aus der bürgerlichen Moral herausgewachsen war.

Doch nicht das von Zola geschaffene »Idol« der Kurtisane mit allen ihren Schattierungen bis zur Straßendirne hat diesem Popularroman die eigene Handschrift verliehen. Wenn gerade dieses Werk wie kein anderes Zolas an die Wurzeln des bei seiner Veröffentlichung verabschiedeten Kaisertums greift, dann darum, weil in dem verabsolutierten Vergnügen die verzerrenden Züge des ganzen von Zola bekämpften Zeitalters ans Licht gelangen. Eine solche Geschichte läuft ab in einer von der Ware der maschinisierten Industrie schon angefüllten Welt, wo das Produkt dabei ist, gegenüber dem organischen Leben bestimmte Eigenschaften durchzusetzen und mit der Kleinmünze wie mit Anwartschaften auf feste Renten fromme Schwärmereien in Farcen verwandelt werden können. Die großen Soupers, die Pferderennen, die Weltausstellung mit den von ihr herbeigelockten und erwartungsfrohen Fremden, die Passagen mit Gasbeleuchtung und dem feilgebotenen Luxus geben das Paris der 60er Jahre wieder, das Paris des damals zu den »Zurückgewiesenen« zählenden Manet. Wenn Zolas nachträglicher Angriff auf das kaiserliche Regime noch zwei Jahrzehnte später als Kränkung der herrschenden Moral empfunden wurde, dann auch darum, weil dessen Sturz und das Zwischenspiel der Kommune zehn Jahre vor dem Erscheinen des Romans an der innerhalb der Bourgeoisie selbst wirkenden »Halbwelt« nicht das geringste verändert, deren Verkehrsformen um 1880 das sind, was sie schon um 1860 gewesen waren.

In die Prostitution als sozial-ökonomischem Phänomen mischt sich in der Gestalt Nanas die Vererbung oder genauer gesagt die von Zola in Rechnung gestellte Summe von fünf Trinkergenerationen als biologische Hinterlassenschaft mit den nervösen Störungen der Sexualität als Folgeerscheinung. Der Biologismus Zolas bildet dabei das einigende Band, das sich durch den Zyklus hindurchzieht und die »naturgeschichtlich-wissenschaftliche« Absicht des Künstlers methodisch, so wie er sie zur Geltung bringen will, einsichtig macht. Es kann dabei wiederum nicht um die Frage gehen, ob die Darstellung wissenschaftlich »richtig« ist oder nicht, sondern allein um den Elan dieser »naturwissenschaftlichen« Methode eines großen Schriftstellers. Die Kurtisane mit dem durch den Alkohol und das Elend in den Vorstädten verdorbenen Blut – wie es Zola sieht – gleicht in ihrer körperlichen Schönheit einer dem Düngerhaufen entsprossenen Pflanze. Sie rächt mit dem Gift in ihrem Körper das Elend, dem sie entstammt. Oder anders gesehen: die Fäulniserreger werden von der beschädigten Erbmasse über einen Träger wie Nana weitergegeben und höhlen den Organismus der Oberklasse aus. In diesem Abtragen ist eine Naturkraft am Werk, die von ihrem Wirken selber nichts weiß. Nana, die sonnenfarbige Fliege, die aus dem Schmutz aufsteigt, den Tod aus dem am Wege liegenden Kadaver mitbringt und die Menschen allein dadurch vergiftet, daß sie sich auf sie setzt, daß sie in die Paläste einfach durch die Fenster einfliegt!

Mit Flaubert war das Romanhafte des Romans, der mit dem kalt Abscheulichen im Bunde steht, künstlerisch unüberbietbar geworden. Dazu die Freude am nackten Fleisch der Frau, den schneeigen Schwellungen mit ihren Falten, den wie durch eine Lupe betrachteten Poren der Haut, aus denen Ausdünstungen aufsteigen, die zu den Giften gehören, mit denen Zolas Nana ihre Liebhaber anfällt. Zola ist als Schriftsteller programmatischer als Flaubert, aber gerade darum auch enger, wenn er unter dem Zwang »naturwissenschaftlicher« Gesetze, wie er sie versteht, in der »Beschaffenheit des Fleisches« die Vererbungslehre demonstriert sieht. In dieser vor dem Spiegel und den Augen ihrer Bewunderer den eigenen schönen Körper genießenden Pariser Hure ist ausdrücklich das verdorbene Protoplasma ihrer Vorfahren am Werk.

Das war die künstlerische Arbeitsweise des unter den Erzählern der Weltliteratur entschiedensten Darwinisten. Es wird hier nach den Zwängen der Vererbung selektiert, aber – und das weiß Zola so gut, wie Balzac und Marx es wissen – nichts geschieht in den von der Bourgeoisie geschaffenen Milieus ohne die alles andere in den Schatten stellende Geldseite als das Erkennungszeichen der herrschenden Klasse. Die literarische Entdeckung des Proletariats durch Victor Hugo in den »Misérables«, durch die Brüder Goncourt in »Germinie Lacerteux« erfolgte inmitten der Arbeiterinitiativen der 60er Jahre und hatte zur Folge, daß der bürgerliche Roman mit seinen Anfängen im England des 17. Jahrhunderts thematisch über die von der Ober- und Mittelklasse gesetzten Barrieren hinausdringt. Die Entdeckung selbst hat sensationelle Züge und wendet sich nachdrücklich gegen das Verdikt, das der Roman durch die Ausklammerung des Proletariats als mitagierender Klasse über die von seiner Existenz geschaffene Thematik verhängt hatte. Das »Schlüsselerlebnis« des Proletariats vermittelt Zolas »L'Assommoir« in der daguerreoskopischen Abbildung von auf den Barrikaden getöteten Arbeitern. Hier hatte die Bourgeoisie als Klasse des Aufstiegs den alten Verbündeten von 1789 und 1830 über ihren durch die Machtergreifung veränderten Charakter aufgeklärt. Sie, die sich mit gutem Recht als Trägerin des »Fortschritts« fühlen konnte, entwickelt jetzt schon ein methodisches Mißtrauen diesem Wort gegenüber, unterhält ganze Institutionen, um ihm den Sinn zu nehmen. Mit ihrer industriellen und finanziellen Beweglichkeit gelingt ihr einerseits die weitere Anverwandlung entfeudalisierter, nur noch geblütlich weiteragierender Familienverbände, die sie andererseits gegen Ende des Jahrhunderts großenteils aus der hohen Staatsverwaltung herausgestoßen haben wird.[133]

Das Kaiserreich hatte das Glück, während seiner Anfänge von einer Periode des wirtschaftlichen Aufschwungs begünstigt zu werden. Das Proletariat hatte dagegen seine besten Kräfte auf den Barrikaden und seine Führer an die Gefängnisse oder die Emigration verloren. Aber als Instrument für die bonapartistische Machtergreifung ist es selbst unerläßlich. Der durch die Napoleonlegende und die eigene Zielstrebigkeit zur Krone gelangte Louis Bonaparte wendet das von der Bourgeoisie gegen den Adel gebrauchte Mittel, sich der »Unterklasse« als Vehikel zur eigenen Fortbewegung zu bedienen und mit ihr zusammen eine gesellschaftlich überlegene Klasse zu bedrängen, gegen die Bourgeoisie selber an. So kann das liberale Großbürgertum, von dessen Gnade die Macht Napoleons III. immer abhängig bleibt und das dafür mit der Machtgeschütztheit seiner Investitionen belohnt wird, durch den kaiserlich approbierten »Sozialismus« an der Bundesgenossenschaft mit dem Proletariat, das es erzeugt und dessen Hilfe es gegen caesaristische Ansprüche zwangsläufig vorübergehend sucht, fallweise immer wieder gehindert werden.

Der neue bonapartistische Staat wird zum Staat des provisorischen Ausgleichs. In diesem Zustand der beständigen Schwebe kann theoretisch jedes Interesse mit jedem paktieren, vollzieht sich aber auch durch die Konjunkturen, die Haussen an der Börse, die Liquidität angesichts des industriellen Aufschwungs eine Vermögensumschichtung zugunsten ehemals kleinbürgerlicher Klienteln, denen der Aufstieg in die finanzielle Bourgeoisie gelingt. Durch die Agonie der alten Oberklassen werden ehemals rentenlose Familien der Provinz hochgerissen, sie gelangen in den Genuß von Würden und Einkünften, die ihr Glück auf dieser Woge des Zufalls zumindest für eine Weile sichern. Dazu gehört nicht nur ein Saccard, sondern auch Son Excéllence Eugène Rougon, wie Zola den Titel eines »politischen Romans« in seinem Zyklus benennt. Bis in die parlamentarischen Debatten, die für ein in der neuesten Mode gekleidetes Publikum zum großen Schauspiel werden, reicht der Stil der Erneuerung. Der ehemalige Parlamentsstenograph Zola befindet sich da in seinem Element, wo er die Selbstillustrationen des Kaisertums in seine Bestandsaufnahme hineinnimmt. Das fügt sich ganz in das Bild eines Zeitalters, das in der Anwendung echter und falscher Materialien nicht streng unterscheidet, wenn es darum geht, mit schrillen Farbtönen den Zweck der Repräsentation zu erreichen, Onyx und vergoldetes Blech als überwältigende Kostbarkeiten zu empfehlen, Samt und Seide aufwendig zu drapieren, sich mit Spiegeln und Kristallen selber darzustellen. So wie der finanzielle und industrielle Kapitalismus alle vorausgehenden Formen des Wirtschaftens in sich verarbeitet hat, was seine Überlegenheit mitbegründet, herrscht in der Architektur und der Innendekoration ein Eklektizismus vor, kommt es zu jenem prunkhaften Aufwand an Gobelins, Kredenzen und Fayencen, die mit der ganzen Üppigkeit ihrer Formen Rausch und Banalität ineinander übergehen lassen. Das gehört mit zum Geheimnis von Zolas Nana, die sich in solchem Interieur bewegt und deren »Vogelgehirn« groß genug ist, um ein ganzes Zeitalter in seinen Bann zu ziehen. Das Geld, das sie aus ihren Liebhabern herauspreßt, mit dem sie ihr Palais ausstattet, ist das gleiche, das über die Dividenden der großen Baugesellschaften oder die Börse erwirtschaftet wird, mit dem Minister bestochen werden, das die Quartiere der Faubourgs nur flüchtig streift und hier in dieser Verdünnung Blut, Tränen, Schmutz, Gewalttat, Straßenprostitution zur Folge hat.

Zolas Zyklus bedeutet die nachträgliche Rechtfertigung seines Mißtrauens in den napoleonischen Staat. Ausgerechnet das Ende Nanas fällt in die Anfänge des Krieges mit Preußen-Deutschland und zeigt die unterirdische Zersetzung der herrschenden Moral, das Übergewicht der Illusionen gegenüber den wirklichen Verhältnissen. Die große Kurtisane als Wahrzeichen des Zeitalters! Die Folgen sind bekannt. Mit der Niederlage Frankreichs beschert die kriegerische Auseinandersetzung der zivilisiertesten Klasse ihrer Zeit einen vorübergehenden Aufschub in ihrem Vorwärtsrücken und wirft mit ihr den Staat gegenüber einer veralteten Verfassung zurück, die sich überdies auf dem Boden Frankreichs durch die Schaffung des deutschen Kaiserreichs noch einmal zu erneuern versteht.

Der Ausgang des Krieges war die größte Triumphkarte in der Hand des Verfassers der »Rougon-Macquart«. Hier bestätigt sich, was Zola der bonapartistischen Monarchie vorausgesagt hatte, auf die niederdrückendste Weise. Aber für den Gesamtverlauf des epischen Monumentalgemäldes bedeutet die Darstellung der Ereignisse auf den Schlachtfeldern von Sedan nur die militärische Seite des politischen und moralischen Ruins der Nation. Frankreich war in den Augen Zolas durch das plebiszitäre Regime, das mit der »Stimme des Volkes« die Freiheit von ihrer Grundlage her ausgelöscht hatte, so geschwächt, daß ihm der Ausgang sicher war wie der Ausgang einer griechischen Tragödie. Das Plebiszit hatte das Volk an Napoleon ausgeliefert, es muß nun, ob es will oder nicht, einen Krieg für die dynastischen Interessen in der spanischen Thronfolgefrage führen. Frankreich, das wird ihm von Zola ausdrücklich bestätigt, hat den Krieg als Präventivkrieg geführt. Es ist besessen von der rauschhaften Aussicht auf Eroberung. »A Berlin!« sind die letzten Worte in Zolas »Nana«. Sie zeigen aber auch an, wie die moralische Verlotterung, in der eine Kurtisane in den Rang einer ungekrönten Königin aufsteigen konnte, mit der politischen ein unauflösbares Geflecht bildet, wie das jeweils eine von den Voraussetzungen des jeweils anderen lebt. In der geringen Gehirnmasse sind sich für Zola Kurtisanen und Angehörige der französischen Generalität verwandt.

Das gehört zur Antwort des Darwinisten, der den Krieg nicht nur nach den Spielregeln der griechischen Tragödie vor sich gehen läßt, sondern nach dem

Naturgesetz des biologischen Übergewichts vereint mit Wissenschaft, Organisation und Disziplin. Die Entscheidung auf den Kasematten von Sedan hatte sich durch den Schlendrian in den Behörden, die Verstopfung des Nachschubs, die Unordnung bei der Materialverteilung, der Verpflegung, der Eifersucht der hohen Militärs auf dem Boden des durch die Korruption schon angefaulten Staats bereits angebahnt, bevor die Kampfhandlungen eingesetzt haben. Der Kaiser ist zu irgendeinem raschen Entschluß unfähig und wird als Kopf des ursprünglich auf die Eroberung von Berlin gerichteten Unternehmens in dem Augenblick, wo es sich als Traum herausstellt, von der allgemeinen Lähmung mitbefallen. Es gehört zur Peripetie der Tragödie, daß der Feind plötzlich sich auf dem Boden des Landes befindet, das selbst an einen Überfall gedacht hatte. Zola entwickelt den »Zusammenbruch« von seinen materiellen Voraussetzungen, der demoralisierten Armee, der Rebellion in einzelnen Truppenteilen unabhängig von den Kampfhandlungen. Das gehört mit zur Antwort auf die Frage, wie es möglich sein konnte, daß eine zu Beginn des Jahrhunderts gegen die Welt siegreiche Nation so tief gesunken war. Wie die Siege haben die Niederlagen ihre Ursachen. Ihnen nachzugehen, ihre Wirkungen auf die Ereignisse mit mathematischer Präzision zu verfolgen, gehörte mit zur erzählerischen Absicht. Die Überlegenheit Napoleons I. in Waffentechnik und Strategie hat sich in die Unterlegenheit Napoleons III. verwandelt, und zwar auch durch die patriotische Romantik, die sich die längst zur Legende gewordene Unbesiegbarkeit der französischen Waffen nicht hatte ausreden lassen wollen. Frankreich wird sich mit der »Poesie« seiner Militärs auseinanderzusetzen haben.

Der von Zola erzählerisch ausgestaltete Darwinismus von der Erhaltung der Arten hat mit der Darstellung des deutsch-französischen Kriegs in »La Débâcle« den bedeutsamsten Gegenstand gefunden und durch den Gedanken von der biologischen Überlegenheit des Siegers von 1871 in Frankreich ein lange nicht überwundenes Trauma geschaffen. Mit Sedan war ein nationaler Mythos zerstört. Der Ausgang der Schlacht und des Krieges ist für Zola als Folge der evolutionären Notwendigkeit unabwendbar gewesen. Er wird einem Frankreich zugeschrieben, das an der Spitze der welthistorischen bürgerlichen Entwicklung gestanden hatte und nun in Niederlage und Bürgerkrieg hineingerät. Die Kritik an Zolas einseitig zu Lasten der französischen Armee ausgeführten Schlachtengemälde konnte sich später mit Beispielen darauf berufen, daß alles *ganz anders* gewesen wäre, die Fakten und Daten nicht stimmten, Operationen der verschiedensten Truppeneinheiten nicht in der beschriebenen Weise stattgefunden hätten, von der moralischen Verkommenheit in Sedan keine Rede hätte sein können. Zeugenberichte von deutscher Seite konnten die militärische Tüchtigkeit Mac Mahons und die Bravour seiner Truppe bestätigen. Hier mußte die Phantasie eines Erzählers eine die Wahrheit entstellende Arbeit geleistet haben. Das mochte richtig sein, sprach aber nicht gegen die Einsicht, daß man sich das Maß der wirklichen Schwäche des Zweiten Kaiserreichs nicht groß genug habe vorstellen können. Hier werden Züge einer inneren Wahrheit nach außen gekehrt und geraten in ein romaneskes Schillern, ohne daß sich an dem Gewicht der über die Wirklichkeit hinausdringenden Szenen das geringste ändert. Auf dem Schlachtfeld fallen in wenigen Augenblicken Entscheidungen, die das Zweite Kaiserreich fast zwei Jahrzehnte hinausgezögert hatte. Das Jahr 1871 mit der Proklamation des deutschen Kaisers, das Frankreich in eine bürgerliche Republik zurückverwandelt, leitet keine bloße Rückentwicklung des Staates, kein Weitermachen bei den Verhältnissen von 1848 ein. Der große Erfolg Zolas liegt auch darin begründet, daß die Thematik seiner Romane im neuen Staat von unveränderter Bedeutung ist, weil die Besitzverhältnisse die gleichen bleiben. Natürlich ist in der neuen Republik niemand geeigneter, die Zählebigkeit des Bürgertums sinnfällig zu machen als Thiers, der alte Ideologe der neuen besitzenden Klasse und der neben Guizot erste parlamentarische Kopf in der orleanistischen Demokratie. Mag der Wille eine Rolle spielen, das »laisser faire« der Julimonarchie wieder ganz in Kraft zu setzen, so stellt sich bald die Unmöglichkeit heraus, das Erbe des zweiten bonapartistischen Staates spurenlos zu beseitigen. Hier zeigt sich nämlich, daß sich das Kaisertum Napoleons III. durch die Einrichtung eines »Sozialstaates« gerechtfertigt hatte, der auf den Unterlassungen der liberalen Industriellen beruhte und einen vorübergehenden Kompromiß der verschiedenen Klasseninteressen erzwang. Die Dritte Republik ist in jedem Fall durch die Schule der Diktatur hindurchgegangen und wird die hier empfangenen Lehren zu beherzigen haben, d. h. sie wird den napoleonischen »Sozialstaat« nicht mehr mit den Wurzeln beseitigen können, wird aber gleichzeitig das System der Besitzverhältnisse in seinem ganzen Funktionieren erhalten müssen. Darum können die Romane Zolas auch nach dem Ende des Kaiserreichs noch immer als Zeitromane und also aus der unmittelbaren Gegenwart heraus verstanden werden, von der sie bestimmte Zeitaspekte bieten, während Balzac aus der Mode gerät. Ein Beweis dafür ist das Ärgernis, das Zola für das Frankreich der Jahrhundertwende bleibt. In seinem Roman »L'Argent« beschreibt er zeiteigentümlich für die auf Sedan folgende Epoche die Veralterung des illiquiden Großgrundbesitzes bzw. von Familien des alten Systems, denen die Republik den letzten Stoß versetzt, indem sie die sich auf ihre *feudale* Geldlosigkeit etwas zu Gute tuenden Trümmer weiter absinken läßt oder ihnen als einzigen Weg den Übergang in geldwirtschaftliche Verkehrsformen anrät, wo sie – wie hier in der Effektenspekulation – bei gleichzeitigem organischen Absterben den letzten kleinen Rest auch noch verlieren können. Was Zola dem Zweiten Kaiserreich zuschreibt, läßt sich im Blick auf die Konzentration von Kleinunternehmen zu Großindustrien mit allen ihren Folgen leicht auf die Dritte Republik übertragen. Es bezeugt auch hier Zolas realistische Krafteinschätzung des »Sozialismus«, wenn er ihn in diesem Stadium noch parodieren kann, wie er es in der Gestalt eines Sigismond Busch mit der ganzen Harmlosigkeit des privaten Sektierers tut. Aus dem Alltag genommen sind Vorgänge, die das unter den Bedingungen der Bourgeoisie geschaffene »Leben« auf eine Kette von Erwerbsakten zusammenpressen, es als Summe von Gewinnen und Verlusten erscheinen lassen. Von Saccard heißt es ausdrücklich, daß sein Trieb zum Gelderwerb alle andern in ihm angelegten Triebe schwächt. Ein Gundermann betreibt den Erwerb des Erwerbs wegen wie jener »Gnom«, dessen einziges Geschäft von

morgens bis abends darin besteht, die Goldbarren zu handhaben, zu wiegen, zu stapeln und für den Verkauf mit kleinsten Gewinnspannen vorzubereiten.
Mit Zola war natürlich nur ein vorläufiger Schlußpunkt erreicht. Das hing mit der stürmischen Wirtschaftsentwicklung der Haussmann-Epoche, der Kaiser- und Nachkaiserzeit, zusammen, die Frankreich ins Zeitalter des Hochkapitalismus hineingeführt hatte. Hier hatten die Anfänge der »naturalistischen Schule« gelegen, von der sich Zola auch als kämpferischer Schriftsteller der Republik nie ernsthaft hat entfernen können oder doch nur, wo er die Beziehungen lockerer werden läßt wie in seinen späteren Büchern, in »Lourdes«, »Rom«, »Paris« und den »Vier Evangelien«, zu seinem Schaden. Frankreich war inzwischen aus dem Taumel der erregten Märkte in ein Zeitalter der Konsolidierung geraten. Aus dem Paris als »Dschungel«, wie ihn Balzac beschrieben hatte, war durch die Renovierung eine Stadt mit 420 km Kanalisation und 800 km Wasserleitung geworden. Das Straßennetz hatte der Stadtarchitekt um 100 km erweitert. Es zeigt sich nun, wie Zola selbst in die von der historisch-gesellschaftlichen Entwicklung ausgelösten Widersprüche hineingerät, die auch auf seine Beurteilung als Schriftsteller übergreifen. Die Leser von »L'Assomoir« konnten schließlich angesichts der Abscheulichkeiten innerhalb des Arbeitermilieus ebensogut glauben, es bei Zola mit einem ausgemachten Gegner der Arbeiter zu tun zu haben, die hier zu einem Pandämonium von Schreckbildern vereint sind. In »Germinal« hat die bürgerliche Kritik angenommen, Übertreibungen tadeln zu müssen, so der Journalist Henry Duhamel, der in der im Kohlenbergwerk arbeitenden Frau ein Phantasieprodukt Zolas sieht, wogegen der Autor anführen kann, daß es dergleichen in Frankreich bis 1874 gegeben habe.
Das ist ein Ausdruck dafür, daß sich Zola selbst am Vereinigungspunkt gegenläufiger Tendenzen befindet: Kämpferischer Elan und unerbittliche Wahrheit in der Darstellung der Tatsachen. Die verschiedenen Geräusche, mit denen der Dampf aus den Kesseln der Lokomotive in den verschiedenen Stadien der Beschleunigung herauszischt, müssen mit sprachlicher Richtigkeit wiedergegeben werden. Auch der Zeitplan, nach dem der Eisenbahnzug über diese und jene Brücke rollt, den Tunnel erreicht oder das Signal passiert, muß stimmen. Zola fährt die Strecke von der Gare Saint-Lazare über Batignolles bis nach Mantes nach und überzeugt sich, daß ihm keine Fehler in der Zeit- und Ortsangabe unterlaufen, daß er den technischen Entwicklungsstand der 1869 noch nicht mit der Druckluftbremse ausgestatteten Maschine, die inzwischen veraltet ist, genau beschreibt. Und ebenso die Arbeitsvorgänge bei Lokomotivführern und Heizern! Exakte Berichterstattung über das statistisch Nachweisbare, über Armut, Einsamkeit, die Mietskaserne und ihre Hinterhöfe, ausgemergelte, von Trunk und Syphillis zerstörte Körper: damit hat er Ernst gemacht. Als Statistiker geht Zola weit über Balzac hinaus, der die Statistik deswegen vernachlässigen kann, weil seine Phantasie der Wahrheit ohnehin ganz nahe kommt, wenn sie nicht direkt mit ihr zusammenfällt. Entscheidend für den Naturalisten: mit dem Strahl göttlicher Gnade haben Zolas Elende nicht zu rechnen, es fällt kein Licht in ihre Finsternis.

Diese ganz entschiedene Hoffnungslosigkeit des Statistikers hat ihre eigenen Konsequenzen. Sie ergeben sich aus den gewaltigen Umwälzungen, von denen Frankreich seit der Großen Revolution schubweise betroffen war. Froh gestimmt zeigt sich bei Balzac der Knabe, der den Hausfrauen das Brot ins Haus liefert. Er lebt noch im Aufwind der Erwartungen, während bei den Besitzenden die Furcht vor dem Verlust des Vermögens ansteigt. Und sie hatten – wie die großen Vermögensverschiebungen insbesondere seit den 30er Jahren durch die Krisen und Konjunkturen zeigen sollten – zu solchen Befürchtungen allen Grund. Bei Flaubert war das von Hoffnungslosigkeit gekennzeichnete Zeitgefühl auf seinen tiefsten Punkt angelangt. Es ging hier freilich lautloser zu. Zola kennt ein Pathos, das Flaubert stets fremd geblieben ist. Er schreibt auch gegenüber Balzac Seiten mit podesthafter Rhetorik. Er ist darin ein heraufgesetzter Balzac. Das Messer, mit dem der Lustmörder sein Opfer ersticht, wird wie der Mord und seine Vorgeschichte mit einer Ausführlichkeit beschrieben, die ihm die Wahrheit im Sinne des »verismo« abverlangt. So wird es gemacht, so sieht es aus, wenn es passiert, und daß es immer wieder passiert, läßt sich in der Presse nachlesen. Die Idealität des Kavaliers, schön, edel, mit den feinsten Manieren, dem Respekt vor der alten Königsmoral, der Religion, den gesellschaftlichen Konventionen – und dies noch im Verstoß gegen sie –, der Regelkanon, der im französischen Roman des 17. und 18. Jahrhunderts, im »Télémaque«, der »Manon Lescaut«, den »Liaisons dangereuses« uneingeschränkt gültig war, an den sich der mondäne Stendhal hält, der Katholik Balzac glaubt wie an die Auferstehung, der in den Romanen der beiden Dumas unbeschädigt gehalten wird, den Flaubert aushöhlt, aber nicht abschafft, und den Maupassant noch in der Müdigkeit seiner erotischen Spielerfiguren zu neuen Triumphen führt: im Naturalismus Zolas, wo die rohe Wirklichkeit die Macht an sich gerissen hat, ist dafür kein Platz mehr. Den eigentlichen Kontrast zu Zola, aber auch zu den Goncourts und Huysmans, findet man in den legitimistischen Romanen Feuillets, der sich dann mit einem ungleich erweiterten, von der politisch-gesellschaftlichen Entwicklung veränderten Personal zunächst in der Verschwiegenheit des jahrelangen einsamen Schreibens hinter herabgelassenen Rouleaus bei Proust weiter auszubilden beginnt.

Proust greift erstmals zur Feder in der Mitte der 90er Jahre, als Zola seine Hauptarbeit hinter sich hat, und fördert zutage, was jenseits von dessen epischen Horizont liegt. Die Gesellschaft wird von der snobistischen Attitude her organisiert, von Dandys, Herzoginnen und solchen, die dafür gehalten werden wollen, mit vielen Träumen, echten und erdichteten Privilegien, die von der dahinfließenden Zeit weggeschwemmt worden sind und in der »bel étage« der neuen »quartiers residentiels« um den Arc de Triomphe die Wirklichkeit untergraben. Prousts schwelgendes Verweilen in der Vergangenheit läßt die Konkurrenz der Klassen und Klassenfaktionen mit ihren fortwährend sich vollziehenden Neuspaltungen und Querverbindungen, die vom Auge, vom Ohr, vom Geruchsinn registriert werden, nach den Spielregeln des jeweiligen Salons stattfinden. Der Herzog von Guermantes, Oriane, seine Frau, der Baron de Charlus, der ästhetisierende Bruder, die daran hängende Suite von

Personen, die wie Figuren aus einem mit unendlicher Sorgfalt gearbeiteten Gobelin wirken, jener Proust autobiographisch nahestehende Swann oder Vater und Sohn Bloch, ein Gegengewicht zur Familie Verdurin, sind hier als Milieus in einem eigentümlichen Schwebezustand gehalten. Die Treibhausschwüle, in der sich diese Gesellschaft befindet, scheint ihre Auflösung durch fortwährende Zellteilungen zu beschleunigen, die Proust, selbst fasziniert davon, vor sich gehen läßt.

Prousts »A la recherche du temps perdu« war trotz des umgeworfenen künstlerischen Programms ein Weiterschreiben Zolas mit anderen Lichteinstellungen, anderen Gefühlen, anderen Mitspielern, einer anderen Gesellschaft, einem anderen Satzbau. Proust entwickelt eine Präzisionstechnik, sinnliche Wahrnehmungen mit feinsten Nucancen und Reaktionsverfahren zum Ausdruck zu bringen, sie in den Strom der Erinnerung eingehen zu lassen. Das ist Bestandteil seines Stils mit langen, oft überlangen Sätzen, die dann unentwirrbar erscheinen, aber doch jedesmal richtig zu Ende gebracht werden. In ihnen stockt die Geschichte, sie läuft nicht voran, sondern immer wieder zurück, wie eine Phantasie, die sich nicht von der Vergangenheit frei machen kann. Eine Szene von jener atemberaubenden Spannung, wie Zola sie in »La bête humaine« schreibt, ist Proust nie gelungen: ein Eisenbahnzug mit Soldaten wie eine Hammelherde in Viehwagen gepfercht, um an die Front transportiert zu werden, fährt durch die Nacht. Niemand ahnt, daß sich zwischen dem Lokomotivführer und dem Heizer, den Rivalen, in der Lokomotive ein Ringkampf auf Leben und Tod abspielt, entscheidungslos, bis schließlich beide aus dem Zug herausfallen. Und so rollt der Zug führerlos durch das Dunkel, wie ein Phantom, hier über eine Brücke, da durch einen Tunnel, an Haltesignalen vorbei, durch Bahnstationen hindurch, in immer rascherem Tempo. Keiner, der ihn zum Stehen bringen könnte! Eine Geschichte, die bei aller Phantastik an ihrer Zeit, der »Gegenwart« des deutsch-französischen Kriegs, am Leben förmlich klebt!

Proust hatte in den sprachlichen Impressionismus seiner blütenverhangenen flackernden Bilderwelt die Gesellschaft der Orleanisten heraufbeschworen, jener Frankreich seit 1830 regierenden Gesellschaftswelt, monarchistisch, aber unter dem Zwang der Umstände parlamentarisch, bourbonisch, aber liberal-konstitutionell und eben darum fähiger als jede andere »Partei«, den für Frankreich so eminent notwendigen Ausgleich zwischen den »Konventionen« und den aufsteigenden Bedürfnissen der finanziellen und industriellen Bourgeoisie herzustellen; die sich nach dem Sturz des Kaiserreichs wieder meldet und in der Folge ihre Fähigkeit demonstrieren wird, Teile des mit der Industrie im Bunde stehenden napoleonischen Anhangs, aber auch Teile des katholischen Altroyalismus an sich zu ziehen und sie mit den liberalen Industriellen, den großen Hauseigentümern, den Bankiers durch die Gemeinsamkeit der Interessen zu vereinen. Es ist die Partei des Herzogs von Broglie wie der Rothschilds, der Aristokratie wie der großen Bourgeoisie, der Guermantes wie der Bloch, die sich, wie Proust zeigt, unabweisbar dadurch näher kommen, daß sie zusammen Geschäfte machen und sich miteinander verheiraten.

Das war ein Kapitel, das Zola ausgelassen hatte. Die strenge Etikette ist bereits gelockert, der Rollenaustausch zwischen den beiden Oberklassen auf dem Wege zu einer einzigen wird unter dem Zwang der vorwärts treibenden Kräfte von Politik und Wirtschaft beweglich gehalten. Wir erfahren jetzt, wie weit ihre Verschachtelung bereits vorangeschritten ist. Und die Republik nach 1871 befindet sich fest in ihrer Hand. Sie wird übrigens alle Versuche zu ihrer Beseitigung überstehen. Sie wird sie überstehen, weil sie stets auf der Hut ist, weil ihre Strategien zum Niederschlagen hochentwickelte sind und weil sie im Parlament die Technik ausbildet, extreme Positionen unschädlich machen zu lassen. Nach der Niederlage der Kommune war Frankreich 1873 in der Gestalt des napoleonischen Marschalls Mac Mahon noch einmal in die Hände der Monarchisten geraten, die aber die Monarchie schon deswegen nicht durchsetzen konnten, weil Bismarck sie für Frankreich nicht wünschte, sondern es von den monarchischen Großmächten isolieren wollte. Die Rechnung ist dann nicht aufgegangen. Von den drei monarchistischen Richtungen, die es nach 1871 in Frankreich gibt, ist die napoleonische die für die Republik gefährlichste, die altroyalistische die verstockteste, aber immer noch imstande, in der Gestalt des Grafen Chambord sich auf dem politischen Parkett dank der Fehler ihrer Gegner zu behaupten. Sie kommt dann bei der Weigerung, die Trikolore anzuerkennen, ins Gedränge. Die Trikolore war die Fahne der revolutionären Republik gewesen. Sollen jetzt die Opfer der Revolution und deren Nachkommen auf die Farben ihrer Enteigner eingeschworen werden? Aber die Dinge ließen sich ausgerechnet nach dem Fall des Kaisertums nicht mehr zurückdrehen. Das gehörte zum sicheren Wissen der orleanistischen Richtung. Sie ist die manövrierfähigste, die Richtung des liberalen Kompromisses, mit dem sie auch wirkungsvoller als alle anderen die Arbeiter am Boden halten kann.

Mit Proust war die »Zeit« über Zola hinausgegangen, aber sie hatte ebenso mit ihm einen Zug gegen sich selbst führt, wo wie in einem feingesponnenen Netz die Fäden ein Spiel eigentümlicher Beziehungen unterhalten, Töne aus allen Lagern abgespielt werden, im erneuerten Hofstil Ludwigs XIV. wie der Régence, Gebärden der Pompadour wie der Récamier mit allen Anzeichen des Outrierten sich dem Geschmack der arrivierten Bourgeoisie anpassen. Pariser Straßenszenen wie bei Renoir verwandeln sich in lichtübergossene Wiesen oder eine melancholische Kahnpartie in der Provinz nach der Palette Monets.

Die Dritte Republik bedeutet Rückkehr zur parlamentarischen Debatte. In der Nationalversammlung ist jetzt wieder die »Tribüne« für die Öffentlichkeit errichtet. Zur Debatte gehört die Partei, die sie will, zur Partei gehört die Koalition, die sie eingehen muß, zur Koalition gehört der Wechsel, der notwendig ist, um das System, wenn der Gang der Geschäfte zu stocken droht, wieder in Bewegung zu setzen. Im Parlament kann jede Partei mit jeder paktieren. Es kommt nur auf den Zeitpunkt an. Die Arbeiter können fallweise mit den Anhängern Napoleons zusammengehen, wofür ja Victor Hugo stand, es können sich ihnen sogar die bourbonischen Altroyalisten annähern, wenn es um Stimmen gegen die Industriellen geht, Teile der Monarchisten können die Unterstützung der konservativen Republikaner suchen, um ihre klerikalen

Interessen zu wahren oder wie später im Fall Boulanger ihre eigene Schwäche vor aller Augen zu demonstrieren. Hier hatte ein französischer Offizier noch einmal die Geschichte Napoleons unter veränderten Bedingungen durchzuspielen versucht. Für ihn bedeutete die Schwäche der Republik den Anlaß, sie zugunsten einer neuen Militärdiktatur beseitigen zu wollen. Er hatte sie falsch eingeschätzt und war dabei zu Fall gekommen. Denn sie ist dabei, in Wirklichkeit ihre Macht auszubauen und von ihr auch Gebrauch zu machen. Dazu gehört: ihr verdächtig Erscheinende wie der Hauptmann Dreyfus werden vor Gericht gestellt. Aber es gibt die Möglichkeit der Revision. Der nachträgliche Freispruch von Dreyfus, den Zola als moralisches Gewissen der Nation erwirkt hatte, wird zu einem gewaltigen Sieg für den republikanischen Radikalismus auf seinem Weg von Gambetta zu Clemenceau über die katholische Reaktion.

Zum Gegenzug Prousts in seiner »Suche nach der verlorenen Zeit« wird es gehören, daß es keine Zukunft gibt. Zola hatte die Welt nach ihrer gnadenlosen Wirklichkeit befragt: der Mensch als Grauen erregende Bestie, das »menschliche Tier«, das an Furchtbarkeit alle anderen übertrifft, vor allem durch seinen Erfindungsreichtum, Untaten genau zu planen. So mischt Misard dem Salpeter, der sich an den Hauswänden niederschlägt, unter das Salz, das Phasie auf ihr Essen streut. Warum? Um sich in den Besitz ihrer 1000 Francs zu bringen. Dem Mörder, der im Dunkel der Nacht untertaucht, im Eisenbahncoupé sein Opfer erledigt, die Geliebte, die Frau, den Rivalen aus der Welt schafft, hat Zola als Typus verschiedene Köpfe gegeben, aber keinem jene psychologische Schwerbeladenheit, wie man sie bei Dostojewski findet. Dem Mörder gesellt sich freilich die Mörderin bei. Mordlust ist ebenso ererbt wie Trunksucht, der Mörder gehört zur Gesellschaft wie die Gemüsefrau, der Arzt, der Soldat, der Priester, der Bauer. Aber es bleiben bei Zola Schienenstränge, die wie durch eine eisige Landschaft, die Wüste der Industrie mit ihren Kohlenbergwerken und Elendsquartieren, das Schlachtfeld von Sedan, in die Zukunft führen. Für den Naturalisten, Positivisten, Materialisten, Mechanisten Zola gibt es immer noch einen Glauben, keinen im Sinn irgendeiner Metaphysik, aber im Sinn Comtes, daß sich die Menschheit aus ihrem angestammten Dunkel dem Hellen zubewegt, oder der Wissenschaft von Ernest Renan, der Darwinschen Evolution, der städtischen Sozialhygiene des Baron Haussmann, des Wegs von der Monarchie in die Republik, in den kirchenfreien Staat, von den Vorurteilen zur Humanität, kurz den Glauben an einen Menschen in aufsteigender Linie. Vom System großer philosophischer Spekulation her war es ein flacher Glaube, aber er erwies sich als außerordentlich zäh und konnte zumindest über gewisse Zeiträume hinweg Bestätigung finden. Als Künstler ist Zola davon nicht betroffen, die Größe seines Schriftstellertums davon nicht abhängig, ja sie nimmt ab, je mehr er sich im Spätwerk als politisch-humanistischer Publizist des »j'accuse« von diesem Glauben leiten läßt.

Als Schriftsteller tritt Zola an keiner Stelle aus einer von der bürgerlichen Klasse geschaffenen Vorstellungswelt heraus, bringt er die zu seiner Zeit am weitesten fortgeschrittenen Erkenntnisse der »Naturgeschichte« nach dem Maß seiner Einsicht und Fähigkeit zur künstlerischen Umbildung mit seinen schriftstellerischen Mitteln zur Darstellung. Der Antiklerikalismus in »Lourdes«, der in der »Kirche« ein vom Aberglauben geschaffenes und am Leben gehaltenes Wahngebilde sieht, ist der des radikalen Laizisten der Dritten Republik. Hier wird der Faden von »Germinal« wieder aufgenommen und weniger künstlerisch als durch das moralische Engagement verknotet. Um die Sklaven zu befreien, gilt es für Zola als das Dringlichste, ihnen die Augen zu öffnen über das Wesen der Kirche. Zur Hoffnung gehört für ihn die Hoffnung auf das Ende des Christentums. Die Menschlichkeit wird ihre Entwicklung wieder aufnehmen an dem Tag, wo es abgeschafft ist. Aber Zola ist kein Atheist in der klassischen Bedeutung des Wortes. Er meint die Kirche und den furchtbaren Mißbrauch, den sie mit ihren Lehren getrieben hat, nicht die Religion. Hier läßt sich Zolas Voltairesche Ader verfolgen, führt er die Tradition Diderots und Stendhals weiter, die in ihrer erzählenden Prosa diese Vorstellungen literarisch auf die allerhöchste Höhe der menschlichen Zivilisation gebracht hatten. Zola selbst löst sich bei aller Isolation seiner Arbeitsvorgänge von seiner Umwelt nicht aus der bürgerlich-republikanischen Verfassung des Staats, obwohl er eine tiefe Einsicht in ihre Relativität hat und die »Zukunft« für ihn trotz allen Glaubens an sie eine Größe mit allen Anzeichen des Ungewissen ist.

Wellengang der Regime und die Zeugen

Das Jahr 1830 ist für Frankreich in doppelter Hinsicht ein bedeutsames Jahr gewesen. Mit der Juli-Revolution, die der bourbonischen Monarchie zum zweiten Mal ein Ende bereitet, setzt sich zum zweiten Mal die Bourgeoisie in den Besitz der Macht, die sie zum ersten Mal 1789 erobert hatte und dann an Napoleon und in der Folge an die royalistische Restauration abgeben mußte, um sie von nun an nicht mehr aus der Hand zu geben.

Im gleichen Jahr schreibt Stendhal sein Buch »Le Rouge et le Noir«. Diese beiden Tatsachen stehen in einem Zusammenhang, der nicht bloßer Zufall ist, in dem sich vielmehr ein politisches und ein künstlerisches Ereignis vereinigen. Der bürgerliche Roman, der, wo er diesen Namen verdient, im England des 17. Jahrhunderts seine Anfänge hatte, erreichte im Frankreich Louis Philippes zum ersten Mal einen europäischen Großstaat, in dem das Bürgertum *unbeschränkt* die machtausübende Klasse geworden ist. Die alten, mit der Entschädigungssumme von einer Milliarde an die Emigranten unter Karl X. mühsam wiederhergestellten Adelsprivilegien werden suspendiert. Sie verlieren nichts an ihrer alten Gloriole, aber sie haben sich aus dem Bund mit der Regierungsgewalt gelöst. Die Bourgeoisie hat in den Julitagen des Jahres 1830 die vorwiegend auf der Seite der »Älteren Linie« stehende Aristokratie deklassiert. Sie hat damit deren gesellschaftliche und ästhetische Überlegenheit noch nicht beseitigt, aber sie hat sie endgültig aus der historischen Macht herausgestoßen und auf ein privates Weiterexistieren verwiesen, wo sie von nun an mehr oder weniger ungestört ihrem Zeremoniell, ihren Erinnerungen und ihrer weiteren Selbstzerspaltung überlassen ist.

Über ihre weitere Geschichte hat sich ihr guter Freund, bester Kenner und auch gnadenloser Kritiker, nämlich Balzac, als Romancier und politischer Publizist sehr ausführlich ausgelassen. Der Mann der Stunde ist Thiers, der »größte der bourgeois«, wie ihn Flaubert später bezeichnen wird. Mit ihm verlegt die neue besitzende Klasse ihr Hauptbetätigungsfeld in das Parlament, wo sie über die Parteiungen hinweg die Spielregeln der Debatte, die Praxis, Mehrheiten zu schaffen, Diskussionen zu führen, besser beherrscht als die Vertreter der alten Klasse. Von hier wird sie ihren Weg beharrlich weiterverfolgen. Der Weg der Revolution von 1830 endet bei der Revolution von 1848, der Weg der Revolution von 1848 führt zum Staatsstreich Louis Bonapartes. Mit dem Aufstand der Arbeiter werden die Voraussetzungen geschaffen, um die bürgerliche Demokratie über das Plebiszit unter monarchischem Mantel in die Diktatur hinüberzuführen.

War die Bürgermonarchie in Wahrheit eine Republik mit dem König an der Spitze, so wird das Zweite Kaiserreich von der Republik die Präsidialverfassung übernehmen. Schon hier wird eine eigentümliche Dialektik der Geschichte wirksam. Die Bourgeoisie von 1830 muß die Monarchie noch hinnehmen, die Monarchie rettet sich über die »Jüngere Linie« durch das Bündnis mit der Bourgeoisie, in deren Namen sie auftritt, deren Geschäfte sie führt. Was immer den Absichten der ökonomisch am höchsten entwickelten Faktion der neuen besitzenden Klasse entsprechen mag, sie steht vor der ständig erneuerten Erfahrung, daß man eine historische Monarchie nicht von heute auf morgen in eine Republik verwandeln kann. Die Monarchie selber übersteht die Revolution, indem sie die Allianz mit den ehemals feudalen Klientelen übergehen läßt in die mit den Gefolgsleuten Thiers und Guizots. Aber dieser Übergang, das schimmernde Spiel des Positionswechsels mit seinen Rückläufen, den Konzessionen nach beiden Seiten, dem Auspendeln noch bestehender sozialer Gewichte ist ein bewegendes Schauspiel, das vor allem in die späten Romane Balzacs eingeht. Die Ereignisse bezeichnen wohl zu ihrer Zeit den welthistorisch gesehen höchsten gesellschaftlichen Entwicklungsgrad, aber sie bedeuten nicht das Ende der Weltgeschichte. Es ist eine atemlose Bewegung im Spiel, wenn die Bourgeoisie als aufsteigende Klasse jetzt über die Zinsen, Renten und Dividenden den so lange überlegenen Gegenspieler nicht nur auf ihr Niveau herunterzieht, sondern sich aufschwingt, um sich selbst an dessen Stelle zu setzen; so etwa rangieren bei den Staatsjagden Louis Philippes in Compiègne die Bankiers vor der Noblesse d'épée, statten sich die Industriellen und »financiers« in ihren Palais mit eigenem kleinen Hofstaat, einer Suite aus Lakaien und Advokaten aus und demonstrieren mit prächtig ausstaffierten Karossen sehr sichtbar den Übergang zur herrschenden Klasse.

In diesem Augenblick, wo die Schwerkraft der historischen Entwicklung sich voll auszuwirken beginnt und die Gewichte auf die Seite der neuen Klassen ausschlagen, beginnt in Frankreich auch die große Stunde des Romans. Das besagt nichts gegen seine hervorstechende Rolle im 18. Jahrhundert, wo Fénelons »Télémaque« zum ersten europäischen Erziehungsroman wird, Crébillon, Chauderlos de la Clos mit seinen »Liaisons dangereuses«, Prévost mit seiner »Manon Lescault« zu den meistgelesenen europäischen Autoren zählen. Aber was vor 1830 geschrieben wurde, darunter die Werke von Diderot, Rousseau, der Staël, Constant, Vigny, bedeutet im wesentlichen Vorbereitung. Chateaubriand ist kein Romancier, sondern ein romanesker Schriftsteller. Jetzt erst, wo ein Erzähler wie Stendhal zum Zeugen des Machtwechsels wird, in den er durch seine jakobinischen Anschauungen und seine zugleich auf das mondäne Milieu gerichteten Interessen selbst unmittelbar verwickelt ist, kann dieser Vorgang der Verschiebung in den Klassenverhältnissen mit dem nachfolgenden Umbau der französischen Gesellschaft wahrgenommen und auf allerhöchster künstlerischer Ebene dargestellt werden. Stendhals drei große Romane, von »Le Rouge et le Noir« über »Lucien Leuwen« zur »Chartreuse de Parme«, geben die Etappen wieder, die der Verfasser selbst durchläuft, deren Abfolge er zugleich mit wachem Auge genau verfolgt. Das biographische Element dieser Werke hat sich aus der Wirklichkeit herausgelöst. Es ist selbständig geworden, aber in die Perspektive eingegangen, die sich bei Stendhal mit der Veränderung der von der Bourgeoisie geschaffenen Verhältnisse selber verändert, ohne daß bestimmte Maximen dadurch preisgegeben würden. Die zyklische Arbeitsweise Balzacs bringt es mit sich, daß er keinen Einzelroman von der Bedeutung eines Werks wie »Le Rouge et le Noir« geschrieben hat. Nirgendwo ist bei ihm eine so komplizierte Erzählstruktur anzutreffen wie in der »Chartreuse«, wo Stendhal in der Form des höfischen Romans den nach dem Sturz Napoleons aus der Restauration noch einmal siegreich hervorgehenden Absolutismus auf italienischem Boden erzählerisch heraufbeschwört, ihn aber mit dem »héros beylien« durchbricht, der als Traumgestalt eines im Frankreich Louis Philippes abgehalfterten kaiserlichen Pensionärs die Stadien von der alten Galanterie über die Heroik der »grande armée« bis zur liberalen Demokratie durchmacht. Fabrice del Dongo, wie Julien Sorel und Lucien Leuwen ein Naiver, der wie Stendhal vom bürgerlich-demokratisch gewordenen Frankreich nicht mehr angenommen wird und in einer vorbürgerlichen Phantastik beheimatet ist, wo die neue Prosa nichts gilt! Mit »Le Rouge et le Noir« hatte Stendhal den ersten Gipfelpunkt seiner Erzählkunst zur gleichen Zeit erreicht, in der Balzac mit »Le dernier Chouan« zum ersten Mal unter eigenem Namen auftritt. Aber Stendhal ist der um eine halbe Generation ältere, hat das napoleonische Abenteuer aus eigener Erfahrung von Anfang an mitgemacht, ist darin persönlich verstrickt gewesen, geht aus ihm sogar als Geschädigter hervor, indem das neobourbonische Regime seine Wiederverwendung als Beamter ablehnt. Stendhal verkörpert noch ältere aufklärerische Ideale, die sich in der ersten Republik verfestigt hatten, im Kaiserreich noch galten und durchaus mit bestimmten Ansprüchen der Großbourgeoisie, aus deren unterer Schicht er stammt, zusammenfallen. Als die Herrschaft Napoleons mit »Waterloo« und den »Hundert Tagen« endgültig zusammenbricht, steht er mit leeren Händen und einer gewaltigen Phantasie da und läßt die napoleonische Vergangenheit in dem Augenblick, wo sich die von ihm herbeigewünschte bürgerliche Demokratie gegen ihn auszuwirken beginnt, lebendig werden. Stendhal, unter Napoleon, in noch stärkerem Maße unter Ludwig XVIII. und Karl X. Jakobiner, wird im bürgerdemokratischen Staat der Orleans Napoleonide wie seine Romanhelden Julien Sorel und Fabrice del Dongo. Aber Stendhal unterscheidet sich darin von Balzac, der, obwohl altroyalistisch gesinnt, sich als Schriftsteller im titanischen Hochgefühl seines Schaffens immer wieder mit Napoleon identifiziert, daß er nur mittelbar durch die Gestalten seiner Phantasie sein Anhängen an die kaiserlichen Ideale bekundet und im übrigen ruhmlos und für die Öffentlichkeit unbekannt dahinlebt.

Hier zeigt es sich, daß an Napoleon kein Weg vorbeiführt, die Auseinandersetzung mit ihm selbst für einen Emigranten wie Chateaubriand zu einer eigentümlichen Aufspaltung führt, die wir auch bei Lamartine, Vigny, Victor Hugo und dem in Paris ansässigen Heinrich Heine bemerken. Napoleon als der große Täter wird Vorbild für den Schriftsteller, insbesondere für einen so vom Willen her lebenden wie Balzac. Der tote Napoleon steigt gewissermaßen aus seiner Gruft heraus und tritt bereits in den bigotten Tagen der Karlistischen Monarchie immer stärker in die Erinnerung ein. Schon 1816 hatte sich gezeigt, daß das neu sich einrichtende altbourbonische Königtum nicht einfach beim

Ancien Régime anknüpfen kann. Denn der napoleonische »entr'acte« wird sich insbesondere in der Administration verfestigen und bleibt so der Verfassung des Staats über seinen Wandel hinaus erhalten. Auch als Überwinder der Revolution war der aus ihrer Asche aufgestiegene Napoleon für viele zugleich der Vollstrecker ihrer Absichten gewesen, der dem puristischen Staatsdenken eines Robespierre ein Ende bereitet, insbesondere die Wunschträume der Jugend in unendliche Bewegung setzt, der Bourgeoisie einen breiten Weg in die Offizierskader eröffnet und seine Armee auf dieser breiteren Grundlage mit der erhöhten Schlagkraft zur modernsten auf der Welt macht.

In den Julitagen von 1830 kommen nach den Jahren der Rückbildung die Ereignisse in Fluß, meldet aber auch die Napoleonlegende ihre größer gewordenen Ansprüche an. Der bürgerliche Roman zeigt sich jetzt voll als das, was er von seinen ersten Anfängen an gewesen war, als Zweiklassenroman, der über die durch Adel und Bürgertum von oben nach unten gesetzten Barrieren thematisch nicht hinausdringt oder, wenn er es tut, dies von einer innerhalb dieser Barrieren gesetzten Perspektive aus tut. In England konnte sich der Roman als bürgerliche Erzählprosa darum so intensiv entwickeln, weil hier das Vorrücken der Erwerbs- und Commerzklassen auf dem Boden großer städtischer Areale am frühesten erfolgt und am frühesten politische Folgen hatte. Denn romanhaftes Erzählen, das sich während des 19. Jahrhunderts in England, Frankreich und Rußland so einzigartig manifestieren wird, kennt immer schon einen fortgeschrittenen Einbruch der Verbürgerlichung in Lebensverhältnisse feudaler bzw. Feudalität mehr oder weniger künstlich aufrecht erhaltender Klassenformationen, die in die Verbände des Bürgertums hineinragen. Wo sich der Romancier nicht mit der Heroik, Galanterie, der Altertümlichkeit der Elegie versorgen kann, wo nicht Restbestände der durch sie ausgezeichneten Klasse weiteragieren oder illusionär heraufbeschworen werden können, wäre der Romancier um wesentliche Gegenstände seines romanhaften Erzählens gebracht. Das bürgerliche Milieu allein reicht in der Regel noch nicht aus, um romanesk zu überzeugen. Ob es um das Schicksal von Richardsons Clarissa in England, um das von Rousseaus Émile in Frankreich oder das von Goethes Werther in Deutschland geht: überall liegen um die bürgerliche Welt Grenzen.

Aber der Roman als verbürgerlichte Form des Erzählens zeigt auch an, daß der Weiterbestand der von feudalen Maximen erzeugten Illusionen nur möglich ist durch eine vom Berufsdenken vorangetriebene Klasse, die sich auf das literarische Unternehmen versteht. Seigneuriale Berufslosigkeit als Voraussetzung für romaneske Verzauberung kann sich am besten im Gegensatz zur Arbeit nachdrückliche Geltung verschaffen. Denn der Seigneur des Romans kann auf Tüchtigkeit im Sinn bürgerlicher Berufstugenden allemal verzichten. Aber der Roman lebt mehr als jede andere literarische Form von dem Publikum, unter das er gebracht werden muß, er bedarf zu seiner Verbreitung der Umsicht und der im Laufe des 19. Jahrhunderts immer weiterentwickelten industriellen Maßnahmen, um die ihm abzugewinnenden Anlässe zur Traumarbeit zu leisten.

Damit ist schon eine in seinem frühen Werk konstitutiv werdende Grunderfahrung Balzacs umrissen: weitere Maschinisierung der Buchherstellung und Ausbau des Verteilersystems zur Literaturindustrie als mit dem Vorrücken der Bourgeoisie verbundene, es selbst bekräftigende Umstände: Grunderfahrung darum, weil er mit seinem eigenen Schriftstellertum in diese Umwandlungsvorgänge genießend und leidend verwoben ist. Balzac hat von der in den einzelnen europäischen Staaten verschiedenartig verlaufenden gesellschaftlichen Entwicklung eine ganz klare Vorstellung, und er hat sie auch darum, weil er sie jeweils abhängig sieht vom jeweiligen Stand in der Begegnung zwischen Adel und Bourgeoisie. Im Vorwort zu seinem Roman »Une Fille d'Ève« von 1839 begrüßt er die günstigen Bedingungen, die die französischen Verhältnisse für sein Werk bedeuten. Nur in Frankreich – so meint er – findet er Geist und Spontaneität in beständiger Tätigkeit. Warum? In England sind zwar die gleichen modernen Doktrinen in Kraft, aber diese Gesellschaft zwingt den einzelnen stärker unter die Herrschaft der Konventionen. Italien hat keine Freiheit, als einzig möglicher und bewundernswerter Roman gilt ihm die »Chartreuse de Parme«. In Deutschland kämpfen die alten Konventionen gegen die neuen. Hier sieht er noch alles ohne Charakter. Die »Stoffe« im gesellschaftlichen Stoffwechsel sind erst dabei, zu »fusionieren«. Rußlands autokratische Macht erkennt als einzige Tatsache den Besitz an und duldet kaum einen Widerstand. In Spanien stehen sich noch mehr als in Deutschland zwei verschiedene Systeme gegenüber, dafür ist es selbst das einzige Romanland mit allen Zügen des Unwirklichen geblieben.

Kaum kann man mit so wenigen Worten die Lage treffender charakterisieren, als es hier geschieht. Ihnen zu Grunde liegt die Einsicht, daß Frankreich sich an der Spitze der von der bürgerlichen Klasse vorangetriebenen Entwicklung befindet. Demgegenüber verharren alle übrigen Großstaaten Europas mit Ausnahme Englands in nur durch graduelle Unterschiede voneinander abweichender Rückständigkeit. Aber Balzac spricht hier nicht von den gesellschaftlichen Verhältnissen um ihrer selbst willen, sondern im Blick auf die Folgen für die Literatur, hier den Roman. Auf dem ersten Höhepunkt seiner Laufbahn erkennt der Verfasser von »La Peau de Chagrin« und »Eugénie Grandet« die Mitwirkung der von der Bourgeoisie geschaffenen Verhältnisse an dem im Roman zur Darstellung gebrachten »antagonisme social«, der in der Tat das Hauptthema Balzacs war und auch künftig bleiben wird. Er sieht gerade durch seine Erfahrungen als Romancier die Unausweichlichkeit einer Etappe, in die Frankreich nach dem Übergang in die liberal-demokratische Monarchie Louis Philippes eingetreten ist. Seine Autorität in der Behandlung dieser Frage wird noch dadurch erhöht, daß er, bei aller Bewunderung für die Kraft der neuen herrschenden Klasse als einer ebenso mit Tüchtigkeit aufbauenden wie zäh abwartenden und roh sich vorschiebenden, zugleich ihre abtragenden, die alte Heiterkeit zerstörenden, die Spielregeln des Generösen außer Kraft setzenden Eigenschaften wahrnimmt. Sie ist schon durch ihr unübersehbares, nicht aus der Welt zu schaffendes Dasein eine große Klasse mit einer Balzac sehr wohl bekannten großen Geschichte, die im 17. Jahrhundert zur Unterwerfung gezwungen wird, sich im 18. Jahrhundert mit Gewalt für die erlittenen Demütigungen schadlos hält und nach dem Zwischenakt Napoleon und der Monarchie der »Älteren Linie« durch die Fähigkeit, warten zu können, ihre Ansprüche wieder durchsetzt. So sehr Balzac als Anhänger der feudalen Nuance diesen Lauf der Dinge beklagt, so sehr sieht er dessen Zwangsläufigkeit, so sehr erkennt er die Möglichkeiten, die sich aus ihm für seine schriftstellerischen Existenz ergeben.

Balzac hat hier gleichzeitig die Bedingungen erkannt, die dem Phänomen des »französischen Romans« von 1830 an zu Grunde liegen. Zum ersten Mal treten bei Stendhal mit Julien Sorel und Mathilde de la Môle in »Le Rouge et le Noire« Gestalten im Roman auf, die für die Menschen des 20. Jahrhunderts noch Zeitgenossen sein könnten, gegen die der Held von Goethes fast gleichzeitig zu Ende geführtem »Wilhelm Meister« altertümliche Reaktionen zeigt. Auch Goethe hat in seinem Roman die Begegnung von Adel und Bürgertum dargestellt, der aber unter den vorliegenden Verhältnissen in Deutschland noch kein unerbittlicher »antagonisme social« vorausgeht, weil das bürgerliche Bewußtsein hier unentwickelter ist. Darum bewegt sich der »Wilhelm Meister« mit seinem Entsagungs- und Berufsdenken gegenüber seigneurialer Berufslosigkeit noch in den Nebeln der Mythologie.

Das ist kein den künstlerischen Rang kennzeichnender Umstand, sondern eine Frage der Rückständigkeit, des Verharrens in halbagrarischen Zuständen angesichts einer Feudalität, die es in England und Frankreich nicht mehr gibt. Mit der Rückständigkeit war auch die Hoffnungslosigkeit größer. Wieder kommt die Dialektik der Geschichte zu Hilfe, wenn nicht die gesellschaftlich und ästhetisch überlegene Feudalität der Zivilisation den Weg bereitet, sondern die im engeren Bunde mit der Industrie, dem Geldverkehr, dem Parlament ohne Anspruch auf Anciennität auftretende bürgerliche Klasse. Um 1850 ist das Maße setzende Zivilisationsmonopol von Paris in der ganzen zivilisierten Welt unbestritten. Paris ist im Begriff, die »Hauptstadt des 19. Jahrhunderts« (Walter Benjamin) zu werden, weil es die »Hauptstadt der Bourgeoisie« ist, die hier ihren höchsten politischen und zivilisatorischen Entwicklungsgrad in der Welt erreicht. Es gelingt ihr, die industriell weiter fortgeschrittenen englischen middle-classes als Träger des Fortschritts und des liberalen Welthandels nicht ökonomisch, aber politisch-doktrinär zu überholen und mit den Weltausstellungen, dem Haussmannschen Stadtbauprogramm, den Eisen- und Glaskonstruktionen, den Verkaufspassagen mit Gasbeleuchtung, den Dienstleistungen in Luxus, Komfort und Amüsement ein an Urbanität unübertroffenes Terrain zu schaffen, und dies zusammen mit dem Sinn für das Schickliche, dem guten Geschmack, dem Sinn für das Schöne, der das Volk auf diesem galloromanischen Boden vor allen anderen Völkern auszeichnet. Selbst Heinrich von Treitschke, der sicher nicht im Verdacht steht, ein Sympathisant der französischen Bourgeoisie zu sein, steht der bei ihr anzutreffenden Sicherheit in den Fragen der schönen Form bewundernd gegenüber, immer auch im Hinblick auf das Herbe der preußisch-deutschen Verhältnisse. Treitschke hat sehr früh einen Blick für das Paradigmatische der »westlichen Demokratie« gehabt, auch wenn er ihr am Beispiel Frankreichs gerade in den Krisenjahren beim Übergang zum erneuerten Kaisertum mißtraut. Er mißtraut ihr von dem durch die Bodenrente regulierten Latifundienbesitz der deutschen Mittel- und Ostprovinzen her, und er tut es bei aller Unkenntnis über dessen Veralterung, an die er nicht glauben will, mit dem wachen Auge für die entstellendsten Formen der von der neuen besitzenden Klasse angewandten Menschenbewirtschaftung. Die Art und Weise, mit der sie die Arbeiter ausplündert, die 1830 ihre Bundesgenossen waren, die sie 1848 mit blutigem Stiefel niedertritt, wird für Treitschke gerade ein Beweis für die in ihr angelegte Verwerflichkeit, die der Gutsherrschaft mit ihren patriarchalischen Regelungen widerstrebte. So sieht es der preußische Historiker, indem er die ungünstigste Seite der Bourgeoisie der günstigsten der Latifundie gegenüberstellt. Hier kommt er als Mann des Großgrundbesitzes den Ansichten Balzacs sehr nahe, der aus der Sicht des Adels, und mit welchen Illusionen auch immer, die Gründe gegen die Bourgeoisie vorträgt, die Marx mit methodischer Dialektik von den Interessen des Vierten Standes gegen sie schleudert.

Damit war schon das Stadium der fortgeschrittenen Maschinisierung in den französischen Industriezentren, insbesondere des Nordens, vorweggenommen mit jener Problematik der »sozialen Frage«, durch die das Zweite Kaiserreich sich seine Rechtfertigung verschafft. Es ist der Weg von Balzac zu Zola, von den durch die Aufteilung des alten Grundeigentums über die Parzellierung der Nationalgüter geschaffenen »Kleinbauern« zum Industrieproletariat in »Germinal«. Von der gleichen Bewegung wird Victor Hugo in den »Misérables« erfaßt, wie die Brüder Goncourt in »Germinie Lacerteux«. Aber das Umsichgreifen industriekapitalistischen Wirtschaftens geht zwar diskreter, doch ebenso unaufhaltsam auch in Flauberts Romanen vor sich: am Ende der »Madame Bovary« erfolgt der Übergang der aus der Ehe der Bovarys zurückgebliebenen Tochter nach kurzer Rückkehr auf das Land ins Industrieproletariat; ein Dambreuse in der »Éducation sentimentale« ist bereits ein Mann des Monopols, wie man ihn unter Balzacs Angehörigen der Hochfinanz und des Fabrikbesitzes vergeblich suchen wird, unmittelbar von der weiteren Ausbildung der Aktiengesellschaft mit anonymem Kapital hervorgebracht.

Doch nicht in der Darstellung der von der weiter aufsteigenden alten Mittelklasse geschaffenen Verhältnisse, die zugleich ihren weiteren Aufstieg vorantreiben, lag Flauberts Thematik, sondern in der nach innen gewendeten Atrozität, einer von Wildheiten erfüllten »Landschaft der Seele«, die auf sich verwiesen ist und alle Qualen der Isolation erleidet. Das Selbstgefühl Stendhals, Balzacs, Victor Hugos ist gebrochen und weicht der Selbstherabsetzung, einer masochischen Freude am eigenen körperlichen Verfall, der Lust, ihm von außen beizuwohnen, ihn zu verfolgen, sich Rechenschaft über den jeweiligen Stand der Dinge abzulegen. Aber das faßt nicht in der Kunst selber Fuß. Gegen das exhibitionistische Zurschaustellen der Gefühle ist Flaubert grenzenlos empfindlich. Alles Persönliche wird aus dem Werk ausgefiltert und geht in die Briefe ein, die aufzeigen, wie vollkommen die Aufspaltung des Künstlers ist. Flaubert ist weder Berufsschriftsteller wie Balzac, noch schreibt er aus Langeweile und Freude am Schreiben wie Stendhal, er ist Privatier, der sich von dem

Druck, der von frühester Jugend auf ihm lastet, durch ein paar in harter Arbeit dem Tage und sich selbst abgerungener Sätze zu entlasten sucht.

Dieser Rentier aus der Provinz, der nach außen hin unauffällig lebt, verbirgt wie die kühle Fassade einer spätrömischen Villa, welch bacchantisches Festtreiben im Innern vor sich geht. In diesem »Schreiben« als von außen nicht beizukommendem Lebensvorgang wird die »Technik« wie nie zuvor in der Geschichte des Romans zur Lebensfrage. Nicht daß Flaubert sich gegenüber dem Leser verantwortlich fühlte, nicht daß er sich programmatisch breit darüber aussprächt! Er wirft Zola die im Vorwort zu den »Rougon-Macquart« gegebenen Absichtserklärungen ausdrücklich vor. »Technik« wird bei ihm gegen die Unbesorgtheit beim schnellschreibenden Balzac oder beim erzählerischen Naturgenie Stendhal, die beide natürlich über »Techniken« verfügen, zur Frage der Ökonomie des Sprechens überhaupt. Thibaudet erwähnt mit Recht, daß die »Madame Bovary« keinen Bauplan erkennen läßt, bloß ein Aneinanderreihen von Bildern. Die bestimmenden Baueinheiten dieses technisch gesehen vielleicht umstürzendsten Romans der Weltliteratur sind Einzelsätze, Wörter; Adjektive, die die Farbe eines Gefühls glasklar, Subjekte, die als Bezeichnung von Gegenständen einen ganzen Raum plastisch erlebbar werden lassen. Regeln für ihre Anwendung zu geben, wäre so brauchbar wie der genaue Aufschluß über die Auswahl der Töne aus der Tonleiter für eine »Technik der Symphonie« bei Beethoven. Eine Maxime ist in dem Augenblick, wo sie in die Welt gesetzt ist, schon wieder falsch. Flaubert glaubt an nichts, weder an die Existenz Gottes noch an seine atheistische Bestreitung. Er glaubt daran, daß das gewählte Wort richtig sein muß, daß es für einen zu beschreibenden Vorgang, eine Sache, ein Gefühl, einen Gegenstand nur *einen* sprachlichen Ausdruck gibt und der Schriftsteller die Aufgabe hat, ihn zu finden. Er glaubt auch nicht an die Empörung Zolas über die industriekapitalistischen Mißstände. Flauberts Auskosten eigenen und fremden Leidens beruht auf der Ehrlichkeit des Künstlers dem Moralisten gegenüber, der seinen Namen dem Ärgernis verdankt, das er brandmarkt.

Von der Bourgeoisie, die ihn mit ihrem wachsenden Selbstbewußtsein zur eigenen Selbstverneinung zwingt, hat Flaubert die Skepsis mitbekommen, die schon früh den Schlag wittert, den Napoleon III. gegen sie führt, indem er sich zum Vermittler zwischen ihr und dem Proletariat macht. Das Kaiserreich empfiehlt sich dem Proletariat mit Geschenken, die es durch Konfiskation dem Besitz vorher abgenommen hat, es empfiehlt sich dem Besitz durch staatlich sanktionierte Fesseln, mit denen es das Proletariat am Boden hält. Glaubt Stendhal immer noch an die »Philosophen«, an Voltaire, Condillac, Lamettrie, schreibt Balzac im Licht der Monarchie und der Religion als den beiden »ewigen Wahrheiten«, so wird Flaubert angesichts des Auspendelns der Gewalten, wo eine »Wahrheit« die andere aushöhlt, vom Gefühl der Bodenlosigkeit erfaßt, wo nichts anderes gilt als die Arbeit am Satz, die Genauigkeit des Wortes, die unaufhörlich in Bewegung gehaltene und durch die Formgebung kontrollierte Phantasie. Nicht Zola, der mit seinem zyklischen Schreiben viel ausdrücklicher bei Balzac anknüpft, auch wenn er sich ebenso ausdrücklich wieder von ihm wegbewegen will, sondern Flaubert ist, was Stendhal und Balzac in Frankreich für die erste Hälfte des 19. Jahrhunderts waren, für die zweite: derjenige Prosaschriftsteller, in dem die von der Zeit geschärften Instinkte an der auf der allerhöchsten künstlerischen Höhe geleisteten Arbeit mitwirken. Aber diese Instinkte sind inzwischen ungebändigter geworden. Hier wird nach sehr genauer Erfahrung mit dem gewalttätig Abscheulichen schon als etwas sehr Vertrautem gerechnet. Hier gibt es nicht den leisesten Versuch, durch irgendwelche Doktrinen hervorzustechen und mit ihnen dem Leben beizukommen. Flaubert ist früher als Zola »Naturalist«, nimmt aber diesen Ausdruck für sich nicht in Anspruch und steht der unter diesem Namen auftretenden Schule mit Abstand gegenüber, obwohl er Zola selbst seinen größten Respekt bezeugt.

Mit Zola greift der von der »Generation von 1830« auf den weltliterarischen Gipfel geführte französische Roman zeitlich am weitesten aus und schon ins 20. Jahrhundert hinein. Zola ist wie Flaubert ein Schriftsteller, dem nach dem Staatsstreich in den künstlerisch entscheidenden Jahren eine politisch repressive Zeit die Anlässe für seine Feder schafft. In seine späten Romane ist schon das Grau der Stahlkonstruktionen Eiffels und die hochgetriebene Temperatur in den Gewächshäusern aus Glas eingegangen, das als durchsichtiges Baumaterial der neuen besitzenden Klasse, die sich mit ihm neuen Komfort schafft, das Gefühl gesteigerter Unendlichkeit schenkt. Das Frankreich Zolas befindet sich als Folge der hemmungslosen Menschenbewirtschaftung durch die industrielle Faktion der alten Mittelklasse auf dem Wege, an einem volkstümlichen Tyrannen Gefallen zu finden: ein neues kaiserliches Interregnum, das mit seinem falschen Prunk, mit wiederaufgelegtem Louisquinze und Louisseize, den Industriellenschlössern an der Loire für Zola die Täuschung erst perfekt macht. Fortschreitende Kapitalisierung und Industrialisierung haben das Personal der Balzacschen Soziologie um Gruppen erweitert, die von den Fabriken, Bergwerken, Warenhäusern, Modemanufakturen, den »Hallen« erzeugt werden. Dazu kommen jene neoimperiale Galanterie, der Plüsch in den Ballhäusern, das Varieté, das Café Anglais mit seinen Séparées, die illuminierten, von Droschken und Trams in Bewegung gehaltenen Boulevards, aber auch die dunklen Hinterhöfe, wo Not und Gewalttätigkeit die Schreie aus der leidenden Kreatur heraustreiben. Zolas Frankreich steht schon unter dem Eindruck von Lourdes, wo in der Devotionalie die Religion sich im verkitschten Gebrauchsartikel manifestiert und der Kult der Marienverehrung von jener falschen Glut angefacht wird, die das Land mit zahllosen Statuen übersät. Düsternis liegt in den aus Backstein erbauten Arbeiterquartieren, aber auch in den Kasematten von Sedan, dem Bollwerk des napoleonischen Militärs, das sich hier – ohne es zu ahnen – auf sein Debakel vorbereitet. Im Warenhaus »Printemps« wird ein immer größer werdendes Angebot an Produkten aus maschineller Fertigung zum Verkauf ausgelegt.

Wenn man Zola mit Balzac vergleicht, scheint die Tonlage des Lebens dunkler geworden zu sein. Die Lebensvorgänge zeigen sich in einer vorher unbekannten Banalität. Jetzt werden die Verbindungsstränge zum Ancien

Régime endgültig abgeschnitten. Nach der Jahrhundertmitte treten seine letzten Überlebenden ab. Deren Nachkommen kann die allmächtig gewordene Bourgeoisie ungestörter ihre Spielregeln vorschreiben und sie sich bei allem noch möglichen Widerstand, aber auch widerstandslos anverwandeln, indem sie sie durch Anteile an Industriegewinnen wie finanziellen Transaktionen einverleibt. Dadurch gehen zwangsläufig Änderungen ihres Charakters vor, wenn sie zu ihren alten Anschauungen zusätzlich noch neue Prätentionen aufnimmt. Zolas »Rougon-Macquart« als Familiengeschichte im Zweiten Kaiserreich zeigen die an Balzacs Darstellung anschließenden Organveränderungen im gesellschaftlichen Körper Frankreichs, wo die Bourgeoisie, wie er in den Anfängen des Zyklus schildert, sich noch um einen citoyenhaften Kern gruppiert, allerdings hier schon von sehr widersprüchlichen Ansprüchen durchsetzt ist, vorbürgerliche und bäuerliche Schichten absorbiert und in den Verhältnissen des erneuerten Empire nach der sozialen Rückbildung seigneurialer Familien durch Verlust des Vermögens ihr eigenes Interessenregister um weitere Nuancen vergrößert.

Der oft bemerkte künstlerische Abfall Zolas gegenüber Stendhal und Balzac, unzulässigerweise gern mit seiner Herabsetzung verbunden, hat nicht zuletzt seine Gründe in dem Übergang zum Prunk mit wertlosem Material, den Zola am Zweiten Kaiserreich wahrnimmt, den er selbst bekämpft, der ihn aber mit sich zieht und ihn unter seinen Wert herabdrückt. Abgesehen von Flaubert und den Russen ist Zola unter den großen Romanciers seiner Zeit ohne Vergleich. Als »Naturalist« hat er den Frost der Illusionslosigkeit im Sinn Auguste Comtes hinter sich, er glaubt an die Tatsache, an das wissenschaftlich Erweisbare und steht im Bunde mit dem Gegner der romantischen Ekstase. Zolas Erwartungen sind an die »Wissenschaft« geknüpft. Ihrem Sieg ist sogar die Kunst untergeordnet, die in ihrem Dienst steht. Aber der pragmatische Charakter dieser Kunst wird als ihre Existenzfrage gesehen. Entweder eine »naturalistische« Kunst oder keine! So hart stellt sich für Zola das Problem in einer Zeit, in der die zur Oberklasse gewordene Bourgeoisie durch die Verwaltung der »Wissenschaft« ihre Macht ausbaut und die Auseinandersetzung mit ihr für den Künstler unausweichlich wird. Die Erwartungen in die »Wissenschaft«, so unterschiedlich die Vorstellungen darüber bei Comte, Renan, Zola auch sein mögen, sind grenzenlos. Nichts an Material, an experimentell erworbenem Wissen, an Erfahrungstatsachen, wird jetzt für zu gering geachtet, um der Kunst nicht als Baustoff zu dienen. Der Erzähler ist ganz auf sie angewiesen und könnte es nicht wagen, auf sie zu verzichten oder sich gar gegen sie zu stellen.

Damit waren äußerste theoretische Positionen umrissen, die selbst schwer zu Ende gedacht werden konnten, im naturalistischen »verismo« Zolas aber bei allem, was man dagegen gesagt hat und sagen konnte, eine großartige künstlerische Rundung erfuhren. Gegen Zolas »Rougon-Macquart« hat ein Monumentalroman wie Prousts »A la Recherche du Temps perdu« von der künstlichen Oase der »refeudalisierten Bourgeoisie« her eine Exklusivität geschaffen, die Zola fremd war, die eine thematische und soziale Verengung verrät und mit der

Verehrung des Müden und zum Tode Geborenen große Ideale des in Frankreich im 19. Jahrhundert zu seinen höchsten Leistungen geführten Romans für ungültig erklärt.

Um was es im »Roman« als erzählender Prosa geht, wird in diesem Zeitalter unmißverständlich demonstriert. Es geht um große Leidenschaften, Verbrechen, Laster, Perfidien, Betrug, um Störungen des Gleichgewichts, die in Aufruhr stürzen, das bedingungslose Vertrauen in den Genuß kennen, den Genuß als Episode, der den Genießenden auf die Leidensseite hinüberzieht. Die Moral als jeweils statistische Mittellage zwischen Nutzen und Schaden hat die Funktion, die Amoral herauszufordern, von ihr Bewegung ausgehen zu lassen, Verwicklungen zu zeigen, die Leidenschaften in den Fall hineinzutreiben. Aber die Moral wird dabei auch immer in der Krise gesehen. Sie läßt, indem sie in der Anwendung dargestellt wird, einen Blick in ihren Mechanismus zu. Dabei ist sie nichts Feststehendes, sondern von den Wandlungen hervorgebracht, die Frankreich seit 1789 in immer rascherer Folge durchmacht, nachdem die Bourgeoisie als Klasse des Fortschritts sich an die Spitze gesetzt hat und im weiteren Aufstieg wie in der Unterbrechung ihrer Herrschaft von 1799–1816, ja noch in den Rückschüben von 1816–1830 unterirdisch den Umbau der Gesellschaft vorwärtstreibt. Die Weiterbildung des gesellschaftlichen Organismus führt zum immer bewegteren Austausch von Schichten innerhalb der aufsteigenden Klasse selbst und damit zu einer beständigen Veränderung ihres Charakters. Die Interessenlage ihrer ökonomisch entwickeltesten Schicht, der »financiers«, Bankiers, Fabrikanten, die auf der Seite der Revolution Louis Philippes gegen die altroyalistischen Seigneurs stehen und maßgeblich an ihrem Gelingen teilhaben, ist 1848, als es gilt, eine neue Revolution abzuwehren, eine andere geworden. Selbst mit der erfolgreichen Niederschlagung der Aufständischen kann diese sogenannte »Rotüre« die Schwierigkeiten nicht verheimlichen, in die sie geraten ist, die sie aus eigener Kraft auf längere Sicht zu bewältigen sich außerstande sieht und die sie bei der cäsaristischen Monarchie Zuflucht suchen läßt.

Das Zweite Kaiserreich reißt in den Verhältnissen hoher Kapitalisierung, der raschen Bildung neuer Großvermögen noch bestehende seigneuriale Formationen weiter ein, zwingt Teile von ihnen zum Abstieg, versorgt die Bourgeoisie aus bäuerlichem und kleinbürgerlichem Reservoir, besorgt deren schnelleren Schichtenwechsel, läßt insbesondere die Angehörigen der Mittelklasse in die hohen Ränge der Administration eindringen. Dieses von Zola aufgezeigte Fazit bestätigt, daß die große Romanprosa, die uns mehr als alle Statistik lebendigen Aufschluß über die Bewegungen des Gesellschaftskörpers von 1830 bis zur Jahrhundertwende als einen vorläufigen Abschluß gibt, verschiedene Zeitstadien aus ganz verschiedener Perspektive in ganz verschiedener Widerspiegelung aufzeigt und niemals unabhängig von der jeweiligen Phase der Umbildung ist. Das betrifft auch die künstlerische Seite, die als rational Unwägbares alles schematisch Gegebene abstreift, es hinter sich läßt. Natürlich ist Stendhals »Chartreuse« in ihrer Komposition aus zwei selbständigen Handlungsteilen etwas »ganz Anderes« als ein Surrogat der Zeitgeschichte. Balzac, der sich selbst als Soziologe versteht, durchbricht im Erzählen immer wieder die von ihm aufgebauten, sich durchdringenden und sich abstoßenden Klassenkader durch eine herzzerreißende oder haarsträubende Geschichte, die alles Interesse an sich zieht. Flaubert hat sich als Romancier vom Koordinatenkreuz der französischen Gesellschaft völlig gelöst, ist nicht nur »objektiver« Berichterstatter, sondern macht sich selbst zum leidenden Objekt seiner Berichterstattung, indem er als Subjekt in sie eingeht. Selbst Zola mit seiner ausgesprochen naturalistisch-photographistischen Wiedergabe-Kunst dringt auf den besten Seiten von »Germinal«, am Ende der »Nana« und noch in den wild-drastischen Szenen von »L'Assommoir« über die Wirklichkeit des sozial Gegebenen hinaus. Das »je ne sais quoi« des großen Kunstwerkes zieht es aus dieser Wirklichkeit wieder heraus, die es darstellen will, macht es unzugänglich von der Seite kurzschlüssiger Wirklichkeitstreue.

Welcher Weg war in etwas mehr als achtzig Jahren in Frankreich zurückgelegt worden? Es war der Weg von Republik zu Republik, von der Ersten bis zur Dritten. 1789 hatte das Frankreich der Bourgeoisie, wie sich später herausstellen sollte, sich an der Spitze der gesellschaftlichen und politischen Entwicklung in Europa befunden. Sie hatte zweimal das Königtum und Kaisertum hinter sich bringen müssen, bis es ihr beim dritten Anlauf mit Hilfe der Deutschen und Bismarcks, der kein dynastisches Frankreich wünschte, im Anschluß an den Krieg von 1870/71 gelang, eine historische Monarchie zu verabschieden und zum ersten Mal einen europäischen Großstaat auf Dauer in eine Republik zu verwandeln. Es war dies der Weg gewesen, den die großen Realisten erzählerisch begleitet hatten.

Anmerkungen

1 Vgl. P. Guilhiermoz, Essai sur l'origine de la noblesse en France au Moyen Age, Paris 1902, 1.
2 C. Boulainvilliers, Essais sur la noblesse de France, Amsterdam 1732, VII.
3 Vgl. Jean Meyer, noblesse et pouvoir dans L'Europe d'Ancien Régime, Paris 1973, 28 ff.
4 Vgl. Joseph Aynard, La bourgeoisie française, Paris 1934, 391.
5 Karl Marx / Friedrich Engels, Werke, Berlin (Dietz) 26, 20
6 Vgl. Henri Sée, La France économique et sociale au XVIIIᵉ siècle, Paris 1924, 124.
7 Arnold Hauser, Sozialgeschichte der Kunst und der Literatur, München 1969, 541.
8 Vgl. La Comédie Humaine (Pléiade) I, 87.
9 Joseph Aynard a.a.O. 451.
10 Vgl. (Pléiade) I, 65.
11 Michelet vgl. a.a.O. I, 585.
12 Weltgeschichtliche Betrachtungen, Gesammelte Werke IV, Basel 1954, 134.
13 Lorenz von Stein, Der Begriff der Gesellschaft und die soziale Geschichte der französischen Revolution bis zum Jahre 1830, Leipzig 1855², 228.
14 Vgl. Les Origines de la France contemporaine, Paris 1876 I, 429 f.
15 Vgl. Augustin Thierry, Essai sur l'histoire de la formation et du progrès du Tiers État, Œuvres complètes, Paris 5, 1853, 222.
16 Vgl. Œuvres (Pléiade), 117.
17 Staat und Revolution, Werke (Dietz) 25, 424.
18 Histoire de la littérature française, Paris 1936, 95.
19 Vgl. Œuvres complètes, Paris 1877, 8, 25.
20 Ibid. 8, 151.
21 Vgl. Œuvres complètes V, 225.
22 Vgl. Œuvres complètes (Pléiade) II, 355.
23 Vgl. Pierre Barbéris, Balzac et le Mal du Siècle, Paris I, 271.
24 Leipzig 1855², 76.
25 Vgl. Barbéris a.a.O. I, 97.
26 Arnold Hauser, Sozialgeschichte der Kunst und der Literatur, a.a.O., 813.
27 Vgl. Das Paris des Second Empire bei Baudelaire, Gesammelte Schriften, hg. von Rolf Tiedemann u. Hermann Schweppenhäuser I/2, Frankfurt/M. 1974, 538 ff.
28 Vgl. Histoire de la littérature française a.a.O., 350.
29 Vgl. ibd., 536.
30 Werner Krauss, Studien und Aufsätze, Berlin 1959, 69.
31 Arnold Hauser, a.a.O., 752.
32 Vgl. Pierre Martino, Stendhal, Paris 1934², 293.
33 Vgl. éd. P. Martino, Paris 1954, 204.
34 Vgl. Nouveaux Essais de critique et d'histoire, Paris 1914⁹, 252 ff.
35 Vgl. Œuvres (Pléiade) I, 103.
36 Vgl. A. Thibaudet, Stendhal, Paris 1931, 123.
37 Vgl. Kap. 44.
38 Vgl. Œuvres (Pléiade) I, 105.
39 Vgl. Œuvres (Pléiade) I, 691.
40 Albert Thibaudet, Stendhal, a.a.O., 174.
41 Georg Lukács, Probleme des Realismus III, Werke 6, Neuwied 1965, 498.
42 Ecce Homo (Warum ich so klug bin §3)

43 Vgl. Œuvres (Pléiade) II, 869. Dies und folgendes vom 25. Mai 1840.
44 Vgl. Maurice Bardèche, Stendhal romancier, Paris 1947, 465.
45 Vgl. Nouveaux Essais a.a.O., 246.
46 Hugo Friedrichs, Drei Klassiker des französischen Romans. Stendhal, Balzac, Flaubert, Frankfurt 1966[5], 41.
47 Vgl. Œuvres (Pléiade) I, 674 f.
48 Ecce Homo (Warum ich so klug bin §3).
49 Œuvres (Pléiade) II, 346.
50 Vgl. Œuvres Intimes (Pléiade) 419.
51 Vgl. Œuvres Intimes a.a.O. 418
52 Vgl. Œuvres (Pléiade) V, 266.
53 Vgl. Œuvres (Pléiade) V, 266.
54 Henri Sée, La vie économique de la France sous la monarchie censitaire, Paris 1927, 13.
55 Vgl. Seigneurie française et manoir anglais, Paris 1960, 137.
56 III (Dietz), 49.
57 Vgl. Œuvres (Pléiade) XI, 344.
58 Henri Sée, Französische Wirtschaftsgeschichte, Jena 1936, II, 156.
59 Vgl. Œuvres (Pléiade) XI, 418.
60 Œuvres (Pléiade) IV, 677.
61 Vgl. Félicien Marceau, Balzac et son monde, Paris 1955, 380 f.
62 Vgl. Œuvres (Pléiade) I, 80.
63 Vgl. Œuvres (Pléiade) I, 414.
64 Vgl. Œuvres (Pléiade) VI, 67.
65 Vgl. Œuvres (Pléiade) VI, 67.
66 Vgl. Œuvres (Pléiade) I, 480 f.
67 Das Kapital, Berlin (Dietz) I, 615.
68 Vgl. Œuvres (Pléiade) VI, 481.
69 München 1921, I, 147.
70 Nouveaux Essais de critique et d'histoire, Paris 1865, 119.
71 Vgl. Œuvres (Pléiade) V, 266.
72 Vgl. Œuvres (Pléiade) V, 148.
73 2. Juli 1837.
74 La vie économique et les classes sociales dans l'œuvre de Balzac, Paris 1961, 260.
75 Vgl. a.a.O. 283.
76 Vgl. Œuvres (Pléiade) VIII, 11.
77 Vgl. Nouveaux Essais de critique et d'histoire, a.a.O., 66.
78 Ernst Robert Curtius, Balzac, Bern 1951[2], 201.
79 A.a.O. 169.
80 Vgl. Taine, Nouveaux Essais de critique et d'histoire, a.a.O., 122.
81 Vgl. Œuvres (Pléiade) I, 7.
82 Vgl. Maurice Bardèche, L'Œuvre de Flaubert, Paris 1974, 401.
83 Vgl. Correspondance, Paris, Conard 1926 ff., III, 405.
84 Jean Paul Sartre spricht von einer »disposition d'esprit«, die ihn die »Wörter von außen« wie Gegenstände »sehen« läßt. Vgl. L'idiot de la famille, Paris 1970, I, 27.
85 Vgl. Corr. VII, 38.
86 Vgl. L'idiot de la famille, a.a.O., I, 26.
87 Vgl. Corr. II, 362.
88 Vgl. Œuvres (Pléiade) I, 592.
89 Vgl. Œuvres (Pléiade) I, 591.

90 Vgl. Œuvres /Pléiade) II, 453.
91 Ed. Martino, a.a.O., 177.
92 Vgl. Œuvres (Pléiade) II, 840.
93 Vgl. Œuvres (Pléiade) II, 718.
94 Vgl. Corr. III, 275.
95 Vgl. Œuvres (Pléiade) II, 527.
96 Lettres inédites à Tourgueneff (Édition du Rocher), 1948, 45.
97 Vgl. Corr., VI, 276.
98 Vgl. Œuvres (Pléiade) II, 315.
99 Vgl. Œuvres (Pléiade) II, 490.
100 Vgl. Œuvres (Pléiade) I, 623.
101 Vgl. Œuvres (Pléiade) I, 469.
102 Vgl. Œuvres (Pléiade) I, 380.
103 Dies und folgendes vgl. Œuvres (Pléiade) I, 997 ff.
104 Vgl. Œuvres (Pléiade) I, 1000.
105 Probleme des Realismus III, Werke 6, 241.
106 Vgl. Œuvres (Pléiade) II, 429.
107 Vgl. Œuvres (Pléiade) I, 404.
108 Vgl. Albert Thibaudet, Gustave Flaubert, Paris 1922, 257.
109 Vgl. Œuvres (Pléiade) I, 491.
110 14. August 1853.
111 18. März 1857.
112 Vgl. Flaubert, Documents iconographiques, Paris 1948, 66.
113 Vgl. Œuvres (Pléiade) I, 39.
114 Vgl. Œuvres (Pléiade) I, 56.
115 Vgl. Œuvres Posthumes II, Paris 1910, 96.
116 Vgl. Pierre Martino, Le naturalisme français (1870–1895), Paris 1969, 56.
117 Le roman scientifique d'Emile Zola, Paris 1907, 261.
118 Vgl. Les Rougon-Macquart (Pléiade) V, 1757 f.
119 Vgl. Gérard-Noel Lameyre, Haussmann ›Préfet de Paris‹, Paris 1958, 139.
120 Vgl. Ibd., 174.
121 Frankreich und der Bonapartismus in: Aufsätze, Reden, Briefe, hg. von K. M. Schäfer, Meersburg 1929, 308.
122 Adrien Dansette, du 2 Décembre au 4 Septembre, Paris 1972, 15.
123 Vgl. Les Rougon-Macquart (Pléiade) I, 332.
124 Vgl. Corr. VI, 229.
125 Vgl. Joseph Aynard, a.a.O., 477.
126 Vgl. Œuvres (Pléiade) I, 511.
127 Vgl. Henri Sée, La Vie économique de la France sous la Monarchie censitaire, a.a.O., 161.
128 Brief vom 12. Sept. 1890 an J. Van Santem Kolff.
129 Vgl. Œuvres (Pléiade) III, 1153.
130 Vgl. Œuvres (Pléiade) I, 594.
131 Vgl. Œuvres (Pléiade) III, 1163.
132 Vgl. Œuvres (Pléiade) II, 1666 f.
133 Vgl. Sée, Französische Wirtschaftsgeschichte, a.a.O., II, 282 ff.

Bibliographie
(Auswahl)
Titel ohne Ortsangabe sind in Paris erschienen

Staat und Gesellschaft

Aynard, J., La bourgeoisie française, 1934
Baudelaire, Ch., Œuvres complètes, 2 Bde. (Bibliothèque de la Pléiade)
Beau de Loménie, E., Les responsabilités des dynasties bourgeoises, 5 Bde., 1963–1977
Bellesort, A., La socitété française sous Napoléon III, 1960
Benjamin, W., Das Paris des Second Empire bei Baudelaire, Gesammelte Schriften. Unter Mitwirkung von Th. W. Adorno u. G. Scholem, hg. von R. Thiedemann u. H. Schweppenhäuser, I/2, Frankfurt/M. 1974
Burckhardt, J., Weltgeschichtliche Betrachtungen, Gesammelte Werke IV, Basel 1954
Bloch, M., Seigneurie française et manoir anglais, 1960
Boulainvilliers, C., Essais sur la noblesse de France, Amsterdam 1732
Buonarroti, Ph., La conspiration pour l'égalité de Babœuf, 2 Bde., Bruxelles 1828
Chevalier, L., La formation de la population parisienne au XIXe siècle, 1950
– Classes laborieuses et classes dangereuses à Paris dans la première moitié du XIXe siècle, 1958
Comte, Aug., Cours de philosophie positive, 1839–1842
– Discours sur l'esprit positif, 1844
– Système de politique positive, 1852–1854
Dansette, A., Deuxième République et Second Empire, 1942
– Le boulangisme, 1946
– Destin du catholicisme français, 1957
– du 2 Décembre au 4 Septembre, 1972
– Naissance de la France moderne. Le Second Empire, 1976
Dubois, L., Le vocabulaire politique et social en France de 1869–1872, 1962
Dunham, A. L., La révolution industrielle en France (1815–1848), 1953
Goubert, P., L'Ancien Régime, Bd. 2: Les pouvoirs, Paris 1973
Guilhiermoz, P., Essai sur l'origine de la noblesse en France au Moyen Age, 1902
Hanotaux, G., Histoire de la nation française, Bd. 5, 1929
Hauser, A., Sozialgeschichte der Kunst und der Literatur, München 1969
Heine, H., Französische Zustände (in allen Gesamtausgaben)
Hillebrand, K., Geschichte Frankreichs von der Thronbesteigung Ludwig Philipps bis zum Fall Napoleons III., 2 Bde., Gotha 1877, 1879
Kuczynski, J., Darstellung der Lage der Arbeiter in Frankreich von 1789–1848, Berlin 1967.
– Zur politischen Ideologie in Frankreich und andere Studien, Berlin 1968
Lameyre, G. N., Haussmann »Préfét de Paris«; 1958
Lenin, W. I.,Staat und Revolution, Werke (Dietz), Berlin, Bd. 25
Lhomme, J., La grande bourgeoisie au pouvoir (1830–1880), 1903
Mager, W., Frankreich vom Ancien Régime zur Moderne, Stuttgart 1980
Maître, J. de, Considérations sur la France, London 1796
Marx, K., Die Klassenkämpfe in Frankreich 1848–1850. In: Marx/Engels, Werke (Dietz), Berlin, Bd. 7
– Der 18. Brumaire des Louis Bonaparte. In: Marx/Engels a.a.O. Bd. 8
– Das Kapital: in Marx/Engels a.a.O. Bd 23–25

Matoré, G., Le vocabulaire et la société sous Louis Philippe, 1951
Meyer, J., Noblesse et pouvoir dans l'Europe d'Ancien Régime, 1973
Michelet, J., Histoire de la révolution française, 2 Bde. (Bibliothèque de la Pléiade)
Mousnier, R., Les institutions de le France sous la monarchie absolue, 2 Bde., 1974.
Proudhon, P. J., Qu' est-ce que la Propriété? 1840
Sainte-Beuve, Ch. F., Port Royal, 5 Bde. 1866³, 3 Bde. (Bibliothèque de la Pléiade)
– Causeries du lundi, 15 Bde., 1851–62
– Lundis et Nouveaux Lundis (Bibliothèque de la Pléiade)
Saint-Simon, C. H., Catéchisme des Industriels, 1823
Sée, H., La France économique et sociale au XVIIᵉ siècle, 1965
– L'Évolution commerciale et industrielle de la France sous l'ancien régime, 1925
– La vie économique de la France sous la monarchie censitaire, 1927
– Französische Wirtschaftsgeschichte, 2 Bde., Jena 1930–36
Stein, L. v., Geschichte der sozialen Bewegung in Frankreich von 1789 bis auf unsere Tage, 3 Bde., Leipzig 1855², Neudruck München 1921, Hildesheim 1959
Taine, H., De l'Intelligence, 2 Bde., 1870
– Les origines de la France contemporaine, 6 Bde., 1875–93
– Philosophie de l'art, 2 Bde., 1885
– Essais de critique et d'histoire, 1874³
– Nouveaus Essais de critique et d'histoire, 1865, 1914⁹
– Derniers Essais de critique et d'histoire, 1894
Thiers, A., Histoire de la révolution française, 20 Bde., 1823–27
Thierry, Aug., Œuvres complètes, 8 Bde., 1846–1847, 10 Bde., 1855
Tocqueville, A. de, Œuvres complètes, Bd. 8, 1877
Treitschke, H. v., Frankreich und der Bonapartismus. In: Aufsätze, Reden, Briefe, hg. von K. M. Schäfer, Meersburg 1929

*Französischer Roman
des 19. Jahrhunderts*

Astier, P., La crise du roman français et le nouveau réalisme, 1968
Auerbach, E., Mimesis. Dargestellte Wirklichkeit in der abendländischen Literatur, Bern 1971⁵
Beuchat, Ch., Histoire du naturalisme français, 2 Bde., 1949
Chateaubriand, F. R. de, Œuvres romanesques et voyages, 2 Bde. (Bibliothèque de la Pléiade)
Mémoires d'outre-tombe, 2 Bde. (Bibliothèque de la Pléiade)
Constant, B., Œuvres, éd. J. Chevalier (Bibliothèque de la Pléiade)
Citron, P., La poésie de Paris dans la littérature française de Rousseau à Baudelaire, 1961
Dumesnil, R., Le Réalisme, 1936
– Le Réalisme et le Naturalisme, 1962
Engler, W., (Hg.), Der französische Roman in 19. Jahrhundert, Darmstadt 1976
Friedrich, H., Drei Klassiker des französischen Romans. Stendhal, Balzac, Flaubert, Frankfurt 1973⁷
Giraud, R., The unheroic Hero in the Novels of Stendhal, Balzac and Flaubert, New York 1957
Goldmann, L., Pour une sociologie du roman, 1964
Goncourt, E. u. J. de, Œuvres complètes, publ. par l'Académie Goncourt, 1931–36
– Journal des Goncourt, 24 Bde., éd. R. Ricatte, 1959

Heiss, H., Die romanischen Literaturen des 19. u. 20. Jahrhunderts, Potsdam 1935
Heitmann, K., Der Immoralismus-Prozeß gegen die französische Literatur im 19. Jahrhundert, Bad Homburg-Berlin-Zürich 1970
– Der französische Realismus von Stendhal bis Flaubert, Wiesbaden 1979
Hugo, V., Œuvres complètes, 35 Bde., 1948–55
Huysmans, J. K., Œuvres complètes, 23 Bde. 1929–34
Jauß, H. R., Zeit und Erinnerung in Marcel Prousts »A la recherche du temps perdu«, Frankfurt/M., 1986[2]
Klemperer, V., Geschichte der französischen Literatur im 19. u. 20. Jahrhundert, 2 Bde., Berlin 1956
Köhler, E., Esprit und arkadische Freiheit, Frankfurt/M., 1972[2]
– Vorlesungen zur Geschichte der französischen Literatur, Stuttgart 1983 ff.
Krauss, W., Studien und Aufsätze, Berlin 1959
Lukács, G., Probleme des Realismus III, Werke 6, Neuwied 1965
Mann, H., Essays, Düsseldorf 1960
Mann, Th., Die Kunst des Romans (1939), Gesammelte Werke X, Frankfurt/M., 1974[2]
Martino, P., Le roman réaliste sous le Second Empire, 1913
– Le naturalisme français, 1969
Maupassant, G. de, Œuvres complètes, 16 Bde., Lausanne 1961–62
– Oeuvres posthumes, 1910
Minder, R., Literatur in Deutschland und Frankreich, Frankfurt 1962
– Paris in der neueren französischen Literatur (1770–1890), Wiesbaden 1965
Naumann, M., Prosa in Frankreich. Studien zum Roman im 19. Jahrhundert, Berlin 1978
Raimond, M., Le roman depuis la Révolution, 1969[3]
Sue, Eug., Les mystères de Paris, 10 Bde., 1843
Schalk, F., Über Historie und Roman im 19. Jahrhundert. In: Dargestellte Geschichte in der europäischen Literatur des 19. Jahrhunderts, Frankfurt/M., 1970
Senancourt, E. P. de, Obermann, éd. A. Mongold, 1947
Thibaudet, A., Histoire de la littérature française de 1789 à nos jours, 1936
Vigny, A. de, Œuvres complètes, éd. F. Baldensberger (Bibliothèque de la Pléiade)
Weinberg, B., French Realism. In: The Critical Reaction (1830–1870), London-New York 1973

Stendhal

Literatur zu Stendhal ist gesammelt in den Jahrgängen des Stendhal Club Lausanne: Bibliographie stendhalienne, Année 1983 par V. Del Litto und vorausgehenden Nummern.

La critique stendhalienne de Balzac à Zola, éd. E. J. Talbot, New York 1979

Abravanel, E., Stendhal (1783–1983). Catalogue de près de 800 numéros concernant Stendhal et son œuvre, Aran 1984
Barbin, M., Stendhal et L'Europe. Catalogue, 1983/84

Œuvres complètes, éd. P. Arbelet et E. Champion, 37 Bde., 1913–1939, Nachdruck Genf 1969
– éd. H. Martineau (Le Divan), 79 Bde., 1927–1937
Romans et Nouvelles, éd. H. Martineau, 2 Bde. (Bibliothèque de la Pléiade)

Souvenirs d'Egotisme, éd. P. Martino, 1954
Œuvres intimes, éd. H. Martineau (Bibliothéque de la Pléiade)
Correspondance, éd. H. Martineau et V. Del Litto (Bibliothéque de la Pléiade) 3 Bde.

André, R., Ecriture et pulsions dans le roman stendhalien, 1977
Attuel, J., Le style de Stendhal, 1980
Baatsch, H. A., La neige ou le bleu. Une vie de Stendhal, 1983
Bardèche, M., Stendhal romancier, 1977
Bayard, P., Symptome de Stendhal, Paris 1979
Blin, G., Stendhal et les problèmes du roman, 1954
– Stendhal et les problèmes de la personnalité, 1958
Blum, L., Stendhal et le beylisme, 1947[2]
Boll-Johansen, H., Stendhal et le roman, Aran 1979
Brombert, V., Stendhal et la voie oblique, 1954
Castex, P. G., Le Rouge et le Noir de Stendhal, 1967
Crouzet, M., Stendhal et le langage, 1981
– La vie de Henry Brulard ou l'enfance de la révolte, 1982
– Stendhal et l'Italianité, 1982
Guerin, M., La politique de Stendhal, 1982
Hemmings, F.W.J., Stendhal. A Study of his Novels, Oxford 1964
Imbert, H. F., Les métamorphoses de la liberté ou Stendhal devant la Restauration et le Risorgimento, 1973
Jacobs, H. C., Stendhal und die Musik, Frankfurt-Bern-New York 1983
Jones, G. C., L'ironie dans les romans de Stendhal, Lausanne 1967
Krömer, W., Stendhal, Darmstadt 1978
Landry, F., L'imaginaire chez Stendhal, Lausanne 1982
Del Litto, V., La vie de Stendhal, 1965
Magnani, L., L'idea della Chartreuse, Torino 1980
Martineau, H., L'œuvre de Stendhal. Histoire de ses livres et de sa pensée, 1966[2]
Martino, P., Stendhal, 1934[2]
Mathis, U., Wirklichkeitssicht und Stil in »Le Rouge et le Noir«, Genève 1978
Michel, F., Études stendhaliennes, 1972
Mitchel, J., Stendhal »Le Rouge et le Noir«, London 1973
Mouillaud, G., »Le Rouge et le Noir« de Stendhal. Le roman possible, 1973
Richard, J. P., Littérature et sensation, 1954
Rude, F., Stendhal et la pensée sociale de son temps, 1967
Strickland, G., Stendhal. The Education of a Novellist, London 1974
Théodoridès, J., Stendhal du coté de la science, Aran 1972
Trout, P., La vocation romanesque de Stendhal, 1970
Tompson, C. W., Le jeu de l'ordre et de la liberté dans »La Chartreuse de Parme«, Aran 1982

Balzac

Royce, W. H., A Balzac bibliography, Chicago 1929–1937
Pierrot R. u. Rancoeur R., L'Année balzacienne (enthält fortlaufende Bibliographie)

Œuvres complètes, éd. M. Bouteron et H. Longnon, 40 Bde., 1912–1940 (Conard)
– La Comédie Humaine, éd. M. Bouteron, 11 Bde. (Bibliothèque de la Pléiade), 1940–1959

Correnspondance, éd. R. Pierrot, 5 Bde., 1960–1969
Lettres à Mme Hanska, éd. R. Pierrot, 4 Bde., 1967–1972

Allemand, A., Honoré de Balzac, Création et passion, 1965
Amblard, M.-C., L'œuvre fantastique de Balzac, 1972
Barbéris, P., Balzac, Une mythologie réaliste, 1971
– Balzac et le Mal du siècle, 2 Bde., 1972
– Le monde de Balzac, 1973
Bardèche, M., Une lecture de Balzac, 1970
Bayard, P., Balzac et le troc de l'imaginaire, 1978
Béguin, H., Balzac visionnaire, 1946
Berry, M., Balzac, 1972
Bilodeau, O., Balzac et le jeu des mots, Montreal 1971
Borel, J., Médicine et psychiatrie balzaciennes. La science dans le roman, 1971
– Proust et Balzac, 1975
Bouteron, M., Études balzaciennes, 1954
Brumm, B., Marxismus und Realismus am Beispiel Balzac, Frankfurt/M.-Bern 1982
Butler, R., Honoré de Balzac and the French Revolution, London 1983
Chollet, R., Balzac journaliste, 1983
Curtius, E. R., Balzac, Bonn 1923, Bern 1951
Donnard, J. H., Les réalités économiques et sociales dans la Comédie Humaine, 1961
Faillie, M.-H., La femme et le Code Civil dans la Comédie Humaine, 1961
Forest, J., L'aristocratie balzacienne, 1973
– Des femmes de Balzac, Montreal 1984
Fortassier, Les mondains de »La Comédie humaine«, 1974
Gauthier, H., L'image de l'homme intérieur chez Balzac, Genève 1984
Guyon, B., La pensée politique et sociale de Balzac, 1969^2
Hunt, H. J., Balzacs Comédie Humaine, London 1959
Laubriet, P., L' intelligence de l'art chez Balzac, 1961
Lecour, Ch., Les personnages de la Comédie Humaine, 2 Bde., 1966
Lévy-Delpla, L., »Illusions perdues«. Analyse critique, 1983
Longaud, F., Dictionnaire de Balzac, 1969
Lotte, F., Dictionnaire biographique des personnages fictifs de la Comédie Humaine, 1952; Supplément 1956
Lukács, G., Balzac und der französische Realismus. In: Werke IV, Neuwied 1965
Marceau, F., Balzac et son monde, 1970^2
Maurois, A., Prométhée ou la vie de Balzac, 1965
McCarthy, M. S., Balzac and his reader, Columbia and London 1983
McCormik, D. F., Les nouvelles de Balzac, 1973
Michel, A., Le mariage chez Balzac, 1978
Mozet, N., La ville de provence dans l'œuvre de Balzac, 1982
Myrdal, J., Balzac und der Realismus, Berlin 1978
Penceau, A., Paysages et destins balzaciens, 1974
Pradalié, G., Balzac historien. La société de la Restauration, 1955
Saint-Paulien, Napoléon, Balzac et l'Empire de la »Comédie humaine«, 1980

Flaubert

Oeuvres complètes, éd. R. Dumesnil, 26 Bde., 1930–1954 (Conard)
- éd. R. Dumesnil, 2 Bde. (Bibliothèque de la Pléiade)
Correspondance I–IX, 1926–1933; supplement I–IV, 1954
Édition établie d'après les mss. inédits de Flaubert ... par la Société des Études littéraires françaises. Nouv. éd. 1–15, 1971–76
Lettres inédites à Tourgueneff (Edition du Rocher) 1948
Gesammelte Werke, 10 Bde., hg. von E. W. Fischer, Minden 1910
Gesammelte Werke, 6 Bde., hg. von W. Weigand, München 1923
Flaubert, Numéro spécial de la »Revue Europe«, 1969

Améry, J., Charles Bovary, Landarzt. Porträt eines einfachen Mannes, Stuttgart 1978
Bardèche, M., L'œuvre de Flaubert, 1974
Bem, J., Clefs pour L'Éducation sentimentale, 1981
Beyerle, M., »Madame Bovary« als Roman der Versuchung, Frankfurt/M. 1975
Binswanger, P., Die ästhetische Problematik Flauberts, Frankfurt/M. 1934
Bopp, L., Commentaires sur Madame Bovary, Neufchâtel 1951
Brombert, V., The Novels of Flaubert. A Study of Themes and Techniques, Princeton 1966
Brunneau, J., Les débuts littéraires de Gustave Flaubert, 1831–1845, 1963
Castex, P.-G., Flaubert, L'Éducation sentimentale, 1970
Cogny, P., »L'éducation sentimentale« de Flaubert. Le monde en creux, 1975
Czyba, L., Mythes et idéologie de la femme dans les romans de Flaubert, Lyon 1983
Danger, P., Sensations et objets dans le roman de Flaubert, 1973
Demorest, D. L., L'expression figurée et symbolique dans l'œuvre de G. Flaubert, 1931; Nachdruck Genf 1969
Degering, Th., »Madame Bovary«. Interpretation, München 1983
Descharmes, R. et Dumesnil, R., Autour de Flaubert, 1911
Digeon, C., Flaubert. Sa vie et son œuvre, 1970
Douchin, J.-L., Le sentiment de l'absurde, 1970
- Le bourreau de soi-même. Essai sur l'itinéraire intellectuel de Flaubert, 1984
Dumesnil, R., Flaubert. Son hérédité, son milieu, sa méthode 1906; Nachdruck Genf 1969
- L'Éducation sentimentale de G. Flaubert (1869), 1962²
- Flaubert. Documents iconographique, 1948
- Madame Bovary. Étude et analyse, 1958
Duquette, J. P., Flaubert ou l'architecture du vide. Une lecture de »L' éducation sentimentale«, Montreal 1972
Durry, M. J., Flaubert et ses projets inédits, 1950
Fairlie, A., Madame Bovary, London 1962
Ferrère, E.-L., L'esthétique de Flaubert, 1913; Nachdruck 1966
Frey, G. W., Die ästhetische Begriffswelt Flauberts (Freiburger Schriften zur Romanischen Philologie, Bd. 21), München 1972
Gauger, H. M., Der vollkommene Roman. Madame Bovary, München 1983
Gaultier, Jules de, La philosophie du bovarysme, 1911
Gothot-Mersch, C., La genèse de Madame Bovary, 1966
Grosshäuser, W., Flaubertismus und Bovarysmus, Tübingen 1923
Hardt, M., Flauberts Spätwerk. Untersuchungen zu Bouvard et Pécuchet (Analecta Romanica, Heft 27), Frankfurt/M. 1970

Herval, R., Les véritables origines de Madame Bovary, 1957
Jauss, H. R., Die beiden Fassungen von Flauberts L'Éducation sentimentale. In: Heidelberger Jahrbücher 2, 1958
Krömer, W., Flaubert, Darmstadt 1980
LaCapra, D., »Madame Bovary« on trial, London 1982
Lattre, Alain de, La bêtise de Emma Bovary, 1981
Leleu, G., Madame Bovary. Ébauches et fragments inédits, 2 Bde. 1936
Marcuse, L., Obszön, München 1962
Maupassant, G. de, Étude sur Flaubert, 1885
Mayer, H., Madame Bovary. In: H. M., Deutsche Literatur und Weltliteratur, Berlin 1957
Moser, W., »L'éducation sentimentale« de 1869, 1981
Nadeau, M., G. Flaubert écrivain, 1969
Proust, M., A propos du style de Flaubert. In: Chroniques, 1936
Reboussin, M., Le drame spirituel de Flaubert, 1973
Robert, M., En haine du roman. Etude sur Flaubert, 1982
Sartre, J. P., L'idiot de la famille, 3 Bde. 1970ff., deutsch Reinbek 1977.
Starkie, E., The Making of the Master, London 1967
Suffel, J., Gustave Flaubert, 1958
Thibaudet, A., Gustave Flaubert. Sa vie, ses romans, son style, 1922, Neuausgabe 1965
Vargas Llosa, M., L'orgie perpétuelle, 1978
Venzac, G., Au pays de Madame Bovary, 1957
Vial, A., Le dictionnaire de Flaubert ou le rire d'Emma Bovary, 1974
Wetherill, P. M., Flaubert et la création littéraire, 1964

Zola

Fortlaufende Bibliographie erscheint in der Zeitschrift
Les cahiers naturalistes. Bulletin officiel de la société des Amis de Émile Zola. Dir. Mitterand, 1956f.

Le Blond, M. u. Le Blond, J. C., Émile Zola dans la presse parisienne d'entre deux guerres. In: Les cahiers naturalistes 13, 1967
Mitterand, H., Sulawa, H., Ripoll, R., Émile Zola journaliste. Bibliographie chronologique et analytique, 2 Bde., 1969/72
Balzer, H., Bibliographie d'Émile Zola en République Democratique Allemagne depuis 1945. In: Europe 468/69 (1968), S. 232–233
Patterson, J. G., A Zola dictionary: the characters of the Rougon-Macquart novels of Émile Zola, Nachdruck d. Ausg. 1912, Hildesheim 1973
Becker, C. (éd.), Les critiques de notre temps et Zola, 1972
Nelson, B., Zola. A selective analytical bibliography, London 1982
Baguley, D. B., Bibliographie de la critique sur Zola, Toronto 1982

Œuvres complètes, éd. M. Le Blond, 48 Bde., 1927–29 et Correspondance (1858–1902), 2 Bde., 1928
– éd. H. Mitterand, 15 Bde., 1966–1970
Les Rougon-Macquart, éd. H. Mitterand, 5 Bde. (Bibliothèque de la Pléiade)
Meister-Romane in 8 Bdn., Stuttgart 1911
Deutsche Gesamtausgabe, Bd. 1–3 (unabgeschlossen), München 1925
Roman-Serie Die Rougon-Macquart, Bd. 1–20, München 1923–25, 1927[2]

Die Rougon-Macquart in Einzelausgaben, Bd. 1–20, München 1974–77

Baillot, A., Émile Zola, l'homme, le penseur, le critique, 1925
Barbusse, H., Zola., 1932
– Émile Zola. Der Roman seines Lebens, Wien 1932
Batilliat, M., Émile Zola 1931
Bernard, M., Zola, 1976
Bertrand-Jennings, Ch., L'Éros et la femme chez Zola, 1977
Bonnefis, Ph., L'innommable. Essai sur l'œuvre de Zola, 1984
Borie, J., Zola et les mythes ou de la nausée au salut, 1971
Boussel, P., L'affaire Dreyfus et la presse, 1960
Brady, P., Le bouc émissaire chez Zola, Heidelberg 1981
Budka, M., Wandlungen in der Zolakritik, Wien 1970
Cogny, P., Zola et son temps, 1978
Dangelzer, J. Y., La description du milieu dans le roman français de Balzac à Zola, 1938
Daus, Ronald, Zola und der französische Naturalismus, Stuttgart 1976
Descotes, M., Le personnage de Napoleon III dans les Rougon-Macquart, 1970
Dezalay, Aug., Expression et répétition dans les »Rougon-Macquart«, 1980
Doisy, G., Clés pour »Les Rougon-Macquart«, 1974
Dubois, Jacques, »L'Assommoir« de Zola. Société, discours, idéologie, 1973
Euvrard, M., Émile Zola, 1966
Frandon, I. M., La pensée politique de Zola, 1959
Fréville, J., Zola. Semeur d'orages, 1952
Guillemin, H., Zola. Légende ou vérité, 1960
– Présentation des Rougon-Macquart, 1964
– Émile Zola. Sa vie, le sens de son œuvre, Bruxelles 1971
Gumbrecht, H. U., Zola im historischen Kontext. Für eine neue Lektüre des Rougon-Macquart-Zyklus, München 1978
Hamon, Ph., Le personnel du roman. Le system des personnages dans les »Rougon-Macquart« de Zola, Genève 1983
Hemmings, F. W. J., Émile Zola, Oxford 1966[2]
Herriot, E., Émile Zola et son œuvre, 1935
Korn, K., Zola in seiner Zeit, Frankfurt 1980
Krakowski, A., La condition de la femme dans l'œuvre de Zola, 1968
Lattre, A. de, Le réalisme selon Zola, 1975
Lejeune, P., »Germinal«, un roman anti-peuple, 1978
Mann, H., Zola, Leipzig 1962
Mann, Th., Fragment über Zola (1952), Gesammelte Werke X, Frankfurt/M. 1974[2]
Martineau, H., Le roman scientifique d'Émile Zola, Paris 1907
Mitterand, H., Zola journaliste. De l'affaire Manet à l'affaire Dreyfus, 1962
Morel, P., L'outil et la machine dans l'œuvre romanesque de Zola, Bordeaux 1984
Müller, P., Zola. Der Autor im Spannungsfeld seiner Epoche, Stuttgart 1981
Nelson, H. J., Zola and the bourgeoisie, Oxford 1979
Neuschäfer, H. J., Zola und die Mythen des Industriezeitalters, München 1976
Paul, Louis, Les types sociaux chez Balzac et Zola, 1925
Psichari, H., Anatomie d'un chef d'œuvre: »Germinal«, 1964
Ratier, H., Le regard de Zola sur la société conflictuelle de son temps, Nantes 1982
Ripoll, R., Zola journaliste, 1972
– Réalité et mythe chez Zola, 1977
Romains, J., Zola et son exemple, 1954

Schmidt, G., Die literarische Rezeption des Darwinismus, Berlin 1974
Serres, M., Feux et signaux de brume, 1975
Stefan, M., Les métamorphoses de la grande ville dans les »Rougon-Macquart«, 1966
Ternois, R., Zola et son temps, 1961
Toubin-Malinas, C., La condition de la femme au XIXe siècle à travers »Fécondité« de Zola, Lyon 1979
Vial, A. M., »Germinal« et le socialisme de Zola, 1975
Walter, G., Émile Zola. Der Deuter des Fin de siècle, München 1959
Wilson, A., Émile Zola, London 1952
Zévaès, A., Zola, 1946

Zeittafel der Regierungssysteme in Frankreich seit den Anfängen des Absolutismus

Die Regierungszeit *Ludwigs XIII.* (1610-1643) mit Richelieu als allmächtigem Minister zeigt Frankreichs politische Vorherrschaft in Europa an, wo es durch bedeutende diplomatische Erfolge, insbesondere dann am Ende des Dreißigjährigen Kriegs bei der konfessionellen Aufteilung Deutschlands in zahlreiche Territorialfürstentümer, zusammen mit Schweden eine Schiedsrichterfunktion einnimmt. Gründung der »Académie« durch Richelieu, der zugleich die gegen das Königtum aufbegehrenden Feudalherrschaften gegebenenfalls mit Hilfe des Henkerbeils in Schach hält.

Während der Regierungszeit *Ludwigs XIV.* (1643-1715) befinden sich die Staatsgeschäfte zunächst in den Händen des Kardinals Mazarin, bis sie nach seinem Tod 1661 der König selbst übernimmt. Frankreich ist jetzt in vollen Zügen dabei, die führende Rolle in Sprache, Literatur, Architektur, Gartenkunst, Stil, Geschmack, Zeremoniell zu spielen und das ganze höfische Europa von seinem Anspruch zu überzeugen, den es auch immer politisch zu sichern bestrebt ist. Durch Stützung der bürgerlichen Kräfte sucht der König, zumal in den Kadern der Administration, das historische Übergewicht des Adels auszupendeln und damit zu mildern, was nur unzureichend gelingt. Sporadisch ausbrechende Aufstände der Adelsfronde gegen die absolute Monarchie werden, wie schon durch seinen Vorgänger, niedergeschlagen. Das merkantilistische System Colberts begünstigt Gewerbe und Handel, schützt französische Industrieerzeugnisse durch Importverbot, dem ein Exportverbot von Rohstoffen gegenübersteht, und fügt durch verordnete Getreidepreise der Landbevölkerung großen Schaden zu. Es gelingt der Monarchie, die französische Armee nach Mannschaftsstärke, Ausbildung und Ausrüstung zur ersten in Europa zu machen. Ludwigs auswärtige Kriege, darunter seine Raubfeldzüge mitten im Frieden wie die Eroberung Straßburgs und Luxemburgs, haben ihm zwar Erfolg beschert und die militärische Überlegenheit Frankreichs unter Beweis gestellt, aber es gab andere, wie etwa den niederländischen Feldzug und den spanischen Erbfolgekrieg, die ihm auf längere Sicht wenig brachten außer in allen europäischen Staaten das Ansehen eines maßlos herrschsüchtigen Souverains. Mit der Aufhebung des Edikts von Nantes 1685 wird die Religionsfreiheit abgeschafft, was den Einfluß der Jesuiten verstärkt. Beispielgebend bleibt der Prunk, der vom Hof ausgeht, auch noch dann, als der König sich mehr und mehr zu Frömmigkeitsübungen zurückzieht und jene Freudlosigkeit verbreitet, die als Folge am Hof und im ganzen Land um sich greift.

»Régence« (1715-1723). Für den erst fünfjährigen Ludwig XV., den Urenkel des Vorgängers, übernimmt der Herzog von Orleans die Regentschaft, die sozusagen als Entschädigung für die letzten traurigen Jahre außerordentlich festfreudig verläuft. Durch den schottischen money-maker John Law, der in einer eigenen Bank Papiergeld drucken ließ und verkaufte, können die Staatsschulden auf die Hälfte herabgesetzt und auch große neue Privatvermögen geschaffen werden, werden aber seine Geldgeber in den Ruin getrieben. Das Manöver Laws bedeutet die größte Umschichtungsaktion von Geldbesitz in Frankreich bis zur Revolution und hinterläßt bei der Bevölkerung Gefühle der Erbitterung.

Ludwig XV. (1715/23-1774). Die politischen und militärischen Verwicklungen, in die Frankreich unter seiner Regierung gerät, kündigen schon früh die Niederlagen an, die es in Mitteleuropa gegen Österreich, in Amerika gegen England während der kommenden Jahrzehnte einstecken muß. Diese Mißerfolge werden kompensiert durch Tyrannei und Willkür als Praxis und Stil der Monarchie, die sich auf die herrschenden Klassen übertragen. Die Pariser Bevölkerung kann zeitweilig nur durch großes Polizeiaufgebot unter Kontrolle gehalten werden, der König hat gute Gründe, Besuche in der Hauptstadt zu vermeiden. Selbst durch die zerrütteten Finanzen läßt sich der Hof in seiner Freude an Prunk und Festen nicht stören zu lassen bewegen zu einer Zeit, wo die Auspressung des Volks durch hohe Steuern auf die Spitze getrieben wird. Korruption der Beamtenschaft und religiöse Intoleranz sind an der Tagesordnung. An die Stelle der Merkantilisten treten die Physiokraten, die auf die Agrarproduktion setzen und die Lage der Bauern zeitweise verbessern.

Unter der Regierung *Ludwigs XVI.* (1774–92), Enkel seines Vorgängers, wird das Parlament einberufen und mit Turgot ein Experte zum Finanzminister ernannt, der die Staatsfronen abschafft. Gleichzeitig wird die Schuldenlast vermehrt durch die Teilnahme Frankreichs an den Kriegen gegen England in Amerika, so daß sich Turgot über längere Fristen hinweg nicht halten kann. Das Volk sieht in der Königin, der Habsburgerin Marie Antoinette, die stärkste Verkörperung der reaktionären Hofpartei. Durch beständige Staatsdefizite erfolgen mehrfache Richtungsänderungen in der Finanzpolitik mit deren schließlichen Übergang in die Hände Neckers, der vorübergehend das Budget stabilisiert und das »Recht auf Arbeit« einführt, aber nach Entlassung und Wiederernennung schließlich scheitert. Damit wird der Staatsbankrott unvermeidlich. Die gesteigerte Unzufriedenheit breiter Kreise führt zu Ausschreitungen, die in die *Revolution* vom 14. Juli 1789 übergehen. Bei der Erstürmung der Bastille tritt die Ohnmacht der Behörden und der Armee zutage. Zunächst zeigt sich ein Übergewicht der monarchisch eingestellten Revolutionäre über Mirabeau, über die aber bald die Entwicklung der weiteren Geschehnisse hinweggeht. Mit dem Sieg der »Bergpartei« als der stärksten revolutionären Fraktion beginnt der blutige Kampf gegen den Royalismus zunächst durch Danton, der später selber Opfer wird und an dessen Stelle schließlich Robespierre, das Haupt des Wohlfahrtsausschusses, tritt. Der Krieg gegen Österreich, das durch Preußen verstärkt wird, bringt anfangs wenig Erfolg, aber liefert durch die bekanntgewordene heimliche Verbindung des Hofes mit dem Feind die Gründe für die Hinrichtung des Königs. Ihr folgt später die der Königin. In der sich überschlagenden Gewaltanwendung liegen bereits die Anfänge des Übergangs in Bahnen, die das sogenannte Direktorium einschlägt. Das bedeutet Mäßigung im Innern, Ausbreitung der Revolution im Ausland durch ausgeschickte Armeen, unter denen die von Bonaparte in Italien befehligte am erfolgreichsten operiert. Eine von ihm angeführte Militärexpedition nach Ägypten scheitert, wird von ihm bei der Niederlage in Stich gelassen, befestigt aber seine Ansprüche. Im Staat beginnt jetzt ein neuer Militärdespotismus sich auszubreiten. Zugleich setzen mit der Rückkehr der Emigranten royalistische Verschwörungen ein, die aber niedergeschlagen werden. In der Staatskrise nicht zuletzt der zerrütteten Finanzen wegen darf Bonaparte es wagen, das Direktorium durch den Staatsstreich vom 18. Brumaire zu stürzen und das Konsulat einzusetzen. Er kann dabei als Militär und Mann des politischen Ausgleichs zwischen den Massen und den besitzenden Klassen seine Unangreifbarkeit beweisen. Militärische Erfolge gegen Österreich und niedergeschlagene Komplotte stärken seine Machtstellung. Er ist nicht mehr aufzuhalten. Durch Senatsbeschluß wird er 1802 Konsul auf Lebenszeit, zwei Jahre später, als Napoleon I. erblicher Kaiser.

Die Herrschaft *Napoleons* (1804–1814/15) ist unumschränkter als die je eines in Frankreich regierenden absoluten legitimen Herrschers, denn sie ist durch keine historischen Rechte und Privilegien eingeschränkt. Dazu wird ihm bald der neugestiftete Verdienst- und Militäradel helfen, den er mit konfisziertem Gut ausstattet. Im Staat setzt er eine neue konsequent zentralistische Verwaltungsstruktur und die Einführung des Code Napoléon durch. Straßenbau und Bau von Kanälen auch in den eroberten Ländern bringen eine Erneuerung des Verkehrssystems. Zur Festigung seiner Macht braucht Napoleon ihre Ausbreitung und sichert sie sich durch Kriege gegen England, Österreich, Preußen, Rußland. Der Feldzug gegen Rußland soll Krönung seiner Militärpolitik sein und leitet sein Ende ein. Durch die Allianz von Rußland, Österreich und Preußen wird sein Untergang vorbereitet und später Stufe um Stufe vollzogen. Nach der Eroberung von Paris durch die Alliierten wird Napoleon nach Elba verbannt.

König wird *Ludwig XVIII.* (1814–1824), Bruder des hingerichteten Ludwigs XVI. Damit kommt die katholisch-legitime, die später sogenannte Ältere Linie der Bourbonen wieder auf den Thron. Sie bestätigt freiheitliche Errungenschaften der Revolution, ist konstitutionell und kennt das Zweikammersystem, allerdings mit hohem Wahlzensus. Zensur und starke Polizeiautorität werden beibehalten. Diese kurze Ära wird im März 1815 unterbrochen durch die Landung Napoleons von Elba aus, der mit dem Vormarsch seiner Armee durch Südfrankreich den König zur Flucht zwingt. Mit der Entscheidungsschlacht von Waterloo, wo sich die vereinigten Preußen und Engländer Napoleon entgegenstellen, ist die sogenannte »Herrschaft der 100 Tage« zu Ende. Er selbst wird von den Engländern nach St. Helena verbannt und tritt endgültig aus der Geschichte ab. Im wiederhergestellten Königtum setzt sich jetzt ein starker katholisch-reaktionärer Kurs durch; Bonapartisten und Protestanten werden zeitweise blutig verfolgt, die Einkünfte des Klerus vermehrt, die Ehescheidung wird abgeschafft, die in Aussicht gestellte Amnestie verzögert und beschränkt. Nach außen hin herrschen Friede und der Eindruck des wirtschaftlichen Aufschwungs, an dem alle Volksklassen teilnehmen. Die Industrialisierung wird weiter vorangetrieben.

Unter *Karl X.* (1824–1830) erhält die katholische Reaktion neuen Zulauf. Ein Gesetz über die Entschädigung der Emigranten mit einer Summe in Höhe von 1 Milliarde wird in Kraft gesetzt. In der Wirtschaft macht der Ausbau der maschinisierten Industrie, des Fabriksystems, größere Fortschritte. Die weitere Einschränkung der konstitutionellen Freiheiten wird fortgesetzt, das Pressegesetz verschärft und als Neuheit für Frankreich die Todesstrafe für die Entweihung von Kirchengerät eingeführt. In der Außenpolitik sucht die legitimistische Regierung Annäherung an Rußland, um Zusagen über die Abtretung des linken Rheinufers zu bekommen. Bei der Verschärfung des Kurses seiner Politik in Nordafrika (Algier), die der König als persönlichen Erfolg für die Dynastie zu Buche schlagen möchte, bringt er die Opposition der Liberalen mit den Arbeitern als Vorhut gegen das Regime auf. Ihr Aufstand kann nicht niedergeschlagen werden. Die siegreiche Partei bringt mit dem Herzog von Orléans die sogenannte Jüngere Linie der Bourbonen an die Macht. Gescheitert war der Versuch, die Republik einzuführen.

Der neue König unter dem Namen *Louis Philippe* (1830–1848) steht vor allem für das liberale Großbürgertum, das System der Bankiers und Advokaten, der Parlamentarier, des erweiterten Wahlrechts, der Freien Presse, des unbegrenzten Gewinns. Hauptstützen der Bürgermonarchie sind Thiers und Guizot, die den Typus des ein Ministerportefeuille anstrebenden Parlamentariers verkörpern, der für Frankreich etwas Neues darstellt. Zum System gehört der Wechsel der (Mitte-Rechts, Mitte-Links) Koalitionen. Gewerbe, Industrie und Handel prosperieren und werden von großen Erwartungen auf möglichst hohen Gewinn in Gang gehalten. Es ist die Regierung, die den Ausgang der Wahlen lenkt. Die korrupten Züge der herrschenden Klassen zur Erhaltung ihrer Macht nehmen mehr und mehr zu, besonders bei den Deputierten der jeweiligen Mehrheit. So steuert die Bürgermonarchie nicht zuletzt durch Guizots Versagen der Staatskrise zu, die durch die Februarrevolution von 1848 zum Ausbruch gelangt und zur Flucht des Königs führt. Die Republikaner, darunter die Sozialisten, behaupten sich.

Eine von den Aufständischen gebildete Regierung setzt die *Zweite Republik* (1848–52) durch. Auf Antrag der Sozialisten werden »Nationalwerkstätten« zur Beschäftigung der Arbeiter eingerichtet. Ihre Auflösung kurz darauf führt zum Arbeiteraufstand (Junischlacht), der niedergeschlagen wird, wobei 10000 Arbeiter getötet und viele andere in die Gefängnisse geworfen werden. Strenge Maßnahmen richten sich hinfort gegen Presse und politische Clubs. Es folgt die Abschaffung der progressiven Besteuerung und des

»Rechts auf Arbeit«. In der Staatskrise beschließt die Nationalversammlung, bei der Präsidentenwahl durch das Plebiszit entscheiden zu lassen. Aus ihm geht als Gewinner der gemeinsame Kandidat der Monarchisten, Bonapartisten, Klerikalen und Sozialisten, der Prinz Ludwig Napoleon, hervor. Der Kaiserneffe versteht es, durch generöse Gesten, Geschenke, Beförderungen, auch durch Truppenparaden, die an die »Große Armee« Napoleons erinnern sollen, die im Volk nie untergegangene Sympathie für das Kaisertum neu zu erwecken mit dem Ziel seiner Restaurierung. Im Juni 1851 kann er den Staatsstreich wagen, das Parlament gewaltsam auflösen, führende Abgeordnete verhaften lassen, im Dezember durch seine Truppen zur Abschreckung der Pariser Aufständischen ein Blutbad anrichten. Nach einem erneuten Plebiszit vom 22. November 1852 wird das *Kaiserreich* wiederhergestellt. Das ist der Beginn einer auf imperiale Repräsentation bedachten Ära mit steigenden Lebensstandard bei unbeseitigtem sozialen Elend, dem der Kaiser mit Mitteln des Staatssozialismus zu begegnen sucht. Einen großen Erfolg bedeutet die Stadtsanierung von Paris durch Haussmann; die Weltausstellung von 1867 verschafft dem Kaisertum einen in ganz Europa verbreiteten Nimbus. Bei Künstlern, Schriftstellern, Intellektuellen hat das Kaisertum mit seinem »Stil« zumeist wenig Anklang gefunden. In seiner Außenpolitik optiert der Kaiser wenig glücklich und gerät nach und nach in Verwicklungen mit Rußland, Österreich und Preußen, was ihm eine ungünstige Position beschert, als er das wegen der Mißerfolge seiner Politik in Spanien, Italien, Mexiko arg beschädigte Ansehen durch Eröffnung eines Krieges wiederherstellen will. Dieser Krieg konnte nur gegen Preußen gerichtet sein. Der daraus entstehende deutsch-französische Krieg von 1870/71 bringt Frankreich eine vernichtende Niederlage und dem Kaiserreich das Ende.

Die *Dritte Republik* (1871 ff.) kommt zustande durch die zeitweilige Herrschaft der Kommune in dem von den Deutschen umzingelten Paris und durch das Zögern der in sich uneinigen royalistischen Parteien und der Bonapartisten. Zunächst ist Thiers der führende Mann in der Nationalversammlung; nach seinem Abtreten wird der Napoleonide Mac Mahon zum ersten Präsidenten auf sieben Jahre gewählt. In der Deputiertenkammer sind von nun an die Republikaner unter ihrem Führer Gambetta mit dem Vormarsch mit starkem Anhang bei linken, radikalen und laizistischen Abgeordneten, die eine Trennung von Staat und Kirche anstreben und schließlich auch durchsetzen. Die Industrialisierung macht große Fortschritte vor allem durch Waffenproduktion und die vom Staat herkömmlicherweise gezahlten Subventionen für Stahl. Ein Komplott des General Boulanger gegen die Republik scheitert; der Widerstand der katholischen Monarchisten wird zusehends schwächer, sie selbst mehr und mehr auf eine ungehinderte private Existenz zurückgedrängt. Auf der Weltausstellung von 1889 kann Frankreich den großen Reichtum des Landes, den hohen Stand seiner Innovationen der Technik, der Industrie, der Luxusgüterherstellung und, mehr als alles das, den französischen Geschmack der Welt vor Augen führen. In der politischen Wirklichkeit gehen unter parlamentarischem Mantel die Repressionstendenzen weiter, sie treffen, obwohl das Leben dank der eingeschränkten Zensur freier geworden ist, die Arbeiter oft stärker als im Zweiten Kaiserreich. Die Gerichte sind wegen der aus den verschiedensten politischen Lagern stammenden Beamten unberechenbar. So hat die Rechtsunsicherheit in einem vom starken Polizeiaufgebot gekennzeichneten republikanisch-parlamentarischen Staat lähmende Wirkung. Das tritt in der berühmt gewordenen Dreyfus-Affaire offen zu Tage, erklärt auch vieles von dem gewaltigen Aufsehen, das der Prozeß, das Urteil und seine Annullierung durch das oberste Appellationsgericht in der Öffentlichkeit erregten. Émile Zolas Artikel, die die Revision erzwangen, standen diesmal für die Freie Presse, die sich in der Dritten Republik oft genug auf der Verliererstraße befand.

Register

Aynard, J. 29, 265
Baboeuf 35f., 48
Bakunin 18
Barbéris, P. 265
Bardèche, M. 266
Barrès 75
Baudelaire 68ff., 74, 168, 184, 206f., 210, 218, 232, 237
Beaumarchais 30
Beethoven 260
Benjamin, W. 17, 69, 258
Béranger 49
Bergson 75
Bismark 250, 264
Bernard, Cl. 212f.
Blanc 182
Blanqui 18, 64
Bloch, M. 116
Böll, H. 17
Boileau 52
Bonald 13, 42
Bossuet 23, 40
Boucher 31
Boulainvilliers 265
Bouilhet, L. 199
Boulanger 223, 251
Bourget 75
Breughel, P. d. J. 207
Broglie, Herzog von 249
Buffon 100, 161, 163
Burckhardt, J. 35f., 67
Byron 53, 206

Calvin 118
Canabis 78
Cato 37
Cavaignac 63
Cervantes 198
Cézanne 73
Chambord 222, 250
Chateaubriand 40ff., 53, 59, 80, 94, 118, 130, 140, 169, 175, 178, 188f., 254f.
Cherubini 95
Cimarosa 79
Cleopatra 185
Clemenceau 251
Colbert 26, 153

Colet, L. 196, 198ff.
Comte 71, 208, 251, 262
Condillac 82, 97, 260
Constant 40f., 43ff., 118, 254
Corneille 28, 30, 52, 59
Courbet 168, 212, 239
Crébillon 254
Curtius, E. R. 117, 266

Daguerre 147
Dante 135, 149, 151
Danton 33f., 128
Da Ponte 30
Darwin 68, 70, 75, 141, 205, 209, 212f., 221, 229, 251
Daudet, A. 75
Daumier 231
David, J. L. 66, 187
Delacroix 184, 239
Descartes 8
Destutt de Tracy 78
Diderot 8, 28, 33, 52, 104, 252, 254
Donnard, J. H. 156f., 161
Dostojewski 251
Dreyfus 218, 234, 237, 251
Duhamel, H. 247
Dumas d. Ä. 54, 248
Dumas d. J. 183, 229, 241, 248
Dumesnil, R. 203

Eiffel 261
Engels 54, 110, 114, 141f., 237, 265

Fénelon 23, 40, 52, 94, 254
Feuillet, O. 248
Fouché 98, 145
Fourier 48
Freud 100
Friedrichs, H. 266

Gambetta 223, 251
Garnier 66f.
Gauguin 72
Gautier 173, 185, 202
Gide 95
Gobineau 141
Goethe 16, 37, 40f., 49, 52, 55, 59f., 84, 111, 198f., 206f., 256, 258

Gogh (van) 73
Goncourt 70, 81, 168, 184, 188, 203, 211f., 214, 232, 242, 248, 259
Guilhiermoz 265
Guizot 13, 48, 57, 61, 81, 93, 119, 124, 232, 246, 254

Haeckel 209, 212
Hamilkar Barka 177f., 187, 191, 208
Hanska, Mme 101, 137
Harkness, M. 237
Hauptmann, G. 15, 75, 233, 239
Hauser, A. 18, 73, 265
Haussmann 15, 65f., 76, 219f., 220f., 228, 230f., 240, 247, 251, 258
Haydn 79, 98
Hegel 148
Heine 80, 137, 255
Heinrich IV. 77
Heinse 95
Helvétius 34, 97
Hittorff 66
Homer 41, 135, 191
Hugo, V. 57, 59ff., 79f., 101, 110f., 115, 170, 183, 196, 200, 203, 209f., 212, 219, 241f., 250, 255, 259
Huysmans 248

Ibsen 15, 67, 75, 233, 239

Josef II. 96

Karl X. 53, 59, 66, 82, 88, 90, 92, 95, 101, 115, 120, 122f., 153, 157f.
Krauss, W. 265

La Bruyère 44, 52
Laclos, Choderlos de 106, 254
La Fontaine 52
Lamartine 50, 53, 55, 198, 255
Lamettrie 260
Lameyre, G.N. 267
La Rochefoucauld 52, 72
La Rochefoucauld (Fam.) 129
Law 24, 26
Le Brun 30
Lenin 13, 48, 147
Le Nôtre 30
Lessing 52
Linné 94

Louis Bonaparte (Napoleon III.) 14ff., 62f., 115, 118, 227, 232
Louis Philippe 11, 13, 53, 78, 83, 86, 88, 101, 103, 119, 120f., 128, 140, 151, 158, 194, 205, 226f., 234, 253ff., 257, 263
Lucas, Dr. 239
Ludwig XIII. 93
Ludwig XIV. 20ff., 44, 52, 73, 96, 185, 250, 261
Ludwig XV. 24, 27, 44, 133, 261
Ludwig XVI. 12, 19, 29, 66, 78, 120, 127, 129
Ludwig XVIII. 48, 66, 95, 103, 123f., 127, 130, 146, 195, 255
Lukács 16f., 187, 192, 265
Luther 118

Machiavelli 101, 227
Mac Mahon 222, 245, 250
Maître, J. 13, 40ff., 44, 53, 88, 126, 146
Mallarmée 194, 218
Manet 73, 212, 241
Mann, H. 15f.
Mann, Th. 17, 168
Marat 32, 43
Marceau, F. 266
Maria Theresia 30
Marie Antoinette 19, 30
Marivaux 27, 30
Martineau, H. 216
Marino, P. 265, 267
Marx 8f., 13, 15, 25, 34, 45, 49, 54, 56, 61, 64, 70, 113f., 116f., 122, 133, 136f., 141f., 147, 229, 232, 236, 259, 265
Maupassant 74f., 81, 209f., 248
Mazarin 121
Meyer, C.F. 191
Meyer, J. 265
Michelet 13, 32ff., 265
Mignet 13
Mirabeau 32ff., 47, 150
Molière 8, 21, 30, 52, 157
Monet 73, 250
Montaigne 198
Montesquieu 8, 23, 80, 94
Montmorency (Fam.) 129
Moses 140
Mozart 30, 79, 98
Musset 53, 198, 210, 241

Napoleon 8, 11f., 17, 28, 37ff., 44f., 48, 50, 54, 57, 59f., 71, 78ff., 84, 91ff., 96f., 102f., 107, 114f., 121f., 127ff., 136, 140, 142, 146, 149ff., 153f., 159, 167, 175, 185, 195, 226, 243, 245, 253, 255f., 258
Napoleon III. (Louis Bonaparte) 66, 115, 135, 178, 202, 205, 226ff., 237, 240, 243ff., 250f., 260
Necker 29, 42f.
Nero 184
Nietzsche 104, 141, 178
Noailles (Familie) 129

Offenbach 67, 74, 240f.
Orléans (Dynastie) 129, 134, 137, 139ff., 216, 226, 250, 255, 260
Orléans, Herzog von 24

Pareto 147
Pascal 42, 52, 72, 133
Paulus 88
Pissaro 73
Plessis (Familie) 129
Polybius 189
Pompadour 250
Prévost 28, 254
Proudhon 64, 134, 137, 182
Proust 76, 223, 248ff., 262f.
Puschkin 143

Quesnay 26

Rabelais 117, 144, 198
Racine 28, 52, 229
Récamier 250
Renan 71, 207, 232, 251, 262
Renoir 73, 167, 181, 239, 250
Richardson 250
Richelieu 53f., 93, 121, 140, 145
Rimbaud 69, 218
Robespierre 28f., 32ff., 39, 43, 78, 81f., 128, 195, 256
Rodin 98, 166
Rohan (Familie) 129
Rothschild (Familie) 78, 137, 149, 216, 234, 249
Rousseau 8, 22, 28, 34, 40f., 79, 94, 118, 130, 146, 164, 169, 203, 254, 256

Sade 184, 188

Saint-Simon, Cl. H. 13, 48, 99, 137, 182
Saint-Simon, L. de Rouvroy 160
Saint-Beuve 33, 42, 45, 72f., 99, 133f., 144, 182, 188ff., 202f., 206f., 214
Sand 94, 203ff., 208
Sartre 17, 168, 171, 179, 266
Schäfer, K.M. 267
Schlesinger, E. 201
Schneider – Le Creusot 222
Schweppenhäuser, H. 265
Scott 53, 163f., 177, 188, 190, 223
Sée, H. 265ff.
Senancourt 41, 175
Sévigné 52
Shakespeare 16, 52, 118, 149, 160
Shaw 194
Sieyès 13, 47ff., 123
Sombart 147
Staël 42ff., 53, 88, 99, 118, 175, 254
St. Arnoud 227
Stein, L. v. 15, 56, 147, 265
Strindberg 15
Sue 151, 211
Swedenborg 143

Tacitus 43, 118
Taine 43f., 70ff., 78f., 100, 149, 160f., 166, 197, 203, 207f., 213, 266
Talleyrand 58, 103, 121, 129, 145, 154, 158
Texier, E. 224
Thibaudet, A. 49, 72, 76, 265, 267
Thiedemann, R. 265
Thierry 13, 47f., 52, 123, 265
Thiers 13f., 48, 55, 61, 93, 119, 157f., 202, 205f., 222, 246, 253f.
Tieck 95
Tocqueville 50f., 54, 127
Tolstoi 15, 75, 233
Toulouse-Lautrec 74
Tour 31
Treitschke 16, 258f.
Turgenjew 179, 196, 267
Turgot 25ff., 29

Uhlig, Th. 69

Vallès, J. 18
Van Santem Kolff, J. 267
Verhaeren 219
Verlaine 218

Vidocq, F.E. 212
Vigny 53f., 57, 178, 255
Voltaire 8, 21, 23, 28, 33, 49, 52f., 79f., 82, 87, 92, 118, 133f., 169, 173, 197, 200, 252, 254, 260

Wagner 67, 69
Watteau 31
Wilde 194

SCHRIFTEN ZUR KULTURSOZIOLOGIE

Herausgegeben von Justin Stagl in Verbindungmit Karl Acham, Alois Hahn, Wolfgang Lipp, Franz Steinbacher, Hans Peter Thurn

Band 1
Wolfgang Lipp
STIGMA UND CHARISMA
Über soziales Grenzverhalten
XIV und 308 Seiten
Broschiert DM 48,- / ISBN 3-496-00721-4

Band 2
Rainer Waßner
MAGIE UND PSYCHOTHERAPIE
Ein gesellschaftswissenschaftlicher Vergleich von Institutionen der Krisenbewältigung
296 Seiten
Broschiert DM 39,- / ISBN 3-496-00722-2

Band 3
KULTUR — BEGRIFF UND WORT IN CHINA UND JAPAN
Herausgegeben von Sigrid Paul
Symposium des Forschungskreises für Symbolik, Salzburg, vom 25. — 27.6.1982
Mit Beiträgen von Wolfgang Bauer, Joachim Dalfen, Adrian Hsia, Thomas H.C. Lee, Kenichi Mishima, Ryosuke Ohashi, Helwig Schmidt-Glintzer
306 Seiten mit 3 Abbildungen
Broschiert DM 48,- / ISBN 3-496-00738-9

Band 4
Hans Braun / Alois Hahn (Hg.)
KULTUR IM ZEITALTER DER SOZIALWISSENSCHAFTEN
Friedrich H. Tenbruck zum 65. Geburtstag
X und 282 Seiten mit 1 Frontispiz und 2 Abbildungen.
ISBN 3-496-00795-8 (zur Zeit vergriffen)

DIETRICH REIMER VERLAG  BERLIN

SCHRIFTEN ZUR KULTURSOZIOLOGIE

Herausgegeben von Justin Stagl in Verbindung mit Karl Acham, Alois Hahn, Wolfgang Lipp, Franz Steinbacher, Hans Peter Thurn

Band 5
Wolfdietrich Schmied-Kowarzik (Hg.)
OBJEKTIVATIONEN DES GEISTIGEN
Beiträge zur Kulturphilosophie
428 Seiten mit einer farbigen und 49 schwarz-weiß Abbildungen
Broschiert DM 58,- / ISBN 3-496-00824-5

Band 6
Georg Kamphausen
HÜTER DES GEWISSENS?
Zum Einfluß sozialwissenschaftlichen Denkens in Theologie und Kirche
XVIII und 336 Seiten
Broschiert DM 58,- / ISBN 3-496-00843-1

Wie weit die Human- und Sozialwissenschaften zu den »modernen Hütern des Gewissens« geworden sind, also fast unbemerkt die Rolle der Seelenärzte, Beichtväter, Lebensberater und Ratgeber übernommen haben — dieser Frage will die vorliegende Arbeit auf den Grund gehen.

Band 7
Wolfgang Lipp (Hg.)
KULTURTYPEN, KULTURCHARAKTERE
Träger, Mittler und Stifter von Kultur
276 Seiten
Broschiert DM 54,- / ISBN 3-496-00866-0

Was ist Kultur? Wer trägt, vermittelt, »stiftet« sie? Was heißt kulturelles Handeln? Der vorliegende Band nimmt Fragen dieser Art auf lediglich indirekte, induktive und exemplarische Weise auf; er entwickelt keine Theorie, vielmehr will er zeigen, wie Kultur sich in einzelnen, ausgewählten Daseinsfeldern konkret darstellt, welche Sinngehalte, Sinnverweisungen sie eröffnet, welche Problempunkte sie markiert. Behandelt werden im wesentlichen Fallbeispiele.

DIETRICH REIMER VERLAG BERLIN